Sozialer Raum und Soziale Arbeit

Frank Früchtel • Wolfgang Budde
Gudrun Cyprian

Sozialer Raum und Soziale Arbeit

Fieldbook: Methoden und Techniken

3., überarbeitete Auflage

Springer VS

Frank Früchtel
Fachhochschule Potsdam, Deutschland

Gudrun Cyprian
Universität Bamberg, Deutschland

Wolfgang Budde
Hochschule Coburg, Deutschland

ISBN 978-3-531-18433-3
ISBN 978-3-531-19047-1 (eBook)
DOI 10.1007/978-3-531-19047-1

Die Deutsche Nationalbibliothek verzeichnet diese Publikation in der Deutschen Nationalbibliografie; detaillierte bibliografische Daten sind im Internet über http://dnb.d-nb.de abrufbar.

Springer VS

Gedruckt auf säurefreiem und chlorfrei gebleichtem Papier

Springer VS ist eine Marke von Springer DE. Springer DE ist Teil der Fachverlagsgruppe Springer Science+Business Media
www.springer-vs.de

Inhalt

Vorwort

Die beiden Bücher „Sozialer Raum und Soziale Arbeit", das „Textbook" zu den theoretischen Grundlagen der Sozialraumorientierung und das „Fieldbook" zu den Methoden und Techniken, liegen nun in der dritten Auflage vor. Das Denken in sozialen Räumen statt in Individuen scheint als Antwort auf gesellschaftliche Fragen wie Inklusion/Exklusion von Gruppen der Bevölkerung akzeptiert und als Reaktion der Sozialen Arbeit auf professionelle Fragen erfolgreich zu sein.

Sozialraumorientierung hebt die klassische Abgrenzung von Fallarbeit, Gruppenarbeit und Gemeinwesenarbeit auf und integriert die Arbeitsformen der Sozialen Arbeit zu einem mehrschichtigen Ansatz. Die Frage „Was ist der Fall?" wird so neu beantwortet: Die dominante Beschränkung auf das Individuelle wird aufgegeben und die Relation von Menschen im Sozialen Raum an die Stelle des klassischen Falls gesetzt. Der „Fall" ist dann die Funktionalität des Hilfesystems, die Potenziale von Stadtteilen, die Ressourcen von Netzwerken, der kommunalpolitische Verteilungsdiskurs und auch, aber nicht mehr nur, eine Lebensgeschichte.

Die Verbindung von Fall, Feld, Organisation und Sozialstruktur eröffnet einen mehrdimensionalen Sozialen Raum, den wir nicht nur theoretisch sondern auch methodisch begehbar machen wollten. Das Textbook erklärt im Wesentlichen, was warum zu tun ist, und das Fieldbook, wie es getan werden kann.

Die hier vorliegende Sammlung von Methoden und Verfahren ist nicht vollständig. Das hat einmal damit zu tun, dass der Sozialraumansatz methodisch noch nicht in allen Aspekten gleich füllig entwickelt ist. Außerdem haben wir uns auf die Strategien konzentriert, die typisch für eine sozialraumorientierte Sozialarbeit sind und sich durch einen gewissen Neuheitswert auszeichnen. Auf die Darstellung von Methoden, die zwar in der Sozialraumarbeit angewandt werden, aber bereits durch Veröffentlichungen zur Sozialplanung, zur Organisationsentwicklung oder zur lösungsorientierten Beratung ausreichend bekannt sind, wurde bewusst verzichtet. Beispiele sollen das Verständnis der neuen Techniken erleichtern und Materialhinweise das Weiterstudium unterstützen.

Beide Bände sind von uns gründlich überarbeitet worden. Geblieben ist der Versuch das Thema „Sozialer Raum und Soziale Arbeit" als systematische Einführung zu erschließen und dabei auch einen Überblick über die konkreten Verfahrensweisen und Methoden im Praxisfeld zu geben.

Didaktische und stilistische Veränderungen gehen zurück auf detaillierte Rückmeldungen von Studierenden der Katholischen Fachhochschule Berlin, für die wir sehr dankbar sind. Vom Effekt dieser Überarbeitung profitiert hoffentlich die gesamte Leserschaft dieser neuen Auflage.

Die beiden Bücher konnten nur möglich werden durch das Vor- und Mitdenken und die Praxis einer Vielzahl von Kolleginnen und Kollegen, mit denen wir seit Jahren zusammenarbeiten. Wir verdanken ihnen Erfahrungen und Fallbeispiele, die sie mit uns diskutiert haben und die es uns möglich gemacht haben, Sozialraumorientierung im sozialarbeiterischen Alltag darzustellen.

Wir Autoren stehen in einer langen Kette von Denkern und Akteuren der Sozialen Arbeit, die die Bedeutung des Sozialen Raums in ihrer Arbeit herausgestellt und begründet haben. Die Triebfeder für unser Anliegen ist es Soziale Arbeit in den gesellschaftlichen Raum hinein weiter zu entwickeln und so anschaulich wie möglich herauszuarbeiten. Wir sind dankbar für viele Kooperationen und Diskussionen, für Anregungen und kritische Hinweise, die uns bei dieser Arbeit geholfen haben.

Der VS Verlag war uns ein angenehmer Partner. Vor allem unsere Lektorin, Frau Laux, hat den Weg dieser beiden Bücher bis in die vorliegende dritte Auflage sehr hilfreich begleitet.

Wolfgang Budde, Gudrun Cyprian, Frank Früchtel
Bamberg, Nürnberg und Berlin Januar 2012

1 Das Spezifikum der Sozialraumorientierung

Sozialraumorientierung ist ein Mehrebenenansatz, der seine Überzeugungskraft und Wirkung daraus gewinnt, einander ergänzende fachliche Maximen in verschiedenen Handlungsfeldern gleichermaßen zu verfolgen. Sozialraumorientiert arbeitende Kollegen sind Fachkräfte, die die Arbeit mit Einzelnen und Familien, mit organisierten Gruppen, mit Bewohnern von Stadtteilen, mit „Kunden" kommunaler Leistungen, mit Einrichtungen und Diensten der Sozialen Arbeit konstruktiv verbinden und sie sind beteiligt an der Bearbeitung von Themen sozialer Kommunalpolitik und der Beratung von Leitungen von Wohlfahrtsverbänden, der Verwaltungsspitze und der Kommunalpolitik.

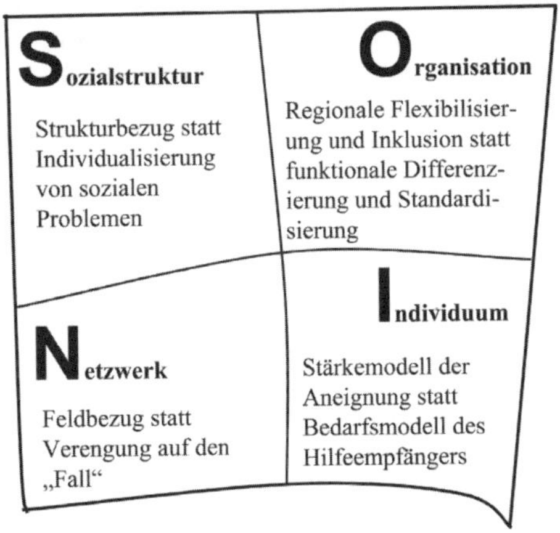

Maximen der Sozialraumorientierung im SONI-Schema

Um diese unterschiedlichen Handlungsfelder, die in der Praxis miteinander verschwimmen, analytisch trennen und der Reflexion zugänglich machen zu können, schlagen wir das SONI-Schema vor. Darin werden die fachlichen Maximen je nach Handlungsfeld ausbuchstabiert. Die Darstellung bietet eine Zusammenfassung in Schlagworten. Genaueres findet sich dazu im Textbook. Der Arbeitsanteil in jedem dieser Felder unterscheidet sich natürlich, je nach Arbeitsplatz und Hierarchieebene, von Sozialarbeiter zu Sozialarbeiter. Der unterschiedliche sozialarbeiterische Alltag blendet manche dieser Felder eher aus und andere auf. Mitunter gerät in der klassischen Einzelfallarbeit die strukturelle Dimension Sozialer Arbeit weit in den Hintergrund, weil der Fall und seine Herausforderungen alle Aufmerksamkeit absorbieren. Das geht soweit, dass die Ursachen für strukturelle Probleme, die sich in individuellem Problemverhalten manifestieren, in die Individuen hineinverlagert werden. In der stationären Arbeit tendiert man dazu, die Umwelt und die Netzwerke von Betroffenen und Stadtteilen auszublenden, weil die Heimversorgung komplett und die Herkunftslebenswelt der Bewohner viele Kilometer entfernt ist. Während der ausgefeilten Intervision einer Beratungsstelle kommen die Zugangsbedingungen der eigenen Organisation überhaupt nicht zur Sprache, obgleich sie das Arbeitsergebnis mehr als jeder beraterische Ansatz beeinflussen. Die Dimension „Individuum" (wie sie hier verstanden wird) wird in planerischen Arbeitsfeldern oder in Neuorganisationsprojekten eher ausgeblendet zugunsten empirischer Kategorialanalysen, oder weil man sich ganz darauf konzentriert, das Personal für die Reform zu gewinnen.

Obgleich die Beispiele einen kritischen Unterton haben, sollen sie nicht suggerieren, alles sei immer überall möglich. Der arbeitsteilige Charakter moderner Professionen hat seine funktionale Berechtigung. Die professionelle Anforderung der Sozialraumorientierung ist allerdings, die damit einhergehenden Verkürzungen und Vereinfachungen reflexiv verfügbar zu halten, durchaus arbeitsteilig zu bearbeiten und eben gerade nicht dem Teufelskreis einfacher Modernisierung zu erliegen, deren stetig kompetenter werdende Spezialisten an immer eingegrenzteren Problemstellungen arbeiten und die unheilsamen Auswirkungen von Zusammenhängen beklagen, für deren Bearbeitung niemand mehr zuständig ist. Sozialarbeit ist eine Querschnittsprofession, deren beruflicher Auftrag gerade darin liegt, Zuständigkeits- oder Inklusionsverweigerungen anderer Systeme zu bearbeiten. Insofern passt die Konzeptionierung der Sozialraumorientierung als Mehrebenenmodell zum Profil moderner Sozialarbeit.

Konkret gesprochen verweist das SONI-Schema auf mehr Arenen, mehr Adressaten, mehr Akteure und mehr potentielle Kooperationen, als es die oft (unbeabsichtigt) vordefinierte Aufgabenstellung im Fall, im Angebot oder im Projekt von Sozialarbeitern vorsieht. Jedes der SONI-Felder bringt einen anderen Kontext Sozialer Arbeit in den Vordergrund, blendet die diesbezüglichen Ziele der Sozialraumorientierung auf und operiert mit darauf zugeschnittenen Methoden:

„Sozialstruktur" meint den in Einkommensverteilungen, in räumlichen Segregationen, in Infrastrukturausstattungen oder in sozialrechtlichen Vorschriften verobjektivierten Kontext, der sich in der jeweiligen sozialpolitischen „Philosophie" einer Kommune, in den Normalitätsvorstellungen der öffentlichen Meinung und in der fachlichen Grundorientierung der Sozialverwaltung niederschlägt.

„Organisation" beleuchtet den institutionellen Kontext: Aufbau- und Ablauforganisationen und darauf bezogene Konzepte, Zuständigkeiten, Zugänglichkeiten, Arbeitsplatzbeschreibungen und Spezialisierungen, die Trä-

gerlandschaft, Finanzierungssysteme und Kooperationsbeziehungen in einer Kommune. Gefragt ist das Selbstreflexivwerden des Hilfesystems.

„Netzwerk" meint die sozialen Verknüpfungen zwischen den Bürgern eines Sozialen Raumes, die allesamt Adressaten Sozialer Arbeit sein müssen – ob als Klienten, Volunteers, politische Unterstützer, Sponsoren, hilfsbereite Nachbarn –, um integrierende Lösungen zu erreichen.

„Individuum" meint die subjektiven Wahrnehmungs- und Deutungsmuster, Erfahrungen, Erwartungen, die Ausstattung mit Stärken und Ressourcen, Lebensstil und Lebenslage und das soziale Netzwerk des Einzelnen.

Markenzeichen sozialraumorientierter Arbeit ist, dass sie bei ihren Planungen, Interventionen, Projekten und Evaluationen stets alle diese Felder berücksichtigt. Je nach Arbeitsplatz mag zwar ein anderer Einstieg vorliegen. Qualitätsmerkmal ist aber, den naheliegenden, oft vordefinierten vermeintlichen Auftrag so auszuweiten, dass mehr Stellschrauben des sozialstaatlichen Getriebes zugänglich werden. Das lässt sich bildlich als eine Art Weitwinkelobjektiv oder konzeptionell als ein Methodenmix begreifen, der Handlungsstrategien aus verschiedenen Feldern kombiniert.

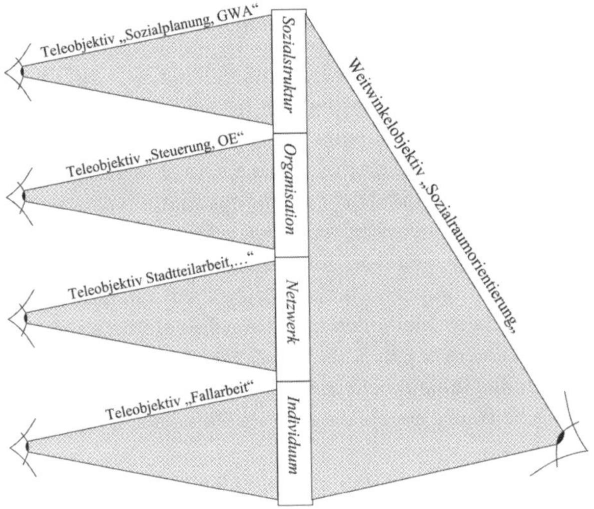

Die im vorliegenden Fieldbook gesammelten Methoden wurden nach der SONI-Systematisierung in vier Kapitel geordnet. Innerhalb dieser Handlungsfelder lassen sie sich wiederum zu Gruppen zusammenfassen:

S	O	N	I
▪ Wissensmanagement ▪ Öffentliche Aktion ▪ Beteiligungsrechte nutzen ▪ Aktivierende und Organizing-Techniken	▪ Portaltechniken ▪ Sozialraumteamarbeit ▪ Innovationsmanagement ▪ Inklusion und Partizipation ▪ Controlling und Finanzierung	▪ Stadtteilerkundung ▪ Profi-Vernetzung ▪ Fallunspezifische Arbeit	▪ Empowernde Rahmenbedingungen ▪ Mit dem Willen und den Stärken von Adressaten arbeiten ▪ Netzwerkarbeit

Das Spezifikum dieses Fieldbooks ist die handlungsfeldintegrierende Vermittlung von Methoden, die durchaus sehr unterschiedlichen Arbeitsfeldern entspringen, aus einer sozialräumlichen Perspektive heraus. Es wurde hier Wert auf technische Klarheit gelegt, weil die fachlichen Begründungszusammenhänge bereits im Textbook dargelegt sind.

2 Situative Wirksamkeit als eine spezifische Methodologie der Sozialraumorientierung

Methoden stellen das *Wie* in den Vordergrund. Sie haben etwas mit planvollem Handeln zu tun, Handeln, das erprobt und in gewissem Umfang „standardisiert“ übertragbar ist. „Methode heißt, strategisch einen Weg zu beschreiten, der nach Zweck und Ziel und nach Lage der Dinge angemessen erscheint“, schreibt Wendt (1992, S. 115). Die *Theorie* bestimmt, was überhaupt in den Blick genommen und wie bewertet wird, und erklärt, warum das Beobachtete so ist, wie es ist. Sie gibt Ziele vor, auf welche hin das Beobachtete verändert werden soll. *Methoden* hingegen geben darüber Aufschluss, *wie* es geändert werden kann. Die neuere Methodendiskussion insistiert darauf, dass Methoden und Theorie in einem engeren als nur technischen Zusammenhang stehen müssen. Der auf reine Technikbeherrschung verkürzten Methodik kommt der ‚sozialpädagogische Blick‘ abhanden. Sie wird Sozialtechnologie (vgl. Galuske 2003, S. 29).

Zu fragen ist also, wie die speziellen Methoden der Sozialraumorientierung beschaffen sein müssen, um zu deren Aufmerksamkeitsrichtung, Erklärungen und Zielen zu passen. Einmal stellen wir diese Verbindung her, indem wir die Methoden den Feldern des SONI-Schemas zuordnen. Das stellt die Passung der Aufmerksamkeitsrichtung sicher. Andererseits geht es der sozialräumlichen Arbeit immer grundsätzlich um ein Verständnis des Sozialen Raumes in seiner Wirkung auf Menschen, Stadtteile oder Gruppen und um die Möglichkeiten, die im Sozialraum stecken, zur Veränderung von Bedingungen, in denen Menschen leben. Methoden müssen also einen eingebauten Sozialraumbezug aufweisen, um sich für die Sozialraumorientierung zu qualifizieren. Dieses Postulat verlangt nach einem zusätzlichen und generell anderen Ziel-Mittel-Verständnis, als das bei den klassischen Methoden der „technischen Wirksamkeit" üblich ist.

Technische Wirksamkeit

> Ein Mann will einen neuen Pullover kaufen. Er hat präzise Vorstellungen wie das Kleidungsstück aussehen soll. Der Pullover soll grau sein, aber nicht irgendein Grau, sondern ein „pfiffiges". Außerdem will er einen eleganten, aber nicht zu konservativen V-Ausschnitt. Der Mann sucht und sucht, aber findet nicht, was er sucht, weil seine Vorstellungen die Möglichkeit des Findens klar beschränken. Zeitgleich bummelt eine Frau durch dieselben Läden. Sie tut das gerne, sucht nichts Bestimmtes und es dauert keine zehn Minuten bis sie ein Kleidungsstück entdeckt hat, das wunderbar zu ihr passt. Während der Einkauf des Mannes anstrengend und mit einer hohen Misserfolgswahrscheinlichkeit behaftet ist, verläuft der Einkauf der Frau spielerisch und so gut wie immer erfolgreich.

Der Unterschied der beiden Einkaufsmuster ist interessant, weil Zielstrebigkeit mit Misserfolg korreliert und Ziellosigkeit mit Erfolg – letztere freilich gepaart mit einem geschulten Blick und gerichteter Wachheit[1].

> In einer Wohngemeinschaft lebt ein 17-Jähriger im Rahmen einer HzE-Maßnahme. An seinem Hygieneverhalten hatte sich bereits das gesamte WG-Personal vergeblich mit unterschiedlichsten pädagogischen Mitteln versucht. Weder Verstärkerprogramme noch rational-emotive Methoden haben eine signifikante Wirkung erzielen können. Dann geschieht etwas Ungeplantes: Der junge Mann wird von einer wachen Mitarbeitererin auf einen Tanzkurs aufmerksam gemacht, findet eine Freundin und das Hygieneproblem löst sich über Nacht gleichsam in Luft auf.

Der Fall ist geradezu typisch für ein bestimmtes pädagogisches Vorgehen: Man geht von einem Ideal aus (gepflegtes Aussehen und weitgehende Geruchlosigkeit), stellt eine Abweichung von der Realität fest, entwickelt aus dieser Differenz das Ziel (Verbesserung der Körperhygiene) und die Schritte, es zu erreichen (z. B. wöchentliche Gespräche, verbunden mit täglichen Vereinba-

1 In seiner berühmten Ballade von der Unzulänglichkeit des menschlichen Planens nimmt auch Brecht diese Form der Zielbezogenheit aufs Korn: „Ja, mach nur einen Plan!/Sei nur ein großes Licht!/Und mach dann noch ‚nen zweiten Plan/Geh'n tun sie beide nicht. (…) Ja, renn nur nach dem Glück/Doch renne nicht zu sehr/Denn alle rennen nach dem Glück/Das Glück rennt hinterher."

rungen und verstärkenden Kommentaren). Wie bei der Konstruktion eines gleichseitigen Dreieckes hat man das Ziel klar vor Augen und setzt den Zirkel an die richtigen Stellen. Die Mehrzahl der Hilfepläne (nach § 36 SGB VIII) weisen dieses Muster auf: Die Ziele orientieren sich am Ideal des guten Bürgers, der seine Kinder eifrig erzieht, arbeits- und einordnungswillig ist, Schule wichtig findet, Genussmittel nur in Maßen genießt, Konflikte verbal austrägt, sein Leben plant und an die Zukunft, vor allem die der Kinder, denkt. Auch die Broschüren vieler Projekte des Modelprogramms „Soziale Stadt“ favorisieren ein spezifisches Ideal: die aktivierte Bürgerschaft, die sich um die Geschicke des Quartiers kümmert.

Die ‚*psychosoziale Diagnose*‘ ist geradezu idealtypisch für das Muster: „Durch eine möglichst genaue Benennung des Problems und durch eine entsprechende Erfassung der Ursachen gelangt man zu prognostischen Aussagen über die künftige Entwicklung eines Kindes oder Jugendlichen. Auf der Grundlage solcher Ursachenanalysen und solcher prognostischer Aussagen, die den spezifischen Bedarf an Erziehungshilfe verdeutlichen und begründen, gilt es nun, zielgenaue pädagogische und therapeutische Instrumente zur einzelfallbezogenen Intervention zu entwerfen. Die ‚Diagnose‘ mündet in eine ‚Indikationsstellung‘ für eine spezifische Hilfeform, wobei diese Hilfeformen vorab entwickelt und definiert sind für bestimmte Problemmuster, für die sie im Grundsatz von ihrer materiellen und fachlichen Ausstattung her als ‚zuständig‘, weil ‚erfolgsträchtig‘ betrachtet werden. (…) Im Hintergrund steht eine Vorstellung von ‚gesunder Entwicklung‘ und von den Bedingungen für die Gewährleistung einer solchen ‚gesunden Entwicklung‘ eines Kindes. Aus dieser Vorstellung können Normabweichungen erkannt werden, und im Grundsatz können dann auch die eigentlich erforderlichen Maßnahmen zur Behebung solcher Abweichungen relativ zielsicher abgeleitet werden, wenn man genau genug die Ursachen dieser Normabweichung »diagnostizieren« kann. Es ergibt sich dann lediglich noch das Problem, wie man die Adressaten zur Annahme der Diagnose bewegen und zur Akzeptanz der aus der Diagnose abgeleiteten Maßnahme motivieren kann.“ (Merchel 2003, S. 533)

Das Muster der Problemlösung besteht darin, den angestrebten Endzustand zu „kennen“ und davon ausgehend Mittel zur Erreichung dieses Zustandes zu erdenken. Erfolgreiche Problemlösungen werden dann perfektioniert und auf andere Situationen übertragen. Der griechische Begriff „*techne*“ steht für dieses Vorgehen, das die richtigen Mittel zur Verwirklichung eines Ideals (vgl. die perfekten „Ideen“ Platons) sucht (vgl. Jullien 1999).

Unsere Erfahrungen in der Sozialen Arbeit verraten aber diese *technische Rationalität* in bekannter Regelmäßigkeit, denn die Besonderheit des Einzelfalls und der spezifischen Situation widersteht der Allgemeinheit des technischen Gesetzes in unangenehmer Häufigkeit. Erfolgreiches Handeln von Sozialarbeitern scheint neben solcher Zielbezogenheit ein weiteres Muster zu brauchen.

Betrachtet man erfolgreich agierende Praktiker, etwa den stellvertretenden Leiter einer Werkstatt für Menschen mit Behinderung, so zeigt sich ein anderes Prinzip, das im sozialarbeiterischen Alltag eine ausgesprochen wichtige Rolle spielt: Die angeschlossene Wäscherei musste aufgegeben werden, nicht weil es an Aufträgen mangelte, sondern am Kapital für die notwendig gewordene technische Erneuerung der Gerätschaften. Der Sozialarbeiter konnte aufgrund seiner guten sozialräumlichen Kenntnisse eine florierende kommerzielle Wäscherei gewinnen, mit der folgender Deal ausgehandelt wurde: Die Wäscherei übernimmt den Betrieb und den üppigen Kundenstamm und durch eine Art Fusion auch das besondere Renommee der Behinderteneinrichtung, das für ein bestimmtes Marktsegment wichtig ist. Der größte Teil der früheren Belegschaft kommt im neuen Betrieb unter. Durch diese Verbindung mit der „richtigen" Wirtschaft ergeben sich sogar langfristig ganz neue Beschäftigungsoptionen für die Adressaten der Behinderteneinrichtung.

Die technische Wirksamkeit – wie sie beispielsweise in der psychosozialen Diagnose idealtypisch zu Tage tritt – suggeriert Planbarkeit, Beherrschung, Machbarkeit und die Hoffnung, sein Ziel zu erreichen. Im technischen Zugang betreibt der Methodiker die Veränderung seines Objektes auf der Basis eines ausgefeilten Expertenwissens. „Der Technologiebegriff bezeichnet hier einen Zusammenhang von Verfahren, die dazu benutzt werden, um Materialien mit vorhersehbaren Wirkungen und erkennbaren Fehlerquellen von einem Zustand in einen anderen umzuformen", schreiben Luhmann und Schorr (1982, S. 14) und konstatieren sodann für die Pädagogik das berühmt gewordene *„Technologiedefizit"* (dies. 1999, S. 120). Es ist in der Sozialen Arbeit genauso wie in der Pädagogik nur eingeschränkt möglich, Veränderungsprozesse über technische Rationalität zu bewirken. Denn im Kontrast zu technischen Disziplinen, die Leistungen im Rahmen standardisierbarer professioneller Programme erbringen können, sind *Allzuständigkeit* und *Alltagsorientierung* Wesensmerkmale der Sozialen Arbeit. Sie hat so gut wie keine thematischen Filter und muss zurückhaltend mit professioneller Programmierung sein, weil sie als Disziplin quasi darauf spezialisiert ist, Folgeprobleme funktional differenzierter professioneller Programme zu bearbeiten. Sozialarbeiter beschäftigen sich mit der Lebenspraxis und den Lebenslagen, und da gibt es eigentlich kein Phänomen, für das man als Sozialarbeiter nicht zuständig werden kann: Kühlschrank besorgen, Eheprobleme besprechen, Mieterversammlungen moderieren, Leserbriefe schreiben, Billard spielen, Gichtdiät, Schwimmunterricht geben, putzen, kochen, waschen, Steuererklärungen, Stadtratssitzungen, Motorräder reparieren etc. Freilich ist das Reparieren von Motorrädern nicht die genuine Aufgabe, aber unter Umständen genau der richtige Rahmen, um berufliche Zukunftsplanung mit einem jungen Mann zu betreiben, den dieses Ansinnen in purer Konzentration sofort in die Flucht schlagen würde. Bei der Lösung von Problemen, mit denen Sozialarbeiter konfrontiert werden, spielt die *technische* Intervention, durch die ein Experte ein Objekt (ein Arzt z.B. einen Körper) verändert, eine untergeordnete Rolle. Sozialarbeiter sind mehr als viele andere Professionen angewiesen auf die sozialen, wirtschaftlichen, politischen und individuellen Umstände einer Situation. Diese Umstände lassen sich nur sehr bedingt kontrollieren oder beeinflussen, vielmehr verlangen sie „praktische Klugheit" von Sozialarbeitern (Langhanky et al. 2004, S. 177).

Situative Wirksamkeit

In Konsequenz folgert Luhmann, dass es nicht die Pläne sind, die erfolgreiche Veränderungen vollziehen. Man sollte lieber auf „Gelegenheiten warten: wann ergibt sich ein Moment, der sofort wieder verschwindet, in dem man etwas sagen kann, was man niemals vorher und niemals hinterher mit der Überzeugungskraft, die sich aus diesem Moment ergibt, sagen kann. Man müsste eine Art Systemplanung haben, die nicht vorher die Mittel ausdenkt, mit denen man etwas bewirken will – das System ist in dem Zustand t1, ich will es zu t2 haben. Stattdessen sollte man eine Technik der Beobachtung von Gelegenheiten, die sich ergeben oder nicht ergeben, aneignen und diese Gelegenheiten dann ausnutzen." (Luhmann 1988, S 129)

> Ein Holzfällerbetrieb schlägt die Stämme und transportiert sie mühevoll aus dem Wald zur nächsten Stadt. Ein anderer Betrieb wirft die Stämme einfach in einen Fluss und fischt sie außerhalb des Waldes wieder heraus. Der zweite Betrieb nützt eine vorhandene Gelegenheitsstruktur und spart viel Energie.

Erfolgreich sozialräumlich arbeitende Sozialarbeit beherrscht neben der technischen Zielplanung auch eine Methodik, die keine zu festen und konkreten Ziele entwickelt, um offen für die Gelegenheiten bleiben zu können, die sich aus nicht vorhersehbar wechselnden Situationen ergeben. Die Methodik beginnt nicht mit der Zielbestimmung, sondern mit der Situationsanalyse, um die in einer Situation wirksamen Kräfte, das sog. *Situationspotenzial* aufzuspüren. Das sind Möglichkeiten, die in jeder Situation schlummern und manchmal nur eines kleinen Anstoßes bedürfen, oder Gelegenheiten, die man am Schopfe packen muss, weil sie nur einen Augenblick bestehen. Man muss erkennen, „wohin der Hase läuft", und sich günstig postieren, oder erkennen können, in welche Richtung die „natürliche Neigung einer Situation" verläuft, um dieses Gefälle nutzen zu können. Das Ergebnis fällt einem dann gleichsam in den

Schoß. Entscheidend sind allerdings die Fähigkeit sich auf den Fluss der Dinge zu konzentrieren, statt auf ein fixes Ziel und auf einen Plan, eine geschulte Wachheit, um Gelegenheiten in Situationen erkennen zu können, und die Beweglichkeit, die eigene Strategie an wechselnde Umstände anzuschmiegen, statt Umständen die Stirn zu bieten.

Situationspotenziale sind mindestens genauso wichtig wie Ziele, weil sie erst die notwendigen Energiequellen und Verstärkereffekte für Ziele bieten. Um Situationspotenziale zu nutzen, müssen Ziele auf sie zugeschnitten werden und dürfen sich nicht am allgemeingültigen Ideal orientieren. Mitunter lassen sich auch eigens Situationspotenziale arrangieren, wie es etwa im erlebnispädagogischen Ansatz „The mountains speak for themselves“ geschieht (vgl. Heckmair/Michl 2004). Dort liegt der Fokus weniger auf dem Handeln der Fachkraft während der pädagogischen Aktion, sondern mehr auf dem Arrangieren einer passenden Extremsituation, die aus sich heraus ausreichend gruppendynamische Wirkungen entfaltet.

Im Gegensatz zur *technischen Wirksamkeit*, die eher eine genaue Zielplanung und die Beherrschung eines vorgegebenen Ablaufes verlangt, kann man von *situativer Wirksamkeit* sprechen, wenn eine mit der Praxis verbundene Intelligenz gebraucht wird, die einen „Riecher“ für gute Gelegenheiten hat und sie mit gewiefter Geschmeidigkeit ergreift.

Die technische Wirksamkeit kann über Standardisierung von Arbeitsprozessen Transparenz und verlässliche Qualität sichern. Sie geht von Planbarkeit, Beherrschung und Zielen aus, und der Methodiker betreibt die Veränderung seines Objektes auf der Basis eines ausgefeilten Expertenwissens. Die Gefahr der technischen Wirksamkeit ist die routinierte Technikbeherrschung, die den Eigensinn der Adressaten, die Besonderheit des Einzelnen und die sozialarbeiterische Offenheit verloren hat. Eine weitere Beschränkung ist die weitgehende Ausblendung des Sozialen Raumes, der eher als Randbedingung oder Störfaktor begriffen wird.

Situative Wirksamkeit dagegen kultiviert gekonnt gestaltete amorphe Zieldefinitionen, die so bestimmt sind, dass die generelle Richtung klar ist, die allerdings auch so offen sind, dass man aus sich neu ergebenden Situationen ad hoc Gewinn zu schlagen vermag. Ein *Techniker* der Ehrenamtsförderung sucht solche Leute, die zu den Anforderungsbeschreibungen seiner Kollegen passen, vermittelt die anderen Bewerber weiter oder sagt ihnen ab. Ein *Gelegenheitsjäger* sucht außerdem vielversprechend qualifizierte oder erfahrene Leute aus und schafft die für sie passenden Aufgaben.

Während technische Wirksamkeit durch „zielbezogenes Handeln“ erreicht wird, geht es in der situativen Wirksamkeit um „Anpassung“. Die Anpassung an die Beschaffenheit der Situation ist wichtiger als die Kräfte und Anstrengungen des Handelnden. Das darf auf keinen Fall mit Passivität oder Gleichgültigkeit verwechselt werden, nach dem Motto: ‚Was werden soll, wird schon werden.' Das nicht eingreifende Handeln, das in der Anpassung liegt, lebt von seiner indirekten Wirksamkeit, indem es den Schwung ausnutzt, der in der Situation liegt und ihm nicht seine Ziele entgegenstellt. Das ist der Unterschied zwischen „Interventions-Push" und „Situations-Pull". In der technischen Wirksamkeit geht es darum, ein gegebenes Problem zu lösen. Das ist etwas, was man machen will, aber noch nicht schafft. Eine Gelegenheit hingegen lässt sich definieren als etwas, von dem man noch nicht weiß, dass man es machen will, obgleich man es könnte.

Von Edward de Bono stammt das Beispiel mit dem neu gekauften Wachhund, der einen Fehler hat: Er bellt nicht. Was kann man machen? Einen anderen kaufen, den Hund therapieren, die Funktion des Hundes zum Kuscheltier umdefinieren und einen elektronischen Alarm installieren, den Hund trainieren, einen Alarmknopf zu bedienen? Oder man könnte das Situationspotenzial, das im nicht bellenden Hund steckt, radikal ausnutzen, etwa indem man ein Warnschild aufstellt: „Vorsicht vor dem lautlosen Hund!" Ein hinterhältig sich anschleichender und geräuschlos angreifender Wachhund ist vielleicht noch viel abschreckender als einer, der bellt (vgl. 1991, S. 16).

Situative Wirksamkeit ist gewissermaßen unvermeidbares Erfolgsverhalten, das jede Situation nutzt und den Ausgang der Aktion nahezu „vorbestimmt", weil sie erst begangen wird, wenn sich die Situation entsprechend entwickelt hat. Die Kunst ist allerdings, Situationen überhaupt in ihrer Bedeutung richtig einschätzen zu können und das Unvermeidliche in ihnen ausfindig zu machen. Die Frage ist auch, *welche Struktur haben günstige Gelegenheiten*?

Struktur der Gelegenheit

Gelegenheiten entstehen aus Situationen, in denen man als Sozialarbeiter handelt. Sie entstehen nicht aus dem Handeln selbst, sie sind aber auch nicht nur die Umgebung des Handelns. Gelegenheiten entstehen durch das Zusammentreffen von Faktoren, das nicht planmäßig herstellbar und auch nicht exakt wiederholbar sind. Professionelle sozialarbeiterische Handlungen können „Gelegenheiten für intendierte Entwicklungsprozesse aber wahrscheinlicher werden lassen, ohne gewünschte Ergebnisse im Einzelnen treffsicher erzielen zu können" (Galuske 2003, S. 60).

In der griechischen Mythologie bezeichnet Kairos den Gott des günstigen Augenblicks. Er wird bildlich meist mit glattem Hinterkopf und nur auf der Stirn mit einem Schopf von Haaren dargestellt: die Gelegenheit, die man am Schopfe packen muss, die Gunst der Stunde, deren Beginn man erkennen muss, um ihren Verlauf proaktiv beeinflussen zu können. Für den technischen Plan sind die unkalkulierbaren Umweltkräfte, das Situationspotenzial der Gelegenheiten, mitunter geradezu Störfaktoren. Oberflächlich betrachtet, fallen einem Gelegenheiten unverhofft oder unverdient in den Schoß, weil die Handlungen, die sie wahrscheinlich machen, weit im Voraus einer aktuellen Situation geschehen sind: Wenn eine bilinguale Sozialarbeiterin in einem Mieterstreit von beiden Parteien akzeptiert wird, weil sie leidlich türkisch spricht, so waren dazu ein paar Jahre Vorbereitung nötig. Je früher man den Lauf der Dinge beeinflusst, desto weniger muss man ihn in einer aktuellen Situation beeinflussen. Früher Einfluss hat den Vorteil, dass dann die Situation noch flüssig und geschmeidig ist und nichts Widerstand leistet: Wenn eine Abteilung für Jugendgerichtshilfe ihre fachlichen Beziehungen zu Jugendrichtern pflegt, etwa durch das Versenden eines Newsletters, interessanter Fachartikel und Einladungsschreiben zu einschlägigen Vorträgen, wird im aktuellen Jugendgerichtsfall, wo man Akzeptanz für eine ungewöhnliche Gerichtsentscheidung braucht, weniger zu tun sein, als bei einem ungepflegten Verhältnis zum Gericht. Aus der Praxis des Family Group Conferencing (s. „Familienrat“) weiß man: Je mehr Energie man in die Vorbereitung eines Familienrates legt, etwa indem man Leute zum Mitmachen mobilisiert und ihnen verdeutlicht, dass sie einen entscheidenden Unterschied im Leben eines jungen Menschen bewirken können, desto höher wird die Wahrscheinlichkeit, trotz eines schwierigen Problems gute Ergebnisse zu erzielen.

Die Wirkung des beruflichen Handelns darf nicht mit zu viel Kraftanstrengung verbunden sein, weil Kraft sich verausgabt und weil fremde Kraft verdrängt, was von sich aus kommen wollte/könnte: In jeder Form aktivierender Arbeit weiß man, dass das Schädlichste gerade ein Zuviel an professionellem Engagement ist, weil man damit das Eigenengagement überflüssig macht, verdeckt oder entwertet. Man darf sich als Sozialarbeiter Wirkungen auch nicht aneignen, d. h. öffentlich auf das eigene Handeln zurückführen. Wenn die Besitzerschaft der urhebenden Faktoren bei den Betroffenen selbst bleibt, sagen alle von der sich ergebenden Wirkung ‚Das war meine Leistung‘ und verstärken sich selbst. Wirkung darf man nicht ausschöpfen, weil sie sonst ein Übermaß an Widerstand provoziert, der die Wirkung ins Gegenteil zurückwenden kann. Spektakuläre Wirkungen erzeugen Nebenwirkungen und Gegenreaktionen. Man muss sozusagen ökologisch mit wirksamen Kräften wirtschaften und auch die Gegenkräfte mit pflegen. Hier ist ein Schuss Dialektik gefragt: Will man etwas schwächen, muss man es stärken, soll sich etwas zurückziehen, muss man es entfalten, soll jemand geben, muss er erst nehmen, etc. Die Wirkung im technischen Sinne wirkt nicht mehr, wenn sie vollendet ist, die Wirkung im dialektischen Sinne wirkt, weil sie sich durch ihre Gegenkraft immer wieder ereignet.

Ein typisches Muster zum Entdecken von Gelegenheiten ist das „*Hinauswärts-Denken*". Problemlösendes Denken („Hereinwärts-Denken") beginnt bei einem angestrebten Ziel und versucht Wege zu finden, dieses Ziel zu erreichen. „*Hinauswärts-Denken*" beginnt nicht bei einem Ziel, sondern bei einem Ausgangspunkt. Das Ziel darf nur sehr generell im Hintergrund stehen (etwa: „Wir wollen besser zu den Stärken unserer Adressaten passende Lösungen entwickeln."). Ausgangspunkte können verschiedene Dinge sein:

- *Ausstattungspotenzial* der Teammitglieder oder der Einrichtung: Erfahrungen, Können, Image der Organisation, Gebäude, Fuhrpark, Klienten, Mitgliedschaften in Verbänden, Lage der Standorte, Biographie und Beziehungen der Mitarbeiter, …
- *Ablaufpotenzial*: Wie wir Dinge normalerweise tun, worin wir gut sind, …
- *Situationspotenzial*: Gelegenheiten, die in bestimmten momentanen Konstellationen stecken. Normalerweise entstehen solche Gelegenheiten durch Veränderungen von Umständen oder Veränderungen der eigenen Routinen (s. „Innovationsmanagement"). Man stellt sich als Gelegenheitenjäger (Opportunist) dabei die Fragen: „Nutzen wir diese Potenziale voll aus?" „Gibt es noch andere Möglichkeiten, diese Potenziale auszunutzen?"

Auch „*Entstandardisierung*" macht das Auffinden von Gelegenheiten wahrscheinlicher. Wir neigen in unserem Denken zu Vereinheitlichungen nach etwa folgendem Muster: „*Die* Jugendlichen/Klienten/Bewohner wollen das nicht/können das nicht/haben keine Beziehungen/sind nicht motiviert usw." Dabei übersehen wir leicht die Gelegenheiten, die in einzelnen Subgruppen von Jugendlichen/Klienten/Bewohnern stecken. Viele wollen oder können bestimmte Dinge vielleicht in der Tat nicht, aber die Jugendlichen/Klienten/Bewohner sind keine homogene Gruppe.

Jede Situation oder Eigenschaft bietet Potenziale, abhängig vom Kontext, in dem sie gesehen wird. Der vorlaute Junge ist eine Herausforderung für den Unterricht, aber als Klassensprecher einfach spitze. Gelegenheiten können entdeckt werden, indem man signifikante Punkte von Menschen oder Situationen identifiziert und gezielt *Kontexte sucht oder erfindet*, in denen genau diese Punkte echte „Bringer" wären. Die Frage lautet: „Unter welchen Umständen wäre diese Charakteristik eine echter Vorteil oder eine klasse Chance?"

Und schließlich sind *Kontaktstrukturen* Teil des Situationspotenzials: Jemanden zu kennen, der relevante Entscheidungen beeinflussen kann, oder die Situation gut versteht, oder die Vorlieben von Schlüsselpersonen kennt, oder weiß, wie man wichtige Informationen bekommt, beeinflusst den „Zufall".

I Handlungsfeld „Individuum“

Die auf der Handlungsebene „*Individuum*“ vorgestellten Techniken und Verfahren gehen vom Einzelfall aus. Das ist die Arbeit mit einzelnen Betroffenen, mit Familien, mit kleinen Gruppen, mit einzelnen Anwohnern, Teilnehmern, Volunteers oder Haushalten. Soziale Einzelfallarbeit ist professionelles Handeln, das Veränderungen herbeiführt, indem Adressaten und Fachkräfte gemeinsam Ziele und Pläne erarbeiten und umsetzen. Fallarbeit baut auf dem Wissen und den Erfahrungen von Adressat und Fachkraft auf. Sie beschäftigt sich mit der Veränderung von Verhaltensmustern und mit der Veränderung der auf dieses Verhalten wirkenden Umweltfaktoren. Sie zielt darauf, Kompetenzen und Spielräume von Menschen zu nutzen und zu vergrößern, ihren Zugang zu Ressourcen zu erweitern sowie ihre Macht als Betroffene zu steigern.

Ansatzpunkte von Fallarbeit sind einerseits die subjektiven Lebensstile, Weltsichten, Erfahrungen, Erwartungen und der Wille der Adressaten sowie ihre individuelle Ausstattung mit Ressourcen und ihr soziales Netzwerk. Die dargestellten Verfahren und Techniken ermöglichen Adressaten zum einen, sich in ihren Ressourcen und Stärken zu erleben. Zum anderen führen sie Fachkräften vor Augen, dass die Menschen, mit denen sie arbeiten, über vielerlei Ausstattungen verfügen, die für nachhaltige Lösungen genutzt werden können.

Die Techniken liegen auf drei Dimensionen.
Einmal geht es darum, überhaupt erst *Rahmenbedingungen* herzustellen, die strukturelle Unterschiede in der Positionsmacht von Experten und Betroffenen ausgleichen (Empowermentperspektive), denn vielfach leiden Hilfeprozesse daran, dass Adressaten gar nicht erst in die Lage kommen, effektiv mitzureden und mitgestalten zu können.

Die Technik „*Heimspiele organisieren*“ entwickelt einen Satz von Kriterien und Reflexionshilfen zur Analyse des Arbeits-Settings, in dem Hilfeprozesse ablaufen, und bringt Vorschläge, wie die Position von Betroffenen gestärkt werden kann.

Der *Familienrat* (engl. Family Group Conference) als Verwaltungsverfahren macht Familienangehörige, Verwandte und Freunde bei der Entwicklung von Lösungen konsequent zu Gestaltern und Entscheidern. Fachkräfte sind dabei nicht die Experten für die Planung von Hilfeleistungen, sondern eher Organisatoren, Informanten und Verhandlungspartner. Der Familienrat aktiviert die Selbsthilfe der privaten Netzwerke sowie der Regeleinrichtungen des Quartiers und stellt insoweit ein „Paradebeispiel“ für ein Verfahren innerhalb eines sozialraumorientierten Konzeptes dar.

Die zweite Gruppe von Methoden unterstützt die *Herausarbeitung und Nutzung der Stärken und des Willens* von Adressaten (Stärkenperspektive).

Der *Ressourcencheck* nimmt einen einzelnen Menschen in den Blick und macht ihn mit einem Stärken-Brainstorming eigens ausgewählter Netzwerkpersonen „stark“. Der Ressourcencheck ist eine Ergänzung oder Alternative für herkömmliche Bedarfsfeststellungen und Diagnosen. Er bringt einen konsequenten und systematischen Stärkenblick zur Anwendung und stellt jede Hilfeplanung auf Ressourcensicht und -nutzung ein.

Der Satz von Techniken, die unter „*Arbeit mit dem Willen*“ zusammengefasst wurden, beschäftigt sich mit der Erarbeitung des Willens der Betroffenen und mit dessen „Übersetzung“ in machbare Ziele.

Die dritte Methodengruppe schließlich erweitert die Sicht dessen, was der Fall ist, auf das *soziale Umfeld und das Soziale Kapital* von Betroffenen (Netzwerkperspektive).

Eco-Mapping und *Genogrammarbeit* als Ressourcensucher richten die Aufmerksamkeit auf die Ressourcen, die in den Netzwerken der Adressaten, in ihren starken und schwachen Beziehungen stecken.

Die einzelnen Methoden werden in den folgenden Sequenzen dargestellt: Fallbeispiel, Vorgehen, Anforderungen an die Fachkraft, mögliche Varianten, Material.

1 Heimspiele organisieren

Der Begriff „Heimspiel" wurde erstmals von Wolfgang Hinte in die Sozialarbeit übertragen (vgl. Hinte/Treß, 2007, S. 89). Er greift die Beobachtung auf, dass Menschen „daheim", also da wo sie sich am besten auskennen und ihre Verbündeten haben, selbstbewusster und erfolgreicher agieren. Fußballmannschaften gewinnen doppelt so viele Spiele im eigenen Stadium wie auswärts. Heimspiele in der Sozialen Arbeit organisieren heißt, die Rahmenbedingungen für Hilfeprozesse so zu gestalten, dass sie in erster Linie zur Kultur, zu den Routinen und Netzwerken von Adressaten passen. Meist ist eher das Gegenteil der Fall: Adressaten haben ein Auswärtsspiel, während Profis – was die Rahmenbedingungen betrifft – oft Heimvorteile haben, weil sie die Orte bestimmen, die Regeln definieren, die gesetzlichen Grundlagen kennen, Insiderwissen und Entscheidungsmacht haben.

Jörg

Jörg ist 16 Jahre alt. Er besucht die 9. Klasse der Hauptschule in A nach einem missglückten Realschulversuch. Jörg und seine Eltern sind echte Herausforderungen füreinander. Die Eltern können zwar durchaus akzeptieren, dass ihr Sohn in seiner Freizeit tut, was ihm Spaß macht, und manchmal zu recht vorgerückter Stunde nach Hause kommt. Schlaflose Nächte bereitet ihnen jedoch, dass Jörgs Lebensstil erhebliche Auswirkungen auf seine schulische Karriere hat. Seine Leistungen schwanken in Haupt- wie in Nebenfächern zwischen sehr guten und absolut miserablen Noten. „Angesichts der Ausbildungsstellenknappheit reicht das überhaupt nicht", reibt ihm der Vater wenigstens einmal pro Woche seine Missbilligung unter die Nase. Jörg ist den Attacken kaum gewachsen. Die Eltern „nerven ohne Ende". Nicht dass er sich, wenn er in einer Abfrage eine Fünf einheimst, nicht selbst in den Hintern treten könnte. Aber vor die Alternative gestellt, „Reli" zu büffeln oder sich mit seinen Freunden im alten Güterbahnhof zu treffen, verdrückt er sich lieber aus dem Haus. Der Stoff ist langweilig, und ihm wird schon was einfallen, was aber eben nicht immer gelingt.

Jörg hat eine Kompetenz entwickelt, mit deren Hilfe er sich seine Eltern vom Leibe hält. Er ist äußerlich die Ruhe selbst und kann Stress aussitzen. Er lässt nicht nur die „Vorträge" an sich abtropfen. Auch die Versuche seiner Eltern ihm mit Hilfe von „Experten" klarzumachen, dass er endlich etwas tun muss, lässt er ins Leere laufen. Vor einer Woche sollte er einen Termin mit seinem Klassenlehrer ausmachen: leider vergessen. Vorgestern hatte er mit seinem Vater einen Termin beim Berufsberater. Er wollte sich nach der Schule nur was hinlegen, und dann hat er so lange geschlafen, dass der Termin schon vorbei war, als er wach wurde. Im darauf folgenden unvermeidlichen Krach ist er einsichtig. Aber auch die nächsten Absprachen scheitern. Die Eltern sind machtlos. Die Situation ist aber auch für Jörg eine Qual.

Der Schulsozialarbeiter der Hauptschule, dem sich Jörg anvertraut, kennt die Eltern: Bildungsbürgertum, sprachlich souverän, beide Lehrer. Er schätzt die Situation so ein, dass die drei auch deshalb auf keinen grünen Zweig kommen, weil kein Gespräch auf „Augenhöhe" gelingt. Jörg befürchtet, dass das, was er bieten kann, bei den Eltern eh nicht zureicht und macht dicht. Der Schulsozialarbeiter entscheidet sich, der Familie ein gemeinsames Gespräch anzubieten, in dem es nicht um Noten gehen soll, sondern darum, wie Jörg und seine Eltern verhandeln können, ohne dass letztere ihn „verbal platt machen". Da ist es nicht damit getan, dass ein Profi moderiert. Der Schulsozialarbeiter versucht Bedingungen zu schaffen, die Jörg stark machen. Ort des Treffens ist der Güterbahnhof, Jörgs „zweite Heimat." In einer alten Montagehalle trifft sich seine Clique regelmäßig. Jörg kennt hier jedes Eck, obwohl er sich hier eigentlich nicht aufhalten darf. Aber der Zaun ist baufällig, und den sporadisch auftauchenden städtischen Arbeitern laufen die Jungen und Mädchen immer wieder davon. Wichtiger noch: Hier sind Jörgs Eltern fremd, Gäste ihres Sohnes und der vier Freunde, die der Junge zu dem Gespräch mitbringt. Überzahl macht stark. In der Halle hat die Clique Ziegelsteine und Blecheimer als eine Art Tafelrunde arrangiert. Jörg bietet seinen Eltern an, Platz zu nehmen.

1.1 Technik

Adressaten Sozialer Arbeit sind dann am stärksten, wenn sie sich auf dem zur Diskussion stehenden Gebiet auskennen bzw. sich selbst als Experten sehen und auch als solche gesehen werden, wenn die stärkenden sozialen Beziehungen ihrer Lebenswelt zum Tragen kommen und wenn Regeln gelten, deren Gralshüter sie selbst sind. Spezialisten dafür, was in diesem Sinne ein Heimspiel ist, können nur Betroffene selbst sein. Nur sie können die Lotsen an dem Ort sein, an dem sie wissen „wie der Hase läuft". Heimspiele sind damit oft Orte, an denen Profis genau das nicht wissen. Der Bemächtigung von Adressaten durch die Entscheidung für ein Heimspiel muss die Bereitschaft der Profis entsprechen, auf Macht zu verzichten.

Verkürzt wäre es davon auszugehen, dass die Wohnung immer gleich der Heimspielort ist. Die eigene Wohnung als Treffpunkt legt zwar eine Gastgeberrolle von Betroffenen nahe, bedeutet aber auch Rückzugsmöglichkeiten preiszugeben und viel von sich selbst zeigen zu müssen. Außerdem gibt es Nachbarn und der Termin kann soziale Folgen haben: „Wer war denn bei denen? Das sind keine von hier. Vielleicht stimmt bei denen was nicht." Man sollte also nicht zu schnell davon ausgehen, zu wissen, wo die Leute mit ihren Stärken „daheim" sind. Anhaltspunkte, an welchen Orten die Verringerung der strukturellen Machtdifferenz am wahrscheinlichsten ist, lassen sich mit Hilfe von Drei-Schritt-Fragen (vgl. Kron-Klees 1994, S. 36) gewinnen:

Möglicher Gesprächsverlauf	Sequenzen der Drei-Schritt-Frage
Sozialarbeiterin: „Wo wäre es Ihnen denn am liebsten sich zu treffen?	Definition des thematischen Rahmens
Wir haben da ganz verschiedne Erfahrungen gemacht. Manche Leute treffen sich am liebsten im Cafe, andere bei uns im Sozialdienst, wir könnten uns aber auch in ihrem Schrebergarten treffen oder aber in einem Raum ihrer Kirchengemeinde.	Eröffnung eines Spielraums von Möglichkeiten durch Beispiele
Was wäre der Ort, der für sie am besten wäre, wo Sie und ihre Familie sich am wohlsten fühlen würden? Sie entscheiden das."	Markierung, wer Definitionsmacht und Expertenstatus in dieser Frage hat, plus Aufforderung diese auszuüben

Drei-Schritt-Fragen können sich auf verschiedene Dimensionen von Heimspiel beziehen. Heimspiele sind eine Frage ...

des Ortes	Wo soll das Treffen stattfinden?
der Zeit	Wann soll das Treffen beginnen? Wann soll es enden? Wann werden Pausen von welcher Länge gemacht?
der personellen Zusammensetzung	Wer soll teilnehmen? Freunde, alle Familienmitglieder, Verwandte, bestimmte Professionelle (Pfarrer, Lehrerin etc.)
der Form des Beginns	Wie soll das Treffen beginnen? Gibt es familientypische Rituale, die ein Treffen zum Heimspiel machen? Tee oder Kaffee trinken, etwas essen ...
der Sprache, in der gesprochen wird	Wie ist die Muttersprache der Adressaten? Benötigen die Profis einen Dolmetscher?
der Regeln	Bei Billardspielen wird anders geredet als im klassischen Beratungsgespräch
des Inhalts	Wer bestimmt den Inhalt? Wer legt fest, wie lange worüber geredet wird?

Ein weiteres Beispiel für eine Drei-Schritt-Frage, die sich auf die Teilnehmer des Treffens bezieht:

Möglicher Gesprächsverlauf	Sequenz
Schulsozialarbeiter: „Wer soll denn bei dem Gespräch mit Deinen Eltern dabei sein?	Definition des thematischen Rahmens
Wir haben gute Erfahrungen gemacht, wenn Jungen ihre Freunde mitbringen, manchmal war es auch der Onkel, mit dem sie sich am besten verstanden, oder ein Fußballtrainer. Es kann auch gut sein, wenn der Schulsozialarbeiter dabei ist. Manche Jungen wollten auch ihren Lieblingslehrer dabeihaben.	Eröffnung eines Spielraums von Möglichkeiten durch Beispiele
Du weißt selbst am besten, wer dir bei dem Gespräch mit deinen Eltern den Rücken stärken kann. Wen willst du einladen?	Markierung, wer Definitionsmacht und Expertenstatus in dieser Frage hat, plus Aufforderung diese auszuüben

1.2 Anforderungen an die Fachkraft

Die wesentliche Anforderung an die Fachkraft im Rahmen der Heimspieltechnik besteht in der Bereitschaft, die eigenen Möglichkeiten zur Steuerung einer Situation zu verringern, sich zu entmächtigen.

Heimspiele zu organisieren, ist keine reine Organisationsaufgabe für Fachkräfte, sondern auch eine gewaltige Anpassungsleistung. Dabei können folgende Aspekte wichtig sein:

- *Das Einnehmen einer „One-Down-Position"* der Fachkräfte: Adressaten haben ein Recht, auf ihren Lebensstil, ihre Freunde, ihre Familie, Nachbarn usw., stolz zu sein. Fachkräfte begegnen Adressaten mit dem gleichen Respekt wie ihrem Chef und halten das auch in Situationen durch, die ihnen gegen den Strich gehen.
- *Eine gekonnte Inkompetenz* der Fachkraft: Adressaten sind Lebensweltexperten. Sie wissen über ihren Alltag besser Bescheid als jeder andere. Gekonnte Inkompetenz versteht sich auf das Einklammern des eigenen Wissens, um das Wissen und das Können der Anderen zu provozieren, die der Fachkraft zeigen, vormachen, beibringen, wie etwas getan werden kann.
- *Andock-Strategien* was Kleidung, Sprache, Verhaltensregeln, Art des Smalltalks usw. betrifft.

- *Hierarchiebestätigung* in Familien oder Cliquen: existierende Unter- und Überordnungsverhältnisse werden akzeptiert und im positiven Sinne „in die Pflicht genommen".
- *Stärkenblick*: Fachkräfte erkennen in den Geschichten von Betroffenen das Bewundernswerte und leisten Erzählungen und Nacherzählungen („Wie der Jörg vor einem halben Jahr seinen Eltern den alten Holzklotz als Sitzgelegenheit in vollendeter Gentleman-Manier angeboten hat, und wie denen da die Spucke weggeblieben ist, das war der absolute Hit ...").
- *Betroffene als Gastgeber:* Fachkräfte nehmen die Gastrolle und überlassen Adressaten die Gastgeberschaft.

1.3 Übungen

Ein unangenehmer Termin: eine Übung für Zwei

Erinnern Sie sich: Gab es in den letzten Monaten einen Termin, dem Sie entgegengezittert haben. Stellen Sie sich vor, Sie hätten die Situation als Ihr Heimspiel gestaltet können. Was hätte das Treffen geprägt auf den Ebenen:
Ort, Zeit, Ablauf, Zusammensetzung der Teilnehmer, Inhalte

Orte wechseln: eine Rollenspielreise
Nutzen Sie die Fallgeschichte „Jörg" und verteilen Sie die folgenden Rollen: Jörg, Vater, Mutter, Peter, Freund von Jörg, Karen, Freundin von Jörg, Jörgs Pate Bernhard, Schulsozialarbeiter

Spielen Sie das, in der Falldarstellung, angedeutete Gespräch zwischen Jörg und seinen Eltern nach, aber wechseln Sie die Orte, indem Sie in das Wohnzimmer des Rollenspielers gehen, der Jörgs Vater spielt, dann im Güterbahnhof oder Stadtpark auf einer Bank weitermachen, die Jörg ausgesucht hat, und danach in das Wohnzimmer der Rollenspielerin gehen, die Jörgs Freundin Karen spielt.

Reflexionsfragen
- Wie verändert sich der Ablauf des Treffens?
- Wie verändert sich das Erleben der Beteiligten?
- Können Sie Auswirkungen der verschiedenen Orte auf das Klima und Ergebnis des Gespräches fest machen?
- Welche sind das? Wie beurteilen Sie diese Unterschiede in ihrer Bedeutung für einen Fallverlauf?

2 Familienrat

Eine Familie als „Pflegenetzwerk"
Frau M., 35 Jahre, alleinerziehende Mutter zweier Töchter, kennt die Psychiatrische Klinik von innen und von außen und das im Vierteljahresrhythmus. Nach einem Selbstmordversuch und einem dreimonatigen Aufenthalt in der Psychiatrie wurde sie nach Hause entlassen. Seitdem lebt sie mit einer spezifischen Medikamentierung, die ihr ermöglicht, ihre Kinder und den Haushalt zu versorgen. Frau M. leidet darunter, Medikamente nehmen zu müssen. Sie erinnern sie daran, dass sie nicht fit ist. Frau M. will aber fit sein. Wenn sie aus dem Krankenhaus entlassen wird, dann dauert es zwar einige Zeit, bis sie und ihre Kinder den gemeinsamen Alltagsrhythmus zurückgewonnen haben. In dem Maße aber, wie ihr das gelingt, wächst die Hoffnung, auf die Medikamente verzichten zu können. Frau M. medikamentiert sich dann nach Gefühl, je nachdem, wie gut ihr und den Kindern der Tag gelingt. Damit wird ein Prozess in Gang gesetzt, den die Frau in der Konsequenz nicht beherrscht. Der nächste Psychiatrieaufenthalt ist vorprogrammiert. Die Töchter müssen dann wieder untergebracht werden. Das Jugendamt vermerkt diesen Drehtürprozess zum fünften Mal. Eine permanente Fremdplatzierung wird zum Wohle der Kinder erwogen.

Mit Hilfe eines Familienrates gelingt es der Familie jedoch, diesen Teufelskreis zu unterbrechen. Eine wesentliche Rolle spielen dabei Frau M.s Eltern, ihre zwei Schwestern und deren Ehemänner, der Lieblingsonkel von Frau M. und ein Oberarzt der psychiatrischen Klinik. Die Koordinatorin begrüßt die Anwesenden und erklärt die Spielregeln des Familienrates. Dann trägt die zuständige Mitarbeiterin des ASD der Familie vor, warum sich das Jugendamt Sorgen macht: Die Mädchen möchten mit ihrer Mutter leben. Der Verlust der Eigensteuerungsfähigkeit Frau M.s und wechselnde Heimaufenthalte, die jeweils mit Verlassen des gewohnten Alltags in Schule und Freizeit verbunden sind, belasten die Mädchen aber sehr. Wie kann die Familie die Kinder und ihre Mutter unterstützen?
Der Facharzt als Informant erklärt der Familie, woran Frau M. erkrankt ist, wie die Medikamente wirken und welche Effekte eine nicht kontinuierliche Einnahme der Medikamente hat. Er macht deutlich, dass die Krankheit im Prinzip außerhalb der Psychiatrie beherrschbar ist, wenn man die Warnzeichen für eine Verschlechterung richtig lesen kann und wenn man die Medikamente zuverlässig nimmt. Das macht der Familie Hoffnung.
In der „Familienzeit" entwickelt die Familie die folgende bis heute tragende Lösung: Der Onkel kontrolliert zweimal pro Woche ob die Medikamente im Kühlschrank von Frau M. wie verordnet weniger werden. Er meldet sich alle vier Wochen telefonisch beim Sozialdienst der Klinik und berichtet. Die Mutter von Frau M. wird von der psychiatrischen Klinik trainiert, frühe Warnzeichen einer Verschlechterung des Gesundheitszustandes ihrer Tochter zu erkennen. Sie verbringt zwei Tage pro Woche mit ihr und den Enkelinnen. Anfangs wöchentlich, dann 14-tägig, schließlich alle vier Wochen trifft die Mutter den Oberarzt und bespricht ihre Beobachtungen. Dieser garantiert, für sie erreichbar zu sein, wenn sie etwas erlebt, was sie verunsichert. Frau M. meldet sich an jedem Monatsbeginn im Jugendamt und berichtet, „ob alles klappt".

Der Familienrat realisiert in radikaler Form Rechte und Verantwortlichkeiten von Betroffenen in Hilfeplanungsverfahren[1], um beobachtbaren Kolonialisierungstendenzen durch Experten und Verwaltungen (vgl. Habermas 1982) entgegenzuwirken.

Das in Neuseeland entwickelte Verfahren der Lösungsplanung (Family Group Conferencing) im Jugendgerichtsbereich und in den Erziehungshilfen beruht auf der Erfahrung, dass klassische Hilfeplanungsverfahren wegen ihrer Expertenlastigkeit zu oft zu Ergebnissen führen, die besser zu den Hilfsorganisationen und Fachkräften passen als zu den Betroffenen. Stattdessen geht der Familienrat[2] axiomatisch davon aus, dass Familien in den allermeisten Fällen durchaus selbst imstande sind, Lösungen zu entwickeln, vorausgesetzt es gelingt dem Hilfesystem, die folgenden Rahmenbedingungen zu realisieren:

Die am Prozess beteiligte Familiengruppe (Verwandte, Freunde, Bekannte, Nachbarn etc.) ist genügend groß. D.h. es konnten genügend Leute aus dem Netzwerk der direkt Betroffenen für den Familienrat mobilisiert werden. Mitunter ist dieses Netzwerk auch eigens für den Familienrat neu auszubauen. Wesentliches Ziel ist es, *den Kreis der familiären Unterstützerinnen und Unterstützer zu erweitern.*

Es gelingt, der Problemlösungskultur der Familiengruppe ausreichend Raum zu geben. Teilnehmer, Ort, Zeit, Dauer und Ablauf des Familienrates werden von der Familie bestimmt, die so das Verfahren und den daraus resultierenden Plan „in Besitz nimmt" (engl. „ownership").

Die Fachkräfte dürfen bei der Lösungsentwicklung selbst nicht mittun, ja nicht einmal dabei sein (*Lösungsabstinenz der Fachkräfte*). Sie haben lediglich

1 Im Folgenden benutzen wir „Lösungsplanung" anstelle des eingeführten Begriffes „Hilfeplanung". Wenn wir Verfahren und Haltungen favorisieren, die Betroffene selbst zu den zentralen Akteuren der Hilfe machen, ist der Begriff „Hilfeplanung" irreführend und nicht zweckdienlich, fokussiert er doch eher die Koordination des Hilfesystems unter Beteiligung der Betroffenen, denen Hilfe zuteil wird (vgl. die Begriffe „Leistungsempfänger", „Hilfegewährung", „Leistungserbringer" u.ä.). Diese Fachtermini konzentrieren sich mehr auf die Leistungen des professionellen Systems denn auf die Leistungen der Lebenswelt. Wenn die uralte Forderung nach „Hilfe zur Selbsthilfe" ernst gemeint ist, brauchen wir auch eine Begriffswelt, die dieses Postulat unterstützt. Uns erscheint der Begriff „Lösungsplanung" zumindest neutraler, meint er doch, dass ein Plan gemacht wird, der ein Problem lösen soll. Beim Verwandtschaftsrat ist es die Familie, die den Plan macht und sich der professionellen Unterstützung dazu bedient.

2 „Family Group Conference" lässt sich als engl. Fachbegriff nur schwer im deutschen Sprachraum verwenden. Die direkte Übersetzung „Familiengruppenkonferenz" erscheint zu kompliziert für den Alltagsgebrauch mit Betroffenen. „Netzwerkkonferenz" trifft den Sachverhalt, ist aber als Begriff nicht sehr lebensweltnah. Seit 2008 treffen sich bundesweit Fachkräfte zum Thema „Familienrat". In der ersten dieser Netzwerkkonferenzen in Berlin wurde entschieden, zukünftig mit der Bezeichnung „Familienrat" weiter zu arbeiten. Auch dieser Begriff vermag offensichtlich noch nicht alle zu überzeugen und so bleiben nach wie vor auch Begriffe wie „Familiengruppenkonferenz" oder „Verwandtschaftsrat" gebräuchlich.

die Funktion, klar die Fakten darzustellen, die ihnen Sorge bereiten, und die Konsequenzen aufzuzeigen, die zu erwarten sind, wenn sich nichts ändert. Sie dürfen sich aber nicht dazu äußern, *wie* die Schwierigkeiten zu lösen sind.

Allerdings wird von den Fachkräften eine sichtbare positive Erwartungshaltung verlangt. Sollte ihnen der Plan der Familie nicht gefallen, müssen sie sehr konkret sagen, wo genau nachgebessert werden soll. Für die Planoptimierung hat dann allerdings wiederum die Familiengruppe die Autorität.

Zwischen den Fachkräften existiert eine strikte Arbeitsteilung, die in den Hilfen zur Erziehung so aussieht: Die Fachkraft des ASD stellt die Probleme dar und formuliert einen dementsprechenden Lösungsauftrag. Der aus einer anderen Organisation(seinheit) stammende Koordinator wacht über die Prinzipien des Familienrates, mobilisiert viele Leute zur Teilnahme und tut alles, damit der Prozess *ein Heimspiel der Familie* wird (vgl. dazu auch die Rollen, die Kleve 2007 in Kinderschutzfällen vorschlägt: S. 139). Die *Neutralität der Koordination* ist ein wesentlicher Qualitätsstandard des Verfahrens.

Durch fallunspezifische Arbeit (s. Kapitel „Netzwerk") verfügen die Fachkräfte über die notwendigen Kenntnisse und Beziehungen im Stadtteil, um gegebenenfalls Netzwerklücken der Familie schließen zu können (vgl. Früchtel 2002, Früchtel/Budde 2003 u. Budde/Früchtel 2009).

Arbeitsfelder, in denen der Familienrat Anwendung findet

In *Neuseeland* wird Family Group Conferencing als gesetzlich vorgeschriebenes Verwaltungsverfahren zur Entwicklung von Lösungsplänen in Erziehungshilfefällen und bei jugendlichen Straftätern durchgeführt. In beiden Fällen ist er mit dem deutschen Hilfeplanungsverfahren nach § 36 SGB VIII zu vergleichen. In *Holland* wird der Familienrat in nahezu allen Bereichen eingesetzt, in denen Familien kollektive Problemlösungen erarbeiten können: Arbeitssuche, Pflege, Finanzprobleme, Erziehungshilfefragen, Gesundheitsbereich. Er ist dort unter der Bezeichnung „Eigenkracht Conferentie" eingeführt (dt. Eigenkraft-Konferenz).

In *Deutschland* erproben einige innovative Jugendämter das Verfahren, und es gibt zwei Modellprojekte, wovon eines den Familienrat in den Hilfen zur Erziehung und das andere bei Jugendlichen erforscht, die in der Schule nicht zurechtkommen.

Arbeitsteilung zwischen fallzuständiger Fachkraft und Familienrats-Koordinatorin

Das SGB VIII überträgt Sozialarbeitern des Jugendamtes einerseits die Aufgabe, Familien zu beraten und zu unterstützen, wie sie ihren Alltag gelingender hinbekommen können – wenn nötig parteilich. Andererseits haben Jugendamtsmitarbeiterinnen auch über das Wohl von Kindern zu wachen (sog. Wächteramt) und müssen – wenn nötig gegen den Willen der Eltern – Kinder schützen, wenn etwa ihre Gesundheit gefährdet ist.

Der Familienrat trennt diese Aufgaben. Er kennt zum einen die Rolle der „*fallzuständigen Fachkraft*". Ihre Aufgabe ist es,

- den Familienrat anzuregen und die Familienrats-Koordinatorin mit der Organisation zu beauftragen,
- eine Familie präzise zu informieren, was an den Entwicklungsbedingungen eines Kindes dem Jugendamt Sorge macht,
- genau zu formulieren, für welche(s) Problem(e) die Familie im Familienrat einen Lösungsplan erarbeiten soll,
- die Familie bei der Umsetzung ihres Planes zu unterstützen, wenn dies Teil des Planes ist.

Die andere Rolle ist die der Familienrats-*Koordinatorin*. Ihre Aufgabe ist es,

- die Familie bei der Organisation des Familienrates zu unterstützen,
- zu gewährleisten, dass die Prinzipien des Verfahrens eingehalten werden, insbesondere das Recht der Familie, ihre eigene Lösung zu finden. Natürlich muss diese Lösung eine Antwort auf die Sorge des Jugendamtes sein, aber eben die Antwort der Familie.

In *Neuseeland* bilden die Koordinatoren gewissermaßen eine eigene Berufsgruppe im Jugendamt, die fachlich unabhängig von den ASD-Sozialarbeitern ihre Aufgabe ausführt. In *Holland* unterstützen Fachkräfte, die bei Wohlfahrtsverbänden arbeiten, Ehrenamtliche (!), die als Koordinatoren in Eigenkracht-Konferenzen auftreten. In *Deutschland* übernimmt in der Regel eine Sozialarbeiterin des Jugendamtes, die noch nicht mit der Familie gearbeitet hat, oder eine Mitarbeiterin eines mit der Koordination beauftragten freien Trägers, die Aufgabe der Koordination. Der Vorteil der Rollentrennung liegt auf der Hand. Die fallzuständige Sozialarbeiterin kann sich auf die Benennung ihrer Sorge und auf die Beurteilung des Lösungsplanes der Familie konzentrieren, die Koordinatorin stellt die Rahmenbedingungen sicher, die die Familie braucht, um gut planen zu können, und sie moderiert die Sitzung.

2.1 Einen Familienrat organisieren

Phasen des Familienrates
Die Lösungsplanung mit Hilfe des Familienrates gliedert sich in drei Abschnitte: Vorbereitung, Familienrat und Evaluation. Im eigentlichen Familienrat sind ca. zehn Phasen zu unterscheiden.

A. Die Vorbereitung der Familie und der am Familienrat teilnehmenden Professionellen
B. Der Familienrat:
   1. Begrüßungs- und Eingangsphase mit Familienritual und ggf. Essen.
   2. Die Koordinatorin stellt noch einmal kurz die Prinzipen des Familienrats dar.
   3. Die fallzuständige Sozialarbeiterin trägt die Sorge des Amtes vor und die anderen anwesenden Fachkräfte (z. B. ein Lehrer oder Arzt) berichten ihren Sachstand.
   4. Die Koordinatorin stellt einen Konsens aller Anwesenden her, dass ein zu lösendes Problem vorliegt.
   5. Die Fachkräfte stellen weitere Informationen bereit, die hilfreich für einen Lösungsplan sein können und beantworten Nachfragen.
   6. Die Koordinatorin formuliert den Auftrag für die Familie.
   7. Exklusive Familienzeit: Die Fachkräfte verlassen den Raum und die Familiengruppe berät ihren Plan.
   8. Wenn sie fertig ist, holt die Familiengruppe diejenigen Fachkräfte zurück, die für den weiteren Verlauf des Familienrat wichtig sind, und stellt ihren Lösungsplan vor.
   9. Diskussion des Plans. Eventuell findet eine weitere exklusive Familienzeit statt, wenn nach Überzeugung der fallzuständigen Sozialarbeiterin bestimmte Aspekte noch nicht gelöst sind.
   10. Konkretisierung und schriftliche Formulierung des Plans: Wer ist wofür zuständig? Wie wird kontrolliert, ob der Plan funktioniert? Wann wird evaluiert?
C. Ein zweiter Familienrat zur Evaluation der erzielten Ergebnisse

Die Darstellung vermittelt den Eindruck, dass der wesentliche Aufwand der Familienrat selbst ist. Doch dieser Eindruck täuscht. Der Familienrat selbst dauert ca. 4 bis 6 Stunden. Die Vorbereitung der Teilnehmer ist aufwändiger. Für die Vorbereitung der Familie und ihrer Freunde müssen in der Regel zwischen 15 und 25 Arbeitsstunden investiert werden.

Haltungsfragen
Auch wenn aktuell Probleme dazu führten, dass der Kontakt zustande kam, sind Sozialarbeiter, die einer Familie die Durchführung eines Verwandtschaftsrates anbieten, davon überzeugt, dass diese Familie in der Vergangenheit die Aufgaben, die sich im Alltag stellen, immer wieder gut hinbekommen hat und dass in Gesamtfamilie und Freundeskreis mehr Ressourcen für sichere Lösungen zur Verfügung stehen, als vom Profisystem bereit gestellt werden könnten. Koordinatoren versuchen vom ersten Kontakt an deutlich zu machen, dass es ihnen darum geht, die Familie stark zu machen und Bedingungen zu schaffen, unter denen die Ressourcen und Kompetenzen einer Familiengruppe so gut wie irgend möglich zum Tragen kommen können. Das kommt in den neuseeländischen Basisprinzipien deutlich zum Ausdruck:

Basisprinzipien des Familienrats[3]
- Die Familiengruppe muss bei allen Maßnahmen des Jugendamtes beteiligt werden.
- Die Beziehung eines jungen Menschen zu seiner Familiengruppe muss erhalten bleiben.
- Bei jeder Entscheidung ist zu erwägen, wie diese sich auswirkt auf das Wohl des jungen Menschen *und* auf die Stabilität der Familie und Familiengruppe.
- Die Wünsche des jungen Menschen sollen berücksichtigt werden.
- Anstrengungen sollen unternommen werden, um die Ressourcen der Eltern und anderer Personen, die sich an der Erziehung beteiligen, sowie die Ressourcen des jungen Menschen selbst zu nutzen.
- Das Handeln der Jugendhilfe soll sich am Zeitempfinden des jungen Menschen orientieren.

Die Kontaktaufnahme
Die Familie bestimmt im Wesentlichen wie der Familienrat abläuft. Die Koordinatorin wirbt zwar für das Verfahren, drängt es aber nicht auf und akzeptiert die Grenzziehungen der Familien. Sie macht keinen überraschenden Hausbesuch, sondern schreibt einen Brief, in dem der Familienrat, seine Ziele, seine möglichen Verläufe und Konsequenzen dargestellt werden. Ein Brief lässt einer Familie mehr Vorbereitungs- und Reaktionsmöglichkeiten als ein Telefonanruf. Einen Brief kann man erst mal zur Seite legen und dann öffnen, wenn es einem passt. Man kann einen Brief mehrmals lesen, über die eigene Antwort

3 Zitiert nach Allan MacRae, National Manager of Family Group Conference Co-ordinators in Neuseeland, Fachtagung, Berlin, 22.-23.04.2004: (Mehr) Selbstverantwortung zulassen. Neue Konzepte in der Kinder- und Jugendhilfe; Übersetzung der Verfasser

nachdenken und sich mit Vertrauten besprechen. Ein Anruf ist zudringlicher und passiert normalerweise dann, wenn es für den Anrufer passt und dieser vorbereitet ist. Die Koordinatorin regt in ihrem Schreiben mit Dreischrittfragen (s. Kapitel „Heimspiele organisieren") einen ersten Kontakt an. Insbesondere wird verdeutlicht, dass die Familie …

- das Recht hat, zu jeder Idee, die von Profis vorgeschlagen wird, „nein" zu sagen, egal ob sie sich auf den Ablauf des Familienrates oder auf mögliche Lösungen bezieht.
- bestimmen kann, wer am Familienrat teilnimmt, wo, wann und vor allem wie er stattfindet. Denn an dem „Wie" wird deutlich werden, wessen Verfahren da abläuft und wer ein Heimspiel hat, die Familiengruppe oder die Profis.

Die Klärung der Fragen, wer am Familienrat teilnehmen, wo er stattfinden und wie er beginnen soll

Je mehr Personen teilnehmen, desto mehr Ideen, klärende Beiträge und Ressourcen sind im Raum. Das heißt, die Wahrscheinlichkeit, dass brisante Aspekte unter den Teppich gekehrt werden, verringert sich mit wachsender Teilnehmerzahl. Die Erfahrung zeigt, dass sich in einer großen Gruppe immer Leute finden, die eine ausgesprochene „Kinderschutzhaltung" einnehmen. Je mehr Leute versammelt werden, desto zahlreicher werden andererseits Ideen und Hilfequellen. Nicht alle Mitglieder einer Familie sind beliebt. Wenn es sich dabei um einflussreiche Verwandte handelt, ist ihr Dabeisein jedoch wichtig, weil ohne ihr Mittun oder ihre „Genehmigung" der Plan scheitern könnte.

Techniken zur Klärung der Frage „Wer nimmt teil?"

8-Felder-Karte	Mit Hilfe der 8-Felder-Karte wird ein breites Personenspektrum erfasst und dann jede Person auf ihre Möglichkeiten überprüft, Beiträge zu einer Lösung beizusteuern. (s. Kapitel „Eco-Mapping")
Offene Fragen an die direkt Betroffenen	Wer in Ihrer Familie und in Ihrem Bekanntenkreis ist für Sie wichtig? Mit wem verstehen Sie sich gut? Wen fragen Sie normalerweise um Rat? Wen würde Ihre Tochter um Rat fragen? Welche Person darf auf keinen Fall fehlen? Wer sollte nicht am Familienrat teilnehmen? Sehen das Deine Eltern und Geschwister ebenso?
3-Schritt-Fragen	*Definition des thematischen Rahmens:* „Wir haben gute Erfahrungen damit gemacht, dass die wichtigen Personen Ihres Freundeskreises und Ihrer Familie am Familienrat teilnehmen, weil sie Sie gut kennen und mögen." *Eröffnung eines Spielraums von Möglichkeiten:* „Das können Ihre Eltern und Geschwister aber auch Leute sein, die in der Nachbarschaft wohnen oder in Ihrem Verein sind, oder Arbeitskollegen, gute Freunde, Schulkameraden." *Markierung von Definitionsmacht und Expertenstatus:* „Wer sind für Sie die wichtigen Personen, die Sie zu Ihrem Familienrat einladen werden?" (s. Kapitel „Heimspiele organisieren")
Durchfrage-Technik	Man fragt eine zentrale Person, wer für den Familienrat wichtig sein könnte und befragt dann alle von ihr genannten Personen, nach weiteren potentiellen Teilnehmern. Diese Technik ermöglicht der Koordination einen Einblick, wer besonders häufig genannt wird, stellt aber auch sicher, dass unterschiedliche Personen mit verschiedenen Perspektiven einen Beitrag zum Thema „Zusammensetzung des Familienrat" leisten können. Die Chance wird dadurch sehr groß, viele und alle wichtigen Mitglieder der Familiengruppe zu erfassen.

Und wenn sich die Familie nicht einig ist?

Das kann viele Gründe haben: Geschiedene Eltern wollen nicht mehr miteinander reden oder haben Angst, die neuen Partner zu sehen; wichtige Familienmitglieder haben Streit miteinander; eine Frau hat Angst zu kommen, weil sie sich vor einem möglichen Wutausbruch ihres Ex-Mannes fürchtet usw. In der Praxis wird eine gute Koordinatorin alles Mögliche tun, um Bedingungen zu schaffen, unter denen die wichtigen Mitglieder irgendwie miteinander nach Lösungen suchen können, ohne dass die Grenzen von einzelnen überschritten werden. Dazu ist mitunter eine Portion Findigkeit und Erfahrung notwendig. Anbei einige Beispiele für Arrangements in schwierigen Situationen:

Unüberbrückbar scheinende Konflikte zwischen Eltern, die sich nicht zu Gesicht bekommen wollen	→	Der Familienrat findet in einem Haus, aber in zwei verschiedenen Räumen statt. Lösungen werden durch Parlamentäre ausgehandelt.
Eine Mutter hat Angst vor den Blicken ihres Ex-Mannes	→	Der Koordinator setzt sich neben die Mutter und sucht Blickkontakt zu dem Mann, wenn er seine Ex-Frau in der befürchteten Art fixiert.
Es wird der Ausbruch von Gewalt befürchtet.	→	Hinter einer Glasscheibe sitzt ein Polizist und sichert einen einigermaßen friedlichen Verlauf allein durch seine Anwesenheit.
Ein Mädchen will nicht im gleichen Raum mit ihrem Vater sein, der sie misshandelt hat.	→	Der Familienrat wird per Video in einen anderen Raum übertragen, wo das Mädchen sitzt und „Briefe" an den Familienrat schreiben kann, sollte sie in das Geschehen eingreifen wollen.
Wichtige Teilnehmer wollen (oder können) zum Termin nicht kommen.	→	Ihr Beitrag, ihre Botschaft wird durch einen Brief, ein Video oder eine/n Vertreter/in in den Familienrat eingebracht.

Die Frage des Ortes

Dass dem Ort eine wichtige Bedeutung zukommt, wurde bereits im Kapitel „Heimspiele organisieren" dargestellt. Die Familiengruppe soll „Herr im Haus sein", die Professionellen hingegen „nur" die Gäste. Das kann in der Wohnung der Familie, in der des Bruders oder in der der Nachbarin sein, oder im Kirchengemeindesaal, im Vereinsheim, unter Umständen auch im Besprechungszimmer eines freien Trägers. Das entscheidende Kriterium ist, dass sich die Familie ganz bewusst für einen Ort entscheidet, an dem sie meint, am besten in eigener Regie planen zu können. Die Koordinatorin kann auch hier z. B. mit einer 8-Felder-Karte helfen (siehe Eco-Mapping).

Der Beginn

Der Familienrat ist eine Veranstaltung der Familiengruppe. Das sollte schon durch den Beginn deutlich hervorgehoben werden. Wenn Teilnehmer an der vertrauten Symbolik erkennen, dass das IHR Familienrat ist, erhöht solche Besitzerschaft (engl. ownership) die Verantwortung für Ablauf und Ausgang. Das kann durch familieneigene Alltagsrituale, Gebräuche, Mahlzeiten, Tischkarten u. ä. unterstützt werden. Manche Familien sprechen ein gemeinsames Gebet, manche veranstalten ein üppiges Mahl, in Neuseeland ist „a cup o' tea" geradezu obligatorisch. Aber auch türkische Familien trinken Tee, andere lassen die Autoritätsperson in der Verwandtschaft eine Begrüßungsrede halten oder singen ein passendes Lied zur Einstimmung. Die Bedeutung des Familienrat kann auch durch besondere Gäste, wie den Pfarrer oder Imam, „aufgeladen" werden. Eine wichtige abwesende Person oder ein verstorbenes Familienmitglied kann durch einen leeren Stuhl oder eine Fotografie „anwesend gemacht werden". Selbstverständlich sollte der Familienrat in der Sprache der Familie stattfindet. Dolmetscher (die durchaus auch zweisprachige Familienmitglieder sein können) werden den Fachkräften das Nötige übersetzen.

Kinder oder Jugendliche sind meist sehr gute Ratgeber um einen Familienrat zu organisieren, allerdings brauchen sie etwas mehr Zeit als Erwachsene, um sich auf diese Aufgabe einzustellen. Siehe dazu die Vorbereitungshilfe: Kinder als Ratgeber im Materialanhang.

Offene Fragen zur Entdeckung von Familienritualen

- Wie sehen Festessen oder Mahlzeiten an Festtagen in Ihrer Familie aus?
- Wie begehen Sie erfreuliche oder auch traurige Anlässe?
- Was tun Mitglieder in Ihrer Familie, wenn sie sich nach längerer Zeit treffen?
- Woran könnten Nachbarn erkennen, dass Sie ein Familientreffen veranstalten?
- Wer aus Ihrem Dorf/Ihrem Stadtteil muss anwesend sein, damit Ihre Verwandten sehen können, dass es Ihnen um etwas sehr Wichtiges geht?
- Die inhaltliche Vorbereitung der Mitglieder der Familiengruppe
- Die Vorbereitung der Mitglieder der Familie und des Freundeskreises stellt eine der wichtigsten Aufgaben dar. Jeder Teilnehmer muss genau wissen, was ihn im Familienrat erwartet und was von ihm erwartet wird. Es geht im Familienrat nicht darum…
  - die Ursachen von Problemen zu finden, sondern eine brauchbare Lösung zu erarbeiten.
  - die Schuldigen in der Familie zu finden, sondern Helfer für die Problemlösung zu aktivieren.

- zu allem ja und amen zu sagen, sondern einen sicheren Plan für die Kinder zu erstellen.

Die Aufgabe der Koordinatorin besteht darin, alle Teilnehmer vorher kennenzulernen, sie über die Grundsätze und Vorgehensweisen des Familienrats zu informieren, sie für eine Teilnahme zu werben und auf den Familienrat vorzubereiten. Sie lässt einen Flyer dort, in dem alle wesentlichen Informationen noch einmal nachlesbar sind. Sollten wichtige Personen nicht persönlich teilnehmen können, wird die Koordinatorin Wege finden, ihren Beitrag dennoch einzubauen, etwa indem ein Brief geschrieben oder ein Video gedreht wird. Man kann auch aus einem Familienrat heraus anrufen und eine Meinung einholen. Sollte die Teilnahme an den Reisekosten scheitern, kann der öffentliche Träger im Rahmen der wirtschaftlichen Jugendhilfe helfen. Wenn wichtige Teilnehmer im Clinch miteinander liegen, heißt das nicht, dass sie keinen Beitrag leisten können.

Svenja, 8 Jahre
Ein Familienrat sollte klären, wie Svenja während des Aufenthalts ihrer Mutter in einer Drogenklinik betreut werden kann. Die Patentante Svenjas, die ältere Schwester der Mutter, konnte sich eine Teilnahme am Familienrat nicht vorstellen. Zu sehr hatte sie sich mit ihrer jüngeren Schwester überworfen. Sie hatte sich von ihr beleidigt gefühlt und öffentlich erklärt, nie mehr mit ihrer Schwester sprechen zu wollen. Die Koordinatorin handelte mit ihr und ihrem Mann aus, dass wenigstens er teilnahm, die Patin hingegen im Café um die Ecke warten solle, falls ihre Meinung in irgendeiner Sequenz des Familienrats wichtig werden würde. In der ersten Pause der Familienzeit kam ihr Ehemann zu ihr ins Cafe mit den Worten: „Wir brauchen dich da oben!" Seine Frau „sprang über ihren Schatten", kam mit nach oben und leistete den entscheidenden Beitrag zur Lösung. Sie und ihre Schwester reden wieder miteinander.

Die inhaltliche Vorbereitung der Fachkräfte
Die fallzuständige Sozialarbeiterin kann erläutern, was das Jugendamt bisher getan hat. Sie hat sich gut vorbereitet und kann ihre Sorge präzise vortragen ohne Fachjargon und Fremdworte. Sie kann konkrete Beispiele nennen, die ihre Einschätzung, dass etwas geschehen muss, verdeutlichen und belegen. Die anderen Fachkräfte (das kann die Hausärztin, der Klassenlehrer, eine Sozialarbeiterin der Schuldnerberatung, jemand von der Erziehungsberatungsstelle, ein Polizist, eine Mitarbeiterin des Kindergartens, oder ein Sozialarbeiter der Tagesgruppe sein) wissen, dass ihre Aufgabe nicht darin besteht, Lösungen vorzutragen oder implizit zu empfehlen. Sie bringen ihre Erfahrungen und ihr Wissen ein, damit die Familiengruppe den Sachverhalt auch aus der Perspek-

tive der Professionellen kennt. Auch diese Fachkräfte haben sich gut darauf vorbereitet, ihr Wissen verständlich vorzutragen.

Die Koordinatorin bereitet die Professionellen darauf vor, dass ihre Lösungsideen nicht gefragt sind, denn ihnen ist die Vorstellung in der Regel fremd, nur Informant und nicht Lösungsexperte zu sein und während der Lösungsfindung nicht mittun zu dürfen. Sie übt nötigenfalls sogar mit ihren Kollegen, insbesondere der fallzuständigen Sozialarbeiterin, wie sie präzise, kurz und unmissverständlich Probleme darstellen und gleichzeitig der Familie Mut machen können. Sie ist allen dabei behilflich, Hilfsmittel für ihre Präsentation zu organisieren, wie z. B. Flipchart, Beamer, Overheadprojektoren etc.

2.2 Aufgaben der Koordinatorin in den verschiedenen Phasen

Der Beginn	Die Teilnehmer des Familienrats treffen ein. Sie werden von der engeren Familie begrüßt. Zuerst wird eine „gute Tasse Kaffee" getrunken. Dann beginnt vereinbarungsgemäß ein Familienmitglied seine Ansprache und moderiert das Familienritual. **K** Nun begrüßt auch die Koordinatorin (K) die Teilnehmer und bittet alle, sich kurz vorzustellen. Sie erläutert nochmals die Aufgabe des Familienrats, insbesondere, dass es nicht um Ursachen oder Schuldzuweisungen, sondern um eine Lösung für ein Kind geht. **K** Sie weist auf Gesprächsregeln hin, zum Beispiel darauf, dass es wichtig sein wird, sich gegenseitig aussprechen zu lassen. Eventuell schlägt sie vor, dass nur der sprechen darf, der einen bestimmten Gegenstand in der Hand hält und bietet hierzu einen besonderen Stein an. Sie weist die Anwesenden darauf hin, alles in diesem Raum Gesprochene diskret zu behandeln und sie unterstreicht sehr deutlich ihre Überzeugung, dass die Familie eine gute Lösung finden wird.
Sorge und Kontrakt	Die fallzuständige Sozialarbeiterin wird von der Koordinatorin gebeten, ihre Sorge vorzutragen. Diese Sorge ist den Anwesenden nicht fremd, war sie doch schon Gegenstand der vorbereitenden Besprechungen. Trotzdem wird sie nochmals dargestellt. Auch die fallzuständige Sozialarbeiterin betont, dass sie davon überzeugt ist, dass die Familie eine gute Lösung finden wird. **K** Die Koordinatorin fragt die Teilnehmer, ob sie die Sorge teilen und bereit sind, eine Lösung zu finden. So sorgt sie für ein wichtiges Essential, nämlich den Kontrakt für den weiteren Familienrat.

Information der Familiengruppe	**K** Die Fachkräfte werden gebeten vorzutragen, was sie jeweils von dem „Fall" wissen. Da verhindert werden soll, dass die Beiträge der Profis wie Aufträge verstanden werden, ganz bestimmte Lösungen zu wählen, wurden nur Fachkräfte eingeladen, deren Thema mit der Familie vorher abgesprochen wurde. Eine Lehrerin berichtet z. B. aus der Schule, beschreibt die Stärken und das Verhalten des Kindes im Unterricht und in den Pausen. Sie erzählt auch, was die Schule und die Familie bisher getan haben, das Problem zu lösen. Ein Arzt kann etwas zum Gesundheitszustand eines Kindes sagen und über medizinisch notwendige Behandlungen. Eine Sozialarbeiterin berichtet über Hausaufgabenhilfen im Stadtteil und was eine gute elterliche Förderung in schulischen Dingen ausmacht.
	Die Koordinatorin leitet die Informationsrunde und unterstützt die Familiengruppe, ihre Fragen zu stellen. Sie achtet darauf, dass die Fachkräfte verständlich vortragen, innerhalb ihres Auftrages bleiben und keine Lösungswege „vorgeben". Sie fragt am Ende dieser Phase die Teilnehmer, ob noch Fragen an die Profis existieren. Am Ende der Phase formuliert die Koordinatorin die Aufträge an die Familie. Sie schreibt diese Aufträge groß auf Flipchartpapier und hängt sie an die Wand.
Exklusive Familienzeit	Jetzt bleibt nur die Familie im Raum, um ihren Plan zu entwickeln. Die Abwesenheit von Profis ermöglicht den Anwesenden, Themen anzusprechen, über die man vor „Fremden" nicht reden konnte. Die Koordinatorin hat das nötige Material zur Verfügung gestellt: Flipchart oder Tafel und Filzstifte. Sie bekräftigt nochmals ihre Überzeugung, dass die Familie eine gute Lösung finden wird, und verlässt den Raum ebenfalls. Die Koordinatorin wird je nach Lage der Dinge trotzdem ein oder zwei Mal den Raum des Familienrats betreten und etwa danach fragen, ob etwas zu trinken gewünscht ist. Sie kann im Rahmen solcher Besuche einen Einblick gewinnen, ob die Familiengruppe irgendwo Unterstützung benötigt.
Die Arbeit am Plan	Nach der Familienzeit werden die Professionellen, die nach Einschätzung der Familie für den weiteren Verlauf nötig sind, wieder in den Familienrat gebeten. In jedem Falle nehmen an der weiteren Sitzung die Koordinatorin und die fallzuständige Sozialarbeiterin teil.

Die Arbeit am Plan	Als nächstes erläutert die Familie ihren Plan. Die Fachkräfte stellen Fragen und die Koordinatorin unterstützt die Familie, den Plan „sattelfest" zu machen. Ein Plan kann die folgenden Elemente enthalten: ▪ Vereinbarungen die den Aufenthalt des jungen Menschen betreffen ▪ Ziele und Aufgaben der Eltern und des jungen Menschen ▪ Ziele und Vereinbarungen bezüglich Haushaltsführung, Wohnung, Schule oder Ausbildung ▪ Welche Unterstützungsleistung erbringt welches Familienmitglied? ▪ Welche Unterstützungsleistung erbringt das Jugendamt und/oder andere Träger? ▪ Alternativpläne: Was wird getan, wenn etwas nicht funktioniert? ▪ Controlling: Welches Familienmitglied überprüft welche Vereinbarung? Wer muss über welche positiven oder negativen Ergebnisse informiert werden? ▪ Evaluation: Wann wird ein weiterer Familienrat stattfinden, um zu sehen, wie weit man gekommen ist? **K** Auf der Basis des Grobplanes der Familie erarbeitet die Koordinatorin mit den Teilnehmern eine differenzierte Vereinbarungsliste. Sie benutzt dazu Flipchartpapier, damit alle lesen können, was festgeschrieben wird. Am Schluss, wird der Plan von allen Anwesenden unterschrieben und dann mittels Digitalkamera und Drucker kopiert
Wann scheitert ein Familienrat?	Ein Familienrat kann in verschiedenen Phasen scheitern. ▪ Kontrakt am Beginn: Wichtige Familienmitglieder erklären in dieser Phase, dass sie den Sinn des VR nicht einsehen und die Sorge des Jugendamtes für unbegründet halten. ▪ Die Teilnehmer können sich während der Familienzeit nicht einigen, was geschehen soll. ▪ Die fallzuständige Sozialarbeiterin ist auch trotz Nachbesserungsrunden nicht überzeugt, dass der Plan die Sicherheit eines Kindes gewährleistet. **K** Die Koordinatorin wird genau prüfen, ob wirklich ein Scheitern vorliegt. Wenn sie noch Chancen für einen einvernehmlichen Plan sieht, wird sie die fallzuständige Sozialarbeiterin zu mehr Flexibilität auffordern oder die Familiengruppe im Bemühen um eine Lösung stärken. Vielleicht wird sie auch Kompromisse für Konflikte zwischen Teilnehmern suchen bzw. einen weiteren Familienrat vereinbaren, wenn alle Gelegenheit hatten, das Diskutierte zu überschlafen. Wenn das alles nichts nützt, wird sie ein Einvernehmen darüber herstellen, dass der Familienrat gescheitert ist. Dann wird die fallzuständige Sozialarbeiterin die Lösung, die sie für angemessen hält, gegebenenfalls familiengerichtlich durchsetzen. Wenn eine Familie das engagierte Bemühen von Profis erfahren hat, sie bei ihrer eigenen Lösungsfindung zu unterstützen, aber dennoch nicht erfolgreich war, wird sie die dann von den Profis entwickelte Lösung mit mehr Akzeptanz betrachten.

2.3 Anforderungen an die Fachkraft

Der Familienrat stellt besondere Anforderungen an die jeweiligen Fachkräfte:

- Wie in allen Techniken der Ressourcenmobilisierung müssen Koordinatoren und fallzuständige Sozialarbeiter über einen ausgesprochenen Stärkeblick verfügen. Sie können die Lösungsversuche in Verhaltensweisen erkennen, die von anderen Menschen oder Organisationen als Defizit markiert werden.
- Sie sehen eine Familiengruppe als Ressourcen- und Kompetenzpool und trauen ihnen tragfähige Lösungen zu.
- Sie verfügen über solides Sozialraumwissen, kennen die Ressourcen des Stadtteils und können sie für einen VR mobilisieren.
- Sie können die Schwierigkeiten, die sie in einer Familie sehen, ohne Fachjargon mit Hilfe von Beispielen als ihre Sorge klar darstellen und einen konkreten Auftrag an die Familiengruppe formulieren.
- Milieus und Ethnien sind durch unterschiedliche Normen und Problemlösungskulturen geprägt. Koordinatoren können diese spezifischen Problemlösungskulturen für den Familienrat aktivieren, nötigenfalls aber auch sensibel erweitern, wenn das im Interesse eines „schwachen" Familienmitgliedes ist.
- Koordinatoren verfügen über diplomatisches Geschick, Familienmitglieder zusammenzubringen und Arrangements zu erfinden, in denen auch Zerstrittene im Interesse eines Kindes zusammenarbeiten können.
- Alle teilnehmenden Fachkräfte sind in der Lage, ihre eigenen Lösungsideen konsequent einzuklammern, damit die Familiengruppe IHRE eigene Lösung erarbeiten kann.

2.4 Übungen

Familienritual

Überlegen Sie sich Ihr Familienritual, mit dem Sie Ihren Familienrat starten würden, wenn Sie ein Elternteil wären. Konsultieren Sie dazu Ihre Geschwister, Freunde, Eltern.

Denken Sie auch darüber nach, was typisch für Ihre Familie ist, wie Ihre Familie Feste feiert, Beerdigungen begeht und welche Leute zentral sind und was diese als Ritual vorschlagen würden.

Stärkephilosophie im Familienrat (eine Übung für zwei Kollegen)

Markieren Sie die Passagen in dem unten abgedruckten Protokoll eines abgelaufenen Familienrates *grün*, die die Basisprinzipien des Familienrates gut wiedergeben. Markieren Sie die Passagen *rot*, in denen Sie die Basisprinzipien des Familienrates verletzt sehen. Tauschen Sie danach die Ergebnisse mit Ihrem Kollegen aus.

Protokoll Familienrat (Auszug aus dem ersten Teil)
Koordination: Dietger S.
Name Kindes: Lorenz K., geb. 1993, Wohnort: F.straße 7, R.dorf

Familiensituation:
Die Eltern leben getrennt. Lorenz lebt bei seinen Großeltern; wenn diese sich überfordert fühlen, bisweilen auch bei einer Schwester der Großmutter. (…) Lorenz macht nicht nur in der Schule Probleme (Null-Bock-Haltung). Er geht relativ unkontrolliert seiner Wege, auch nachts. Er kennt sich im Mühlenviertel aus wie in seiner Westentasche und hat einen guten Draht zu einem Fischhändler, bei dem er sein Taschengeld aufbessert. Er hofft, bei dem Fischhändler, der zu den wenigen übrig gebliebenen Flussfischern in R.dorf gehört, später eine Ausbildung machen zu können. (…) Die Eltern fühlten sich mit Lorenz überfordert und haben, bevor der Junge zu den Großeltern zog, daran gedacht „ihn unterbringen zu lassen“ (Mutter). (...) Lorenz Vater gilt als „Messie“. (…)

Problemlage aus Sicht der Fachkraft:
Pubertierender Junge, der seit Jahren verschiedensten Erziehungsstilen ausgesetzt ist und verzweifelt nach Grenzen sucht.

Eltern und Großeltern, die immer wieder an ihre Konditionsgrenzen kommen und Lorenz' Willen nicht wirklich etwas entgegensetzen können. (…)

Problemlage aus Sicht von Lorenz:
„Bei meinen Großeltern ist es sterbenslangweilig. Ich kann die dauernden Predigten nicht mehr hören. Ich gehe zwar ganz gerne in die Schule, weil da Sven und Jan sind und meine Clique, aber die Lehrer haben mich auf dem Kieker. Ich will eine Ausbildung als Fischer machen, na ja, wenn meine Noten besser werden, sonst nimmt mich der (Fischhändler H.) nicht.“

Teilnehmer:
Lorenz K., Helga K. (Mutter des Vaters), Gerd K. (Vater des Vaters), Charlotte M. (Schwester der Mutter), Wolfgang K. (Vater), Marion K. (Mutter), Jan L.

(Freund), Sven G. (Freund), Josef H. (Fischer und Fischhändler), Grit B. (Lehrerin), Helga S. (ASD R.dorf)

Beginn:
Aus Gründen der Praktikabilität musste der Familienrat im Teamzimmer des Sozialraums Nord stattfinden. Herr H. hat sich auf Wunsch von Lorenz bereit erklärt, Hering mit Salzkartoffeln zu spendieren.

2.5 Material

Das Informationsportal Familienrat-FGC (www.familienrat.fgc.de)
Mit dem Informationsportal der FH Potsdam steht eine umfassende Materialssammlung zum Thema Familienrat zur Verfügung.

Neben Texten zur Geschichte, der rechtlichen Grundlagen, verschiedenen Arbeitsmaterialien, eine Zusammenstellung von Veröffentlichungen aus dem deutschen, englischen und niederländischen Sprachraum, enthält das Portal auch Filme, die von verschiedenen Organisationen, die Familienrat anbieten, produziert wurden.

Außerdem informiert das Portal über Forschungsarbeiten zum Familienrat, über Fortbildungsmöglichkeiten zum Koordinator oder zur Koordinatorin und Arbeit des deutschen und europäischen Netzwerks „Familienrat", zwei Zusammenschlüssen von Fachkräften, und Organisationen im deutschen und europäischen Rahmen, die die Einführung und Weiterentwicklung des Verfahrens unterstützen.

Standards des Familienrats
Im Rahmen bundesweiter Netzwerktreffen der Fachkräfte und Organisationen, die die Einführung und Weiterentwicklung des Familienrates unterstützen, wurden in den letzten Jahren Qualitätsstandards für das Verfahren entwickelt, diskutiert und Ende September 2011 in Husum/Landkreis Nordfriesland beschlossen.

Im Rahmen dieser Standards wird der Familierat als Verfahren verstanden, dass der „restaurativen" (restorative) Sozialarbeit zugerechnet wird, nicht etwa eine neue Hilfe sondern einen empowernden Prozess darstellt, der den Kreis derjenigen, die sich im Interesse einer lebensweltorientierten Hi8lfeplanung engagieren, konsequent erweitert.

Als zentrale Qualitätsmerkmale gelten die Bemächtigung der Lebenswelt im Verfahren, die Unabhängigkeit der Koordination, die „private Familienzeit", in der die Familie und ihr Netzwerk das erforderliche Unterstützung selbst und in Abwesenheit von Fachkräften entwickeln. Dabei erfolgt der Familienrat als Heimspiel, berücksichtigt also in Bezug auf Zeit, Ort, Teilnehmer, familiäre Kultur die jeweilige Besonderheit der Familie und ihrer Möglichkeiten und wird als ein Recht aller Bürger und Bürgerinnen auf ein Maximum an Selbstbestimmung, Selbsttätigkeit und Kooperation im eigenen Netzwerk im Kontext sozialstaatlicher Unterstützung verstanden.

Die beschlossenen Standards[4] arbeiten den besonderen Netzwerk- und Gemeinweseneffekt des Familienrats heraus, der möglich wird, weil das Verfahren von einem weiteren Unterstützerkreis getragen wird, der nicht nur ein Mehr an Ressourcen zur Verfügung stellt sondern auch zivilgesellschaftliche Wirkungen entfalten kann.

Schließlich weisen die Standards darauf hin, dass in der Durchführung von Familienräten sowohl Potenziale als auch Anforderungen für eine Optimierung von Hilfeorganisationen stecken: die Chance auf passgenauere Hilfen (Öffnung und Flexibilisierung des Hilfesystems), die Notwendigkeit einer ausreichende Ressourcenbasis für die Durchführung des Verfahrens (Zeit und Personalressourcen für die Planung, Ausbildung der Koordinatoren und die Evaluation der Familienräte (genutzte Ressourcen der Lebenswelt, Erweiterung des familiären Unterstützerkreises und der Nachhaltigkeit der Lösungspläne).

Typische Aufträge für die exklusive Familienzeit
Die folgenden Fragen sind häufig vorkommende Auftragsformulierungen aus unterschiedlichen Familienräten:

- Wie kann der Mutter bei der Kindererziehung geholfen werden?
- Was muss geschehen, damit Mutter und Kind wieder zusammenleben können?
- Was muss getan werden, wenn die Mutter zu krank wird, um sich um die Kinder kümmern zu können?
- Wie kann das Kind wieder sicher zu Hause leben? Was kann getan werden in Bezug auf Essen, Schule, Freizeit?
- Was muss getan werden, wenn wieder eine Krise auftritt?
- Wo können die Kinder in den kommenden sechs Monaten leben?
- Wo können die Kinder sicher aufwachsen?
- Wenn das Kind zur Mutter zieht, wie kann seine Beziehung zum Vater erhalten werden?
- Was muss getan werden, damit das Kind regelmäßig zur Schule geht?
- Was muss getan werden, damit die Schulleistungen des Kindes besser werden?

---

4 Die verabschiedeten Standards wurden im Forum Erziehungshilfen 17. Jg., 2011, Heft 1, S. 47-50, NDV 2/2011, S. 91-93 und Sozialmagazin 2/2011, S. 53-57 veröffentlicht und vom Informationsportal Familienrat-FGC (www.familienrat.fgc.de) heruntergeladen werden.

Profil von Koordinatoren am Beispiel der Eigenkracht-Konferenzen in den Niederlanden

„Ein Koordinator ist eine unabhängige Person, die nicht für eine soziale Organisation oder die Justiz tätig ist. Der Koordinator organisiert eine Konferenz und bietet dadurch der Familie die Möglichkeit, ihre Probleme bei der Versorgung und Erziehung des Kindes/der Kinder zu lösen.

Ein Koordinator …

- glaubt an die Stärke und die Möglichkeiten einer Familie und ihres sozialen Umfeldes, hat genügend Lebenserfahrung, begleitet gerne einen Prozess und möchte nicht professionelle Hilfe anbieten.
- ist hartnäckig, kreativ und flexibel und respektiert andere.
- Er bevorzugt klar begrenzte Aufgaben, ist bereit, außerhalb von Bürozeiten zu arbeiten, kann selbständig und von zu Hause aus arbeiten.
- Er/sie kann organisieren, gut zuhören und offene Fragen stellen.
- Koordinatoren sind in der Lage, als neutrale Person aufzutreten und dabei die Schlussfolgerungen den anderen zu erlassen, nicht zu interpretierten, nicht etwas in Frage zu stellen oder zu kontrollieren, Raum zu bieten für die Entwicklung eines Planes, ohne dabei den Inhalt zu kontrollieren."

(Auszug; Quelle: www.eigen-kracht.nl)

Ablaufkarten

Ablaufkarten, wie die im Folgenden dargestellten, werden als grafische Unterstützung eingesetzt, wenn Koordinatoren Familien oder Fachkräften die Philosophie und den Ablauf des Familienrats vorstellen.

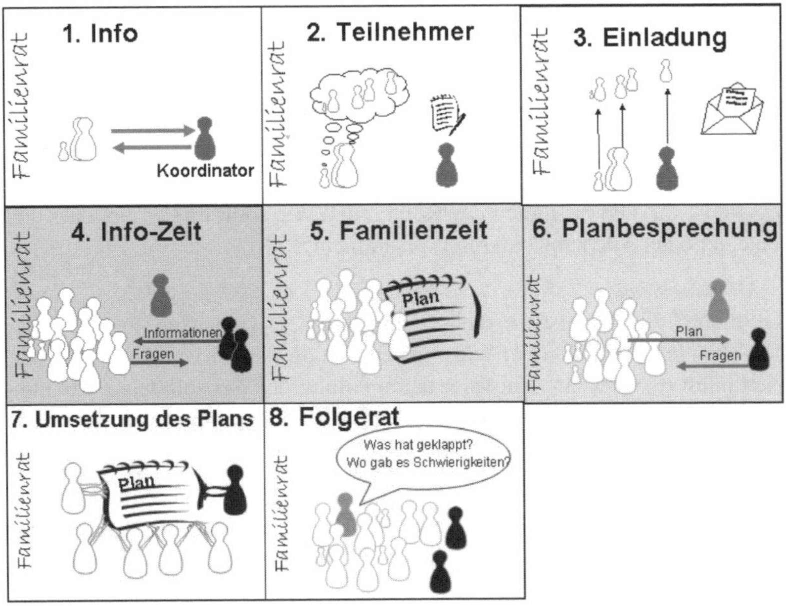

Ablaufkarten zur Information von Familien und Fachkräften über den Ablauf des Familienrats und die einzelnen Arbeitsschritte nach einer Idee von Peter Siebert, Potsdam und Carla Ortmann, Coburg.

Kinder und Jugendliche als Berater – Leitfaden für Eigenkracht-Konferenzen in den Niederlanden

„Das Ziel des Gesprächs ist es, sich selbst vorzustellen und Informationen über die Familiengruppenkonferenz zu geben. Erklären Sie, wer Sie sind, wie Ihre Funktion aussieht und schätzen Sie ab, welche Informationen Sie benötigen, um die Konferenz organisieren zu können. Es ist wichtig für Sie, dass Sie Informationen und Ratschläge erhalten. Aus diesem Grund sollen Sie dem Kind oder dem Jugendlichen die Rolle eines Beraters geben. Seien Sie sich darüber bewusst, dass es in dem Gespräch nicht um Hilfsangebote geht – die Gefahr dazu besteht, wenn man über das Ergebnis der Konferenz spricht. Sprechen Sie über die Gefühle bezüglich der Konferenz, jedoch nicht über die Gefühle bezüglich der vergangenen Ereignisse. Es ist gut, Mitgefühl zu zeigen, aber konzentrieren Sie sich auf Ihre Aufgabe.

Fünf Schritte in einem solchen Gespräch:

1. Verständnisfragen

Weißt du, worum es bei einer Familiengruppenkonferenz geht? Weißt du, warum eine solche Konferenz stattfinden soll? Was möchtest du noch über die Konferenz wissen?

2. Fragen nach den Gefühlen

Wie fühlst du dich bezüglich der Konferenz? Wie fühlt es sich an, dass sich Leute bei einer solchen Konferenz versammeln?

3. Meinungsfragen

Was meinst du? Was ist für dich wichtig bei dem Gedanken an...? Welche Menschen bedeuten dir viel? Wie wünschst du dir den Verlauf der Konferenz? Wie findest du es, wenn dein Vater daran teilnimmt? Wer soll deiner Meinung nach teilnehmen? Was soll deiner Meinung nach in dem Plan noch stehen?

4. Bitten um Ratschläge

Was sollte jetzt passieren? Wie hättest du gerne die Organisation? Hast du eine Idee? Wie sieht dein Plan aus? Wie soll das Problem gelöst werden? Was hättest du gerne? Was ist für dich in dieser Situation wichtig? Welche Lösung ist deiner Meinung nach möglich? Was wäre ein passender Ort für die Konferenz? Wer oder was kann dazu beitragen, dass du dich wohl fühlst? Brauchst du von jemandem Unterstützung, damit du sagen kannst, was du denkst? Wer soll neben dir sitzen? Wer soll eingeladen werden? Meinst du, dass wir Essen und Trinken brauchen? Was hättest du gerne?

5. Vereinbarungen treffen

Welche Vereinbarungen müssen wir treffen? Was können wir schon beschließen? Was möchtest du gerne selbst tun? Was könntest du während der Konferenz tun? Möchtest du deine eigene Einladung malen? Brauchst du dabei Hilfe? Sollen wir mal diesen Ort in der Nachbarschaft anschauen? Rufst du mich an, wenn du Fragen hast? Wann soll ich dich anrufen?

Die letzten zwei Schritte sind bei Kindern nötig.

Bei den meisten Gesprächen mit Jugendlichen werden nur die ersten drei Schritte verwendet. Die Bitte um Ratschläge und Vereinbarungen ist da oft nicht dabei. Wenn man bei dem Gespräch mit dem Kind beharrlich seine Fragen stellt, erhält man die Informationen, die man braucht, um die Konferenz organisieren und die Sicherheit dabei gewährleisten zu können. Man fängt vielleicht so an: „Was meinst du mit ...?“, „Erzähl mir mal von ...“. Beharrlichkeit bei den Fragen ist wichtig, denn die Informationen können eine wesentliche Bedeutung haben.

Außerdem ist es wichtig, dass man seine Wortwahl an das Alter des Kindes anpasst, den Umfang des Gesprächs abschätzt (nicht zu ausführlich), keine zu langen Fragen stellt (meistens reagiert das Kind auf den letzten Teil der Frage, während offene Fragen meistens am Anfang gestellt werden) und sich darüber bewusst ist, dass die nonverbale Kommunikation wichtige Informationen liefert." (Quelle: www.eigen-kracht.nl)

2.6 Evaluationsergebnisse

Auszug aus der Evaluationsstudie zum Familienrat der Berliner Jugendämter Mitte, Treptow-Köpenick und Steglitz-Zehlendorf sowie der Jugendhilfeträger DASI, Compass, Sozialarbeit & Segeln und JaKuS (vgl. Früchtel et al. 2011)

Von den 138 gemeldeten Familien, trafen sich 105 zu einem idealtypischen Familienrat, 8 Familien organisierten selbst ein Familientreffen bevor der Koordinator dies bewerkstelligen konnte und obgleich dieses ohne Fachkräfte stattfand, wurde ein für das Jugendamt akzeptabler Plan gefertigt. Die Realisierungsquote beträgt demnach 82%.

Monoproblem- oder Multiproblem-Familien?

Problemkumulation (Anzahl der Problembereiche in der Sorge des Jugendamts) (N = 116)	N	Anteil der Meldungen (%)
nur ein Problembereich	26	22
zwei verschiedene Problembereiche	24	21
drei bis sechs Problembereiche	66	57

Nur ein Fünftel der Familienräte drehen sich um ein einziges Problem. Über die Hälfte der Räte (57%) fanden wegen einer Multiproblemkonstellation statt.

Welche Sorgen wurden in den Familienräten bearbeitet?

Sorge des Jugendamts betraf folgende Problembereiche N = 116, Mehrfachnennungen	N	Anteil der FR, die sich mit dieser Sorge beschäftigen (%)
Erziehungskompetenzprobleme oder psychische Probleme der Eltern	100	86
Verhaltensprobleme oder psychische Probleme des jungen Menschen	69	59
Schulprobleme	57	49

Sorge des Jugendamts betraf folgende Problembereiche N = 116, Mehrfachnennungen	**N**	**Anteil der FR, die sich mit dieser Sorge beschäftigen (%)**
Kindeswohlgefährdung	39	34
Materielle Probleme der Familie	30	26
Krankheit des jungen Menschen	10	9
Rückführung des jungen Menschen	14	12

Im den meisten Fällen geht es – aus Sicht der Fachkräfte – um das Erziehungsverhalten der Eltern, gefolgt von Verhaltensproblemen der jungen Menschen. Materielle Probleme der Familie spielen beim Einberufen eines Familienrats eine nebensächliche Rolle. In einem Drittel der Fälle muss sich der Familienrat mit einer Kindeswohlgefährdung auseinandersetzen.

Familien haben tragfähige Netzwerke

Teilnehmer/innen am Familienrat (N = 102)	**Mittel**		**Mittel**
Lebenswelt		**Hilfesystem**	
Vorbereitungskontakte	7,6	*Vorbereitungskontakte*	3,0
Junger Mensch	1,2	Koordinator	1,1
Vater	0,7	Jugendamt	1,0
Mutter	0,9	Lehrer	0,2
Verwandte	2,9	Schulleiter/Schulrat	0,0
Freunde der Eltern	1,4	Schulsozialarbeiter	0,1
Freunde des jungen Menschen	0,3	Fachkräfte von Kita	0,1
Nachbarn	0,1	Medizinische Fachkräfte	0,1
Bekannte	0,4	Sonstige Fachkräfte	0,8
Alle Freunde und Bekannte	2,3		
Alle Verwandten inkl. jM	5,5		
Alle Teilnehmer aus der Lebenswelt inkl. jM	7,8	Alle Teilnehmer aus Hilfesystem	3,5
Alle Teilnehmer aus Hilfesystem und Lebenswelt	11,3		

Im Durchschnitt waren 11,3 Personen beim Familienrat dabei. 7,8 Teilnehmer aus der Lebenswelt und 3,5 aus dem Hilfesystem. Die Gesamtgröße der Familienräte unterscheidet sich erheblich. 1/3 findet mit nur drei bis fünf Teilnehmern aus der Lebenswelt statt, 1/5 dafür mit über zehn Personen aus dem privaten Netzwerk.

Familienräte organisieren: ein zeitintensives Vorhaben
Vom Auftrag an die Koordination bis zum Familienrat vergeht eine ziemlich lange Zeit, im Durchschnitt eineinhalb Monate (45 Tage). Nur 17% der Familienräte kommen mit einer Koordinationszeit von einem Monat aus, für ein Drittel werden über zwei Monate gebraucht. Die Vorbereitung erscheint lange, könnte aber notwendig sein, um wirklich der Maxime „so viele Beteiligte aus der Lebenswelt wie möglich einbeziehen“ zu entsprechen. So sind bei den Räten mit längerer Vorbereitung auch tendenziell mehr Teilnehmer zu verzeichnen. Der durchschnittliche Zeitaufwand der Koordinationsarbeit beträgt 28 Stunden, die sich wie folgt verteilen:

Zeitaufwand der Koordinationsarbeit	realisierte FR	nicht realisierte FR
für die Vorbereitung	20,7 Std.	12,8 Std.
für den Familienrat selbst	4,0 Std.	0 Std.
für die Nachbereitung	3,6 Std.	0 Std.
Summe	28,1 Std.	12,8 Std.

Die Informationsphase dauert im Mittel etwa eine Stunde. Die Zeit, in der die Familie alleine einen Plan fertigt beläuft sich auf zwei Stunden und die Verhandlungsphase, in der der Familienplan mit den Fachkräften verhandelt und konkretisiert wird, dauert etwas über eine Stunde. Von diesen Durchschnittswerten gibt es Abweichungen: So kommen 28% der Räte mit einer halbstündigen Informationsphase aus, 33% der Familien brauchen länger als zwei Stunden und die Konkretisierungs-Phase dauert bei 16% nur eine halbe, bei 33% deutlich über eine Stunde.

Die Informationsphase fällt mit knapp einer Stunde sehr lange aus. Insgesamt ist das Verfahren mit vier Stunden als lang zu bewerten und die Essensversorgung sowie das Einkalkulieren von Pausen scheinen nicht nur sinnvoll, um der Kultur der Familie Rechnung zu tragen, sondern sind grundsätzlich notwendig.

Familien machen überzeugende Pläne
„Wenn sich eine Familie auf den Familienrat einlässt und sich versammelt, entsteht so gut wie immer ein Plan, der durch das Jugendamt akzeptiert wird. Die Erfolgsquote liegt bei 96%. Das ist ein erstaunlich hoher Wert, wenn man die Ausgangslage der Familien bedenkt: Bei 57% liegt eine Multiproblemkonstellation vor und bei 34% eine Kindeswohlgefährdung. Wenn im Familienrat ein Plan entsteht wurde dieser konzeptsgemäß nicht nur von der Familie *angenommen*, sondern *selbst gemacht*."

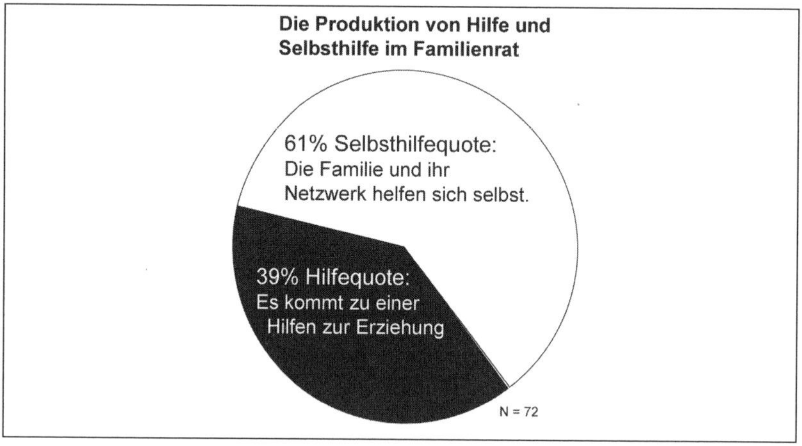

In 74 analysierten Plänen zeigt sich, dass die Anzahl der vereinbarten Hilfen zur Erziehung gering ausfällt. Nur 28 Familienräte brauchen für die Bearbeitung des vom Jugendamt formulierten Problems eine professionelle Erziehungshilfe. Das entspricht einer Hilfequote von 39% (13% neue und 13% weiter laufende, ambulante HzE, 14% neue und weiter laufende stationäre HzE) und einer Selbsthilfequote von 61% (56% ohne HzE und 5% beendete HzE).

Sind das Ergebnisse, die Fachkräfte überraschen?
Bei der Meldung des Falles wurden die ASD-Fachkräfte gefragt, welchen Ausgang er denn in der klassischen Hilfeplanung ihrer Erfahrung nach nehmen würde. Für die 20 Fälle prognostizieren die Fachkräfte 18 Hilfen zur Erziehung und zwei Selbsthilfen, die in der normalen Hilfeplanung zustande kommen würden, also eine prognostizierte Hilfequote von 90%. Es handelte sich also bei den Meldungen für den FR in der Tat um „hilfeträchtige" Problemkonstellationen. Faktisch entstanden bei diesen 20 Fällen im FR aber nur neun Hilfen zur Erziehung, also ein viel niedrigere tatsächliche Hilfequote.

3 Ressourcencheck

Der Ressourcencheck nutzt das Wissen, das in Netzwerken steckt, um die Stärken und Kompetenzen einer Person aufzudecken. Diese sucht sich andere Menschen aus verschiedenen Bereichen ihres Alltages zusammen und lädt sie zu einem Treffen ein, bei dem miteinander eine Ressourcensammlung erstellt wird.

Nadja
Während meiner Arbeit als Erzieherin in der flexiblen Erziehungshilfe arbeite ich mit Kindern, Jugendlichen und Familien. Die Familie Nadjas bestand aus Daniel (7), Melanie (11), Nadja (14) und ihren Eltern. Die Erziehungshilfe wurde aufgrund einer psychischen Erkrankung der Mutter, welche längere Krankenhausaufenthalte mit sich brachte, eingerichtet. Durch die Abwesenheit der Mutter konnte die Versorgung der Kinder nicht ausreichend gewährleistet werden, da der Vater beruflich stark eingebunden war. War die Mutter zu Hause, bemühte sie sich sehr, allem gerecht zu werden, was ihr gesundheitlicher Zustand jedoch häufig nicht zuließ. Ihre Anspruchshaltung an sich als Mutter sowie an die Älteste war völlig überzogen, was zunehmend zu Konflikten zwischen den beiden führte. Die Kinder waren oft sich selber überlassen und die 14-jährige Nadja versuchte die Mutterrolle zu übernehmen, was sie völlig überforderte. In der Schule hatte sie wenig Kontakt, wurde von anderen Schülern ständig wegen ihrer erkrankten Mutter gehänselt. Schließlich fiel sie immer häufiger auf, weil sie die Schule schwänzte.
Nadjas Ängste im Hinblick auf die Erkrankung der Mutter und die schulischen wie auch familiären Probleme veranlassten mich, mit ihr einen Ressourcencheck durchzuführen.

Schritt 1: „Nadja: Das bin ich!“
Zuerst habe ich mit Nadja eine Sammlung ihrer Stärken erarbeitet. Mit dickem Filzstift schrieb sie ihre Wünsche, Ziele und Talente auf einen Tapetenstreifen. Sie wünschte sich Freunde, wollte in der Schule klarkommen und weniger mit der Mutter streiten. Sie könne gut kochen und würde gerne richtig tanzen lernen. Nachdem sie einiges benannt und aufgeschrieben hatte, fühlte sie sich bald unwohl, hatte keine Ideen mehr und konnte meine Vorschläge schlecht annehmen. Erst als ich konkrete Beispiele für ihre Stärken nannte und damit meine Eindrücke begründen konnte, bekam sie wieder Spaß an der Sache und blühte regelrecht auf. Im Nachhinein weiß ich, dass ich sie durch weitere gezielte Fragen hätte motivieren können aktiver mitzumachen.
Nadja war dennoch sehr stolz auf ihr Plakat und hängte es in ihrem Zimmer an der Wand auf.

Schritt 2: Strengths Storming
Nadja stimmte begeistert zu, eine zweite Runde mit Personen ihrer Wahl durchzuführen.

Sie wünschte sich dafür ihre Eltern und ihre Schwester sowie ihre beste Freundin Jacqueline, welche nach Meinung der Eltern einen schlechten Einfluss auf Nadja ausübe.
Die Eltern wurden eine Woche vorher während eines Gespräches über diese Aktion informiert und dazu eingeladen. Beide sagten zu und erklärten sich damit einverstanden, dass auch Jacqueline mit dabei ist, obwohl sie ein Kontaktverbot ausgesprochen hatten.
Die Mutter reagierte im Vorgespräch anfangs entsetzt und verunsichert, da ihr spontan keine positiven Eigenschaften ihrer Tochter einfielen, negative dafür umso mehr. Ich riet ihr, die Zeit vor dem Treffen dafür zu nutzen, besonders auf Verhaltensweisen ihrer Tochter zu achten, die ihr gefielen, seien sie noch so „selbstverständlich" und „banal" aus der Sicht von uns Erwachsenen. Auch Jacqueline stimmte dem verabredeten Termin zu. Als Ort bestimmten wir die Räume unserer Einrichtung, da Jacqueline bei der Familie nicht erwünscht war. Nadja erschien mir aufgeregt und neugierig auf das, was sie hoffentlich Nettes zu hören bekommen sollte. Nachdem die Regeln bekannt waren, wurden in der ersten Runde Begriffe gesammelt und aufgeschrieben, welche Nadjas Stärken betrafen. Wichtig war hier, keine Bewertungen oder andere Kommentare in die Runde zu bringen. Das gelang in dieser Zusammensetzung jedoch selten, allerdings wurden spontane Anmerkungen in einer humorvollen und liebenswürdigen Art vorgebracht mit dem positiven Effekt, dass die Atmosphäre sich lockerte und die Teilnehmer zunehmend engagierter mitarbeiteten. Die Mutter war nach wie vor sehr eingeschränkt in ihrem Stärkeblick auf ihre Tochter, wodurch der Konflikt zwischen den beiden deutlich wurde. Auch die jüngere Schwester war eher zurückhaltend und zeigte sich mäßig interessiert. Vermutlich wollte sie sich zum einen aus pubertären Aspekten nicht an solchen Spielchen beteiligen. Zum anderen halte ich es auch für wahrscheinlich, dass sie ihre Bereitschaft zur Teilnahme verweigerte, weil sie selber dabei leer ausging, während die Schwester so viel Bestätigung erhielt. Nadjas Vater war sehr konstruktiv und nannte viele gute Ansätze. Er erzählte z. B., dass Nadja gut kochen könne und außerdem sehr kreativ sei. Interessant war Nadjas Freundin, die wegen ihres schlechten Rufes von Nadjas Eltern abgelehnt wurde. Dieses Mädchen wusste am meisten von Nadjas guten Eigenschaften und Fähigkeiten zu berichten. Sie lobte ihre Verschwiegenheit, ihre Zuverlässigkeit und vieles andere mehr. Nadja fühlte sich offensichtlich wahrgenommen und genoss die positive Bestätigung ihrer Freundin. Dass hier Wiederholungen des ersten Schrittes vorkamen, wirkt sich günstig aus, da es sich um eine wirkungsvolle Technik zum Verstärken von Stärken handelt.

Schritt 3: Feedback
Als nächstes wurden konkrete Beispiele zu den genannten Stichwörtern gesucht.
Die Runde erzählte von verschiedenen passenden Gegebenheiten und hatte dabei sichtbar Spaß. Es wurde viel gelacht während der Suche nach Situationen, welche die beschriebene Stärke verdeutlichten. Der Vater schwärmte von Nadjas Marmorkuchen und den getöpferten Tierfiguren. Die Mutter hörte nur zu, hatte aber auch sichtbar Vergnügen an den vielen Erzählungen. Selbst die Schwester fand Nadjas Gemüsesuppe ganz okay. Bei dem Begriff „selbstbe-

wusst" jedoch fiel leider keinem etwas ein, da Nadjas Verhalten oft eher trotzig erscheint. Durch die Zurückhaltung der Beteiligten verringerte sich die Glaubwürdigkeit ihrer Aussagen, was ich durch einen bestärkenden Kommentar zu verhindern versuchte. Hier sollte man gut vorbereitet sein, da sich in einer solch unangenehmen Situation schnell die Wirksamkeit dieser Übung verliert.
Das Plakat wurde mit dem verglichen, welches Nadja alleine erstellt hatte. Dabei erfuhr die Mutter erstmals von dem Wunsch ihrer Tochter tanzen zu lernen, worüber sie sehr erfreut war, da sie selbst früher einer Tanzgruppe angehört hatte.
Es war ein gelungenes Treffen für alle Anwesenden. Nadja hatte ein weiteres Plakat mit vielen tollen Einschätzungen über sich mit nach Hause genommen und machte auf mich einen zufriedenen Eindruck.

Schritt 4: Gelegenheiten schaffen
Da die Familie ihre Kochkünste lobte, machte Nadja das Angebot, einen Tag in der Woche das Kochen zu übernehmen, unter der Bedingung, das Rezept selber aussuchen und dafür einkaufen gehen zu können. Das entlastete die Mutter, besonders wenn es ihr schlecht ging und die Familie dennoch ein warmes Essen bekam. Bei Abwesenheit der Mutter durfte Nadja häufiger in der Woche kochen, jedoch maximal drei Mal, um sie nicht zu überfordern. Sie lernte aufgrund der Kontinuität den Umgang mit Lebensmitteln sowie mit Geld und konnte den Vater beim Planen und Einkaufen gut unterstützen. Dadurch setzte sich die Familie verstärkt mit dem Thema Aufgabenverteilung im Haushalt auseinander. Jedes Familienmitglied übernahm einen Job und konnte dazu beitragen, den Alltag auch bei Abwesenheit der Mutter zu meistern. Die Mutter erfuhr aus der Zeitung, dass der örtliche Turnverein eine neue Tanzgruppe gründen wollte und dafür interessierte Mädchen suchte. Sie besuchte mit Nadja ein Probetraining und stimmte einer Anmeldung zu. Nadja war eine begabte Schülerin und hatte schon bald erste Auftritte. Die Mutter war sehr stolz auf ihre Tochter und die Beziehung zwischen den beiden verbesserte sich deutlich. In der Tanzgruppe fand Nadja Freundinnen, die z. T. auch auf ihre Schule gingen und ihr beistanden, wenn sie von anderen Schülern geärgert wurde. Der Effekt war, dass man sie in Ruhe ließ und in den Klassenverband aufnahm. (Vogelskamp 2005)

Was ist ein Ressourcencheck? Der Begriff verweist auf einen speziellen Blick, den Sozialarbeiter auf lebensgeschichtlich gewonnene Kompetenzen, Talente, Ausstattungen, vorteilhafte Zufälligkeiten und nützliche Netzwerke, die Klienten mitbringen, werfen. Der Check lobt nicht, verstärkt nicht, baut nicht auf, tröstet nicht, sondern nimmt die Stärken der Leute ernst. Er registriert, beschreibt, erkennt an, analysiert, ist in seinen Inhalten klar und sachlich. Er ist ein Kontrapunkt (manchmal gar eine Kampfansage) zu der auf Probleme fokussierten Langweiligkeit helfender Beziehungen. „Checken" heißt dabei wahrnehmen, begreifen und anerkennen von Stärken, die manchmal geradezu ins Auge springen, manchmal nicht so leicht zu entdecken sind oder sogar systematisch übersehen werden, weil man sich so an sie gewöhnt hat, dass sie als Selbstverständlichkeiten im Hintergrund unseres Bewusstseins versunken sind. Der Blickwinkel wird so gewählt, dass auch Kompetenzen sichtbar werden, die einen halbwegs gelingenden Alltag überhaupt erst möglich machen, gerade in schwierigen Situationen. Klienten vergewissern sich dabei ihrer eigenen Stärken und Ressourcen, über die sie verfügen können, um auf den eigenen Alltag und die Umwelt Einfluss zu nehmen.

Die Ziele des Verfahrens können auf zwei Ebenen formuliert werden:
Zum einen erschließt der Ressourcencheck Fachkräften ein Gebiet, auf dem man sich voll auf die Bewältigungsressourcen von Betroffenen konzentrieren und wohltuend vom Untergrund des Problematischen abheben kann. Wenn die Perspektive gleichsam auf Ressourcen fokussiert wird, steigen Auflösungsgrad, Schärfe und Tiefe dieser spezifischen Sicht. Man sieht – obgleich die Blickrichtung auf Positives fixiert und der Realitätsausschnitt dadurch reduziert wird – mehr und gründlicher. Man sieht übrigens auch anders: Eigenschaften, Errungenschaften, Beziehungen, Überlebensstrategien, Möglichkeiten und Merkwürdigkeiten tauchen auf, an welche die Suche nach Lösungen anschließen kann.

Zum anderen ermöglicht das Verfahren Adressaten etwas Neues zu erfahren. Inhaltlich ergibt sich in der Regel eine nicht erwartete Vielfalt von Kraftquellen, die man prinzipiell zwar kannte, die als Summe aber imposant wirken. Hilfesuchende werden unmissverständlich darauf aufmerksam gemacht, dass sie ganz und gar nicht mit leeren Händen dastehen. Sie entdecken, dass sie mit einer Fülle von eigenen Ressourcen ausgerüstet und weder ihren Belastungen noch externer Hilfe ausgeliefert sind – ein guter Einstieg in eine Arbeitsbeziehung auf gleicher Augenhöhe. Auf der sozialen Seite, also z. B. im Arbeitsverhältnis zwischen Klient und Sozialarbeiter oder in der Beziehung zwischen Mutter und Sohn, erfährt der Betroffene eine nicht alltägliche, in der Regel aber angenehme Überraschung, die stolz macht und Hoffnung erzeugt.

Der Ressourcencheck wird umso wirkungsvoller, je mehr Beteiligte mitarbeiten, denen der Stärkenblick gelingt, weil die Quantität der Entdeckungen steigt und Geltungsansprüche umso akzeptabler werden, je mehr Leute zustimmen. Das können Fachkräfte aus sozialen Berufen genauso wie Familienmitglieder und Freunde sein, im Prinzip alle Personen aus der Lebenswelt, zu denen eine signifikante Beziehung besteht. Voraussetzung für die Teilnehmer ist, sich einlassen zu können auf bestimmte Regeln, ein gewisser Level an Insiderwissen über den Betroffenen und natürlich dessen Zustimmung.

3.1 Technik

Phasen des Ressourcenchecks

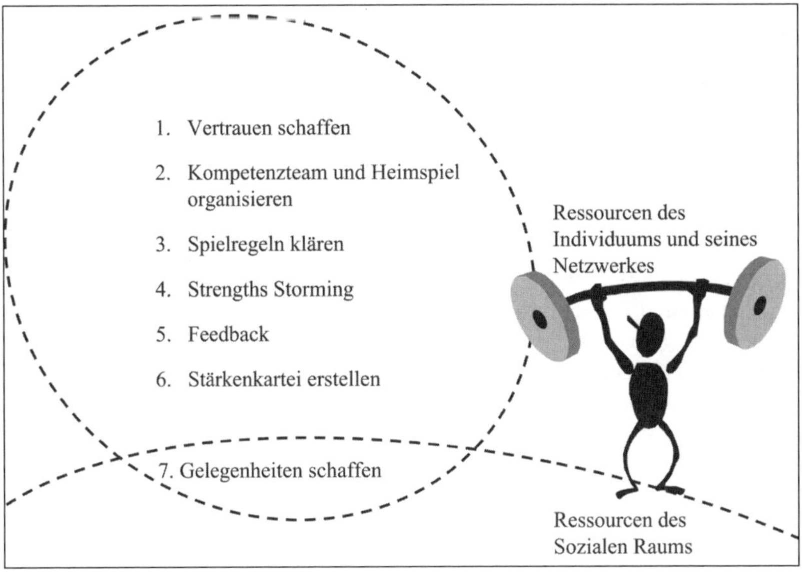

1. Vertrauen schaffen

Der Ressourcencheck vermittelt eine unübliche Erfahrung. Eine Gruppe von Menschen sitzt beieinander, konzentriert sich auf ein Mitglied der Gruppe und trägt dessen Stärken, Ressourcen, hilfreiche Kontakte und Möglichkeiten in seinem sozialen Umfeld zusammen. Das ist persönlich gewöhnungsbedürftig und schafft in der Gruppe Transparenz, weil Menschen, möglichst aus ganz verschiedenen Alltagsausschnitten (Familie, Freizeit, Schule, Beruf etc.) Positives über einen Teilnehmer sammeln.

Weil diese Erfahrung gewöhnungsbedürftig ist und „nicht kalt" lässt, ist ein Kontrakt mit der Person, für die der Ressourcencheck durchgeführt wird, unabdingbar. Das Ziel des Ressourcenchecks und was mit ihm erlebt werden kann, muss vorher bekannt sein. Die Erfahrungen zeigen jedoch, dass Alte wie Junge, die mit dem Check arbeiten, den Prozess nach und nach genießen. Es ist ungewohnt, aber schön, soviel Positives zu hören.

Das notwendige Vertrauen wird durch einen entsprechenden Kontrakt geschaffen. In dem Kontrakt wird der Ablauf abgesprochen und vor allem, wer an der „Veranstaltung" teilnehmen darf. Denn der Ressourcencheck ist auch sozial nicht folgenlos. Die Teilnehmerinnen erfahren eine Menge über die Zielperson.

2. Kompetenzteam und Heimspiel organisieren
Aus diesem Grunde ist wichtig, dass die Zielperson des Ressourcenchecks kontrolliert, wer teilnimmt, denn der Ressourcencheck ist Vertrauenssache. Andererseits gewinnt der Check an Gehalt, wenn möglichst viele Ausschnitte des Alltags von den Teilnehmern abgedeckt werden können. Nehmen an einem Ressourcencheck nur Familienmitglieder teil, dann kann der Check nur zusammentragen, was die Familie sehen kann. Sind jedoch auch Freunde, Schulkameraden, Arbeits- und Vereinskollegen dabei, so wird das Ergebnis reichhaltiger. Hilfreich bei der Zusammenstellung der Gruppe kann die 8-Felder-Karte sein (s. „Eco-Mapping“). Da sie verschiedene Alltagsausschnitte thematisiert, können in den Segmenten erst einmal Namen gesammelt und so eine Auswahl geschaffen werden, wer möglicherweise eingeladen und auf die Stärkensammlung vorbereitet wird. Natürlich müssen die Teilnehmer darauf vorbereitet werden, was von Ihnen erwartet wird, nämlich eine strikt positive Sicht auf die Stärken der Person und das „Mitbringen“ einiger Ideen dazu. Der Ressourcencheck soll möglichst so stattfinden, dass er für den Adressaten ein Heimspiel wird (s. „Heimspiele organisieren“). Zumindest Ort und Zeit müssen für alle Beteiligten passen und dürfen nicht von den Terminkalendern der Profis diktiert werden.

3. Spielregeln klären
Zur Vorbereitung gehört auch die Klärung der Spielregeln für das Strengths Storming:

- Es geht ausschließlich um positive Dinge.
- Äußerungen werden nicht relativiert.
- Es wird nicht „klein-kommentiert“.
- Je mehr Stärken, desto besser.
- Jeder kann an jeder anderen Äußerung anschließen und diese „weiterspinnen“.

In der ersten Runde, dem *Strengths Storming*, sammeln alle Teilnehmer, wie beim Brain Storming, stichpunktartig, auf Zuruf, unstrukturiert, unkommentiert, aber durchaus aneinander anknüpfend und kreativ weiterspinnend Stärken des Adressaten. Dabei kann es sich nach dem Motto „Je mehr desto besser!“ um Eigenschaften wie Ehrgeiz, um besondere Fähigkeiten, Beziehungen, materiellen Besitz oder verfügbare Sozialraumressourcen handeln. Wichtig ist, dass nur Stärken und positive Ressourcen genannt werden und keine Schwächen und dass das Genannte nicht relativiert wird, denn Relativierungen blocken den kreativen Suchprozess ab.

4. Durchführung des Strengths Storming

Abb.: Strengths Storming in einem Ressourcencheck für einen Jugendlichen (oberhalb des Schreibers)

Die moderierende Sozialarbeiterin schreibt im Prozess alle genannten Ressourcen stichpunktartig gut leserlich auf große Plakate, so dass jeder mitlesen kann. Das großformatige Protokoll ist Bestandteil der Methode, nicht zuletzt deswegen, weil Größe zu Größe passt. Damit dieser Teil gut funktioniert, ist eine gewisse Vorbereitung nötig. Die Teilnehmer müssen wissen, was von ihnen erwartet wird, damit sie sich vorher ein paar Gedanken machen können. Die durchführende Sozialarbeiterin hat ebenfalls vorher darüber nachgedacht, was sie für „Stärken“ beitragen kann, auch welche besonderen Ressourcen des Stadtteils sie kennt, auf die der Adressat des Ressourcenchecks zurückgreifen kann. Sie wird die Stärken eventuell am Anfang einbringen, um den Prozess ins Laufen zu bringen, oder in Phasen, in denen der Prozess stockt. Organisatorisch stehen A0-Plakate und dicke Filzstifte zur Verfügung, mit Kreppband können die entstehenden Stärkeplakate wie Tapeten um die Arbeitsgruppe herumgehängt werden. Stärken füllen so den Raum.

5. Durchführung des Feedbacks

Spielregeln für das Feedback

- Die Stärken werden mit Beispielen in konkrete Beobachtungen eingerahmt.
- Die Stärken werden dadurch „bewiesen" und nachvollziehbar gemacht.
- Eigenschaften werden in Verhaltensweisen umformuliert.
- Möglichkeitssinn einschalten und nach Gelegenheiten zum Gebrauch der Stärken suchen.

Im Feedback – das ist die zweite Runde – werden die genannten Stärken begründet und konkretisiert. Vorher genannte Eigenschaften werden in Verhalten übersetzt. Damit wird deutlich gemacht, dass es Stärken gibt, die der Feedback-Empfänger zu einem früheren Zeitpunkt erfolgreich eingesetzt und aktiv genutzt hat, dass es sich um ein praktisches Tun handelt. Schließlich werden eher abstrakte Feedbacks situativ und zeitlich gerahmt. Damit werden sie für den Feedback-Nehmer nachvollziehbar und können, weil sie nun, in eine Geschichte eingeordnet, als Teil der eigenen Biografie zugeordnet werden. Zur „Architektur" wirksamer Feedbacks siehe Antons (1976, S. 109). Wenn z.B. als Stichpunkt aufgeschrieben wurde „P kann sich Hilfe beschaffen", so könnte dies in der zweiten Runde so konkretisiert werden: „P hat seine Fähigkeit sich Hilfe zu beschaffen gezeigt, als er auf die Suche nach einer ihm geeignet erscheinenden Beratungsstelle ging. Er hat dazu Freunde angesprochen, seinen Hausarzt gefragt, Telefonnummern ausfindig gemacht, angerufen, ein Vorgespräch geführt, entschieden, dass er es hier versuchen will, und ist auch gekommen. Es gehört Courage dazu, andere Leute einzubeziehen."

Wichtig ist auch hier, dass keine Relativierung erfolgt, was allerdings nicht einfach ist, denn in unserer Alltagssprache relativieren wir außerordentlich häufig: Also nicht „Meistens schaffen Sie es morgens aufzustehen", sondern „Letzten Donnerstag, am Morgen nach der Fete bei Andreas, bist du, obwohl ihr bis in die Puppen gefeiert habt und du sehr müde warst, ganz pünktlich aus dem Bett gekommen". Nicht „P ist hilfsbereit, wenn es ihm gut geht", sondern „P ist hilfsbereit – gestern hat er Frau B, die vom Einkaufen kam, die schwere Tasche in den vierten Stock getragen!"

6. Stärkenkartei

Im nächsten Schritt des Ressourcenchecks, der Erstellung einer Stärkenkartei, geht es nicht nur darum, sich einen Überblick über die zusammengetragenen Kompetenzen und Ausstattungen zu verschaffen. Dies ist schon gelungen, als die Ergebnisse der ersten beiden Schritte für alle gut sichtbar notiert und als „Stärken-Tapete" im Raum aufgehängt worden sind. Stärkenkartei meint eine Dokumentation, die dem Stärkenbesitzer entspricht und die es gleichermaßen ermöglicht, mit den Stärken in der späteren Fallarbeit weiterzuarbeiten. Die Ergebnisse, auch wenn sie in einem anstehenden Unterstützungsprozess nicht genutzt werden, sollen festgehalten und damit „behalten" werden. Möglicherweise weisen die Inhalte der Stärkenkartei auch über einen Einzelfall hinaus. Denn die Dokumentation verweist ja nicht nur auf Ressourcen, die an die anwesenden Personen gebunden sind, sondern auch auf Ressourcen des Stadtteils und seiner Infrastruktur. Durch wiederholte Durchführung der hier vorgestellten Technik wächst also auch das Wissen der Fachkräfte über den Stadtteil und seine „Stärken".

7. Gelegenheiten schaffen

Genutzt werden die Ergebnisse des Checks indem die zutage geförderten Stärken mit Zielen und Stadtteilressourcen so verbunden werden, dass Gelegenheiten entstehen. Im Fall „Nadja" ist das der Turnverein, auf den die Mutter aufmerksam wird, und der die Gelegenheit bietet, dass die 14-Jährige einige ihrer Stärken in der Tanzgruppe ausspielen kann, dort möglicherweise Erfolge erlebt und sehr wahrscheinlich ihr Netzwerk erweitert.

Im Fall Nadja wirkt die Entdeckung des Turnvereins eher zufällig. Die Umsetzung der Ergebnisse des Ressourcenchecks in ein tragfähiges und aussichtsreiches Unterstützungskonzept verlangt aber oft mehr als das bloße Wissen um funktionierende Strukturen im sozialen Umfeld. Wir gehen davon aus, dass die Möglichkeiten des Sozialraums vor allem dann erschlossen werden können, wenn in dem Stadtteil, in dem der Adressat des Checks lebt, von professionellen Diensten systematische Ressourcenarbeit geleistet wird. Ressourcenarbeit zielt systematisch auf das Finden, das Erschließen, die Pflege, aber auch auf die Herstellung von Ressourcen des Sozialen Raums (siehe Kapitel 4 „Netzwerkarbeit"). Man kennt die im Stadtteil aktiven Vereine, Verbände, Kirchengemeinden, Initiativen, Banken, Geschäfte, man weiß was sie tun, über welche Möglichkeiten sie verfügen und welches Image sie gerne hätten. Man hat gleichzeitig etwas zu bieten, um als Kooperationspartner ins Geschäft zu kommen.

Erfahrungsberichte mit dem Ressourcencheck

Die folgenden drei Vignetten stammen aus der Bruderhausdiakonie, wo Fachkräfte Menschen mit Behinderungen durch Ressourcenchecks stärken und so Kompetenzen entdecken, mit denen sich eine Alternative zu institutionalisierten „Tagesstruktur" aufbauen lässt, die am Willen und den Ressourcen anschließt.

„(1) Wir sind das Kompetenzteam, und wir machen jetzt einen Ressourcencheck!" beschloss die bunt gemischte Gruppe von Frauen und Männern mit geistigen Behinderungen, mit denen ich mich regelmäßig im Atelier zum Malen treffe. Es war ganz erstaunlich wie viele Beiträge auch von Menschen kamen, die sonst ausgesprochen wenig sprechen. Zum Schluss entschied die Gruppe, auch mir einen Ressourcencheck zu verpassen. Eine Woche später haben dann alle ihre Stärkentapete bunt bemalt und ausgestellt. Das hatte zur Folge, dass ich auf eine andere Wohngruppe eingeladen wurde, um den Ressourcencheck vorzustellen.

(2) Herr G. lud zwei Freunde und mich in sein Kompetenzteam ein. Bei Bier und Brezeln ging es dann mit den Stärken und Spaß zur Sache, die so gut ankam, dass das Kompetenzteam jetzt einen Ressourcencheck-Stammtisch im „Wilden Mann" halten will. Herr G. denkt inzwischen darüber nach seinen Arbeitsplatz zu wechseln. Er möchte vielleicht sogar ganz aus der WfbM aussteigen und einen „richtigen" Job finden.

(3) Herr B. lebt sehr zurückgezogen und hat große Ängste vor Menschen und vor allem Neuen. Er ist alkoholabhängig und leidet unter einer schweren psychiatrischen Erkrankung. Herr B. hatte zwar Lust auf den Ressourcencheck, aber seine Bedingung war: „Ohne Kompetenzteam!". Nicht einmal per Brief wollte er andere beteiligen und sich stattdessen selber Gedanken machen. „Keine gute Ausgangsbedingung!" dachte ich. Als wir dann aber eine Woche später die Stärketapete an seine Zimmertüre hängten, sprudelte es geradezu aus im heraus. Es war unglaublich. Ich konnte nicht schnell genug schreiben …

Diana Schmidt-Knöpfler, Ermstal

3.2 Varianten

Soziale Arbeit, die sich um nachhaltige und am Willen orientierte Lösungen bemüht, kann auf Techniken, mit deren Hilfe Ressourcen und Kompetenzen von Adressaten entdeckt werden können, nicht verzichten. Doch nicht für alle Adressatengruppen passt die offene Suchstruktur des Ressourcenchecks. Darum einige alternative Techniken, mit denen Stärken von Adressaten entdeckt werden können.

5 Die ursprüngliche Idee zum Formular „Ressourcenfeld" stammt vom ISSAB, Essen, genauso wie die Idee des Nutzungsideenfeldes:

Ressourcencheck mit einer 8-Felder-Karte
Auf einer Papierfahne in Tischgröße entsteht durch 4 Striche, die sich in der Mitte kreuzen, eine 8-Felder-Karte.

Die Segmente werden verschiedenen Kompetenzgattungen oder Alltagsausschnitten zugeordnet.

Eine Gruppe oder der Adressat und die Sozialarbeiterin sammeln Stärken und Ressourcen, die in die Segmente passen.

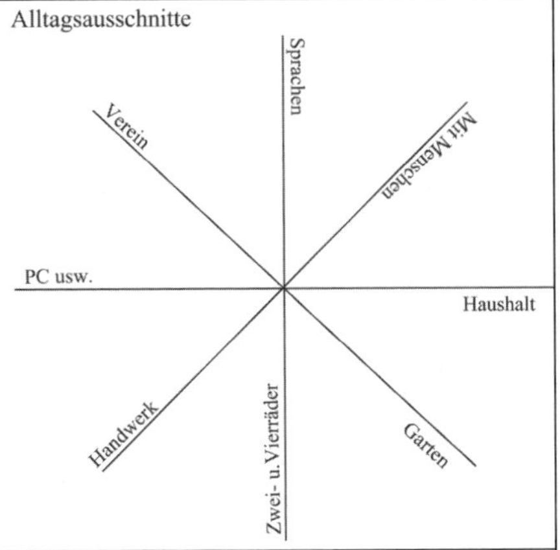

Ressourcencheck mit Kompetenzkarten
Mit Hilfe der Grobkategorisierung „Herz", „Hirn" und „Hand" werden Stärken grob kategorisiert und auf Karten geschrieben. Dann werden die Karten einzeln gezogen, und die Gruppe oder die Sozialarbeiterin oder die Adressaten sagen, was ihnen zu dieser Karte einfällt. Die Ergebnisse werden auf einer Pin-Wand gesammelt. Diese strukturierende Vorgehensweise eignet sich bei Kindern und Jugendlichen sehr gut, weil die Beispiele auf den Karten Anhaltspunkte zum Weiterdenken geben. (Für mehr Stärkenbeispiele für die Karten siehe das Kapitel Kompetenzkartierung)

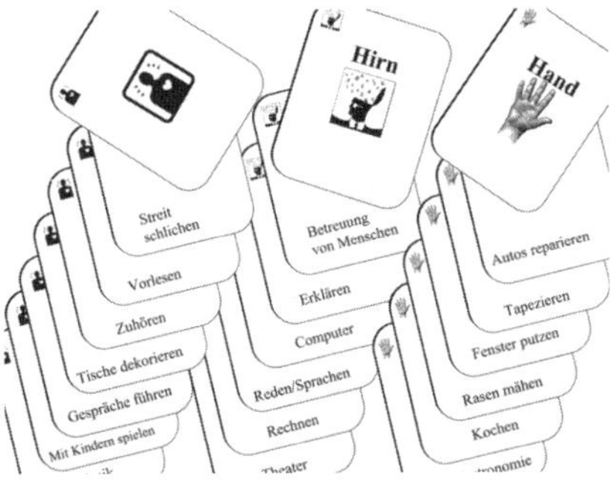

Ressourcencheck mit Hilfe des Ressourcenfeldes[5]
Das Ressourcenfeld beruht auf einer Ordnung von Ressourcen in vier Gruppen und dient vor allem zur Dokumentation. Das Beispiel zeigt ein ausgefülltes Formular, konstruiert als chinesisches Schriftzeichen für Feld 田.

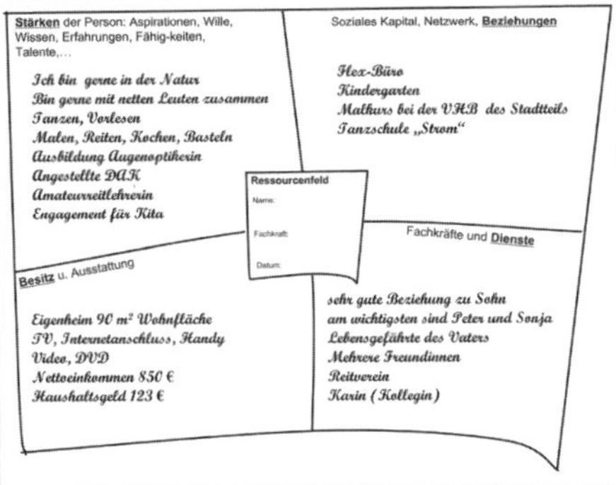

Stärken der Person: Aspirationen, Wille, Wissen, Erfahrungen, Fähig-keiten, Talente,…

Ich bin gerne in der Natur
Bin gerne mit netten Leuten zusammen
Tanzen, Vorlesen
Malen, Reiten, Kochen, Basteln
Ausbildung Augenoptikerin
Angestellte DAK
Amateurreitlehrerin
Engagement für Kita

Soziales Kapital, Netzwerk, **Beziehungen**

Hex-Büro
Kindergarten
Malkurs bei der VHB des Stadtteils
Tanzschule „Strom"

Ressourcenfeld
Name:
Fachkraft:
Datum:

Besitz u. Ausstattung

Eigenheim 90 m² Wohnfläche
TV, Internetanschluss, Handy
Video, DVD
Nettoeinkommen 850 €
Haushaltsgeld 123 €

Fachkräfte und **Dienste**

sehr gute Beziehung zu Sohn
am wichtigsten sind Peter und Sonja
Lebensgefährte des Vaters
Mehrere Freundinnen
Reitverein
Karin (Kollegin)

Ressourcennutzung mit dem Nutzungsideenfeld Das Formular übernimmt die vier Kategorien des Ressourcenfeldes. Jeweils eine Ressource wird aus jeder Kategorie des Ressourcenfeldes ausgewählt. Dann entwickelt man Nutzungsideen dazu, die jeweils in die dazugehörigen Quadranten geschrieben werden. Alternativ kann man natürlich auch die Ressourcen eintragen, zu denen man bereits Nutzungsideen hat.	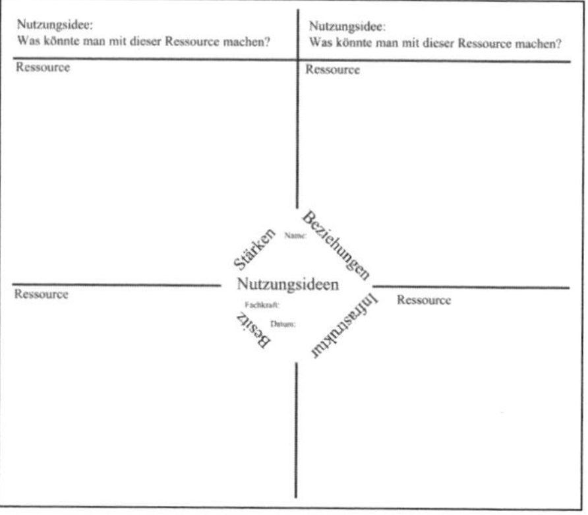

3.3 Anforderungen an die Fachkraft

Ressourcenmobilisierung erfordert technisch-methodisches Können und eine dazu passende Haltung. Die erfolgreiche Durchführung eines Ressourcenchecks hängt davon ab, dass den Teilnehmern die vorgenannten Regeln klar sind. Gleichzeitig ist es unvermeidlich, dass im Prozess der Stärkensammlung immer wieder Relativierungen oder auch versteckte Abwertungen (und sei es nur durch Gelächter) auftreten.

Daraus entstehen spezifische Anforderungen an die Fachkraft. Relativierungen sollten aufgegriffen und in Richtung auf eine eindeutige Stärkenformulierung „geschärft“ werden. Versteckte Abwertungen sollten vorsichtig „abgemahnt“ werden, ohne damit den Teilnehmer, der den unerwünschten Beitrag geleistet hat, auf der sozialen Seite des Prozesses so zu beschäftigen, dass er an einer weiteren konstruktiveren Mitwirkung gehindert ist. Fingerspitzengefühl ist Trumpf. Solche vorsichtigen Korrekturen führen bisweilen zu einem leichten Stocken des Prozesses. Erforderlich ist hier, die Lücke mit eigenen Beiträgen zu füllen, Defizitbeschreibungen schnell positiv umzuformulieren. Geistesgegenwart ist ein Muss.

Handwerklich ist nicht zu unterschätzen, dass die erfolgreiche Durchführung auch von einer schnellen und einer klaren Schrift abhängt. Stärketapeten, die von niemand mehr entziffert werden können, verfehlen ihren Zweck. Auf ein Blatt sollten nicht mehr als sechs Zeilen. Wer schreibt, redet beim Schreiben. Das hat Verstärkungseffekte und zeigt den anderen, ob der Schreiber nachkommt.

3.4 Übungen

Ihr Experten-Team
Stellen Sie ein Experten-Team für Ihren Ressourcencheck zusammen.
Nutzen Sie die Segmente des Eco-Maps um sicherzustellen, dass Sie in allen relevanten Bereichen Experten für Ihre Stärken finden.

Feedbacks formulieren – eine Übung für zwei

Wählen Sie aus Ihrem Kollegen- oder Kommilitonenkreis einen Übungspartner aus, den Sie gut kennen.
Sammeln Sie jeweils etwa fünf Stärken, die sie mit Ihrem Gegenüber in Verbindung bringen.
Überlegen Sie: Wann und in welcher Situation haben Sie die Stärke an ihm erlebt? Was macht das Starke an dieser Stärke für Sie aus? Wie hat sich die Stärke als Verhalten gezeigt?

3.5 Material

Checkliste zur organisatorischen Vorbereitung des Ressourcenchecks

✓ Organisation und Material: An alles gedacht?
✓ A0-Plakate (10–15 Blätter)
✓ mehrere große Filzstifte (meist funktionieren einige nicht)
✓ Kreppband
✓ ein ausreichend großer Tisch, auf dem die Plakate beschrieben werden können
✓ ausreichend freie Wandflächen, an denen die Plakate aufgehängt werden können

Checkliste: Ist der Ressourcencheck gut gelaufen?

✓ Wurde die Neugier des Klienten für das Verfahren geweckt?
✓ Sind die Teilnehmer vom Adressaten ausgewählt worden?
✓ Wurden Lebensweltgefährten aus verschiedenen Sparten des Alltags gewonnen?
✓ Stammen die gefundenen Ressourcen aus verschiedenen Alltagsausschnitten?
✓ Ist die Dokumentation der Stärken gut sichtbar?
✓ Wurde eine Relativierung der Rückmeldungen vermieden?
✓ Sind die Feedbacks klar und für den Adressaten nachvollziehbar?
✓ Sind die Ressourcen des sozialen Raums bekannt, und können die gefundenen Stärken mit den Möglichkeiten des sozialen Raums zusammengebracht werden?

Ressourcenraster zur Vorbereitung auf einen Ressourcencheck
(zusammengestellt aus Fortbildungsmaterial des ISSAB, Essen von Lüttringhaus, Streich und Welbrink sowie aus Projektmaterial des HzE-Projektes in Stuttgart) Das Raster ist zur Vorbereitung von Fachkräften auf einen Ressourcencheck gedacht.

Persönliche Ressourcen	**Vorbereitungsfragen**
▪ Fit, beweglich, gesund, körperliche Kräfte etc. ▪ Geistig beweglich, Ideenreichtum, Phantasie, Kreativität etc. ▪ Emotionale Ausdrucksfähigkeit, Sensibilität, kontaktfreudig etc. ▪ Schulabschluss, Berufsabschluss, Qualifikationen etc. ▪ Eigene Motivationen ▪ Eigene Erfahrungen ▪ Glaubenssysteme	▪ Was macht ihm/ihr Spaß? Was macht er/sie gerne? ▪ Was kann er/sie besonders gut? Besondere Fähigkeiten? ▪ Welche Hobbys hat er/sie? ▪ Welche Interessen hat er/sie? ▪ Worüber freut er/sie sich? ▪ Worüber lacht er/sie? ▪ Was ist ihm/ihr ganz wichtig?
Soziales Kapital	
▪ Beziehungen in der engeren Familie (Mutter, Vater, Geschwister, Stiefeltern etc.) ▪ Beziehungen im weiteren Familienkreis (Großeltern, Tante, Onkel, Cousin/e etc.) ▪ Beziehungen im Freundeskreis (sog. beste/r FreundIn, hilfreiche Freundschaften etc.) ▪ Beziehungen in der Nachbarschaft (Kontakte zu Nachbarn, Unterstützung/Aushilfe etc.) ▪ Beziehungen zu einzelnen/mehreren Personen (durch Vereine, Schule, Arbeit etc.) ▪ •Nützliche Beziehungen (nah oder entfernt wohnende Bekannte, die unterstützen/helfen)	▪ Bei wem holt er/sie sich Rat? ▪ Wer sind seine/ihre Freunde? ▪ Welche Kontakte hat er/sie? ▪ Zu wem geht er/sie gerne?/Mit wem verbringt er/sie gerne Zeit? ▪ Mit wem hat er/sie Spaß? ▪ Gibt es jemand in der Arbeit bzw. Schule, der ihm/ihr wichtig ist? ▪ Wer hilft ihm/ihr in schwierigen Situationen? ▪ Mag er/sie Tiere? Wenn ja, welche?

Ökonomisches Kapital	
▪ Einkommen, Sparbuch, Taschengeld etc. ▪ Haus und Grund, Schrebergarten etc. ▪ Wohnung, Mobiliar, technische Ausstattung etc. ▪ Fahrrad, Mofa, Motorrad, Moped, Auto etc.	
Infrastrukturelle Ressourcen	
▪ ÖPNV-Anbindung, Wohn- und Spielstraßen, Parkplätze etc. ▪ Einkaufsmöglichkeiten in der näheren Umgebung ▪ Dienstleistungsangebote: Ärzte, Ämter, Kindertagesstätten etc. ▪ Spielplätze, Freizeiteinrichtungen, Vereine etc. ▪ Bildung, Schule und Ausbildung ▪ Arbeitsplätze ▪ Kommunikationsorte	▪ Welche Sozialen Dienste/Einrichtungen sind für sie/ihn hilfreich? ▪ Wo geht er/sie gerne hin? ▪ Wo trifft er/sie seine/ihre Freunde?

4 Arbeit mit dem Willen

Soziale Arbeit tut sich mitunter schwer mit ihren Adressaten, insbesondere dann, wenn wohlmeinende professionelle Einzelhilfe Hilfen „nahelegt", die nicht so ganz mit dem Willen der Leute übereinstimmen. Von Professionellen wird ein Prozess, der nicht am Willen der Klienten anschließt, als anstrengend erlebt. Termine werden von Klienten nicht eingehalten, Absprachen missverstanden, Planungen laufen ins Leere. Der Wille von Adressaten, auch der Wille von Kindern, muss als Brennstoffzelle verstanden werden. Im Willen steckt die Energie, die Berge versetzen kann. Jeder, der versucht hat mit dem Rauchen aufzuhören, weiß das. Viele kennen die Geschichte von einem Bekannten, der Unerhörtes geschafft, sich durchgebissen hat. In diesem Kapitel soll es darum gehen, wie es in der Sozialen Arbeit gelingen kann herauszubekommen, was Klienten wollen. Wie schaffen Profis es, diesen Willen für die Erarbeitung von Zielen und Plänen zu nutzen?

Kevin

Kevin ist 15 Jahre alt, einziges Kind eines deutsch-amerikanischen Paares. Kevins Vater, ein GI, ist wieder in den Staaten. Kevin lebt im Gärtnerviertel, einer Neubausiedlung in H., mit seiner Mutter zusammen. Frau B. arbeitet in einem Supermarkt an der Kasse, in Schichten, oftmals bis 20.00 Uhr, samstags bis 18.00 Uhr.

Kevin hat eine vermurkste Schulgeschichte hinter sich: Mit sieben Jahren in die Grundschule, ganz ordentliche Noten am Anfang, dann Aufnahmeprüfung in die Realschule so eben geschafft, im zweiten Jahr eine Ehrenrunde, nach dem vierten Jahr der Abgang in die Hauptschule.

Dort, in der achten Klasse, gilt er als Schüler, der – so seine Lehrerin – „könnte, wenn er *wollte* (sic!)." In Mathe und Deutsch im besten Falle ausreichend, in Englisch fit, hängt er in nahezu allen Fleißfächern durch: Religion und Textverarbeitung mangelhaft.

Kevin träumt während des Unterrichts. Es gelingt ihm bestenfalls, wach zu gucken. Immer wieder versuchen Lehrer und Kevins Mutter, den Jungen wachzurütteln. Jedes Mal verspricht er Besserung, die zwischen einer Stunde und einer Woche im Maximum anhält. Kevins Mutter und die Lehrerin sind ratlos: „Was soll aus dem Jungen nur werden?"

Kevin ist Rapper. Sein Freund Sven sagt, er sei der Begabteste in der Gruppe. Seit einem Jahr sind die fünf Jungen fast jeden Nachmittag zusammen. Sven hat ein kleines Tonstudio und einen superschnellen DSL-Anschluss. Hier verbringt Kevin viel Zeit und surft durch die internationale Rapper-Szene. Sein gutes Englisch nützt ihm da. Er hat Texte gemacht, für die er in der Szene Anerkennung findet. Seine Spezialität sind False-Way-Reimtechniken und er beherrscht Tripletime. Sein Output: wenigstens drei Texte pro Woche, die den Alltag der Jungen im Gärtnerviertel treffen. Dass er sogar englische Texte schreiben kann, finden seine Freunde „echt krass". Kevin will in der Rap-Szene jemand werden. Er sagt: „Das wird dir nicht geschenkt. Dafür muss man voll was tun!"

4.1 Vom Willen zum Ziel verhandeln

Das Verfahren „Vom Willen zum Ziel verhandeln" (vgl. Lüttringhaus/Streich 2002 und Hinte/Tress 2007) beruht auf der schlichten Überzeugung, dass jeder Mensch Wünsche, Träume und Sehnsüchte hat. Nicht alle diese Wünsche eignen sich im sozialarbeiterischen Kontext zur Zielgenerierung. Manche Wünsche sind dazu da, eine Rückzugsmöglichkeit aus der rauen Realität zu bieten. Manche dienen dazu, anderen Menschen mitzuteilen, was sie für uns tun sollen. Für manche Wünsche sind Menschen aber auch bereit, selbst zu kämpfen.

Es ist die Aufladung mit Attraktivität und Eigenkraft, die Wünsche als Rohstoff zur Herstellung von Zielen qualifiziert. Ist sie hoch, können Menschen überraschende und auch anhaltende Energien entwickeln. Wir nennen solche Wünsche „Leuchtfeuer". Um sie zu erkennen, muss man einerseits das in ihnen steckende Energiepotenzial richtig einschätzen, andererseits aber auch bürgerliche Normalvorstellungen vom Wünschenswerten einklammern können. Nichts anderes erzählt die Fallgeschichte „Kevin". Das Schreiben von Rap-Texten bringt noch keinen Schulabschluss, aber vielleicht ist auch kein Schulabschluss erreichbar ohne die Ausnutzung des Leuchtfeuers des Rappens. Vielleicht ist für Kevin sogar ein zufrieden stellendes Leben nur im Letzteren zu finden, ohne „Quali", aber als Freak in der Szene. Werden Leuchtfeuer zu Zielen entwickelt, müssen sie nicht nur bedeutsam, sondern auch realistisch sein und der Protagonist muss sich entschieden haben, seine ganze Kraft für das Erreichen einzusetzen.

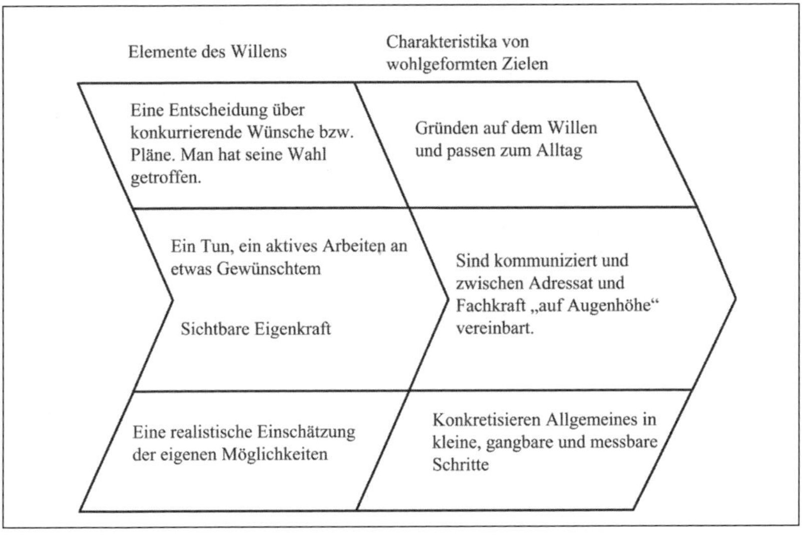

Die Wichtigkeit von Zielen kann allerdings verschwommen sein, weil sie mit anderen Zielen kollidieren, weil sich Menschen die nötigen Kompetenzen zur Erreichung des Zieles nicht zutrauen oder weil sie nicht den Erwartungen der Umwelt oder der Sozialarbeit entsprechen. Sozialarbeiter haben dann nicht selten den Eindruck, dass ihre Klienten gar keine Ziele haben oder sich nicht engagieren wollen. Das ist letztlich eine ziemlich destruktive professionelle Konstruktion, die nicht nur in die Konfrontation mit den Vorstellungen von Klienten geht – die nötig und hilfreich sein kann –, sondern den Klienten die Fähigkeit der eigenen Lebensregie abspricht.

Die Methode „vom Willen zum Ziel verhandeln" ist ein rhizomatischer Prozess, der nur in der akademischen Darstellung wie ein geordneter Siebenschritt anmutet. Ein Rhizom ist ein System, das verflochten ist und nicht in Linearität aufgeht. „Ein Rhizom kann an jeder beliebigen Stelle gebrochen und zerstört werden, es wuchert entlang seiner eigenen oder anderen Linien weiter." (Deleuze/Guattari 1977, S. 16, Früchtel/Budde 2011, S. 273) Seine einzelnen Punkte können und sollen untereinander verbunden werden. Unterschiedlichste Sachverhalte können miteinander in Verbindung treten.

Bevor wir den aus sieben Schritten bestehenden Weg des „Verhandelns vom Willen zum Ziel" an einem Beispiel darstellen, muss auch vorausgeschickt werden, dass das, was hier in wenigen Abschnitten dargestellt ist, eine wesentliche Ressource benötigt: Zeit. Die Erarbeitung von „Leuchtfeuern", ihre Umsetzung in Marschrouten und deren Konkretisierung in Schritte lässt sich nicht „aus dem Ärmel" schütteln. Sie verläuft in einem Prozess, in dem sich Leute einer Aufgabe nähern, sich wieder von ihr entfernen, neue Aufgaben definieren, an manchen Dingen scheitern, kleine Erfolge haben, Ziele konkretisieren, Schritte planen, ausprobieren, als nicht gangbar erleben, andere Schritte planen, dabei aber ihr Ziel nicht aus dem Auge verlieren. Zielerreichung ist kein technisch-mechanischer halbjährlich planbarer Prozess, wie das manche Anweisungen zur Hilfeplanung vorgaukeln. Der obere Teil der folgenden Graphik symbolisiert das Hilfeplanungsverfahren der Hilfen zur Erziehung, wie es in vielen Kommunen gehandhabt wird. Im halbjährlichen Abstand erfolgen sog. Hilfeplangespräche, in denen festgestellt wird, wie es um die Zielerreichung steht. Nun ist es aus administrativer Sicht nicht falsch, solche Controllingzäsuren einzuziehen, um zu schauen, wo man steht. Sie haben allerdings mit der alltäglichen Zielverfolgung der Menschen wenig zu tun, die durch den unteren Teil der Graphik skizziert ist. Die formalisierte Hilfeplanung muss abstrahieren, vereinfachen und kondensieren, was ein in der Praxis ziemlich filigraner Prozess ist. Das Verfahren „vom Willen zum Ziel verhandeln" kann sich solche Vereinfachungen nicht leisten, sondern muss synchron mit den Geschwindigkeiten von Adressaten gehalten werden, muss mehr Zeit auf die Analyse des hinter den Zielen stehenden Willens verwenden, muss große Ziele in überschaubare Schrittchen klein arbeiten, gleichzeitig die reizlosen Einzelschritte immer wieder mit der Strahlkraft des großen Ziels aufladen.

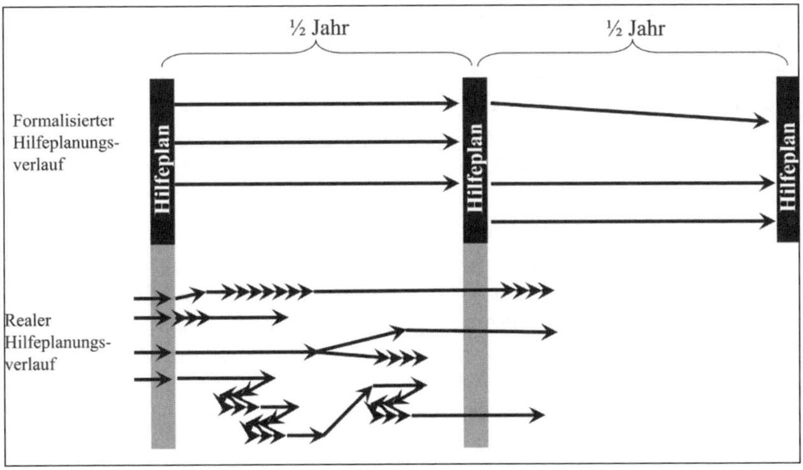

Das Hilfeplanverfahren und die Hilfeplanung in der Praxis

Die Arbeit am Ziel findet zu verschiedenen Zeiten in verschiedenen Geschwindigkeiten statt, in der Auseinandersetzung zwischen Profi und Adressat, genauso wie auf dem Nachhauseweg, beim Sinnieren vor dem Einschlafen, im Gespräch mit dem Ehemann und ist bei aller Attraktivität auch von Unsicherheit begleitet: Kann ich das? Schaffe ich das?

Katja
Katja ist nicht ganz sorgenfrei. Wenn man sie vor einiger Zeit gefragt hätte, ob sie mit ihrem Leben zufrieden sei, hätte sie das rundum bejaht. Katja hat die Realschule wider Erwarten ihrer Eltern geschafft. Sie hatte eine Ausbildungsstelle in ihrem Traumberuf Arzthelferin bekommen. Sie hatte einen netten Freundeskreis und eine große Liebe. Es ging ihr gut.
Das ist vorbei. Von dem „Typen" will sie nichts mehr wissen, weil er sie betrogen hat. Trotzdem trauert sie ihm nach und es „tut unheimlich weh". Der Chef ist ein spießiger Despot und hat sie auf dem Kieker. Gut, sie kommt manchmal nicht aus dem Bett und vergisst manchmal etwas. Aber der macht aus jeder Fliege einen Elefanten. Katja überlegt, ob sie hinschmeißen und eine andere Stelle suchen soll.
Ihr Vater hat eine „Andere". Seit zwei Monaten ist nur noch „Stress". Sie hat das gar nicht so richtig mitbekommen. Plötzlich gab es nur noch Rumgebrülle. Ihre Mutter ist am Boden zerstört. Sie will, dass ihr Vater die Frau, eine Kollegin, nicht mehr sieht. Ihr Vater schweigt, drückt sich morgens aus dem Haus

und kommt so spät wie möglich zurück. Katja steht dazwischen. Sie hält das nicht mehr aus, will nur noch weg, raus aus der Situation, wo beide Eltern an ihr zerren.

Schritt 1: Die Situationsbeschreibung
Nehmen wir die Fallgeschichte als Situationsbeschreibung. Katja, 18, ist in eine Situation geraten, auf die sie das Leben nicht vorbereitet hat. Ihre Mutter und ihr Vater suchen bei ihr Bestätigung, eine Situation, der Katja nicht gewachsen ist. Sie will zwar Arzthelferin werden, aber nicht bei dem Chef. Sie sucht nun nach Möglichkeiten, sich auf „eigene Beine zu stellen".

Schritt 2: Was ist das Leuchtfeuer?
„Mein Traum ist, eine eigene Wohnung zu haben und einen coolen Job!"

Ein Traum signalisiert eine Veränderungsrichtung. Aber ist die Idee realistisch? Reichen die Kompetenzen und Ressourcen, diesen Traum umzusetzen? Das ist sowohl instrumentell wie sozial gemeint. Gelingt es einer 18-Jährigen eine eigene Wohnung zu finden und das Alleinleben sozial zu schaffen? Die Situation in ihrem Elternhaus ist bedrückend, aber in vielen Aspekten des Alltags vertraut. Die Anmietung einer Wohnung ist fremder.

An der Kraft des Veränderungs*willens* wird es sich entscheiden, ob es Katjas gelingt, aus *„Mein Traum ist, eine eigene Wohnung zu haben und einen coolen Job!"*

ein „Ich will eine eigene Wohnung suchen, und ich will meine Ausbildung bei diesem Arzt abschließen, weil ich Arzthelferin werden will!" wird. Freilich können diese Entscheidungen auch andersherum ausfallen und hätten dann andere Konsequenzen.

Ein Kennzeichen des Willens ist, *dass* entschieden wird. Welche Möglichkeiten stehen zur Verfügung um zu erkennen, ob jemand etwas wünscht oder etwas will? Der Unterschied ist eminent: Wünsche werden erfüllt. Dazu werden andere benötigt, oft Eltern, manchmal Sozialarbeiter. Wille meint etwas anderes. Der Wille unterscheidet sich vom Wunsch dadurch, dass ein wollender Mensch erstens eine Entscheidung getroffen hat. Zweitens will er selbst „Hand anlegen", also was tun, und er hat drittens die Landschaft geprüft, ob das, was er tun will, realistisch ist.

Indikatoren, an denen Sozialarbeiter den Willen erkennen können:
1. Katja kann berichten, was sie bereits zur Erreichung dieser beiden Ziele getan, wie sie ihre Versuche ausgewertet und modifiziert hat.
2. Katja kann berichten, was sie getan hat, um zu prüfen, ob Ihre Ziele realistisch sind.

3. Katja kann Szenarien entwickeln, was sie jetzt zu tun gedenkt. In diesen Schilderungen ist sie selbst die handelnde Kraft.
4. Die Sozialarbeiterin kann beobachten, dass Katja in ihrer freien Zeit an den Zielen arbeitet.

Schritt 3: Zielspezifische oder zielunspezifische Eco-Maps, Genogramme oder Ressourcenchecks

Möglichkeiten, Adressaten so zu stärken, dass sie sich eine Veränderung zutrauen, sind Techniken wie Ressourcencheck, Eco-Map oder Genogramme. Letztere sind Verfahren, die vorhandene Netzwerke aufdecken und diese auf ihren Ressourcengehalt überprüfen (mehr dazu im folgenden Kapitel). Freundinnen, Kolleginnen, Nachbarn, Mitglieder des „eigenen“ Vereins, Fachkräfte, Mitglieder der weiteren Familie werden auf das hin betrachtet, was sie können, erlebt haben oder auch besitzen. So entsteht in der Regel eine beeindruckende Schatzkarte, welche die Lösungssuche und konkrete Planung unterstützen kann. *Zielspezifische* Ressourcenchecks, Eco-Maps und Genogramme sind durch die zu lösende Aufgabe gerahmt.

Mit Katja wird etwa ein Ressourcencheck durchgeführt, um zu sehen, über welche Ressourcen und Kompetenzen sie verfügt, um ihre Ziele zu erreichen. Dieser Blick auf die spezifische Verwendungsfähigkeit der Ressourcen und Kompetenzen wirkt selektiv, lässt aber die Ressourcensuche konkreter erscheinen und produziert direkt auf die Ziele bezogene Ergebnisse. Wendet man diese Verfahren *zielunspezifisch* an, klammert man den Anlass erst einmal aus und ermuntert „breit“ zu suchen, um die zu lösende Aufgabe nicht zur Scheuklappe werden zu lassen. Die Ergebnisse sind dann vielfältiger und können inspirierende Wirkungen entfalten. Man kann damit auf Lösungswege und Ressourcen kommen, an die man vorher gar nicht gedacht hat.

In Katjas Fall zeigt sich, dass sie früher ein Tagebuch führte und auch heute noch gerne Briefe schreibt. Schreiben fällt ihr irgendwie leichter als Sprechen. Sie ist Scorpions-Fan. Ihre beste Freundin ist eine wichtige Ressource für sie, weil sie ihr beim Nachdenken hilft und eine gute Art hat, auf ihre blinden Flecken hinzuweisen. Mit einer Kollegin in der Arztpraxis versteht sich Katja ausgezeichnet. Die arbeitet schon mehrere Jahre dort und hat ihr immer wieder „ausgeholfen“, wenn sie zu spät kam. Wichtig ist für Kaja auch die Nachbarin, Frau Müller, eine pensionierte Lehrerin. Mit der kann man gut quatschen und die versteht von vielen Dingen etwas, sagt Katja. Und dann gibt es da noch Tante Elke. Die ist zwar streng, aber fair. Auf die kann man sich verlassen, auch wenn sie einem ab und an schon mal „den Kopf wäscht“. Das sind nur einige der Ressourcen, die das Verfahren zu Tage gefördert hat, aber diejenigen, die im weiteren Verlauf genutzt werden.

Schritt 4: Ziele und Wege entwickeln – und das in der Sprache der Lebenswelt
Im Rahmen des vierten Schrittes wird das Leuchtfeuer auf die Ebene konkreter Wege herunter gebrochen. Damit wird der Realisierung des Leuchtfeuers eine Richtung gegeben.

Katjas Leuchtfeuer: „Ich lebe in einer eigenen Wohnung! Ich bin Arzthelferin!“ werden zu den Marschrouten: „Ich habe einen Mietvertrag.“, Ich mache die Lehre auf jeden Fall dort fertig.“ Ich komme pünktlich zur Arbeit.“

Der Hinweis, dass Leuchtfeuer und Marschrouten (später auch die konkreten Schritte) in der Sprache der Lebenswelt formuliert sein sollten, ist so nachvollziehbar wie in seiner praktischen Umsetzung ungewohnt. Lösungsplanungen sind nur in dem Maße tragfähig, wie sich Betroffene mit ihnen identifizieren. Und das ist nicht nur eine Frage der „Richtung“, sondern auch eine Frage der Sprache. So wie es Menschen manchmal schwer fällt, ihre Geschichte in offiziellen Hilfeplänen – aufgefächert in professionelle Kategorien und abgeheftet im Din A4-Format von Verwaltungsakten – wieder zu finden, so „anheimelnd“ kann es sein, wenn Sprache und Format (siehe der Abschnitt Speichermedien in diesem Kapitel) wirklich zu den Adressaten passen. Die Formulierungen mögen dann zwar stark mit dem offiziellen Fachjargon kontrastieren, wirken aber echter und machen deutlich, wer ihr Urheber und „Besitzer“ – sprich der Herr des Verfahrens – ist. So könnten Katjas Formulierung und Format z. B. so aussehen:

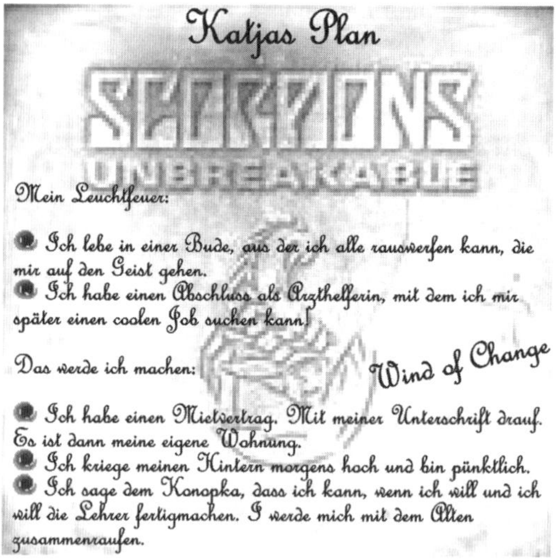

Abb.: Leuchtfeuer und Marschrouten in Katjas Plan

Schritt 5: SMARTe Schritte

SMARTe Schritte operationalisieren Marschrouten in konkretes Tun, also in etwas, was von Katja sofort angegangen werden kann. SMART sind solche Schritte dann, wenn sie den folgenden Qualitätskriterien entsprechen:

SMART-Test für Zielschritte			
		Wohlgeformte Zielschritte sind:	
S	=	spezifisch	Konkret, auf ein spezifisches Verhalten oder Tun bezogen
M	=	messbar	Es ist klar, wie oder woran die Zielerreichung zu erkennen ist
A	=	attraktiv	Positive Formulierung, in der sich das für den Adressaten Wichtige (Wille) spiegelt
R	=	realistisch	Erreichbar, klein genug um sofort anfangen zu können
T	=	Timeline	Zeitplan ist aufgestellt

Die Umformulierungen von Zielen in SMARTe Schritte ist ein Prozess, der Unterstützungsleistungen von Professionellen braucht. Das Spezifische, das konkret Messbare, das Attraktive (d. h. das Wichtige), das Realistische und die zeitliche Bindung zu erarbeiten, ist keine einfache Sache.

Hilfreich bei der Erarbeitung einer „smarten“ Qualität können folgende Fragen sein.

Spezifisch, d. h. klar und konkret formuliert: Was wollen Sie tun? Bitte beschreiben Sie das so, dass ich es mir genau vorstellen kann.

Messbar, d. h. es wird klar, wie oder wann der Schritt erfolgreich war: Woran würde Ihre Freundin, Ihr Freund erkennen, dass Sie auf dem richtigen Weg sind, der Schritt für Schritt zum Ziel führt?

Attraktiv, d. h. wichtig, mit Willen aufgeladen, positiv und in der Sprache der Lebenswelt formuliert: Wie wichtig ist dieser Schritt für Sie? Wie viel Kraft und Zeit wollen Sie darauf verwenden? Wenn es so, wie es zur Zeit ist, nicht bleiben soll, wie soll es stattdessen sein? Angenommen, Sie sind so richtig zufrieden, wie sieht es dann aus? Erzählen Sie, wie es aussehen wird, wenn alles so ist, wie Sie es sich vorstellen. (Zitate, den Original-Ton der Leute aufgreifen.)

Realistisch, d. h. klein und erreichbar, weil die meisten Mittel in der Hand der Adressatin liegen. Bei mehreren Zielen: Welches Ziel soll zuerst erreicht werden? Wie realistisch schätzen Sie das Erreichen des Zieles ein? Wie würde die optimale Lösung aussehen und wie würde die Lösung aussehen, die Sie zumindest erreichen wollen? Liegt die Erreichung des Zieles in Ihrer Hand? Wovon ist die Zielerreichung eventuell noch abhängig?

Timeline, d. h. terminiert: In welchem Zeitraum können welche Veränderungen Ihrer Meinung nach sichtbar werden? Bis wann wollen Sie was erreicht, getan, umgesetzt haben?

Die Berücksichtigung dieser Regeln kann bei Katja zu folgenden Zielformulierungen führen:

- Ich studiere mit Frau Müller (Nachbarin) immer Samstag vormittags vor 10.00 Uhr die Wohnungsanzeigen.
- Danach rufe ich bei Frau Müller die Vermieter an.
- Wenn die Wohnung noch frei ist, gehe ich mit Frau Müller die Wohnungen ansehen.
- Ich gehe am nächsten Mittwochnachmittag zur Wohngenossenschaft und lasse mich auf die Warteliste setzen.
- Ich schreibe heute Abend meinem Chef einen Brief, in dem ich ihm erkläre, warum ich immer so spät aus dem Bett gekommen bin, und dass ich das ändern will. Ich bitte ihn um ein Gespräch. Anna (beste Freundin) wird mir beim Schreiben helfen, damit es auch wirklich gut klingt und der Konopka sich angesprochen fühlt.
- Ich frage Sylvia (Kollegin), ob sie bei dem Gespräch dabei sein kann und mir beim Erklären hilft. In dem Gespräch zeige ich Konopka meinen Plan und erkläre ihm, wie er mir helfen kann, mein Ziel zu erreichen. Zum Beispiel, indem er mich auch mal lobt oder mir gleich sagt, wenn etwas nicht passt, und mir auch sagt, was genau ich anders tun soll.
- Ich stelle jeden Abend, bevor ich ins Bett gehe, meinen Radiowecker.
- Ich rufe an jedem Arbeitstag um 7.30 Uhr bei Tante Elke an.
- Ich beginne wieder mit dem Tagebuchschreiben. Ich habe jetzt noch 133 Tage bis zu meiner Abschlussprüfung. Jeder Tag fängt mit der Tagesnummer an, so dass ich sehen kann, wie ich mich zu meinem Abschluss hinarbeite.

Im *Task-Centered-Modell* (Reid/Epstein 1972) wird darauf hingewiesen, dass Aufgaben klein, abgegrenzt und genau definiert sein müssen. Nur so ist festzustellen, ob und wie sie gemacht wurden. Nur so sind sie simulierbar und im Trockenversuch zu üben (wie etwa das Gespräch mit Kajas Chef).

Schritt 6: Handlungsschritte planen und Verträge machen
Mit der „smarten" Formulierung ist der wesentlichste Schritt der Planung und vertragsartigen Vereinbarung bereits getan. Diese Vereinbarung kann eine schriftliche Form haben, muss es aber nicht. Wichtiger ist vielmehr, dass das gewählte Format in der Lebenswelt der Adressaten Verbindlichkeit herstellende Bedeutung hat (siehe Abschnitt „Speichermedien"). Was für den Kopf wichtig ist, muss auch zum Bauch passen. Das heißt, die Aufladung mit Willen muss in der Vertragsformulierung spürbar sein. Als besonders wirkungsvoll haben sich „um zu"- und „weil"-Formulierungen erwiesen:

- Ich (Katja) studiere Samstagvormittags um 6.30 Uhr die Wohnungsanzeigen in der N-Zeitung, um eine der Ersten zu sein, die bei den Vermietern anruft, damit ich so schnell wie möglich meine neue eigene Wohnung bekomme.
- Ich klingele an jedem Arbeitstag bei Tante Elke durch, weil ich auf jeden Fall Arzthelferin werden will und zwar eine gute.

Durch „Um zu"s und „Weil"s werden kleine, banale, oft nicht besonders reizvolle Schritte mit dem Reiz und der Aura des dahinter liegenden Großen verbunden.

Nun ist „nur" noch ein Schritt zu tun. Die Fassung der Planung in einem Format, das Verbindlichkeit herstellt.

Die Speichermedien
Können wir uns Liebesbriefe als Formulare vorstellen, vielleicht sogar noch mit Kästchen zum Ankreuzen? Ich liebe Dein/e/n (Augen, Nase, Sommersprossen, Nabel, Lächeln; nicht Zutreffendes bitte streichen). Nur schwer. Formulare wirken unpersönlich. Ihr Format macht uns auf das in der Regel Wichtige aufmerksam. Formulare sind Rationalisierungsinstrumente und haben dort ihren Sinn, wo es gilt regelhaft Bedeutsames strukturiert zu erfassen und wiederzufinden. Liebesbriefe wollen etwas anderes.

Auch Lösungsplanungen, deren Gegenstand individuell attraktive Ziele sind, in denen ganz individueller Wille steckt, lassen sich nicht angemessen in Formularen fassen. Ein Inhalt, der persönliche Bedeutung hat, braucht auch eine Form, die das Außergewöhnliche, Eigene und Einzigartige unterstreicht. Pläne, die nicht nur in einem Ordner landen sollen, sondern für Menschen bedeutsam sind, müssen so gestaltet werden, dass die Leute sie mitnehmen, in ihrer Wohnung aufhängen, unters Kopfkissen legen wollen und können. Vereinbarungen als methodische und nicht nur administrative Elemente der Lösungsplanung gewinnen an Bedeutung, wenn ihr Format im jeweiligen Alltag des Menschen, für den sie sind, symbolisch aufgeladen ist. Dies kann für eine studierte Juristin in der Tat ein akribisch ausgearbeiteter schriftlicher Vertrag sein, für einen Handwerker ein Handschlag, für ein Liebespaar ein in einen Baum geschnitztes Herz, für Freunde des Wilden Westens Rituale der Blutsbrüderschaft, für Kollegen ein Versprechen mit Prosecco. Auch eine verwandtschaftsöffentliche Erklärung, eine Zeitungsannonce oder eine Gravur ins Kruzifix nutzen als kulturelle Verstärker.

Die Bedeutung eines Lösungsplanes kann also dadurch unterstrichen werden, dass ein Speicherformat bzw. ein Speichermedium gefunden wird, dass auf einer symbolischen Ebene Gewicht erzeugt. Dieses Format ist vielleicht nicht so leicht im Amt abzuheften. Es hängt aber dafür bei den Leuten, denen es helfen soll, an der Innenseite der Kleiderschranktür oder über dem Bett.

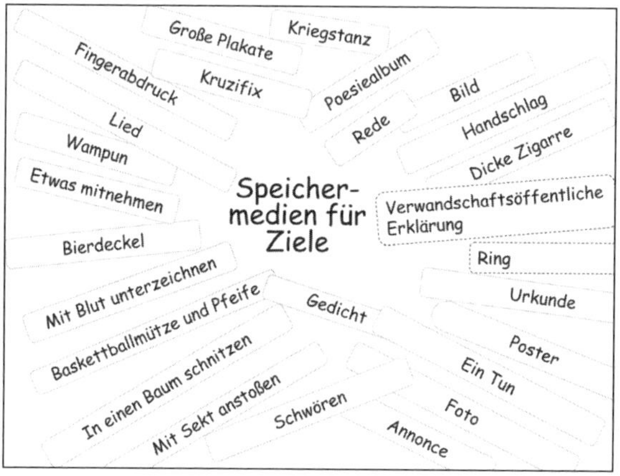

Abb.: Lebensweltnahe Speichermedien für Hilfeplanungen

Schritt 7: Machen und evaluieren

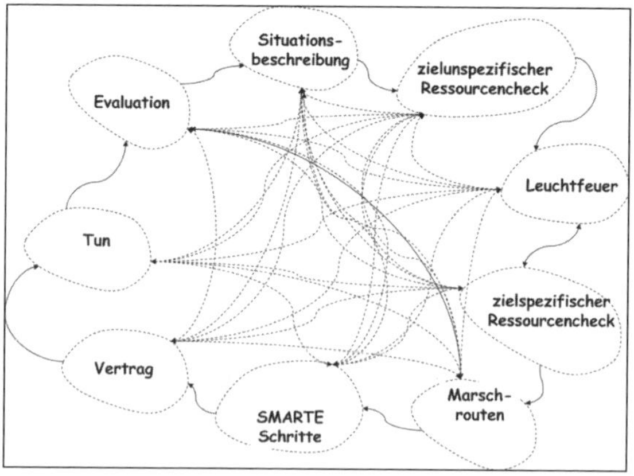

Abb.: Prozesse der Zielverfolgung verlaufen nicht in linearen Ketten. Sie entwickeln sich rhizomatisch (s. S. 73)

Die Grafik wiederholt die Schritte zur Herausarbeitung des Willens, seiner Umsetzung in Leuchtfeuer, Marschrouten und Schritte als kreisförmigen Ablauf (durchgezogene Linien), wobei der Kreis nahelegt, dass sich ein geordneter Weg von der Situationsbeschreibung bis zur Evaluation gehen lässt. Das ist natürlich nur in einem Methodenbuch so, wo idealtypische Prozesse dargestellt werden. Die Wirklichkeit schaut anders aus. Im Alltag sind geplante Prozesse so vielen unerwarteten; aber wirksamen Einflüssen ausgesetzt, dass eine idealtypische Reihung nie gelingen kann und auch nicht wünschenswert wäre, weil dann die Theorie zu rigide ihr Recht behaupten würde. Methodisches Alltagshandeln von Sozialarbeitern ist theoriegeleitet, verläuft aber rhizomatisch (gestrichelte Linien). Darstellungen idealtypischer Verläufe haben jedoch ihren Sinn. Sie bieten als Referenzlinien Orientierung zur kritischen Reflexion des dynamischen Alltagshandelns und können helfen, gelungene Prozesse von nicht gelungenen zu unterscheiden.

Die Schlangengurken-Technik
Was als Idee einfach aussieht, kann in der Umsetzung mitunter ziemlich schwierig sein und Verunsicherungen auslösen. Die Schlangengurken-Technik ist ein Messinstrument, welche Ideen aus einem Set von Umsetzungsideen selbst gegangen werden können, welche erst trainiert werden müssen und welche man als erstes gehen will. So kann man eine Art Realitätscheck (und mitunter auch Hilfestellungen und Coaching) einführen, bevor die eigentlichen Schritte vereinbart werden.

Ausschnitt aus Katjas Ideenpool für Schritte:
1. Ich studiere mit Frau Müller (*Nachbarin)* immer Samstag vormittags vor 10.00 Uhr die Wohnungsanzeigen. Danach rufe ich bei Frau Müller die Vermieter an.
2. Ich gehe am nächsten Mittwochnachmittag zur Wohngenossenschaft und lasse mich auf die Warteliste setzen.
3. Ich gehe im Stadtteil abends mit Frau Müller von Kneipe zu Kneipe und frage die Leute, ob sie im Stadtteil eine Wohnung wissen.
4. Ich schreibe kleine Plakate, auf denen steht, dass ich eine Wohnung suche, klebe an die Plakate Abreißzettel mit meiner Telefonnummer und hänge das alles an Bäume im Stadtteil.

Man braucht dazu eine echte Schlangengurke und dann lautet die Aufgabe für Katja:
„Deine vier Ideen, eine Wohnung zu finden, sind wahrscheinlich nicht gleich einfach umzusetzen. Manches traust Du Dich eher, manches weniger.

Schneide die Gurke in vier Stücke. Jedes Stück steht für eine dieser Ideen. Je größer das Stück, desto lieber ist dir diese Möglichkeit und desto eher traust Du Dir zu das zu tun.“

So entstehen vier verschieden große Gurkenstücke und eine Hierarchisierung. Katja kann nun mit den Ideen beginnen, die ihr am gangbarsten erscheinen. Die Sozialarbeiterin und Katja können zusammen die Ideen üben oder simulieren, die noch zu viel Angst machen, obgleich sie Katja gefallen.

Skalierungen als Evaluationshilfe

Sind Ziele als Schritte operationalisiert, ist die Evaluation keine zu schwere Angelegenheit. Man checkt einfach zusammen, ob der Schritt gegangen wurde, wie es geklappt hat, was man noch optimieren könnte, und wenn er nicht gegangen wurde, was eben an dem Schritt nicht gepasst hat. Da Schritte aber sehr kleinteilig sind und Leuchtfeuer eine Zusammensetzung mehrerer Schritte, braucht man auch Messverfahren, die ein komplexeres Geschehen abbilden können, um Fortschritte sichtbar zu machen.

Hilfreich können hier Skalierungen sein. „Stelle Dir eine Skala vor die von 0 bis 10 reicht. 0 bedeutet ganz weit weg von Deinem Leuchtfeuer ‚eigene Bude‘ – 10 bedeutet ‚du hast sie‘. An welchem Punkt warst du vor vier Wochen, als wir uns das erste Mal getroffen haben? Wo bist Du heute? Was musst Du noch tun, um einen Punkt weiter zu kommen?“

Katjas Evaluation	0	1	2	3	4	5	6	7	8	9	10
Ich lebe in einer Bude, aus der ich alle rauswerfen kann, die mir auf den Geist gehen!	12. Feb				22. Feb; 1. März				11. März		
Ich habe einen Abschluss als Arzthelferin, mit dem ich mir später einen coolen Job suchen kann!				12. Feb	22. Feb	1. März	11. März				

Projektplaner für Ziele

Der Projektplaner nutzt vier Felder: Links oben vom „Willen zum Ziel“, rechts daneben die Ressourcen, die sich dafür nutzen lassen (s. „Alternativen und Varianten zum Ressourcencheck). Der SMARTe Plan kommt in das Feld links unten und der Evaluationsplan steht rechts unten. Für jedes Ziel wird ein eigenes Blatt verwendet.

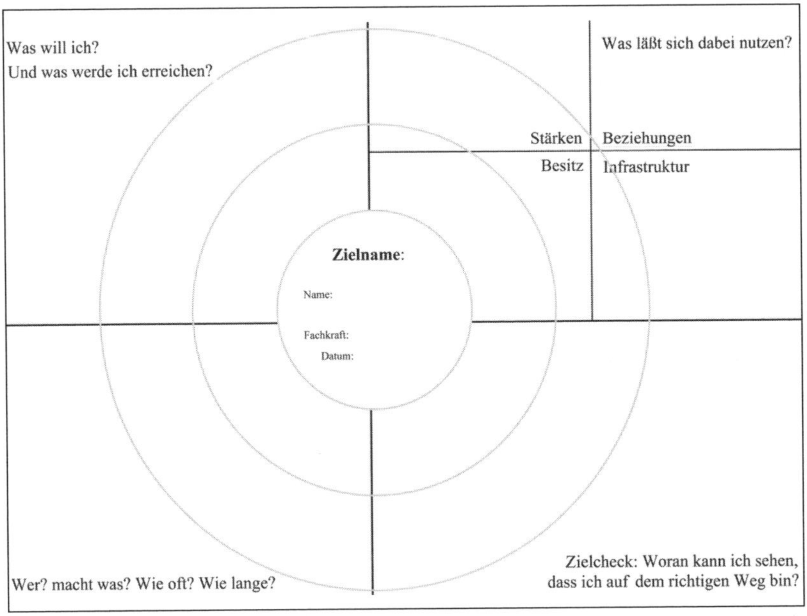

4.2 Übungen

1. Aussagen, die sich am Willen orientieren und von anderen Aussagen unterschieden können. Was ist was?

In dieser Übung entdecken Sie zwei Tabellen. Die erste typisiert Aussagen und unterscheidet Anweisungen, Aufträge, Maßnahmen etc. und kombiniert die Typen mit einem Kürzel. Die zweite Tabelle enthält Aussagen.

Bitte prüfen Sie: Welchem Aussagetyp lassen sich die einzelnen Aussagen zuordnen? Markieren Sie die Aussage mit dem Typ-Kürzel.

Anmerkung: Einzelne Aussagetypen können öfters vorkommen. Nicht jede Aussage lässt sich eindeutig einem Typ zuordnen. Bitte führen Sie sie dann mehrmals auf. Unter der zweiten Tabelle finden Sie unsere Auflösung.

Aussagetyp	Kürzel
A. Anweisung	An
B. Auftrag	Au
C. Maßnahme	M
D. Wunsch	Wu
E. Wille	Wi
F. Ziel	Z

Aussage
1. Bianca will unbedingt kapieren, was Eminem singt, und fragt ihre Lehrerin Löcher in den Bauch.
2. Bitte arbeite bis morgen zwei Lektionen Englischvokabeln nach!
3. Bitte bringen Sie Ihre Kinder jeden Morgen pünktlich zur Schule!
4. Die Medikamentenabsetzung von Dieter muss von einer Fachkraft im Auge behalten werden.
5. Dieter soll in der Schule mit der Lehrerin über seinen Wunsch, zur Regelschule zu wechseln, sprechen und klare Ziele deswegen formulieren.
6. Du lieferst bis morgen die unerledigten Hausaufgaben nach!
7. Frau Zeil soll herausfinden, wo das Gefühl der Angst herkommt.
8. Ich gehe mit Frau Müller jeden Samstag Morgen Wohnungen besichtigen.
9 Ich werde mich jeden Tag eine Stunde hinsetzen und Englisch lernen, weil ich kapieren will, was Eminem singt.
10. Ich werde mir heute einen neuen Wecker zulegen, um morgen pünktlich raus zu kommen.
11. Ich will ein besserer Vater werden.
12. Ich will ja auch, dass meine Kinder regelmäßig zur Schule gehen!
13. Herrn K's Stimmungsschwankungen müssen noch besser beobachtet werden.
14. Ich will Pilot werden, später mal.
15. Ihr Kind braucht Unterstützung durch eine Hausaufgabenhilfe.
16. Kevin ist überzeugt, dass Rapmusik seine Zukunft ist. Er verbringt täglich mehrere Stunden damit.
17. Max will so Englisch sprechen wie Eminem.

1.Wi, 2.Au/An, 3.An/Autorin, 4. M, 5.Au, 6.An, 7. Autorin, 8. Z, 9. Z, 10. Z, 11.Wu, 12. Wu, 13. M, 14. Wu, 15. M, 16. Wi, 17. Wu

2. Speichermedien
Nehmen Sie an, Sie würden für sich ein ganz wichtiges Ziel definieren. Wie würden Sie das aufschreiben oder sonst wie festhalten. Denken Sie sich Ihre bevorzugten und für Sie wirksamen Speichermedien aus.

3. SMARTe Schritte für ein eigenes Ziel
Haben Sie in den nächsten Monaten etwas vor sich, was noch nicht Routine geworden ist: einen Termin mit wichtigen Leuten, einen Auftritt, der unbedingt erfolgreich sein soll, eine Aufgabe, die nicht aus dem Ärmel geschüttelt werden kann?

Formulieren Sie diese Aufgabe als ein Ziel! (Z.B. Ich will nächsten Monat meine mündliche Prüfung zumindest mit „gut" bestehen! Oder: Bei dem Treffen mit X will ich deutlich machen, dass ich genau richtig für diese Aufgabe bin.)

Entwickeln Sie verschiedene Schritte, die Sie diesem Ziel näher bringen werden.

Führen Sie die SMART-Prüfung durch:
- Sind die Schritte *spezifisch*, d.h. etwas Konkretes, mit dem Sie sofort beginnen können, es zu tun?
- Können Sie *messbar* machen, dass Sie Fortschritte machen? Woran können Sie Ihren Einsatz oder Ihre Fortschritte erkennen?
- Ist das Ziel *attraktiv* für Sie? Ist es wirklich wichtig? Wollen Sie das wirklich?
- Ist die Erreichung des Zieles *realistisch*? Liegt die Erreichung des Ziels weitgehend erreichbar in Ihrer Hand? = Realismus-Prüfung
- *Timeline*: Bis wann wollen Sie a) bestimmte Schritte getan haben, b) Teilziele erreicht haben, c) das Ziel ganz erreicht haben?

5 Eco-Maps und Genogramme

5.1 Eco-Mapping

Eine Möglichkeit die Chancen, die in Beziehungen liegen, in den Blick zu nehmen, ist das Eco-Mapping (vgl. Colorado Child Welfare 2001, Evangelische Jugendhilfe Borken o. J., Seeger 1992). Es unterstützt Klienten dabei, ihre Netzwerke zu rekonstruieren. Die in den Eco-Maps auftauchenden Personen stehen eben auch für Ressourcen, die im Fall nützlich werden können.

> Dani, 17 Jahre, Vater Bayer, Mutter Phillipinin, hat „sich am Riemen gerissen“ und den Hauptschulabschluss geschafft. Was tut man nicht alles für 2/3-Haft. Immerhin 6 Monate wurden zur Bewährung ausgesetzt. Als gerade 15-Jähriger war Dani nach einem Raubüberfall auf eine Tankstelle, für den er Schmiere gestanden hatte, nicht mal 100 Meter vom Tatort entfernt geschnappt worden. Seine Jugend wurde ihm zugute gehalten, seine Kaufhausdiebstähle als 13-Jähriger sind ihm nicht auf die Butterseite gefallen. Der brutale Umgang mit dem Tankwart war abgesprochen gewesen. Das Strafmaß fand er irgendwie okay. Seine Eltern besuchten ihn nicht einmal, obwohl der Knast in der gleichen Stadt war. Der Vater hat seiner Mutter auch weiterhin den Kontakt verboten. Dani ist froh, dass er in eine Jugendwohngemeinschaft einziehen kann. Der Bewährungshelfer Otto B. passt, er findet bei Dani den richtigen Ton.
>
> Der erste Besuch im Büro des Bewährungshelfers lief auch besser als erwartet. Der Sozialarbeiter hat dem Jungen kein Loch in den Bauch gefragt. Sie haben erstmal einen Cappuccino mit Mandelaroma getrunken. Herr B. hat sich für Dani interessiert, was er kann, gerne macht, hat immer mal wieder gestaunt, dass der Junge in Sport, aber auch beim Knacken von Automaten erstaunliche Leistung gebracht hat. Dani hat ein ganz gutes Gefühl. Der Typ schätzt ihn offenbar. Von Anfang an ist irgendwie klar, dass es darum gehen wird, wie Dani eine Ausbildungsstelle bekommt. Das ist für einen Hauptschüler schwer genug. Dani fürchtet sich vor einem endlosen und erfolglosen Bewerbungsmarathon.
>
> B. schlägt ihm vor, erst einmal ein Eco-Map zu machen. Das ist so was wie eine Übersicht, in die Leute eingetragen werden, die man kennt. Es geht dabei aber nicht nur um die Namen. Wichtiger ist, was die „Leute an den Hacken haben“. B. holt aus einem Wandschrank eine Papierrolle und die beiden trennen einen Meter ab. Das Blatt hat Tischdeckengröße. Und dann teilt der Sozialarbeiter das Blatt in verschiedene Teile auf. Vier lange Striche, die sich in ihrer Mitte kreuzen führen zu einer „Acht-Felder-Karte“, in die Dani Namen einträgt. Im ersten Segment erscheinen „seine Leute“, Mutter, Vater und die weitere Familie, also Onkel, Tanten, Nichten und Neffen. Erstaunlich für die beiden ist, wie viele Menschen Dani kennt, aus seinem Sportverein, aus der ehemaligen Nachbarschaft, und dass er zu vielen einen ganz guten Draht gehabt hat. Ein Segment entpuppt sich als besonders spannend. Seine Mutter hat seit Jahren einen guten Kontakt zu einer Gruppe von anderen Philippinas, die mit deutschen Männern verheiratet sind. Dani ist immer wieder mal zu diesen Treffen mitgegangen.

An die Umsetzung der Netzwerkkarte in eine Schatzkarte macht sich Dani in seiner Wohngemeinschaft. „Schatzkarte“ heißt, die Namen werden ergänzt, durch das, was die Leute können, wissen und haben. Dani ist nicht nur platt, wie viele Leute er kennt. Irgendwie stolz macht ihn, dass da Leute dabei sind, die es echt zu was gebracht haben. Etliche der Bekannten seiner Mutter haben angesehene Geschäftsbetriebe. Vielleicht ist da eine Ausbildungsstelle drin …

Die Schritte im Eco-Mapping

Vorbereitung

Es ist ungewöhnlich, Leute nach ihren Netzwerken zu fragen. Deswegen existieren bei den Profis Hemmungen. Erfahrungsgemäß ist es aber so, dass die Betroffenen sich ganz wohl bei solchen Fragen fühlen, denn hier erleben sie sich als Experten. Aber ein Mandat, so etwas zu machen, ist schon wichtig. Deswegen ist eine ausführliche Einleitung, die das Ziel der Übung klärt, absolut essentiell.

Einstieg: Die 8-Felder-Karte

Da Netzwerke latent sind, helfen die *Segmente der 8-Felder-Karte* dabei, den Blick auf verschiedene Ausschnitte des Alltags zu richten – auf familiäre Beziehungen, Arbeitskollegen oder Mitschüler, Nachbarn, Freunde, Mitglieder in Vereinen oder Verbänden, denen die Leute angehören, oder auch auf das Segment der Professionellen, zu denen Kontakt besteht. Die Kategorien dürfen aber beim Gespräch nicht im Vordergrund stehen. Sie sind nur Findestrategie, nie Ordnungsmittel.

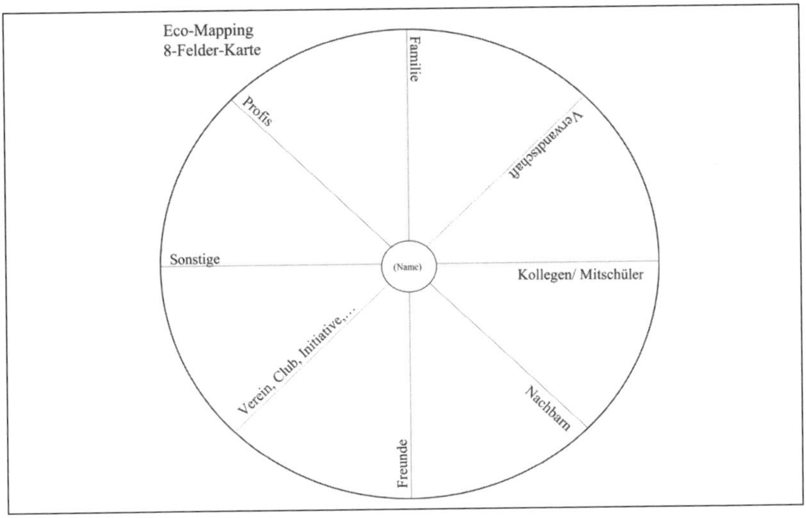

Dabei kann es natürlich vorkommen, dass ein und dieselbe Person mehreren Segmenten zuzuordnen ist. Es genügt aber, sie einmal aufzunehmen. Die Nähe zum Mittelpunkt kann soziale Nähe ausdrücken: Es kommt jedoch nicht darauf an, dabei genau zu sein. Primäres Ziel ist, so viele Leute wie möglich zu finden. Hilfreich ist manchmal, an Netzwerke zweiter Ordnung zu denken. D.h. von jeder genannten Person gehen natürlich weitere Kontakte aus, der Ehemann z.B. hat auch wieder ein Netz. Wenn es Betroffenen schwer fällt, sich in einer Viertelstunde an viele Namen zu erinnern oder auf viele Netzwerkpersonen zu kommen, kann man die 8-Felder-Karte auch auf mehrere Etappen machen. Bestimmte Bereiche der 8-Felder-Karte können reserviert sein für Orte, (z.B. das Dorf, in dem man arbeitet, wohnt, geboren ist), Tageszeiten (morgens, nachmittags, abends), Biographieabschnitte (Kindheit, Jugend, Erwachsensein). Die Kategorien sollen im Gespräch helfen, dürfen es aber nicht stören. Ordnung ist nicht das Ziel, sondern Masse.

Wer übernimmt bei der Entwicklung des Eco-Maps das Aufschreiben der Namen der Netzwerkmitglieder? Wenn es geht, immer der Netzwerkexperte, sprich der Interviewte. In jedem Fall empfiehlt es sich, das Blatt stets so legen, dass der Interviewte es lesen kann. Das heißt mindestens A3 Format.

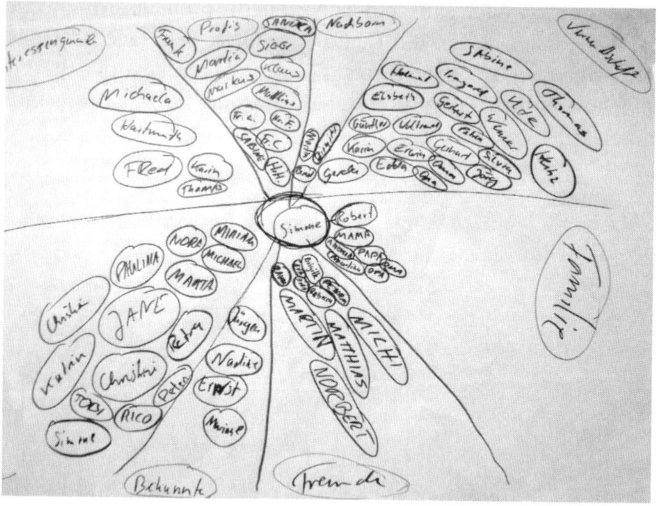

Abb.: Beispiel für ein Eco-Map

Der Anfang läuft mitunter holprig, weil es ungewöhnlich ist, über das Netzwerk zu sprechen. Fragen können hier den Einstieg erleichtern und schaffen auch Orientierung: Wer ist denn Ihr Lieblingsonkel? Mit welchem Feld wollen

Sie anfangen? Wen soll ich als erstes eintragen? Da Netzwerke latent sind, ist das Auffinden der Netzwerkpersonen manchmal keine leichte Sache. Hier können Netzwerkfragen helfen, die den Blick auf unterschiedliche Situationen des Alltags richten.

Diese Fragen sind hier nicht aufgelistet, damit man sie wie einen Fragebogen abarbeitet, sondern damit man die eine oder andere in den Gesprächsverlauf einbaut (vgl. auch Kähler 1983b):

- Wer sind denn Deine Freunde in der Schule oder in der Nachbarschaft?
- Wen informieren Sie bei wichtigen Ereignissen wie Schwangerschaft oder Heirat?
- Wen fragen Sie, wenn Sie Rat brauchen?
- Wenn es Ihnen gut/schlecht geht, was tun Sie, zu wem gehen Sie dann?
- Wen würden Sie auf eine einsame Insel mitnehmen?
- Von wem könnten Sie sich eine größere Geldsumme borgen?
- Auf wen hören Sie, wenn Sie eine wichtige Entscheidung zu treffen haben?
- Wen können Sie jederzeit besuchen?
- Wer sagt Ihnen ab und an, dass Sie, in dem was Sie tun, so richtig gut sind?
- Wo ist Ihr Lieblingsplatz in dieser Stadt? Was machen Sie dort?
- In Ihrer Verwandtschaft, wer ist da wie wichtig für Sie?
- Mit wem am Arbeitsplatz sprechen Sie am meisten?

Außerdem gibt es noch Fragen, die besonderen Wert auf verblasste und schwache Beziehungen richten:

- Wer waren früher Ihre Freunde in der Schule, während der Ausbildung? Zu wem haben Sie noch Kontakt? Wie oft? Welche Anlässe? Zu wem haben Sie zwar keinen Kontakt mehr, würden aber gerne wieder welchen haben?
- Wen würden Sie zu Ihrer Hochzeit einladen? Wer würde Sie zu seiner Hochzeit einladen?
- Mit wem haben Sie sich letzte Woche getroffen/telefoniert/gemailt? Evtl. auch Namen im Adressbuch oder die Eintragungen im Handy durchgehen.
- Wer wohnt in Ihrer Straße/im selben Haus?

Anfertigung einer Schatzkarte

Im nächsten Schritt der Schatzsuche wird jede Person mit Ressourcenfindern betrachtet. Denn es geht ja darum, die Potenziale, die im Netzwerk stecken, ausfindig zu machen, um daraus Problemlösungen zu bauen.

So ist das Gespräch von Anfang an mehr als „ein Benennen von Personen, sondern eine Einladung zum Erinnern, Berichten und darstellen" (Herwig-

Lempp 2004, S.356). Wesentlich für den Erfolg sind dabei die Reaktionen der Fachkraft: Gefundenes wird prinzipiell als wertvoll betrachtet, was Betroffene zu weiteren Entdeckungen ermutigt. Je mehr „wertschätzende Neugier" (ebd. S. 357) Profis an den Tag legen, desto ergiebiger wird diese Lebensweltexpedition. Ressourcenfinder beschreiben die Netzwerkpersonen z. B. in Bezug auf Wohnort, Hobbys, Lebenserfahrungen. Das ist kein Selbstzweck. Es geht nicht um die Daten als Daten, sondern um die Erfassung von Potenzialen, die in den Personen der 8-Felder-Karte stecken. Man tut sich am leichtesten, indem man standardmäßig jede Person aus unterschiedlichen Blickrichtungen betrachtet.

Ressourcenfinder, mit denen jede Netzwerkperson unter die Lupe genommen wird:

- Wohnorte (weil darin geographische Mobilitätsressourcen stecken können)
- Beruf oder Berufsausbildung (weil darin Wissen und Connections stecken)
- Hobbys (dito)
- Beziehungen zu wichtigen Personen oder Instanzen
- Bewältigte Krisen (weil Krisen wesentlicher Teil unserer Lebenserfahrung sind)
- Berufliche oder private Erfolge
- Besondere materielle Ausstattungen wie KFZ, Werkzeug, Wohnraum etc.
- Arbeitsgeber
- Fähigkeiten und Eigenschaften

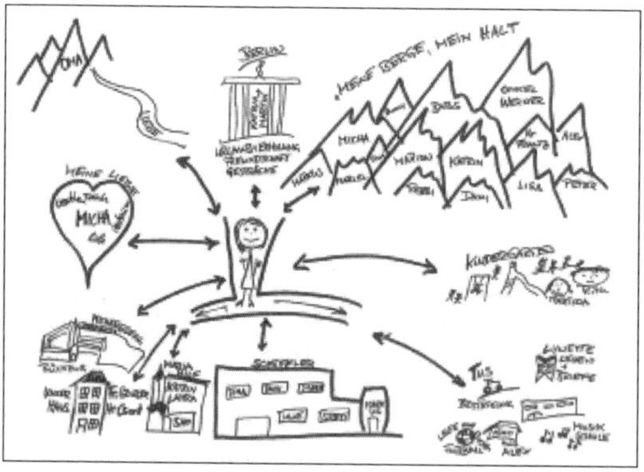

Jede Erfahrung, jedes Hobby, jede besondere Fähigkeit, jede gute Beziehung, jeder VW-Bus oder Schlagbohrer, jeder biographische Erfolg, sei es in der Auseinandersetzung mit einer Lebenskrise, einem Vermieter oder Arbeitgeber kann das Material sein, aus dem sich ein aktuelles oder zukünftiges Unterstützungsarrangement machen lässt. Beim Protokollieren dieser Ressourcen-Gespräche entstehen Schatzkarten, die ganz unterschiedlich ausschauen.

Entscheidend ist, dass dokumentiert wird, denn die „Realität" der Potenziale wächst mit ihrer Verobjektivierung. Wichtig ist aber auch, dass die Form des Dokumentierens zu den Adressaten passt, möglichst von ihnen selbst entwickelt wurde. Das ist ein Weg, die Inbesitznahme des entstehenden Dokuments durch die Adressaten zu unterstützen. Schatzkarten werden von Menschen nicht nur aufgrund ihres Inhalts, sondern auch wegen der Form und der Art ihres Entstehens als etwas Eigenes, als „ein Stück von sich" gesehen. Die Erfahrung zeigt, dass Klienten Schatzkarten gerne mit nach Hause nehmen, an ihnen weiter arbeiten, sie verfeinern, verschönern und verwenden.

Anlassbezogene und anlassunabhängige Schatzkarten
So wie Netzwerke latent sind, so sind auch Schatzkarten immer nur ein Ausschnitt des Möglichen. Sie sind oft anlassabhängig. Wer renovieren muss, dem fallen bestimmte Leute ein und eher springt deren Tapeziertisch dabei ins Auge als ihr Geschick im Ausfüllen von Steuererklärungen. Anlässe verschlanken Schatzkarten. So werden auch gute Erfahrung damit gemacht, Eco-Maps anlass<u>un</u>spezifisch vorzuschlagen oder aber zumindest die Leute zu ermutigen, bei der Beschreibung der Schätze ausführlich und ausschweifend zu sein. Man weiß eben im Voraus nicht, welche Ressource später einmal für eine Lösung gebraucht werden wird. Manchmal inspirieren besonders ungewöhnliche Ressourcen zu Lösungen, auf die man mit „professionellem" Repertoire nie gekommen wäre. Das heißt: Je mehr man sammelt und je weniger man dabei bewertet, ob das Gesammelte etwas taugt, umso größer wird die Wahrscheinlichkeit, Maßanzüge hinzukriegen (Früchtel 2001, S. 18).
Ressourcen-Atom
Die Technik ist eine Weiterentwicklung des „Sozialen Atoms" (vgl. etwa Spiegel 1997, S. 197f), d.h. eine Momentaufnahme und Erkundung der wichtigen Beziehungen eines Kindes. Sie kann eine altersgemäße Form sein, mit einem Kind auf Ressourcensuche zu gehen.

Schritte in der Anwendung des Ressourcen-Atoms
In einem ersten Schritt wird das Kind aufgefordert, Menschen, Tiere und Gegenstände zu nennen, die ihm wichtig sind. Die Fachkraft schreibt die Namen auf und bittet das Kind, die Liste daraufhin zu prüfen, ob sie komplett ist.

Als Nächstes werden dem Kind verschieden große Holzscheiben zur Verfügung gestellt. Bei älteren Kindern können auch verschieden große Münzen genutzt werden. Die Größenunterschiede der Holzschreiben machen die Menschen, Tiere oder Gegenstände in ihrer verschiedenen Bedeutung für das Kind unterscheidbar. Die Holzscheiben werden mit den Namen von Personen oder Gegenständen beschriftet.

Das Kind bekommt ein großes Blatt Papier, das durch drei ineinander liegende Kreise gegliedert ist, platziert sich in der Mitte als Atomkern und ordnet dann die Menschen, Tiere, Gegenstände um sich herum wie Elektronen auf den Kreisbahnen. Die Entfernung zum Kern kann den Grad der Verfügbarkeit über die „Ressource" darstellen. Während dieser Anordnung und auch bei allen weiteren Schritten können natürlich neue „Ressourcenelektronen" dazukommen.

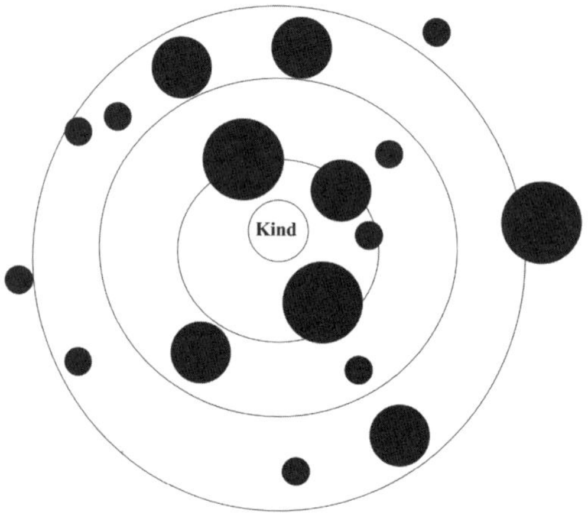

Das eher abstrakte Atommodell wird nun in eine Schatzkarte überführt, ein Ressourcenbild, das die Symbolik des Kindes verwendet: Häuser, Wohnungen, Schiffe, Tierparks, Schatztruhen, Berge, Türen, Sonnen etc.
Gelegenheitsblick:
Kinder sind meist erstaunt und stolz, wenn sie sich als Teil eines Ressourcenatoms sehen. Dies hat schon an sich einen stärkenden Effekt. Gelegenheitsblick meint nun das Betrachten der Schätze unter dem Gesichtspunkt ihrer Verwendbarkeit und das Bestaunen der Möglichkeiten, die in ihnen stecken. Der Gelegenheitsblick kann durch einen Anlass gesteuert sein (Isolation in der Freizeit, schulische Aufgaben, Konflikte in der Familie, ...) oder auch ohne konkreten Anlass genutzt werden, nachzudenken, was man mit den gefundenen Schätzen machen könnte.

5.2 Genogramme einmal anders

Frau Siebert, alleinerziehende Mutter einer dreijährigen und einer fünfjährigen Tochter und Bezieherin von Arbeitslosengeld II, ist für die kommunale Wohnungsbaugesellschaft ein Prüfstein. Sie ist ihrer Mieterinnenpflicht zur Renovierung ihrer Zweizimmerwohnung zwar nachgekommen. Aber irgendwie muss sie den Überblick verloren haben. Die Wohnung gleicht einem Schlachtfeld: abgebaute Regale, mit Plastikplanen abgedeckte Polstermöbel, teilweise abgerissene Raufasertapete auf dem Linoleumboden, abgehängte Gardinen über dem Fernseherund auf dem Couchtisch, Bügelwäsche neben den Spielsa-

chen der Töchter und über dem Telefon. Dazwischen – und das seit acht Wochen – eine zunehmend ratlose Frau Siebert.
Die zuständige Mitarbeiterin der Wohnbau GmbH gerät über die Obdachlosenpräventionsstelle an den ASD. Hier ist Frau Siebert bekannt, da ihre Familie bereits in der dritten Generation zu den Kunden des Jugendamtes zählt und für ihre beiden Töchter deswegen eine vorübergehende Unterhaltspflegschaft bestand. Die neu eingestellte Bezirkssozialarbeiterin lässt sich davon aber wenig beeindrucken und entwirft mit Frau Siebert ein Genogramm, eine für die junge Frau gänzlich neue Erfahrung. Bis dato galt ihre Familie in der Verwaltung immer als etwas Anrüchiges, als Fürsorgefall. Nun soll mit ihrer Familie eine Schatzkarte erstellt werden. Der Einstieg in die Arbeit ist nicht schwer. Eine Papierfahne von der Größe des frei geräumten Couchtisches dient als Leinwand. Frau Siebert setzt sich und ihre Töchter in die Mitte. Dann tauchen technische Schwierigkeiten auf, weil ihr nach und nach deutlich wird, dass der mütterliche „Familienast" viel ertragreicher ist als der väterliche, der Platz aber nicht ausreicht. Eine schmale Papierbahn wird angeklebt, später sogar noch eine weitere, um alle unterzubringen. Die Lösung dieser handwerklichen Probleme hilft zwar nicht gegen den enormen Renovierungsdruck, gibt aber den Blick frei auf eine erfreuliche Entdeckung: Aus „Renovierungssicht" ist die weitreichende „Siebert-Sippe" – wie Frau Siebert liebevoll ihre Verwandtschaft nennt – eine wahre Fundgrube voller Überraschungen. Ein Onkel hat mal bei „Farben-Froh" in der Innenstadt gearbeitet, ein Cousin ist Maler in einem Betrieb im Landkreis. Aber das sind nur die Ressourcen, die ganz vordergründig weiterhelfen. Nebenbei fällt ihr auf, dass ihre Schwester seit Jahren Sozialgeld vom Amt für soziale Angelegenheiten bezieht. Sie erinnert sich, dass vor zwei Jahren Geld für eine Renovierung, zumindest für Tapeten und Farben, „geflossen ist". Da „muss sie mal nachfragen". Frau Siebert hat so, wie es dieses Genogramm nahelegt, nie über ihre Verwandtschaft nachgedacht. Ihre Tante hat einen Schrebergarten in G. Deren älteste Tochter ist Friseuse. Mit ihrem Freund hat sie einen VW-Campingbus, mit dem die beiden im Sommer in ein nahe gelegenes Erholungsgebiet fahren. Im Moment ist der Freund auf Montage. Ob sich der Bus im Sommer ausleihen lässt? In ihrer Verwandtschaft steckt mehr als sie gedacht hat.

Genogramme als Ressourcenfinder

In systemischen Beratungskonzepten ist die Arbeit mit Genogrammen eine eingeführte Technik (vgl. z. B. McGotdrick 1985). Genogramme können aber nicht zur Bearbeitung intergenerativer Themen wie in der Familientherapie eingesetzt werden, sondern auch zur Ressourcenmobilisierung. Ziel ist dann nicht die Aufdeckung problematischer Muster, sondern die Aufhellung des verwandtschaftlichen Unterstützungspotenzials. Familien und Sippen sind fast immer üppige Ressourcenlager. Genogramme bieten eine andere Suchstrategie als Eco-Maps. Sie suchen nicht die unterschiedlichen Bereiche des Alltags ab, sondern gehen systematisch Verwandtschaftslinien nach (s. Abb.).

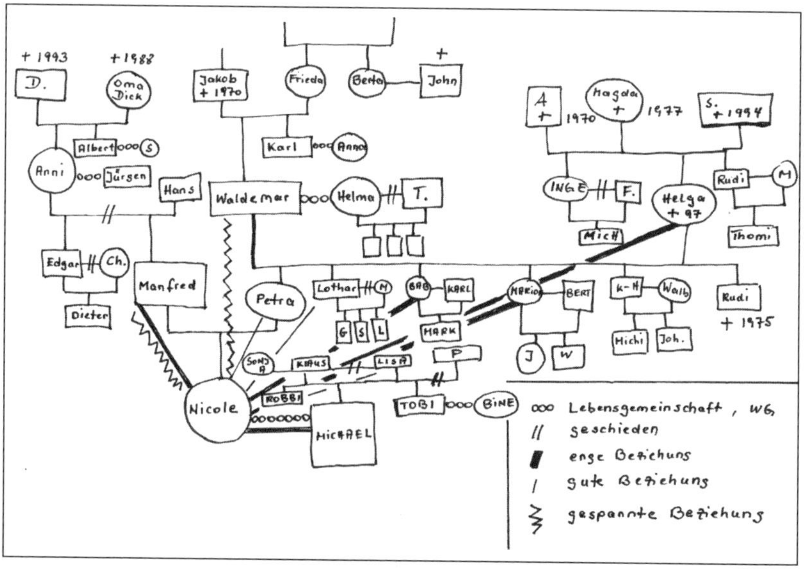

Das hat einen ähnlichen Effekt wie die Zerlegung des Alltags in einzelne Segmente: Man blickt in ungewohnte Richtungen, die sich gar nicht selten als neue, gangbare Wege herausstellen. Da taucht plötzlich der Onkel in einer Firma für Landschafts- und Gartengestaltung auf, der über ein beträchtliches Arsenal von Werkzeugen und Kumpels verfügt, oder die Cousine, die es bei Ihrer Scheidung mit einer Selbsthilfegruppe versucht hat und jetzt ein Freak in der Szene ist. Das systematische Verfolgen von Verwandtschaftslinien zwingt sozusagen unseren Alltagsverstand, neben den üblichen Tauschbeziehungen ein weites Feld normalerweise ungenutzter, aber vorhandener Quellen sozialen Kapitals – das ja bekanntlich mehr wird, wenn es „arbeitet" – in Betracht zu ziehen.

Schritte in der Anwendung des Genogramms

Mandat erarbeiten: Da es ungewöhnlich und natürlich auch privat ist, in sozialarbeiterischen Zusammenhängen ein ausführliches Genogramm zu machen, ist eine Begründung des Vorschlages wichtig, verbunden mit einer Vereinbarung, wofür die „Daten" genutzt werden und wofür nicht. Der Begriff Familienbaum ist hier meist besser, weil man sich darunter sofort etwas vorstellen kann. Beispiele von Familienbäumen können helfen das Vorgehen anschaulich zu machen. Man kann hier historisches Material verwenden oder den Familienbaum des Sozialarbeiters selbst, der vielleicht als Bildschirmschoner oder als gerahmtes Bild sowieso zur Ausstattung des Raumes gehört.

Familienbaum von Königin Victoria

aus dem China des 18. Jh., wo Familienbäume als Geschenke für Geburtstage u.ä. dienten

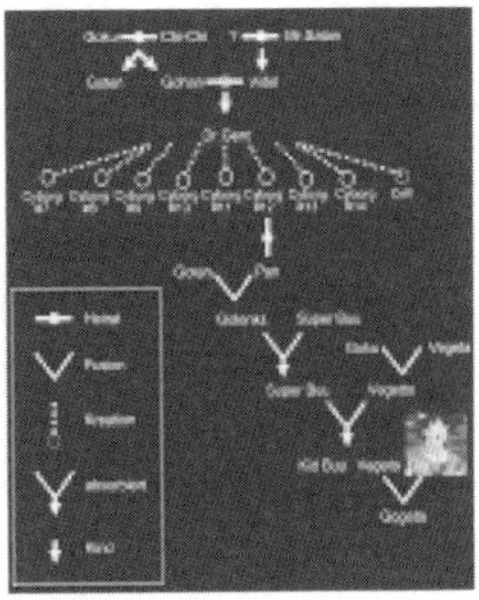

Familienbaum aus DragonBall

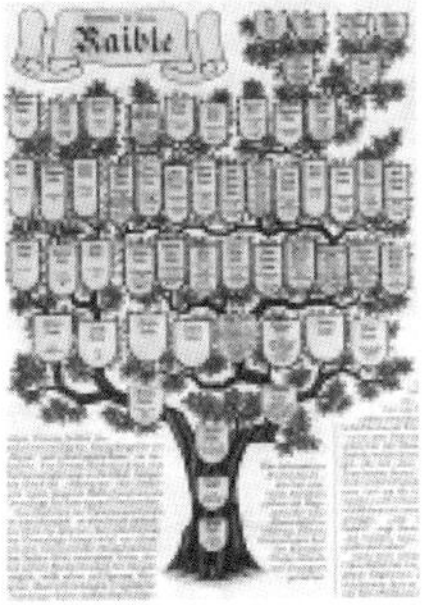

„Familienbaum-Forschung"

Familienbaum als Geschenk

Familienbaum an einer Hauswand

Als Material bietet sich ein Flip-Chart-Papier oder eine Papiertischdecke an, die man über den Tisch oder auf den Boden legt. Verschiedenfarbige Stifte sind oft hilfreich, um Besonderheiten zu markieren.

Man beginnt mit einem Kasten oder einem Kreis für die Person, deren Familienbaum gemalt wird, schreibt den Namen hinein, fragt nach dem Partner, den Kindern, den Geschwistern und arbeitet sich über die Verwandtschaftsbeziehungen immer weiter in die Breite. Drei Generationen reichen normalerweise aus. Oft sind den Leuten die Personen selbst nicht bekannt, aber sie wissen jemanden, der das weiß. Dann kann man das Erweitern auf ein anderes Mal verschieben und beginnt, die Ressourcenfinder (siehe die Liste von Ressourcenfindern beim Eco-Map) anzuwenden.

Um Genogramme mit Stärken zu bestücken, werden auch hier die Ressourcenfinder eingesetzt. Die Ressourcenkarte ist eine einfache Liste der Schätze, entweder separat oder ins Genogramm eingearbeitet.

Der Schritt „Gelegenheitsblick" funktioniert wie beim Eco-Map.

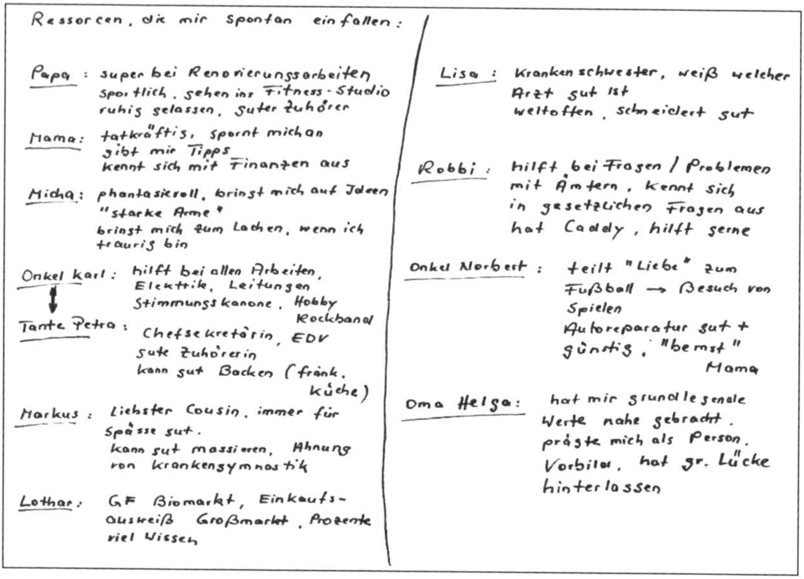
Ressorcen, die mir spontan einfallen:

Papa: super bei Renovierungsarbeiten
sportlich, gehen ins Fitness-Studio
ruhig gelassen, guter Zuhörer

Mama: tatkräftig, spornt mich an
gibt mir Tipps
kennt sich mit Finanzen aus

Micha: phantasievoll, bringt mich auf Ideen
"starke Arme"
bringt mich zum Lachen, wenn ich traurig bin

Onkel Karl: hilft bei allen Arbeiten, Elektrik, Leitungen
Stimmungskanone, Hobby Rockband

Tante Petra: Chefsekretärin, EDV
gute Zuhörerin
kann gut Backen (fränk. Küche)

Markus: Liebster Cousin, immer für Spässe gut.
kann gut massieren, Ahnung von Krankengymnastik

Lothar: GF Biomarkt, Einkaufsausweiß Großmarkt, Prozente
viel Wissen

Lisa: Krankenschwester, weiß welcher Arzt gut ist
weltoffen, schneidert gut

Robbi: hilft bei Fragen / Problemen mit Ämtern, kennt sich in gesetzlichen Fragen aus
hat Caddy, hilft gerne

Onkel Norbert: teilt "Liebe" zum Fußball → Besuch von Spielen
Autoreparatur gut + günstig, "bemst" Mama

Oma Helga: hat mir grundlegende Werte nahe gebracht, prägte mich als Person, Vorbild, hat gr. Lücke hinterlassen

Effekte des Genogramms

Genogramme als Ressourcensucher wirken durchgängig stärkend. Dies liegt zum einen an der Entdeckung, dass die Verwandtschaft größer als gedacht ist und eine ansehnliche Fülle materiellen, kulturellen und sozialen Kapitals birgt. Die Entdeckung einer „mächtigen" Familie ist ein Projekt, das den allermeisten Leuten Spaß macht und bemächtigend wirkt. Freilich braucht es einige Zeit dafür, aber meist macht das Projekt den Leuten so viel Freude, dass sie die Graphiken mit nach Hause nehmen und komplettieren. Sie sehen in den Grafiken einen Schatz. Solche Genogramme verändern auch den Blick der Profis. Jemand mag zwar einen Sozialdienst aufsuchen, weil er in einem oder mehreren ernsthaften Problemen steckt und hier momentan nicht mehr weiter kommt, aber er wird eben nicht auf diese Probleme reduziert, sondern als Knotenpunkt eines ressourcenschweren Familiennetzwerkes wahrgenommen, dessen Schätze, die dem professionellen Blick bisher verborgen waren, systematisch gesucht und genutzt werden.

5.3 Anforderungen an die Fachkraft

Mary Richmond, die Pionierin der Einzelfallarbeit, wusste schon vor fast 100 Jahren, wie stark gelingende Einzelfallarbeit über den Einzelfall hinausgeht und Fall mit Feld verbindet. In ihrem Konzept des „wider self" betont sie, dass wirksame Soziale Arbeit die sozialen Zusammenhänge von Menschen, ihre Netzwerke und Verbindungen zu anderen Menschen nicht wegfiltern darf, will sie nachhaltige Lösungen erreichen. Genogramme in unseren Akten, die über die Kernfamilie nicht hinausgehen und denen schon auf der Großelternebene Namen und Geburtsdaten fehlen, illustrieren das. Übrig bleibt ein Zerrbild: ein hilfebedürftiges, saft- und kraftlos anmutendes Menschenkind namens Klient, umfeldentwurzelt und ins Treibhaus wohlmeinender Einzelfallhilfe umgetopft. Das macht Sozialarbeiter mit ihrem Instrumentarium mächtig und Kontexte bedeutungslos, in ihrer „Verantwortung" wie in ihren Potenzialen. Damit soll nun nicht gesagt sein, dass sich alle sozialen Probleme mit natürlichen Ressourcen der Betroffenen lösen ließen, etwa nach dem Motto Adressaten müssten sich und die Ihren eben nur anstrengen. Die sozialstaatlichen Leistungen stehen nicht zur Disposition, aber sie sind besser investiert, wenn sie natürliche Leistungen ergänzen statt ersetzen.

Natürlich hat der Einsatz von den bisher vorgestellten Techniken auch handwerkliche Seiten:

- Die Arbeit an einem Eco-Map wird als Heimspiel organisiert, dass heißt, das eingesetzte verwandte Material reflektiert die Stärken der Klienten. Schreibt er gerne oder ungern? Ist er altersmäßig in der Lage, die grafischen wie auch inhaltlichen Anforderungen etwa eines Genogramms zu erfüllen?
- Wenn jemand die Segmente seiner 8-Felder-Karte ausfüllt oder in seine Schatzkarte umsetzt, unterbricht der Profi die Arbeit nicht oder versucht gar die Arbeit zu verbessern, sondern übt sich im Staunen.
- Die Fachkraft verfolgt das Geschehen mit Neugier und verstärkt die Ergebnisse in Blickkontakt, zugewandter Körperhaltung und durch bestätigende und anerkennende Kommentare, die deutlich machen, dass es eben um Schätze geht.
- Gleichzeitig drängt der Profi den Klienten nicht, sondern lässt Zeit.
- Wird der Profi darum gebeten, die Schreibarbeit zu übernehmen, so achtet er darauf, dass er lesbar schreibt – das Schreiben mit Filzstiften will gelernt sein.
- Was geschrieben wird, ist für Klienten immer einsehbar, damit sie kontrollieren und steuern können, „was passiert".

5.4 Übungen

Eco-Map

1. Erstellen Sie für sich selbst eine 8-Felder-Karte. Benennen Sie die Segmente so, dass sie zu Ihrem Alltag passen.
2. Schreiben Sie eine Ressourcenliste, indem Sie die Ressourcenfinder einsetzen.
3. Setzen Sie die Ergebnisse in eine Schatzkarte um. Versuchen Sie dabei, ein Format zu finden, das für Sie ansprechend ist.
4. Stellen Sie Ihre Schatzkarte in Ihrem Arbeitszimmer aus, so dass es für Besucher sichtbar wird.

Genogramm

1. Entwickeln Sie für sich selbst ein Genogramm. Stellen sie dazu, wenn nötig, Nachforschungen an.
2. Schreiben Sie eine Ressourcenliste, indem Sie die Ressourcenfinder einsetzen.
3. Rahmen Sie Ihr Genogramm und hängen es in Ihr Arbeitszimmer. Alternativ können Sie es auch fotografieren und als Bildschirmschoner verwenden.

Auswertung zu beiden Übungsteilen:

- Welche Arbeitsschritte sind Ihnen leicht von der Hand gegangen?
- In welchen Passagen haben Sie eine Pause eingelegt oder die Arbeit unterbrochen?
- Was hätte Ihnen in dieser Passage geholfen?
- Wie viel Zeit haben Sie für die Arbeit benötigt?
- Was würden Sie bei Ihrem zweiten Eco-Map (Genogramm, Schatzkarte) anders machen?

5.5 Material

Netzwerkkarte

Die Netzwerkkarte ist eine Alternative zur 8-Felder-Karte. Sie nutzt das Format einer Tabelle, in die die wichtigen Personen eingetragen werden können. Für manche Menschen ist dieses ordentliche und systematische Vorgehen angenehmer, um auf Ressourcensuche zu gehen. Ergänzt werden die Namen durch den Alltagsbereich der Unterstützung und durch Detailinformationen zur Art Verfügbarkeit.

Netzwerkkarte

Person Bezugspersonen Name:	Funktion / Rolle z.B. Nachbar Onkel Vereinskolleg. Freund Mitschüler …	Bereiche der Unterstützung z.B. Haushalt Kinder Schule Behördenkram …	Art der Unterstützung Unterstützung durch (Mit)arbeit +, ++, +++	Emotionale Unterstützung +, ++, +++	Information, Connections / Vitamin B +, ++, +++	Beratung, (kritisches) Feedback +, ++, +++	Nähe der Beziehung +, ++, +++	Kontakt-frequenz +, ++, +++	Alter der Beziehung (Jahre)

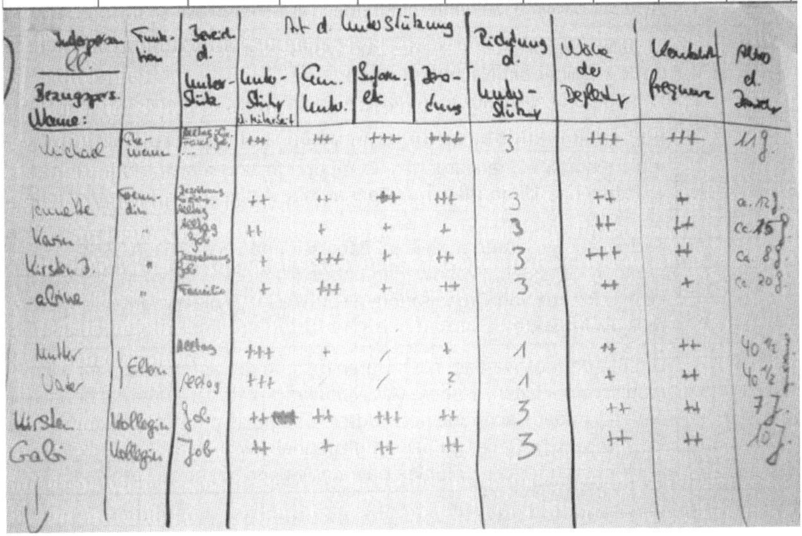

Ressourcenkarte, die sich an Sozialkapitalsorten orientiert
Die Tabelle erfasst unterschiedliche Arten Sozialen Kapitals, sicher nicht ganz abschließend, aber anschaulich. Die Akronyme versuchen die Sozialkapitalsorten auf einen knappen Nenner zu bringen und ähnliches zusammenzufassen. Die Graphik ordnet die Personen, die mit der 8-Felder-Karte gefunden wurden den Kapitalsorten zu.

Sozialkapitalsorten

ZEG	Zugehörigkeit: Vertrauen schenken, die gleiche Meinung haben, gemeinsam lästern, einen Neuen in die Clique aufnehmen, ... Emotionalität: Sympathie bekunden, „Beziehungsmarkt", Intimität, ... Geselligkeit: tratschen, gemeinsame Freizeitaktivitäten, morgendlicher Chat im Bäckerladen, ...
BBB	Beraten: Auskünfte über Rechtliches, Qualität von Ärzten, günstige Einkaufsmöglichkeiten, Second Hand Shops, Rat bei Bauarbeiten, wer repariert günstig? Wo gibt es faire Darlehen? Fragen stellen, zuhören können, ... Bestärken: Zeit haben, verstanden werden, Trost, sich ausheulen können, Alternativen aufzeigen, eigene Erfahrungen berichten, Gratulation zur Gesellenprüfung, Rückhalt in einem Konflikt bekommen, Respekt genießen, Motivierung zum VHS-Kurs, Ermutigung auch ohne Partner den Tanzkurs zu besuchen, ... Beziehungen: Begleitung bei Behördengängen, mit dem Vermieter reden, Vitamin B: seine Verbindungen für jemand spielen lassen, ...
SoKO	Soziale Kontrolle: ein ehrliches und wohlwollendes Feedback, ein Auge auf die Kinder der Nachbarn haben, ... Orientierung: gemeinsame Werte, Vorbild sein, Coachen", ...
DieSL	Dienstleistungen: Kinderbetreuung, Pflege, Einkaufen, Reparaturen, Formulare und Steuererklärungen, Computer installieren, Nachhilfe geben, Engagement: Übungsleiter im Sportverein, Aktive in der Pfarrgemeinde, ... Sachleistungen: Auto ausleihen, Babykleidung verschenken, Geld pumpen, Spenden, Wohnwagen unterstellen oder Garten mitbenutzen lassen, Räume von Organisationen vermitteln, „Abfallprodukte", Sperrmüll, Flohmärkte, ...
Nimmkraft	Um Rat gefragt werden, nach Unterstützung gefragt werden, zur Kommunion eingeladen werden. (Als Nimmkraft wird das Potenzial bezeichnet, das in der Nachfrage nach Unterstützung liegt. Wer Hilfe nachfragt, gibt dem Geber z. B. eine Gelegenheit, sich wertvoll, nützlich, freigebig, sinnerfüllt zu fühlen oder das eigene Image zu verbessern.)

Beispielformat Fertige Ressourcenkarte

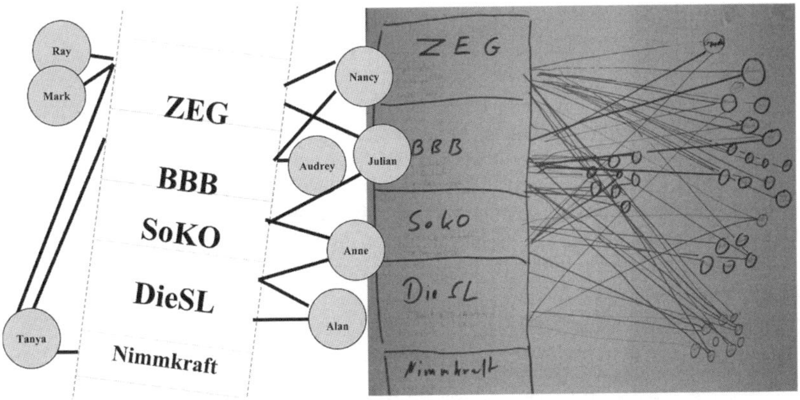

VIP-Karte

VIP steht für „very important persons" (Herweg-Lemp 2004). Die Karte systematisiert in lediglich vier Alltagsausschnitten, funktioniert aber genauso wie die 8-Felder-Karte.

Familie	Freunde
Arbeit/Schule	Profis

Die VIP werden v. a. dann in Betracht gezogen bzw. konsultiert, wenn

- ein Betroffener sagt, dass er niemand in seinem Umfeld hat.
- ein Betroffener ambivalent in einer Entscheidungsfrage ist. Dann können die in der VIP-Karte erfassten Personen gefragt werden, was sie tun oder raten würden (Perspektivwechslereffekt, s. Handlungsfeld „Organisation").
- Zur Klärung, wie stark sich ein Betroffener die Unterstützung von bestimmten Personen wünscht, können Skalierungsfragen eingesetzt werden.
- Standardisierter Interviewleitfaden zur Ermittlung von Unterstützungs-Netzwerken

Die Items sind nicht zufällig zusammengestellt, sondern stellen gewissermaßen das Kondensat einer umfänglichen Untersuchung zu alltäglichen Situationen dar, in denen wir unsere Netzwerke aktivieren. Die ausgewählten Situationen zeichnen sich durch ihre besondere Vorkommenshäufigkeit aus.

„... Ich werde Ihnen gleich eine ganze Reihe von verschiedenen Situationen schildern, in denen irgendein Problem vorkommt – so wie es auch im täglichen Leben vorkommen kann. Nehmen wir mal ein Beispiel, das Ihnen vielleicht schon mal passiert ist: Sie kommen nach Hause und stellen fest, dass der Schlüssel von innen stecken geblieben ist. Sie alleine kommen nicht weiter.
In einer solchen Situation fängt man sofort an zu überlegen, wohin man sich wenden kann, um Hilfe zu erhalten ..."

„An wen würden Sie sich als erstes wenden?"

„So ähnlich sind auch die folgenden Situationen. Ich schildere Ihnen ein Problem und werde Sie jeweils fragen, an wen Sie sich wenden würden ..."

- Sie fahren in den Urlaub und brauchen jemand zum Blumengießen.
- Sie haben eine Mikrowelle bestellt, und die wird just dann geliefert, als Sie auf der Arbeit sind. Wer könnte einspringen?
- Ihr Fahrrad hat einen Platten und Sie müssen dringend in die Stadt. Wo könnten Sie eines leihen?
- Das Bügeleisen geht plötzlich kaputt, und sie brauchen ein frisches Hemd für einen Beerdigung. Wo bekommen Sie Unterstützung?
- Sie bekommen eine gute gebrauchte Gefriertruhe günstig. Wie bewerkstelligen Sie den Transport?
- Ihr Sohn hat in der Schule Schwierigkeiten in Mathe. Wer könnte ihm Nachhilfe geben?
- Sie bekommen die langersehnte Kur bewilligt. Wer würde für 2 Wochen tagsüber auf die Kinder aufpassen?
- Ihre Tochter steht kurz vor dem Schulabschluss und möchte im Büro arbeiten. Wen ziehen Sie zu Rate bei der Berufswahl?

N Handlungsfeld „Netzwerk"

Netzwerke sind das organische Gewebe des Sozialen Raums, indem sie soziale Einheiten verbinden oder gegeneinander abschließen und so gleichsam das Feld erst schaffen, das wir dann als weiten/engen, vertrauten/fremden Raum erleben. Die im Handlungsfeld „*Netzwerk*" vorgestellten Techniken und Verfahren beziehen sich auf die Erkundung und Mobilisierung von Ressourcen, die in Nachbarschaften und Quartieren, in der Infrastruktur von Stadtteilen und in den Ausstattungen von Organisationen stecken. Netzwerkressourcen in der direkten Umwelt von einzelnen Adressaten der Einzelfallarbeit werden im Handlungsfeld „*Individuum*" behandelt (s. Eco-Maps und Genogramme). Hier, im Handlungsfeld „*Netzwerk*", geht es primär um eine Stadtteilperspektive.

Der erste Teil dieses Methodenkapitels gilt der Erforschung der Netzwerke in Stadtteilen und beginnt mit einem Klassiker. Sein Methodenanhang gibt wertvolle Aufschlüsse, wie man sich überhaupt Zugang zu einem Sozialen Raum verschafft und wie man die unübersichtliche Menge von Eindrücken, Kontakten und Fakten im städtischen Feld sortieren kann.

Die Techniken Kinderbeobachtung im Stadtteil, Kinderinterviews, Autofotografie, Cliquenraster, Cliquenportrait, Subjektive Landkarten unterstützen dabei, die subjektiven Sichten der im Quartier lebenden Menschen kennenzulernen. Die Techniken werden am Beispiel von Kindern und Jugendlichen vorgestellt, lassen sich aber auf andere Bewohnergruppen übertragen. Das Village Storming ist ein vorprogrammiertes mehrtägiges Trainingsprogramm, das Fachkräften Courage und Routine im zweckunspezifischen Erkunden eines unbekannten Gemeinwesens vermittelt.

Der Weitwinkelscan, die Checkliste zur Stadtteilbeschreibung, die Fragetechniken in der Stadtteilerkundung, die Erkundung mit Stadtteilexperten und die Nadelmethode dienen der systematischen Erkundung von Infrasturkurressourcen und strukturellen Problemen im Quartier. Daran schließen sich die Netzwerkarbeit im Quartiersmanagement und der Organization Mirror an, als zwei Methoden der Vernetzung von Fachkräften, Einrichtungen und Diensten.

Im zweiten Teil geht es um Methoden der Mobilisierung von Netzwerken. Fallunspezifische Arbeit versucht Potenziale eines Stadtteils, einer Straße oder eines Dorfes für die Fallarbeit oder die Stadtteilentwicklung zu aktivieren.

Die aktivierende Beratung, One-to-ones und die Kompetenzkartierung sind Methoden, um Menschen kennenzulernen, ihre Motivationen zu erforschen und zu entdecken wofür sie sich einsetzen wollen.

Sozialraumprojekte erfüllen Brückenfunktionen zwischen den Akteuren im Sozialen Raum, weil sie Bürger und Sozialarbeiter zusammenbringen, Zugangsschwellen zu sozialen Dienstleistungen verringern und den Grundstein für eine weitere Kooperation bei anderen Themen legen.

Jeder Stadtteil beheimatet eine Vielzahl von Organisationen. In der fallunspezifischen Arbeit werden diese in erster Linie als Schatztruhen verstanden und mit der Methode Organisationen gewinnen geöffnet.

Die Ressourcenkartei schließlich bietet einen systematischen Rahmen, wie gewonnene Ressourcen dokumentiert, verwaltet, miteinander verbunden und gepflegt werden können.

1 Erkundung von Stadtteilen und Netzwerken

Wenn ich als Sozialarbeiter bzw. Sozialarbeiterin in einem Sozialen Raum zu arbeiten beginne – in einem Stadtteil, einer kleineren Gemeinde, einem Quartier – stehen mir verschiedene Formen des Kennenlernens, des Suchens nach Informationen, nach den Eigenheiten und den vertrauten Eigenschaften dieses Raumes zur Verfügung. Es ist wie eine Reise an einen fremden Ort – ich kann mich sehr unterschiedlich auf diese Reise vorbereiten, und ich kann die ersten Stunden/Tage an meinem Zielort sehr unterschiedlich gestalten:

Ich kann im Internet oder in einem Reiseführer die wichtigsten „Rahmendaten“ für meinen Zielort heraussuchen: die Geschichte, die Größe, die Wirtschaftsstruktur, die klimatischen Eigenschaften, die wichtigsten Sehenswürdigkeiten, die Verkehrsverbindungen usw. Vor diesem Hintergrund kann ich die „ersten Eindrücke“ einordnen und mich so orientieren.

Ich kann mich vor Ort gleich einer bewährten Stadtführung anvertrauen, die mir hilft, in relativ kurzer Zeit die bekanntesten Plätze, Gebäude und Einrichtungen der Stadt kennen zu lernen. Wenn ich dabei fotografiere, werden sich die Motive meiner eigenen Bilder vielleicht wenig von den käuflichen Ansichtskarten unterscheiden, aber ich laufe nicht Gefahr, die anerkannten „Highlights“ zu versäumen.

Ich kann mich einfach durch die fremde Stadt treiben lassen und den Reiz in den zufälligen „Fundstücken“ meines Spaziergangs finden, interessanten Ausblicken, Szenen, Läden, kurzen Begegnungen usw. Ein Taxifahrer wird mich dann von jedem beliebigen Ort, an dem ich gelandet bin, wieder sicher in meine Unterkunft zurückbringen.

Ich kann mich stundenlang in ein zentrales Straßencafé setzen und beobachten, wie die Szenen wechseln, welche Menschen langsam oder schnell vorbeigehen, wer sich ebenfalls zusammen mit wem in das Café setzt, welche Einkäufe aus den Taschen lugen, welche Zeitungen am häufigsten gelesen werden, was am häufigsten bestellt wird, welche Leute den Kellner gut zu kennen scheinen, wie der Umgangston ist usw.

Ich kann als Einstieg ein Fußballspiel oder ein anderes sportliches Großereignis am Ort besuchen, an einer typischen beliebten Musikveranstaltung teilnehmen, bei einem wichtigen Fest für die Bewohner der Stadt mitmachen (sei es die zentrale Prozession im Kirchenjahr, sei es ein sehr weltliches Volksfest), auf dem Jahrmarkt einkaufen oder mich ins größte Kaufhaus im Ort stürzen.

Ich kann es aber auch wie der niederländische Schriftsteller Cees Nooteboom machen, der sich für jeden fremden (Haupt-)Ort auf seinen Reisen zwei feste Aufgaben vorgenommen hat: einmal zu erreichen, beim jeweiligen Konsul seines Landes vorgelassen zu werden, und zum zweiten herauszufinden, ob in dieser Stadt irgendein bekanntes oder unbekanntes Bild seines Lieblingsmalers zu finden sei, und dann einen Zugang dazu zu erhalten, egal wie und wo. Die vielen Gespräche und ganz unterschiedlichen Strategien, welche die beiden Aufgaben erfordern, verraten ihm am meisten über die jeweilige Stadt.

Die Strategie, die der Sozialarbeiter bzw. die Sozialarbeiterin wählen wird, ist sicherlich weniger von individuellen Vorlieben und Temperamenten, sondern von den Zielen dieser Annäherungs- oder ersten Kontaktphase bestimmt und dem fachlichen Konzept, das er/sie für seine Arbeit insgesamt hat. Es gibt also kein „richtig" oder „falsch" für diesen Einstieg, sondern nur begründbare Zusammenhänge zwischen Ziel, fachlichem Konzept und gewählter Strategie.

Ziele und Leistungspotenziale der Felderkundung

Im Mittelpunkt der Felderkundung steht das Herausfinden der sozialen Wirklichkeit der Menschen selbst. Stadtviertel sind nicht nur administrative Einheiten, sondern Lebensräume mit sehr vielfältigen Verflechtungen. Die Fachkräfte sind in der Rolle von Abenteurern, die fremde Lebenswelten und kulturelles Gruppenleben kennenlernen, und nehmen dabei spannende, aber auch mühevolle Unternehmen auf sich. Fremde Alltagskulturen zu erforschen, neugierig in sie einzutauchen und sie aufzunehmen, bedeutet auch häufig, weg vom eigenen professionellen Selbstverständnis und von der eigenen Organisation zu gehen und sich in „Gegenden" zu bewegen, die einem bislang unbekannt waren. Atmosphäre und Charakter eines Raumes oder die Interaktionsdichte können durch die Felderkundung besonders gut in Erfahrung gebracht werden: der Geruch einer Imbissbude, der Druck einer geschüttelten Hand, die Szene im Treppenhaus,… Die Fachkräfte werden Teil des Sozialen Raumes, indem sie die „Grammatik des urbanen Zusammenlebens" (Bukow 2001, S. 427ff.) kennen lernen. Stadtteile bestehen nicht nur aus verschiedenen Lebensstilen, die nebeneinander existieren, sondern sind auch vernetzte Kommunikationsgemeinschaften, die lokale, subpolitische Diskurse organisieren (s. a. Bukow 2001, S. 208ff: Bürgerinitiativen (z. B. „Ehrenfelder Bahn-Betroffene"), Netzwerke und Bündnisse (z. B. Kampagne „Kein Mensch ist illegal"), Zentren (z. B. „Humanistisches Zentrum), Beratungsstellen (z. B. „Frauen lernen leben e.V."), Arbeitskreise (z. B. „Deutsch-Ausländischer Arbeitskreis"). Auf dieser Ebene werden von den Bewohnern und Bewohnerinnen Vernetzungen, Meinungen, Vorstellungen etc. kombiniert und durchaus als „Gegenmacht" zum Verwaltungs-, Behörden- oder Politikgeschäft begriffen.

In diesem Abschnitt lernen Sie verschiedene professionelle Zugangswege zu einem konkreten Raum kennen. Sie werden die Merkmale dieser Wege unterscheiden lernen, ihre Eignung für bestimmte Ziele, ihre Stärken, ihre Grenzen, ihre Voraussetzungen. Immer werden Sie konkrete Beispiele – aus wechselnden Räumen – finden, aber mit unterschiedlichen Funktionen. Einmal veranschaulichen die Beispiele die Charakteristiken der Strategie, manchmal sollen Sie selbst aus den Beispielen die wichtigsten Kategorien ableiten.

1.1 Street Corner Society – ein lehrreicher Klassiker

Eine immer noch lehrreiche Sammlung von methodischen Zugängen zu Stadtvierteln findet sich in den Arbeiten der Chicago School of Urban Sociology, einer Richtung der Stadtforschung, die mit den Professoren Park und Burgess ihre Blütezeit von 1915 bis etwa 1932 hatte.

Vor allem Park war daran gelegen, seinen Studierenden die „Kunst der Beobachtung" beizubringen. Voraussetzung dafür war, die Studierstube zu verlassen und in den Strudel der Stadt einzutauchen, in den Straßenschluchten herumzulungern, mit allen möglichen Gestalten ins Gespräch zu kommen, sich von fremden Lebensstilen faszinieren und beeinflussen zu lassen, Beziehungen aufzubauen, so viele Eindrücke wie möglich aufzusaugen, zu notieren, auf Stadtplänen festzuhalten und zu einem dichten Bild zusammenzufassen. 'Go into the district', 'get the feeling', 'become acquainted with people' waren seine Anweisungen (Lindner 2004, S. 118). Die methodische Vorgehensweise gleicht der eines Detektivs, eines Journalisten oder eines guten Sozialarbeiters, der im Stadtteil „zu Hause ist". Gemeinsam sind allen Untersuchungen, die von der Chicago School beeinflusst wurden, wie z. B. die Street Corner Society, ihre kreativen methodischen Mittel, frei vom Dünkel einer Sozialwissenschaft, die Menschen zu Beobachtungsobjekten macht

Wie lässt sich die verwirrende Masse von Eindrücken, die beim Beobachten im Kopf entsteht, in eine Struktur bringen? Wie kommt man an Insider-Informationen, die nicht „auf der Straße liegen"? Wie kann man in das Leben eines Stadtteils eintauchen? Solche Fragen beschäftigten William Whyte 1936, als er damit begann, seine ersten „Daten" für die „Street Corner Society" zu erheben, die später dann der stadtethnologische Klassiker schlechthin werden sollte[1].

Whyte versuchte im Stadtteil präsent zu sein, indem er sich dort einmietete, Leute in den Kneipen ansprach, Termine mit den Sozialarbeitern vor Ort ausmachte, in die Gemeindezentren ging, Mitglied in einem Verein wurde, re-

1 William Whyte (1914-2000) war Stipendiat und lebte in Cambridge bei Boston auf dem Campus der Harvard University. Sein „Beobachtungsgebiet" war der Bostoner Stadtteil North End, welcher damals von italienischen Immigranten erster und zweiter Generation bevölkert wurde. Die Gegend galt in den dreißiger Jahren als Slumgebiet, und Kriminalität war allgegenwärtig. Whyte lebte dreieinhalb Jahre in North End, davon 18 Monate bei einer italienischen Familie. In seinem Buch anonymisierte er North End zu „Cornerville", um darauf hinzuweisen, dass sich ein wesentlicher Teil des Lebens an den Straßenecken (street corner) abspielte.

gelmäßig zur Kirche ging, um mit den Gemeindemitgliedern in Kontakt zu kommen, Wahlhelfer für einen Lokalpolitiker wurde und indem er versuchte, mit den ansässigen Frauen zu flirten. Sein entscheidendes Erfolgsrezept waren die *persönlichen Beziehungen*, die er knüpfte. Er suchte Bekannte, die ihn mit ihren Bekannten in Kontakt brachten und für ihn bürgten. Der entscheidende Durchbruch war die Bekanntschaft mit Doc, die durch eine Sozialarbeiterin zustande kam. Doc war einer der italienischen Corner Boys, ein Gruppenanführer, der Whyte gewissermaßen unter seine Fittiche nahm mit den schlichten Worten: „Denk einfach dran: Du bist ein Freund von mir. Mehr müssen die anderen nicht wissen.“ (Whyte 1996, S. 293)

Whyte verspürte immer wieder die Notwendigkeit, eine *Erklärung für sein Dortsein* an den Straßenecken, in den Bowling Clubs und Kneipen zu finden und dachte sich anfangs alle möglichen schlauen Begründungen aus. Mit der Zeit merkte er, wie seine *eigene Person* die beste Garantie war, gut aufgenommen zu werden: „Wenn ich okay war, war auch mein Projekt okay.“ (ebd., S. 301) Außerdem waren die *örtlichen Leader* die Bekanntschaften, die sich am meisten auszahlten, vor allem, wenn man Zugang zu Gruppen und Organisationen suchte (ebd., S. 302). Whyte schreibt deshalb: „Bei Gruppenanführern strengte ich mich besonders an. Bei normalen Gruppenmitgliedern präsentierte ich nur noch eine knappe Erklärung.“(ebd.)

Besonders hilfreich zum Gestalten von Kontakten sei auch, die *Themen der gängigen Diskussionen* zu kennen. Das waren zu seiner Zeit „Baseball“, „Pferderennen“ und „Sex“ – nicht so grundsätzlich anders als in der heutigen Jugendarbeit. Dabei käme es darauf an, schreibt Whyte, nicht mit den Leuten zu streiten und nicht zu moralisieren, wenn etwas gegen die eigene Vorstellung geht, sondern ein Interesse zu kultivieren, das *nicht* beeinflussen will. *Fragen sind dabei nicht immer das beste Datenerhebungsverfahren*, vielmehr muss man lernen, wann Fragen angebracht sind und wann nicht. *Rumhängen als aktiver Vorgang* ist oft besser als zu fragen: „Wenn dich die Leute akzeptieren, kannst Du einfach rumhängen und am Ende kriegst du die Antworten und musst dazu nicht einmal Fragen stellen“ (S. 305).

Die Dinge, die man tut, müsse man auch wirklich tun. Man müsse wirklich dabei zu sein. Am Beispiel des Bowlingspielens erklärt Whyte deutlich, dass „Dabei-sein“ und „wirklich-Dabei-sein“ zwei unterschiedliche Dinge sein können. Er hatte lange Zeit mit einer Gruppe Bowling gespielt und dabei die Interaktionen zwischen den Gruppenmitgliedern beobachtet, bis er eines Tages völlig zufällig entdeckte, welch signifikante Bedeutung die Bowlingergebnisse hatten, für die er sich bisher so gut wie überhaupt nicht interessiert hatte, denn das Bowling war ja nur Mittel zum Zweck für ihn gewesen. Er war dabei gewesen, aber nicht richtig. So konnte er die Bedeutung des Bowlings für die Corner

Boys nicht verstehen: „Anstatt zu bowlen, um dadurch dann in der Lage zu sein, etwas anderes zu beobachten, hätte ich bowlen sollen, um Bowling zu beobachten.“ Die Spielergebnisse spiegelten die hierarchische Struktur der Gang wieder. „Hier agierte die Sozialstruktur direkt auf der Bowlingbahn.“ (S. 319)

Als Whyte beginnt, eine lokale Gangstervereinigung zu untersuchen, erfährt er, dass deren Boss Mitglied im „Cornerville Social and Athletic Club“ ist und wird sofort auch Mitglied. Er hält sich in den Clubräumen auf, in denen diskutiert und geraucht wird, und versucht, die Anführer ausfindig zu machen, natürlich ohne jemals auch nur eine Frage stellen zu können. Whyte behilft sich mit einer Art *Sozial-Landkarte*, in die er einträgt, wer mit wem in welchen Räumen zusammensteht. Auch vermerkt er, welche Leute damit beginnen, während des Abends von einer zur anderen Gruppe zu wechseln. Im Laufe der Zeit kann er so bemerken, dass die ersten „Gruppenwechsler“ die Führungspersonen sind. Wenn sie durch ihr Verhalten „das Zeichen gaben“, dass es okay oder gewünscht ist, mit einer anderen Gruppe Kontakt aufzunehmen, folgten ihnen andere Gruppenmitglieder (vgl. S. 333f).

Aus diesem Beispiel lassen sich einige Aspekte von Whytes Methode studieren. Seine *Beobachtungsebenen* sind:

- Individuen: einzelne Menschen im Gemeinwesen
- Formelle und informelle Gruppen im Gemeinwesen
- Beziehungen zwischen Individuen, zwischen Individuen und ihren Gruppen und Beziehungen zwischen Gruppen
- Die Verbindung zwischen der sozialstrukturellen Ordnung und dem Verhalten einzelner Menschen: Daten über Einzelne sind für ihn relevant, wenn sie in Bezug auf ihre Position in der Sozialstruktur der Community bzw. der Gesellschaft gesehen werden. So werden Details immer mit den größeren Strukturen in Verbindung gebracht (S. 324).

Whyte legt Mappen für jede Gruppe an, mit denen er seine Beobachtungsprotokolle ordnet. In jedem Protokoll sind in jedem Fall das Datum und die anwesenden Personen vermerkt. Am Anfang jeder Mappe legt er ein Indexsystem an, das ihm hilft, den Inhalt der Mappe auf einen Blick zu erfassen. Der Index sieht folgendermaßen aus:

Datum	Gesprächspartner und weitere anwesende Personen	Zusammenfassung des Inhalts	Seite in den ausführlichen Protokollen

Im Laufe der Zeit – immerhin verbringt er vier Jahre in Cornerville – bemerkt Whyte eine schleichende Veränderung der eigenen Person: „Ich begann als nicht teilnehmender Beobachter. Als ich in der Gemeinschaft zunehmend akzeptiert wurde, wurde ich fast zum nicht beobachtenden Teilnehmer. Ich bekam das Lebensgefühl in Cornerville mit, aber das hieß, dass ich dieselben Dinge für selbstverständlich hielt, die meine Freunde in Cornerville für selbstverständlich hielten. Ich war ganz in dieses Leben eingetaucht.“ Zu seinen Kommilitonen und Dozenten in Harvard, das nur einige Meilen entfernt liegt, findet er immer weniger Zugang. Die Themen, die man dort behandelt und die Sprache, die dort gesprochen wird, sind zu verschieden.

Die Folge ist, dass er immer mehr von seiner ethnologischen Kardinalregel abweicht, die ursprünglich lautete: „Keinen Einfluss nehmen!“ (S. 336). Diese Regel bildete das Credo der Chicago School für Stadtforschung. Die Devise lautete: „Go everywhere, see everything, overhear everyone, aber mach es so, dass du nicht auffällst, und versuche nicht, den Leuten etwas beizubringen.“ (Lindner 2004, S. 114) Man wollte sich bewusst gegen eine Sicht von Lebenswelten abgrenzen, die im „Fremden das Defizitäre“ sah und durch gut gemeinte Rettungsdienste versuchte, die Leute aus ihren Slums zu holen oder zumindest dort zu qualifizieren. Die Verbesserung der Menschen war nicht das Ziel, sondern das Verstehen und die Wertschätzung ihrer subkulturellen Werte, Normen und Handlungsmuster. Wenn daraus – wie gleich in Whytes Beispiel zu sehen sein wird – doch Verbesserungsaktionen resultierten, dann hatten sie einen anderen Charakter, der später von Alinsky (und anderen Gründern der GWA) zum sozialarbeiterischen Prinzip gemacht wurde.

Beispiel:
Die Heißwasserversorgung des öffentlichen Bades war defekt. Die Stadtverwaltung unternahm allerdings keine sonderlichen Anstrengungen, die kostspielige Reparatur der Badeanstalt in Angriff zu nehmen. Das war in einem Gebiet, in dem 80% der Haushalte über kein eigenes Bad verfügten, eine spürbare Einschränkung der Lebensqualität. Whyte organisierte einen Marsch aufs Rathaus, um den Wünschen der Bürger entsprechendes Gehör zu verschaffen. Dabei machte er sich seine früheren Beobachtungen und Kontakte zunutze. Da die Anführer der street corner gangs in der Lage waren, die Leute ihrer Gang

im Handumdrehen zu mobilisieren, war es möglich, durch das Gewinnen einer relativ kleinen Zahl von Leuten (die mitunter rivalisierenden gang leader) eine ziemlich große Demonstration zu organisieren. Ein Komitee – bestehend aus den wichtigsten leadern – verhandelte mit dem Bürgermeister. Whyte selbst verbreitete vorgefertigte Pressestatements und „in weniger als einer Woche hatten wir heißes Wasser" (S. 341). Die „Organisation" von Stadtviertelinteressen, die entstanden war, zerfiel allerdings sehr schnell wieder, weil ja das Ziel erreicht worden war. So folgert Whyte: „Mir wurde bewusst, dass jede übergreifende Organisation der street corner gangs auf irgendeiner kontinuierlichen Aktivität aufgebaut werden musste" – und er beginnt; mit anderen zusammen eine Softballliga zu organisieren, da Softball neben dem Bowling das Spiel schlechthin in Cornerville war.

Konsequenzen für die Sozialarbeit

Konsequenterweise versucht Whyte die Leitungskräfte der Nachbarschaftszentren (settlement houses) davon zu überzeugen, Sozialarbeiterstellen auch mit Leadern aus der Nachbarschaft zu besetzen und nicht nur mit Studierten von außerhalb, die erst einmal enorme Probleme damit haben angenommen zu werden und die quasi automatisch versuchen, ihrem Klientel zu helfen, aus ihren Gangs und aus Cornerville herauszukommen: „Doc erzählte mir, dass die Sozialarbeiter von der Norten Street oft versucht hätten ihn dazu zu überreden, dass er aufhörte auf der Straße herumzuhängen und mit seinen alten Freunden Schluss zu machen. Wäre er ihrem Rat gefolgt (…) hätte er seine Position im Viertel verloren. (…) Der Zusammenhang war so allgemein klar, dass die Corner Boys diejenigen, die enge Verbindungen zu den Nachbarschaftszentren hatten, als die „Deppen" oder die „Lakaien" der Sozialarbeiter ansahen. (…) Phil Principio sagte einmal zu mir: ‚Für die (Sozialarbeiter) sind wir Abschaum. Die reden mit aller Zuvorkommenheit mit uns, aber hinter unserem Rücken sind wir für die der Abschaum.' (…) Die Sozialarbeiter mögen ehrlich geglaubt haben, sie hätten keine Vorurteile gegen Unterschichtitaliener, aber ihr Verhalten verriet sie." (S. 107) Whyte stellte fest, dass Sozialarbeit, die sich nicht auf die vorgefundene Sozialstruktur einlassen will, nur die Alternative hatte, sich mit denjenigen Leuten zu beschäftigen, die in die vorgefundene Subkultur sowieso schlecht integriert waren. Das waren Leute, die von den subkulturellen Normen abwichen und von den Sozialarbeitern dafür belohnt wurden, sich aus den Bindungen an Cornerville zu lösen. Somit bestand eine Hauptfunktion der Sozialarbeit darin, „die soziale Mobilität anzuregen und der Unterschicht Mittelschichtstandards beizubringen und Mittelschichtbelohnungen in Aussicht zu stellen. Da Mobilität nach oben fast immer eine Bewegung aus dem Slumdistrikt heraus bedeutet, hat es das Nachbarschaftszentrum ständig mit Leuten zu tun, die auf dem Weg aus Cornerville heraus sind. Das schafft Distanz zur großen Mehrheit der Bevölkerung, die den Bezirk als ihre dauerhafte Wohnstatt betrachtet." (S. 108) Im Gegensatz zur Settlementbewegung, die die Werte der gehobenen Mittelschicht an Ausgegrenzte zu vermitteln versuchte, zeigte Whyte hingegen, dass in der Street-Corner-Kultur ein ganz eigenes Wertesystem steckt, das er den Werten der Mittelschicht gegenüberstellt: Dort zählt Alltagssolidarität im Gegensatz zum Individualismus der Mittelschicht, Gruppenloyalität anstelle des Mittelschichtsideals des sozialen Aufstiegs und eine Ökonomie des großzügigen Ausgebens von Geld für Freunde im als Kontrast zur Ökonomie des Sparens und Investierens in gehobenen Milieus.

Diese alternativen Muster der Lebensführung der street corner society werden durch das Prisma des Mittelschichtswertesystems gesehen wie gefährliche Devianz. Gleichwohl leisten sie einen hohen funktionalen Beitrag zur gesellschaftlichen Stabilität in Cornerville. Sozialarbeit, die keinen Zugang dazu findet übersieht ihre wertvollsten Anschlusspunkte.

Die Zehn Gebote der Feldforschung

Abschließend zum Klassiker aus den Dreißigern ein etwas modernerer Klassiker: Als eine Art Anleitung und Empfehlung entwickelte Roland Girtler die von ihm sogenannten „Zehn Gebote der Feldforschung". Man kann sich an ihnen orientierten, wenn man Quartiere von „innen" erforschen will:

1. „Du sollst einigermaßen nach jenen Sitten und Regeln leben, die für die Menschen, bei denen du forschst, wichtig sind. Dies bedeutet Achtung ihrer Rituale und heiligen Zeiten, sowohl in der Kleidung als auch beim Essen und Trinken. Si vivis Romae Romano vivito more!
2. Du sollst zur Großzügigkeit und Unvoreingenommenheit fähig sein, um Werte zu erkennen und nach Grundsätzen zu urteilen, die nicht deine eigenen sind. Hinderlich ist es, wenn du überall böse und hinterlistige Menschen vermutest.
3. Du sollst niemals abfällig über deine Gastgeber und jene Leute reden und berichten, mit denen du Bier, Wein, Tee oder sonst etwas getrunken hast.
4. Du sollst dir ein solides Wissen über die Geschichte und die sozialen Verhältnisse der dich interessierenden Kultur aneignen. Suche daher zunächst deren Friedhöfe, Märkte, Wirtshäuser, Kirchen oder ähnliche Orte auf.
5. Du sollst dir ein Bild von der Geographie der Plätze und Häuser machen, auf und in denen sich das Leben abspielt, das du erforschen willst. Liebe die Natur und damit auch die menschliche Natur – beides kann ungemein reizvoll sein. Gehe zu Fuß die betreffende Gegend ab und steige auf einen Kirchturm oder auf einen Hügel.
6. Du sollst, um dich von den üblichen Reisenden zu unterscheiden, das Erlebte mit dir forttragen und darüber unvoreingenommen berichten. Daher

ist es wichtig, ein Forschungstagebuch (neben den anderen Aufzeichnungen) zu führen, in das du dir jeden Tag deine Gedanken, Probleme und Freuden der Forschung, aber auch den Ärger mit dieser einträgst. Dies regt zu ehrlichem Nachdenken über dich selbst und deine Forschung an, aber auch zur Selbstkritik.

7. Du sollst die Muße zum ero-epischen (freien) Gespräch aufbringen. Das heißt, die Menschen dürfen nicht als bloße Datenlieferanten angesehen werden. Mit ihnen ist so zu sprechen, dass sie sich geachtet fühlen. Man muss sich daher selbst als Mensch einbringen und darf sich nicht aufzwingen. Erst so lassen sich gute Gesprächs- und Beobachtungsprotokolle erstellen.
8. Du sollst dich bemühen, deine Gesprächspartner einigermaßen einzuschätzen. Sonst kann es sein, dass du hineingelegt oder bewusst belogen wirst.
9. Du sollst dich nicht als Missionar oder Sozialarbeiter aufspielen. Es steht dir nicht zu, „erzieherisch” auf die vermeintlichen „Wilden” einzuwirken. Du bist kein Richter, sondern lediglich Zeuge!
10. Du musst eine gute Konstitution haben, um dich am Acker, in stickigen Kneipen, in der Kirche, in noblen Gasthäusern, im Wald, im Stall, auf staubigen Straßen und auch sonst wo wohl zu fühlen. Dazu gehört die Fähigkeit, jederzeit zu essen, zu trinken und zu schlafen.“
(Girtler 2004)

1.2 Kinderbeobachtung im Stadtteil

Bei der Kinderbeobachtung (vgl. v. Spiegel 1997, S. 186) hält sich eine Fachkraft an einem Ort auf, der von Kindern als Spielort genutzt wird. Wenn nicht schon einige dieser Orte im Team bekannt sind, mit denen man anfangen kann, kann man entweder eine „Stadtteilerkundung mit Stadtteilexperten“ (s. Handlungsfeld „*Sozialstruktur*“) vorschalten oder explorative Stadtteilrundgänge zu verschiedenen Tages- und Wochenzeiten. Jahreszeiten haben übrigens einen großen Einfluss auf die Spielgewohnheiten von Kindern. Der Beobachter wird natürlich schnell von den Kindern entdeckt werden, und sein Dasein kann Einfluss auf das Verhalten der Kinder haben, daran lässt sich nichts ändern. Vorgeschlagen wird keine verdeckte Beobachtung, sondern eine teilnehmende, bei der die Kinder – ohne dass das aufdringlich wirken darf – in die Ziele des Beobachters eingeweiht werden, ja sogar von diesem als Ratgeber – etwa wie man am besten beobachtet – einbezogen werden können. Am einfachsten ist das, wenn ein Kind einen schon kennt, es dann gewissermaßen für den ungewohnten Erwachsenen bürgt: „Der arbeitet im Spielhaus und ist okay. Er schaut sich an, wo man im Stadtteil gut spielen kann.“ Am besten ist es, wenn man als Fachkraft alleine unterwegs ist, da man dann dem Lebensweltgeschehen direkter ausgesetzt ist und nicht durch Kollegen professionell abgelenkt werden kann, durch fachliche Einordnungen, Exkurse, vorschnelle Interpretationsversuche, Ratschpausen u. ä.

Essentials der Beobachtung

1. *Beschreibung des Ortes*, an dem die Beobachtung gemacht wird: Uhrzeit, Baulichkeiten, Nutzer, Adresse, Atmosphäre. Wenn es nicht zu auffällig ist, ein paar Fotos machen und eine Skizze zeichnen, in den Stadtplan eintragen.
2. *Aktionen*: Welche Spiele werden gespielt? Detaillierte Beschreibung jedes Spiels und was daran der Kick ist.
3. *Akteure*: Wer sind die Akteure?
   - Kurzcharakteristik jedes Kindes: Alter, Geschlecht, sprechender Beobachtungsname (Bsp.: „der Kurze mit der großen Klappe", „der Außenseiter wider Willen"), Stellung in der Gruppe
   - Freundschaften in der Gruppe
   - Stabile Cliquen erkennen, ihnen einen sprechenden Namen geben oder den Namen benutzen, den sie sich selbst geben
   - Weitere Beteiligte wie z. B. Eltern, Nachbarn, Anwohner, Jugendliche
4. *Spiel-Umwelt-Relation*: Abhängigkeit des Spiels von der Umwelt/Welche Orte erlauben was?
   - Welche Baulichkeiten eignen sich für dieses Spiel?
   - Wie wird die Umwelt dafür umgenutzt?
   - Welche sonstigen Ressourcen (Material, Bekanntschaften, Zugänge, etc.) werden für das Spiel genutzt?
   - Begrenzungen durch die Umwelt
   - Konflikte, die durch das Spiel in der Gruppe entstehen
   - Konflikte, die durch das Spiel mit anderen Personen entstehen
   - Konkurrenzen mit anderen Personen, Gruppen, Nutzungen um Räume
5. *Kontaktaufnahme* mit den Kindern, evtl. durch Kinderinterviews (s. u.) oder durch eine Spielaktion

Varianten

- Bei der Zeitstichprobe kommen die Beobachter mehrere Tage lang zu vorher genau festgelegten Zeitintervallen.
- Bei der Cliquenbeobachtung folgt man einer bestimmten Gruppe von Jugendlichen. Das geht meist nur, wenn man von den führenden Cliquenmitgliedern die Genehmigung bekommt.

- Die Focusmethode schließlich dient zur Klärung vorher festgelegter Fragen. Hier kommt man mit einer reinen Beobachtung nicht aus, sondern muss mit den Kindern ins Gespräch kommen.

1.3 Kinderinterviews

Kinderinterviews sind Befragungen von Kindern im Stadtteil, die sowohl der Kontaktaufnahme dienen als auch der Datenerhebung (vgl. v. Spiegel 1997, S. 188). Man ist dazu mit einer Videokamera unterwegs und spricht Kinder, die man trifft, darauf an, ob sie bei einem kurzen Interview mitmachen würden. Meist haben Kinder überhaupt nichts gegen das Gefilmtwerden, verstehen aber oftmals Begriffe, die eher unerfahrene Interviewer in ihren Fragen verwenden, nicht ohne nachzufragen. Deswegen schlagen wir vor, die Fragen vorher begriffskritisch zu optimieren und alle abstrakten Wörter durch konkrete Beschreibungen zu ersetzen, auch wenn das zu starken Vereinfachungen führt:

- Stadtplaner: die Leute, die bestimmen, was wo gebaut wird
- Politiker: die Leute, die bestimmen, wofür die Stadt das Geld ausgibt
- Plan: etwas machen wollen und darüber nachdenken wie

Ziele der Kinderinterviews:

- Sammlung von Geschichten der Kinder, die ihre Erfahrungen mit bestimmten Orten, Personen und Organisationen illustrieren
- Herausfinden von Meinungen und Einschätzungen zu Orten und Organisationen
- Sammlung von Wünschen der Kinder zur Veränderung
- Ausprobieren, welche Projektideen Kindern Spaß machen
- Cliquen herausfinden und deren Aktionsräume
- Spiel-Umwelt-Relation (wie bei der „Kinderbeobachtung“)
- Kontaktaufbau

Folgeaktionen:

- Den Kindern die Kamera selbst in die Hand geben und sie selbst Interviews machen lassen, mit anderen Kindern oder auch mit Erwachsenen.
- Die interviewten Kinder in den Stützpunkt der Fachkräfte (z. B. Jugendhaus) einladen und dort mit ihnen zusammen das Video ansehen, dabei weiterreden und Vertiefungsfragen stellen, evtl. Kommentare für den Film erarbeiten.
- Als *Varianten* kommen hier natürlich auch die Zeitstichprobe, die Cliquenbefragung und die Focusmethode in Betracht (s. Kinderbeobachtung).

Auswertung:
Schnelldokumentation: Videos werden grob geschnitten und auf Großbildleinwand – dort wo Menschen sind – vorgeführt. Das Video wird an manchen Stellen für kurze Kommentare (am besten von den Kindern selbst) unterbrochen. Einleitung und Schlussstatement durch die Filmproduzenten.

Um einen Dokumentationsfilm herzustellen, wird das Video detaillierter geschnitten. Es werden Kommentare mit weiteren Daten (z. B. Bevölkerungsstatistik) oder mit Expertenmeinungen eingebaut, Karten eingeblendet, die orientieren und Schlussfolgerungen für die Zielgruppe (Verwaltung und Politik) nahelegen.

1.4 Autofotografie

Bei der Autofotografie nutzen Kinder oder Jugendliche ihr Mobiltelefon oder erhalten einen Fotoapparat, den sie für eine verabredete Zeit behalten, oder auch mit nach Hause nehmen können. Der Rückgabezeitpunkt wird fest ausgemacht. Nach der „Foto-Session“ der Kinder oder Jugendlichen trifft man sich wieder, um sich die Fotos mit Hilfe eines Beamers anzusehen und die Geschichten dazu zu hören (die aufgezeichnet werden).

Ziel ist es, etwas über die subjektiven Räume der Kinder zu erfahren, über Spiel- und Streifräume, über die Bedeutung von Orten, Personen und Gegenständen (vgl. v. Spiegel, S. 192). Hauptziel ist aber, die Fotos als Aufhänger für eingehendere Gespräche zu verwenden. Wer ein Bild gezeigt bekommt, erhält dadurch auch eine Art Mandat zum Nachfragen, weil er verstehen will, was auf dem Bild ist, warum es wichtig ist, was damit gesagt werden soll usw.

Die *Anleitung*, was fotografiert werden soll, kann als Geschichte erfolgen. „Deine Tante aus Amerika schreibt, dass sie wieder einmal an dich gedacht hat und ihren Freundinnen, die zum Kaffeekränzchen kommen, gerne davon erzählen würde, wie es bei Dir aussieht, was du spielst und sonst so machst, was dir hier in X-berg (Stadtteil) gefällt und was nicht. Sie bittet dich, eine Fotogeschichte für sie zu machen, damit sie ihren Freundinnen beim Kaffeekränzchen etwas zeigen kann.“ (vgl. Deinet o. J., S. 53; ausführlich zu der Methode: Deinet 2009, S. 78; Krisch 2009, S 115)

Die *Auswertung* kann als Schnelldokumentation, Fachdokumentation oder Bürgerdokumentation erfolgen, wie bei der „Stadtteilerkundung mit Stadtteilexperten“ (s. Handlungsfeld „*Sozialstruktur*“).

1.5 Cliquenraster und Cliquenportrait

Das Cliquenraster (vgl. Deinet 1999, S. 78f; Deinet 2009, S. 79ff, Krisch 2009, S. 117ff.) ist ein Tableau, in dem die in einem Stadtgebiet anzutreffenden Jugendkulturen und Szenegruppen erfasst werden. Das Ziel der Methode ist, den professionellen Blick zu weiten für die verschiedenen Szenen im Stadtteil, vor allem für die Gruppen, die nicht Zielgruppen oder Nutzer der Einrichtungen sind, in denen die Profis arbeiten.

Jugendkultur	**Öko-Freaks/Ökys**	**GTI-Club**	**Hip-Hopper**	**Sportgemeinschaften**
Äußeres	Alles auf Naturbasis: Wolle ungefärbt, Biolatschen, Strickpullover, nicht nach neuesten Trends, Schlabberlook, weite Sachen	Protzig, auf Show bedacht	Baggy-Clothes (oft Markenklamotten) Mode: zur Zeit kurze Haare, fast Glatze, fette Sportschuhe (teuer), Hose an den Knien	Bunt gemischt
Verhalten	Zwischenmenschlich: ohne Streit, setzen Interessen mit Gewalt durch (z. B. Castor-Transporte), Mülltrennung, in Biosachen pedantisch	In der Clique rüpelhaft, angeberisches Verhalten	Coole Sprache („Jo!"), coole Gangart, unantastbar, reden viel über Musik, kiffen	Bei Veranstaltungen, Wettkämpfen enger Zusammenhalt, Cliquenbildung mit hartem Kern, der den Sport nicht so ernst nimmt
Musik	Vielleicht Folk, Naturklänge	Laut und viel Bass	Wu Tang for ever, Hip-Hop, zur Zeit auch viel deutscher Hip-Hop	Alles
Weltbild	Back to the roots Politik: grün	„Wir sind die Größten!"	Politik: „Alles scheiße!" Weltbild: ?	Gemischt
Treffpunkte	Demos, Sit-Ins, Greenpeace-Gruppe, Infostände	Tankstellen, Bundesstraße zum Ampelrennen, Rastplätze	Plattenladen, Coffee Shops	Verschieden, in Cliquen, Veranstaltungen

Quelle: Ortmann o. J., S. 15f

Im Cliquenportrait (vgl. Sturzenhecker 1997, S. 79f) geht es um die genauere und umfangreiche Beschreibung von bestimmten Cliquen. Dazu ist es notwendig, bereits mit der Clique in Kontakt zu sein und Zeit mit ihr zu verbringen. Ein Cliquenportrait kann über einen längeren Zeitraum hinweg oder während einer eigens dafür arrangierten Aktion (z. B. Wochenendfahrt) entstehen. Beschreibungsdimensionen können sein:

- *Cliquenmitglieder*: Kurzcharakteristik jedes einzelnen Kindes/Jugendlichen in der Clique: Alter, Geschlecht, sprechender Beobachtungsname, Stellung in der Gruppe, soziale und kulturelle Herkunft, Ausbildung, Outfit, Geld, Gewohnheiten, Funktion der Clique für ihn/sie, …
- *Cliquenstruktur*: Freundschaften, Konkurrenzen, Hierarchien, Meinungsführer, Kooperationen und Konflikte in der Gruppe (evtl. Soziogramm erstellen), Fluktuation
- *Cliquenkultur*: Cliquenname, Abzeichen, „Uniform", Sprache, Musik, Cliquen-Mythos, Geschichte der Clique
- *Aktionen*: Was tut die Clique? Treffpunkte, Mobilität, Verhalten gegenüber anderen Gruppen, Konsumpraxis
- *Cliquenumwelt*: Bündnispartner, Freunde, Feinde, Konkurrenten der Clique wie z. B. Eltern, Nachbarn, Anwohner, andere Jugendliche, andere Gruppen, Organisationen, …
- *Umweltbeziehungen*: Austauschbeziehungen, Machtbeziehungen mit der Umwelt, Wertkonflikte bzw. Wertkongruenzen mit der Umwelt

1.6 Subjektive Landkarten

Erwachsene erinnern sich an ihr Zuhause im Teenageralter oft nur als Versorgungsstützpunkt, während die Orte des eigentlich wichtigen Geschehens irgendwo ganz anders lagen. Räumliche Strukturen haben für unterschiedliche Menschen verschiedene Bedeutungen. Diese Bedeutungen unterscheiden sich auffällig nach Alter, Geschlecht, Lebenslage, Bildung, Berufstätigkeit, Herkunft und ähnlichen sozialstrukturellen Merkmalen. Sie sind aber auch von individuellen biographischen Erfahrungen, Netzwerken oder Familienkonstellationen geprägt. Die Methode der subjektiven Landkarten (vgl. Deinet 2009, S. 78ff und Krisch 2009, S. 110ff.) oder Mental Maps (v. Spiegel 1997, S. 190) dient dazu, die Bedeutungen, die Bedingungen des Wohnumfeldes für Kinder haben, abzubilden: Welche Spielorte sind wichtig? Wo halten sich Kinder gerne auf? Wo fühlen sie sich ausgeschlossen oder werden vertrieben? Welche Orte üben unwiderstehliche Faszination aus?

Dazu lässt man die Kinder ihre eigene *Landkarte ihres Stadtteils oder ihrer Ortsgemeinde zeichnen*. Dabei sind Orte, Gegenstände, Gebäude, Wege, Bewohner wichtig. Man kann die Methode einleiten mit: „Zeichnet doch einmal eine Landkarte von hier. Ich meine nicht so eine langweilige Landkarte, wie sie die Erwachsenen haben, sondern eine, auf der echt was passiert. Zum Beispiel könnt ihr reinmalen, wo ihr am liebsten spielt, welche Wege ihr oft geht, wo ihr gerne einkauft, wo euere Freunde wohnen, wo Menschen sind, die ihr nicht leiden könnt, wo es schön ist, wo es hässlich ist, wo etwas passiert,... Was sollte denn sonst noch in so eine Landkarte rein?“ Die Frage dient einerseits der Exploration, was den Kindern wichtig sein könnte, und andererseits der Wiederholung der sehr langen Aufzählung. Nachdem man mit den Kindern ein paar Minuten über die Möglichkeiten des Landkartenzeichnens im Gespräch war, gehen Kinder im Grundschulalter meist mit viel Spaß an die Aufgabe. Das notwendige Material (A3-Zeichenpapier, bunte Malstifte) sollte vorher bereits griffbereit liegen.

Der nächste Schritt ist die *Besprechung der fertigen Zeichnung*. Man kann mit „Was-ist-das-Fragen“ beginnen und sich die Inhalte erklären lassen. Währenddessen ergeben sich meist weitere Gelegenheiten zum Nachfragen: „Was macht ihr da? Wer ist sonst noch da? Wie ist es dort? Was gefällt dir dort? Wenn du König wärst, was würdest du dort anders machen?“ Die Antworten werden entweder auf Tonband aufgenommen oder mitgeschrieben. Auf jeden Fall sollten sie später getippt und der gezeichneten Landkarte beigefügt werden. Mit den Erläuterungen lassen sich aus den subjektiven Landkarten interessante Ausstellungen machen.

Interpretation: Was wurde überhaupt gezeichnet, und was fehlt? Welche Sachen sind groß bzw. klein gezeichnet? Wie sorgfältig sind die verschiedenen Bereiche ausgestaltet? Wie verhalten sich reale Entfernungen von den gemalten? Gibt es auffällige Unterschiede zwischen Mädchen und Jungen oder zwischen Kindern unterschiedlicher Herkunft? Wichtig beim Interpretieren der Landkarte ist die Kenntnis des genauen Wohnortes des jeweiligen Kartographen.

Man kann die Ergebnisse einer Reihe subjektiver Landkarten in eine objektive Landkarte eintragen: Welche Orte existieren für Kinder? Welche nicht? Warum ist das so? Welche Orte sind einladend? Welche abschreckend? Wo überschneiden sich Wege von Kindern und Verkehrswege?

Gemeinsame Auswertung und Veränderungsplanung, wozu man auch Eltern einladen kann: Das Treffen kann drei Abschnitte haben. Zuerst stellen die Kinder ihre Landkarten kurz vor. Dabei helfen die Projektmitarbeiter oder die

Lehrer. Nachfragen sind natürlich erlaubt. Die Projektmitarbeiter präsentieren ihre vorläufige Interpretation, aber möglichst nicht als fertiges Produkt, sondern als Gedanken, die die Anwesenden zum Mitmachen einladen. Dann trennen sich Eltern und Kinder und erarbeiten in Kleingruppen Veränderungsvorschläge, die man sich in der nächsten Runde gegenseitig vorstellt. Am Schluss wird vereinbart, wer nun über die Ergebnisse informiert wird. Meist haben die Kinder dann auch richtig Lust, ihr Projekt und ihre Ideen selbst mit vorzustellen.

1.7 Weitwinkelscan zur Stadtteilerkundung

Der Weitwinkelscan als Technik dient dem Einstieg in ein Stadtviertel. Dabei besteht die stete Gefahr, im Sammeln von Daten zu versumpfen und nie fertig zu werden. Die Datensammlung wird dann eine Art Selbstzweck, führt zu wenig praktischem Nutzen und ist schwer integrierbar in die Alltagsarbeit.

Aus Sozialarbeitern werden so verhinderte Sozialforscher, deren Erkenntnisinteressen stetig zunehmen, während sich die Aktionsinteressen indirekt proportional dazu verhalten. Gleichwohl ist die Datensammlung schon das Ziel der Felderkundung, allerdings unterscheidet sie sich von der Datenerhebung der klassischen empirischen Sozialforschung. Letztere quetscht ein Gebiet mit ihren Erhebungsinstrumenten aus wie eine Zitrone und verarbeitet die Rohdaten zu Berichten. Der Bericht ist das strukturierte Abbild des Feldes. Beide stehen aber nur noch in einem Erkenntniszusammenhang: Stimmt das Bild, ist es genau genug, erklärt es Phänomene, hilft es bei Entscheidungen?

In der Felderkundung hingegen rangiert vor dem Erkenntnisinteresse das Kontakt- und Aktions-Interesse. Das heißt, die „Datenerhebung“ muss sich eignen, mit den Menschen in Beziehung zu treten. Sie muss Ideen liefern zu vorhandenen Ressourcen, zu Projektideen, sie muss einen im Stadtteil bekannt machen, sie muss Anknüpfungspunkte schaffen. Der Erhebungsaufwand muss sich durch den Kontakt- und Aktions-Output rechtfertigen. Weder der Erkenntnisgewinn alleine ist ausreichend, noch der Fortbildungsgewinn der Fachkräfte. Deswegen haben wir den Weitwinkelscan als überschaubares Einstiegsprogramm konzipiert, das Methoden einschließt, die Kontakte mit den ‚Ureinwohnern' unumgänglich machen.

Essentials des Weitwinkelscans

- Nicht mehr als drei Anläufe zu vorhandenen Sozialstrukturdaten. Nur sammeln, was einfach von Ämtern und aus Berichten zu bekommen ist. Die Auswertung muss sofort mit direkten Erfahrungen verbunden werden. Statistische „Barfuß-Methoden“ anwenden, keine aufwändigen Analysen durchführen, denn: „Entscheidend is' auf'm Platz!“ (Sepp Herberger)

- Zwanzig One-to-ones (Beschreibung der Methode weiter unten) mit Ansässigen (keine Fachkräfte der Sozialszene!) machen: Besuchen Sie a) Geschäfte, b) Kneipen/Cafés, und kommen Sie c) mit Bewohnern ins Gespräch, je Kategorie etwa drei Gespräche. Reden Sie mit Leuten verschiedener Altersgruppen (Kinder, Jugendliche, Berufstätige, Rentner ...) und verschiedener Nationalitäten zu unterschiedlichen Tageszeiten.
- Gehen Sie vor Ort einkaufen oder essen. Nutzen Sie ein oder zwei Dienstleistungen vor Ort: Lassen Sie sich das Haar schneiden, ihr Auto durchchecken... Es gilt das Prinzip: Datensammlung muss stets auch Kontaktsammlung sein.
- Erkunden Sie die Aufenthaltsorte des Stadtteils. Wo treffen sich die Leute a) im Freien, b) unter Dach? Zeichnen Sie diese Orte in die Karte (s. u.) ein.
- Besuchen Sie die Vorstände von zwei Vereinen im Stadtteil und zwei Kirchengemeinden und führen Sie ein Gespräch über den Stadtteil.
- Lesen Sie die Zeitungsberichte des letzten halben Jahres und sprechen Sie mit dem zuständigen Redakteur.
- Führen Sie für ein Vierteljahr zwei neue „feste Tagungsordnungspunkte“ für Ihre Teamsitzungen ein: „Infos aus dem Stadtteil“, „Mein Gespräch der Woche in X-Berg“.

Für Fachkräfte in der Fallarbeit:

- Fünf Minuten am Ende eines jeden Fallgesprächs für Informationen aus dem Stadtteil reservieren: „Was ist los, was gefällt Ihnen, was gefällt Ihnen nicht, was müsste sich verändern, was haben Sie für Ideen dazu?“
- Führen Sie mit fünf Fachkräften der Sozialen Arbeit jeweils ein Gespräch über den Stadtteil.
- Zeichnen Sie Ihre Ergebnisse in eine Karte im Maßstab 1:5000 ein. Erarbeiten Sie eine Präsentation der Ergebnisse und stellen Sie sie vor im Stadtteilarbeitskreis, auf der Teamsitzung des ASD, im Stadtrat oder Jugendhilfeausschuss, in einer Kirchengemeinde vor Ort. Ergänzen Sie die Präsentation mit den dort zusätzlich erhaltenen Informationen. Machen Sie ein Handout daraus und lassen es all den Leuten zukommen, mit denen Sie gesprochen haben (deswegen Kontaktadressen aufschreiben). Vergessen Sie nicht Ihre eigene Adresse, E-Mail und Telefonnummer.
- Dauer: Je nach Arbeitsbelastung etwa ein viertel bis ein halbes Jahr.

1.8 Checkliste zur Stadtteilbeschreibung

Die Funktion der Checkliste zur Stadtteilbeschreibung (Institut für Stadtteilbezogene Soziale Arbeit und Beratung, ISSAB) ist, sich zunächst Gedanken zu machen, welche Daten bzw. Informationen oder objektiven Fakten für eine sozialräumliche Arbeit relevant sind. Es geht – wie bereits weiter oben bemerkt – nicht darum, Datenfriedhöfe anzulegen und erst erbsenzählerisch alle möglichen Daten und Informationen zu sammeln, bevor man im Stadtteil agieren kann, sondern es geht darum, die eigene Wahrnehmung für die wichtigen Aspekte einer fremden Lebenswelt zu schulen, ähnlich so, wie wenn man sich bei einem Waldspaziergang vornehmen muss, Pilze zu sehen, wenn man Pilze finden will. Das Raster hilft dabei die Wahrnehmung zu differenzieren, wenn man es mit den eigenen Bedeutungen, Begriffen, Sortierordnungen, Layout etc. versieht und eigene Ergänzungen vornimmt.

Geschichte des Stadtteils
Baulich-räumliche Struktur, Verkehr und Mobilität
▪ Grünflächen, Gärten ▪ Wohnsubstanz ▪ Straßen/Verkehr ▪ Spielplätze, Schulsportgelände ▪ ÖPNV ▪ Wo wird (nicht) renoviert? ▪ Mietniveau ▪ Wohnungsgröße ▪ Entfernung Stadtkern/Bahnhof/... ▪ Parkgelegenheiten ▪ Anbindung öffentlicher Nahverkehr ▪ Art und Alter der Häuser ▪ Anzahl der Parteien in Häusern ▪ Besitzverhältnisse der Wohnhäuser ▪ Hausmeister/Hausverwaltung vorhanden? ▪ Renovierungsbedürftigkeit ▪ Grünflächenanteil ums Haus ▪ Spielplätze, Bänke, Grillplätze ▪ Kleingärten ▪ Fahrradständer ▪ Kinderwagenabstellflächen ▪ Verkehrsberuhigung, Tempo-30-Zone, Sackgasse, Einbahnstraße ▪ Räumliche Enge/Nähe, Anzahl Einwohner pro qkm ▪ Überschaubarkeit ▪ Erhalt der Intimsphäre (Fenster, schalldichte Wände) ▪ Lärmquellen, Lärmdämmungsmaßnahmen, Geräuschkulisse ▪ Ausstattung der Wohnungen/Häuser (Badewanne, Zentralheizung, Balkon ...) ▪ Behinderten- und altengerechtes Wohnen ▪ Aufzug/Treppe ▪ Beschilderung der Briefkästen/Klingeln/Wohnungstüren ▪ Garten- und Grünflächengestaltung ▪ Hundeverbote ▪ Ballspielverbote für Kinder ▪ Tierhaltung im Haus ▪ Internet- und Kabelanschluss

Bewohner
▪ Anzahl, Mobilität, Alter, Ethnien ▪ Familienstruktur, ▪ Erwerbstätigkeit, Arbeitslosigkeit, ▪ Einkommen ▪ Entfernung zum Arbeitsplatz ▪ Arbeitgeber ▪ Interaktion im Stadtteil/Gemeinde/Dorf ▪ Nachbarschaftsverhältnisse/-pflege ▪ Bekanntschaften innerhalb und außerhalb der Wohnhäuser ▪ Feste/Feiern/Geburtstage ▪ Interessengemeinschaften ▪ Klima ▪ „Tür-und-Angel-Gespräche" ▪ „Über-den-Zaun-Bekanntschaften" ▪ bekannte Persönlichkeiten ▪ angesehene Persönlichkeiten ▪ Nachbarschaftshilfe (Beaufsichtigung von Kindern, Hausaufgabenbetreuung, Altenbetreuung, Einkaufsdienste, Bring- und Holdienste von Kindern, Leihgaben, Urlaubsvertretungen für Blumen und Tiere, Paketannahmen)
Bild/Image des Gebiets
▪ Werte ▪ Traditionen ▪ Verhaltensregeln ▪ Nachbarschaftlichkeit ▪ Klima ▪ Leben auf der Straße ▪ „soziales Leben" ▪ Themen
Infrastruktur: Gewerbe, Dienstleistungen, Sozialarbeit, Selbstorganisation von Stadt/Staat, NGOs und Initiativen, Kirchen, Wirtschaft
▪ Kirchengemeinden ▪ Bibliothek ▪ Supermarkt, Fachmarkt ▪ Tante-Emma-Laden ▪ Metzgerei, Bäckerei ▪ Zigarettenautomat/Telefonkartenautomat ▪ Telefonzelle ▪ Briefkasten ▪ Geldinstitut/Geldautomat ▪ Freizeitmöglichkeiten/-angebote ▪ Kindergarten/Kindertagesstätte ▪ Schule ▪ Ärzte/Praxen

Fortsetzung **Infrastruktur: Gewerbe, Dienstleistungen, Sozialarbeit, Selbstorganisation von Stadt/Staat, NGOs und Initiativen, Kirchen, Wirtschaft**
▪ Friseur ▪ Fahrschule ▪ Potenzielle Arbeitgeber ▪ Reparaturfirmen ▪ Kirche/aktive Kirchengemeinde ▪ Tankstelle ▪ Ämter/Behörden ▪ Museum ▪ Soziale Einrichtungen ▪ Vereine/Gruppen/Clubs: Freiwillige Feuerwehr,... ▪ Schnellimbiss/Kiosk/Kneipen/Restaurants/Cafes ▪ Müllbeseitigung/Altglas ▪ Apotheke ▪ Tageszeitungen ▪ Volkshochschule ▪ Nachhilfeorganisationen ▪ Bürgerinitiativen ▪ Blutspendeaktionen
Administrative Intervention
▪ Sozialhilfe, Wohngeld, Schule, JGH ▪ Polizeikontrollen/-einsätze ▪ Verkehrskontrollen ▪ Notrufe (polizeiliche, medizinische) ▪ Gesundheitsamtkontrollen/-interventionen ▪ Gerichtsvollzieher ▪ Bewährungshilfe ▪ SPFH ▪ Erziehungsbeistände ▪ Jugendamt ▪ Unterbringungsbeschlüsse ▪ Straßenbauamt ▪ Sozialpolitische Programme, z. B. „Soziale Stadt", „Unser Dorf soll schöner werden"
Macht- und Einflussstruktur und politische Struktur
▪ Stadträte, Bezirksräte ▪ Schlüsselpersonen ▪ Verwaltungseminenzen ▪ Cliquen ▪ Vermieter ▪ Vorstände ▪ Schulleiter ▪ Pfarrer ▪ Polizeichef

Fortsetzung **Macht- und Einflussstruktur und politische Struktur**
▪ Versammlungen ▪ Vereinssitzungen ▪ Selbsthilfegruppen ▪ Interessengemeinschaften ▪ Initiativen ▪ Mitgliederversammlung freier Wohlfahrtsverbände oder Parteien ▪ Demonstrationen ▪ Unterschriftensammlungen ▪ Medienarbeit/Öffentlichkeitsarbeit ▪ Vertretung im Stadtrat/Gemeinderat ▪ Kirchenbeirat ▪ Elternbeirat der Schulen/des Kindergartens
Statistisches
▪ Anzahl Kinder, Erwachsene, Alte, Ausländer im Vergleich zu anderen Stadtteilen ▪ Behinderte ▪ Arbeitslose ▪ Hausfrauen ▪ Sozialhilfeempfänger ▪ Familien ▪ Zugezogene/Einheimische ▪ Arbeitsplätze wo/wie lange? ▪ Professionen, Berufe ▪ Soziale Herkunft ▪ Familienstrukturen: Eheleute, ehel. Gemeinschaften/Alleinerziehende ... ▪ Ledige/Singles ▪ Einwohnerzahl ▪ Einwohner pro qkm ▪ Deutschsprachig/nichtdeutschsprachig ▪ Alter der Einwohner: prozentuale Anteile und Durchschnitt ▪ Armut/Reichtum: Eigentümer, Mieter, sozialer Wohnungsbau

1.9 Fragetechniken in der Stadtteilerkundung

Ähnlich wie Kinderinterviews lassen sich natürlich auch Bewohnerinterviews durchführen. Da diese noch eingehender bei der „Aktivierenden Befragung“ und bei der „Kompetenzkartierung“ zu besprechen sind, werden hier nur einige Fragetechniken vorgestellt, die sich gut eignen, um Leute zum Reden zu bringen. Wir beginnen mit einem Frageset, wie es bereits von Saul Alinsky, einem der Begründer der Gemeinwesenarbeit, eingesetzt wurde:

- *Satzergänzungsfragen*: „Wenn es hier eine wichtige Veränderung gäbe, die ich einführen würde, dann wäre das ..." „Wenn ich kleine Kinder hätte, würde ich dafür sorgen, dass hier in X-burg ..."
- *Projektive Fragen*: „Stellen Sie sich vor, jemand vom Mars landet hier. Sie sind der Erste, den er trifft, und er fragt Sie, was für eine Art von Stadtteil das ist ..."
- *Hypothetische Fragen:* „Was würde passieren, wenn Sie aufhörten, Miete zu zahlen?" „Wenn Sie Geschäftsmann wären, womit würden Sie in diesem Stadtteil versuchen Ihr Geld zu machen?"
- *Ideal-Fragen*: „Wie sollte Ihrer Meinung nach dieser Stadtteil sein?" (Ideal erfragen); „Was halten Sie von folgenden Verbesserungsideen ...?" (ein Ideal erzählen)
- *Eigenschaftslisten zum Auswählen*
- *Antragstest*: Ein Antrag, der eine wichtige Veränderung enthält, wird vom Befragten beurteilt.
- *Klassische Berichtsfragen*: „Wo kauft man gut ein? Welcher Arzt ist okay? Gibt es Vereine? Welche? Wo? Wo treffen sich Jugendliche? Männer? Frauen?" „Was würden Sie jemandem empfehlen, der hier auf Wohnungssuche ist?"

1.10 Erkundung mit Stadtteilexperten

Zwei Sozialarbeiterinnen des bischöflichen Jugendamtes, zuständig für katholische Jugendverbandsarbeit, treffen sich mit vier Jungen, die so aussehen als wäre Jugendarbeit für sie ein Begriff. Der Kontakt kam über einen Gruppenleiter zustande, der entsprechende Verbindungen hat. Die Gruppe teilt sich in zwei Dreiergruppen. Jede ist ausgerüstet mit Digitalkamera und Diktiergerät. Zuerst führt einer der Jungen seine Gruppe zu seinem Zuhause. Das ist der Ausgangspunkt. Von dort geht es dem Tagesablauf gemäß in die Schule, wobei der Schulweg zwei Extratouren einschließt. Immer wieder stoppt die Gruppe, um Fotos zu machen und um die eine oder andere Geschichte zu erzählen.
Die Sozialarbeiterin schreibt auf einem Block Namen und den Grund des Fotomotivs mit und spricht ab und an ein paar Kommentare auf das Band – „damit ich mir die Sachen besser merken kann", erläutert sie. Die Jungs finden das mit dem Diktiergerät ziemlich cool, und bald sprechen auch sie ihre Kommentare darauf. Auch der Nachhauseweg ist alles andere als geradlinig, führt er doch durch die Computerabteilung von Karstadt und bei McDonalds vorbei. Die Nachmittagstour gibt weitere detaillierte Einblicke in das Innenleben eines Bauhofes und eines Güterbahnhofes und in die Biographie des Würstchenbudenmannes Herbert, bei dem die Jungs regelmäßig „einkehren". Der etwa dreistündige Rundgang (inkl. Erfrischungseinkehr als methodischer Bestandteil) endet in einer U-Bahnstation, wo die Jungen etliche Kumpels treffen und die Sozialarbeiterin mit den Worten bekannt machen: „Die will was über S-hausen lernen."

Die Methode „Stadtteilerkundung mit Stadtteilexperten“ baut auf das Fachwissen von sog. Stadtteilexperten auf. Das sind Leute, die besondere Zugänge zu einem Stadtteil eröffnen können, weil sie dort wohnen, ihre Freunde dort haben, ihre Zeit dort verbringen, in bestimmten Subkulturen zuhause sind, in die man als Fremder nicht hineinkommt, oder auch weil sie den spezifischen Blick einer Altersgruppe auf einen Stadtteil haben. Kinder und Jugendliche können solche Stadtteilexperten sein, genauso wie Senioren oder junge Mütter. Die Zugehörigkeit zu einer solchen Gruppe macht einen noch nicht automatisch zum Stadtteilexperten. Expertenschaft heißt, sich in einem Gebiet besonders gut auszukennen, Geschichten erzählen zu können und zu wollen, andere Stadtteilexperten zu kennen und Verbindungen herstellen zu können.

Nach dem eigentlichen Rundgang werden die Erfahrungen ausgewertet. Dabei ist darauf zu achten, dass nicht zu schnell interpretiert wird. Zuerst geht es um die möglichst genaue Rekonstruktion des Bildes, das die Stadtteilexperten erzeugen wollten. Erst wenn man damit fertig ist, dürfen die Experten zweiter Ordnung ihre Interpretationen einführen, die Geschichten mit anderen Geschichten vergleichen und andere Daten hinzufügen.

Die Stadtteilerkundung zielt darauf, ein Gebiet aus dem Blickwinkel einer bestimmten Bewohnergruppe kennenzulernen. So kann Bedeutung und Nutzung ein und derselben baulichen Gegebenheit für verschiedene Bewohnergruppen völlig unterschiedlich sein. Eine Parkbank am Spielplatz mag vormittags der Platz sein, wo Schüler ihre Hausaufgaben abschreiben. Am Nachmittag tauschen dort die Mütter ihre Erziehungsgeschichten aus. Am Abend ist sie Treffpunkt einer Clique und nachts Open-air-Hotel für Wohnungslose. Mitunter ähneln sich die mit den Nutzungsinteressen einhergehenden Funktionalitätsanforderungen. So eignen sich Sitzschalen zum Wickeln genauso schlecht wie zum Übernachten. Man kann aber keinesfalls davon ausgehen, sich als Außenstehender die verschiedenen Nutzungen überhaupt vorstellen zu können, geschweige denn die verhinderten Nutzungen, z. B. durch Baulichkeit, Nichtexistenz oder Zugangsbeschränkung. Durch Stadtteilerkundungen wird man quasi wie ein guter Fachreporter eine Art Semi-Experte für den Stadtteil. Solches mit Fakten und Geschichten gespicktes Wissen kann sich kombiniert mit anderen Methoden, wie z. B. einer Bürgerversammlung, als extrem wirkungsvoll herausstellen. Denn die Stellungnahmen von Personen mit ausgezeichnetem Detailwissen sind gefragt, vor allem wenn sie sich in beiden Welten auskennen (z. B. Verwaltung und Lebenswelt). Sozialarbeiter können so zu renommierten Stadtteilexperten zweiter Ordnung avancieren, das öffentliche Gespräch über den Stadtteil am Laufen halten, bestimmte Themen forcieren und Maßnahmen beeinflussen.

Wird das aus Stadtteilerkundungen gewonnene Wissen wieder den Bewohnern zur Verfügung gestellt, können *Gemeinsamkeiten* in Meinung und Betroffenheit entdeckt und Ideen zu *gemeinsamen Handlungsmöglichkeiten* entwickelt werden. Die Entdeckung, mit den eigenen Ideen, Befürchtungen und dem eigenen Ärger nicht alleine zu sein, ist eine wertvolle Ressource an sich. Daraus lässt sich gebündelte Stadtteilenergie machen. Im Abschnitt „aktivierende Befragung" (s. Handlungsfeld „*Sozialstruktur*") wird gezeigt, wie Befragungsergebnisse in der anschließenden Versammlung optimalerweise zur Aktionsgruppenbildung führen können.

Aber auch die Überraschung, die in *bislang ungewohnten Sichten* auf die Dinge steckt, kann wirkungsvoll sein, etwa wenn alte Menschen genau die Treppen und Bodenbeläge benennen, die sie aus dem öffentlichen Leben ausschließen, oder wenn Jugendliche deutlich machen, wie man mit ein bisschen mehr Vertrauen aus einem Schulhof eine attraktive Freizeitmöglichkeit machen könnte.

Voraussetzung, Gemeinsamkeiten oder Neuheiten zu erkennen, ist eine gute Aufbereitung und Dokumentation. Deinet (o.J., S. 76) unterscheidet drei Dokumentationsvarianten:

Schnelldokumentation: Fotos werden dort, wo Menschen sind, an die Wand gehängt (oder auch projiziert, Verf.). Das Tonband wird abgespielt, und jemand stellt mit dem Zeigestock die Verbindung zwischen Bild und Ton her.

In der Fachdokumentation werden die Daten interpretativ ausgewertet, mit weiteren Daten (z. B. Bevölkerungsstatistik) und externen Expertenmeinungen verbunden, um Schlussfolgerungen für die Zielgruppe (Verwaltung und Politik) nahezulegen.

Die Bürgerdokumentation als Broschüre oder Ausstellung ist wiederum eine didaktische Aufbereitung der Fachdokumentation, um die Ergebnisse einer breiten Stadtteilöffentlichkeit zur Verfügung zu stellen. Sie muss ohne Fachjargon und mit wenig gut lesbarem Text auskommen.

Varianten der Stadtteilerkundung (v. Spiegel 1997, S. 186; Deinet 2009, S. 65ff, Krisch 2009, S. 88ff)

1. Sich die Route eines typischen Tagesablaufs zeigen lassen.
2. Eine Sightseeing-Tour zu Orten mit besonderer Bedeutung für den Stadtteilexperten machen.
3. Die Blitzlichttour ist ein Rundgang durch den Stadtteil, bei dem man versucht, mit jedem Angehörigen einer vorher definierten Kategorie (z. B. türkische Jungen um die 16 Jahre) ins Gespräch zu kommen. Durch diese vielen Gespräche steigt die Wahrscheinlichkeit, echte Stadtteilexperten zu

finden, mit denen man dann „weiterarbeitet“. Man kann einen Stadtteil auf mehrere Teams oder Tage aufteilen und nach Planquadraten abarbeiten.

4. Bei der Zeitstichprobe haben die Beobachter einen festen Standort (z.B. Spielplatz, Supermarkt, Bushaltestelle, Kneipe, Café, Friedhof etc.) und kommen mehrere Tage lang zu vorher genau festgelegten Zeitintervallen.
5. Bei der Cliquenbeobachtung folgt man einer bestimmten Gruppe von Jugendlichen. Das geht meist nur, wenn man von den führenden Cliquenmitgliedern die Genehmigung bekommt.
6. Die Focusmethode schließlich dient zur Klärung vorher festgelegter Fragen. Hier werden meist bekannte Problemkomplexe mit Bewohnern besprochen.

Stadtteilerkundung – Protokoll

Datum, von wann bis wann	
Stadtteil/Straßenzüge	
Name, Adresse, Telefon, E-Mail der Stadtteilexperten	
Name der Fachkraft	
Methode	☐ Typischer Tagesablauf ☐ Sightseeing-Tour ☐ Blitzlichttour ☐ Zeitstichprobe: Zeiten und Orte ☐ Cliquenbeobachtung: Name, Anzahl ☐ Focusmethode
Stationen des Rundgangs	Geschichten und andere Merkwürdigkeiten (jeweils nur ein Stichwort oder Merksatz)
Beobachtungen	
Treffpunkte (Straßenecken, Parks, Lokalitäten) Wer trifft sich wo? Was geht dort ab?	
Gesprochene Sprachen, Altersgruppen, Geschlechter, Outfit, Schmuck, Tattoos, Musik	
Symbolpunkte im Stadtteil: Graffitis, Werbung, Bebauung, …	
Konfliktpunkte im Stadtteil	

(in Anlehnung an Deinet o. J.)

Stadtteilerkundungen werden sehr oft dazu eingesetzt, sich der Lebenswelt von Adressaten zu nähern und Dienstleistungen auf deren Präferenzen und Notwendigkeiten abzustimmen. Weiterhin kann man mit Stadtteilerkundungen den öffentlichen Raum auf Verdrängungs-, Enteignungs- und Aneignungsprozesse hin abchecken. Welcher Raum wird von welchen Bevölkerungsgruppen besetzt und dominiert? Welche Gruppen werden strukturell exkludiert? Welche Gruppen versuchen sich mit welchen Strategien wieder öffentlichen Raum anzueignen? Das Beispiel zur Nadelmethode (s. u.) zeigt, wie Stadtteilerkundungen auch im Handlungsfeld „*Sozialstruktur*“ eingesetzt werden können.

1.11 Nadelmethode

In einem Wohnheim für Menschen mit einer geistigen Behinderung setzten Sozialarbeiter die Nadelmethode (vgl. Ortmann 1999, S. 76f; Deinet 2009, S.72ff; Krisch 2009, S. 78ff) ein. Diese liefert schnell einen Überblick der beliebtesten und wichtigsten Aufenthaltsplätze der Bewohner. Jeder bekam eine ausreichende Menge von Pin-Nadeln, deren Kopf mit einem persönlichen Symbol präpariert war. So konnte man die Nadeln den einzelnen Bewohnern zuordnen. Diese wurden dazu eingeladen, jedem ihrer Lieblingsorte (rote Nadeln), „Oft-Orte“ (Orte, wo man häufig ist; blaue Nadeln) und „Angst-Orte“ (Räume, wo man nicht gerne hingeht, die man meidet; schwarze Nadeln) auf einem vorbereiteten Stadtplan (Maßstab 1:15.000) zu markieren. Einigen Leuten halfen Freunde oder Volunteers, die Aufgabe zu bewältigen.

Diese Methode veranschaulichte sehr drastisch, wie einige Bewohner durch Verkehrshindernisse wie viel befahrene Straßen ohne Ampel davon abgehalten wurden, ihre Lieblingsorte zu besuchen, meist Treffpunkte und Privathäuser, wo man Freunde und Bekannte traf und seine Kontakte im Stadtteil pflegte. Die Lieblingsorte hatten eine nicht zu unterschätzende Funktion, der durch das Wohnen im Wohnheim erfolgten Exklusion entgegenzuwirken.

Eine zusätzliche Stadtteilerkundung machte deutlich, dass viele der Wege, die zu den Lieblingsorten zurückgelegt werden mussten, zu kompliziert waren, als dass sie von manchem Bewohner alleine bewältigt werden konnten. Insofern waren einige Bewohner immer auf den organisierten Transport oder auf Begleitung angewiesen, ein weiterer Exklusionsfaktor.

Lösung: Mit der aufbereiteten Nadelkarte konnte die Stadtplanung davon überzeugt werden, an den vier wichtigsten Punkten zusätzliche Fußgängerampeln aufzustellen. Außerdem wurde eine Genehmigung zur Ausschilderung individualisierter Wanderwege erwirkt. Das waren kleine Schildchen, die einigen Bewohnern das Finden des Weges zu ihren Lieblingsorten ermöglichten. Ein zusätzliches Verkehrstraining mit einigen Bewohnern ergänzte diese eher strukturellen Maßnahmen, wo Bedingungen, nicht Menschen verändert wurden.

Die Nadelmethode wurde ursprünglich als sozialräumliche Technik in der Jugendarbeit entwickelt. Dort werden die Besucher eines Jugendhauses dazu aufgefordert, ihre Wohnung und ihren liebsten Aufenthaltsort auf einem Stadtplan zu „nadeln“. Für verschiedene Altersstufen und für die beiden Geschlechter werden unterschiedliche Nadelfarben bzw. -formen verwendet. Man erhält einen schnellen Überblick der informellen Treffs und des Einzugsbereiches der Einrichtung, wenn man die eigene Wohnung mit einer eigenen Nadelform kennzeichnet. Die Nadelmethode kann ein erster Schritt sein, um sich danach die Treffs und Lieblingsorte zusammen mit den Jugendlichen genauer anzusehen.

1.12 Trainingsseminar „Village Storming“

Eine übliche Technik des sozialräumlichen Handelns sind „One-to-ones“. Man sucht das Gespräch mit einem noch fremden Menschen, um das Beziehungsnetz zu erweitern, mit dem Ressourcen des Sozialen Raumes gefischt werden. One-to-ones bilden die methodische Basis für ein mehrtägiges Trainingsseminar, das wir „Village Storming“ (Dorferoberung) nennen. Dabei haben die Teilnehmer die Aufgabe, binnen weniger Tage sich ein funktionierendes Beziehungssystem in einem überschaubaren, aber bislang unbekannten Dorf (1.500 bis 3.000 Einwohner) aufzubauen. Die Qualität dieses Beziehungsnetzes wird getestet durch Aufgaben, für deren Bewältigung die Teilnehmer Ressourcen und Informationen erschließen müssen. Die auf den ersten Blick nicht einfachen Aufgaben sind lösbar, wenn es binnen kurzer Zeit gelingt:

- viele Bewohner kennenzulernen, deren Wertschätzung zu erlangen und ihre Bedürfnisse zu verstehen, um tragfähige Beziehungen aufzubauen sowie um Win-Win-Situationen zwischen den Bewohnern und Teilnehmern herstellen zu können;
- die soziale Struktur des Dorfes zu erfassen, um zu erkennen, wen man wozu braucht;
- bestehende Werte, Traditionen und geschichtliche Zusammenhänge zu verstehen und zu nützen;
- die eigene Wahrnehmung auf einen Ressourcen- und Möglichkeitsblick im dörflichen Kontext hin zu schulen;
- Leute für Projekte, die auf der Basis ihrer eigenen Ideen entwickelt wurden, zu gewinnen;
- die Stärken von Bewohnern zu erkennen und zu nutzen.

Man muss sich selbst und den Bewohnern gegenüber Feinfühligkeit entwickeln, was man wen fragen kann und ab wann man vielleicht auch mit Fragen einhalten muss. Die Frage nach dem „wie“ spielt somit eine große Rolle. Auch die eigenen Grenzen werden sicher an etlichen Stellen gespürt, z. B. die Scheu, fremde Menschen anzusprechen und nach persönlichen Dingen zu fragen. Besondere Hemmungen tauchen oft auch beim Bitten auf, beispielsweise um Nahrung. Sozialarbeiter erfahren, wie es sich anfühlt, auf Hilfe angewiesen zu sein und akzeptieren zu müssen, wenn man etwas „umsonst“ bekommt und den Wunsch spürt, die sozialen Schulden ausgleichen zu wollen.

Ein weiteres Ziel ist das Potenzial des Sozialen Kapitals (s. Textbook: Handlungsfeld „*Netzwerk*“) unmittelbar zu spüren und auszureizen. Schließlich geht es auch um Teamkoordination beim Erkunden und Nutzen der Ressourcen des Sozialen Raums.

Eine *Gruppe* zwischen 15 und 25 Trainees wird sieben Tage lang in dem Dorf einquartiert. Die Trainees sind ausgestattet mit wetterfester Kleidung, Schlafsäcken, Schreibutensilien, Laptop, Handys und vorher besorgten/angefertigten Gastgeschenken, für die je Kleingruppe ein kleines Budget zu Verfügung stand. Die Unterkunft ist ausgestattet mit Schreibtischen, einem Beamer, Pinnwänden, reichlich Metaplanmaterial und einem Drucker. Sie steht allerdings nur fünf von den sieben Tagen zu Verfügung. Für die restlichen zwei Übernachtungen im Dorf müssen die Trainees selbst sorgen, dürfen allerdings nicht dafür bezahlen. Anreise ist am Sonntagabend, Abreise am darauf folgenden Sonntagnachmittag. Die Woche wird von der Gruppe selbst strukturiert, auf der Basis der ihr gestellten Aufgaben. Die Großgruppe wird in Kleingruppen zu je drei Personen aufgeteilt. Es gibt abendliche Reflexionsrunden mit den Trainern, die ansonsten für das Kochen zuständig sind.

Die *Aufgaben* werden hier nur in verkürzter Form dargestellt. Sie sind jeweils noch mit den damit verbundenen Zielen zu versehen, einer Terminierung und Vorgaben zur Präsentation. Die Aufgaben werden mehrmals von verschiedenen Kleingruppen bearbeitet; das hängt wie so oft von der Anzahl der Trainees ab. Bestimmte Aufgaben bedürfen einer Mindestwiederholungszahl durch unterschiedliche Kleingruppen.

- Suchen Sie einen für die gesamte Gruppe geeigneten Platz (in einem privaten Anwesen), wo das mitgebrachte Mittagessen verspeist werden kann. Ermitteln Sie eine Möglichkeit, wie man sich revanchieren kann. Die Aufgabe stellt sich jeden Tag und wird jeweils von einer anderen Kleingruppe bearbeitet.
- Ab Dienstag: Organisieren Sie das Essen für das Abendessen aus X-Dorf, ohne dass Sie Geld dafür bezahlen. Ermitteln Sie eine Möglichkeit, wie man sich revanchieren kann.

- Finden Sie die Dorftraditionen, Bräuche, Sagen und Geschichten, die man sich im Dorf erzählt, heraus. Finden Sie mögliche Anknüpfungspunkte für die Soziale Arbeit. (Mind. 2x)
- Plan des Dorfes zeichnen: Fertigen Sie eine wandgroße Karte des Dorfes, die einen Überblick schafft und dazu dienen kann, weitere Informationen einzutragen.
- Was macht den meisten Ärger in X-Dorf? Was müsste sich ändern? (Mind. 5x)
- Finden Sie die Geschichte dieses Hauses (Foto einfügen), bzw. der Kirche, des Dorfnamens heraus.
- Finden Sie drei außergewöhnliche Menschen oder herausragende Persönlichkeiten. Erfahren Sie etwas über diese von ihnen selbst. Was wird über sie gesprochen/gedacht? (Mind. 2x)
- Wie verwaltet sich das Dorf?
- Wer sind die Autoritäten? Wer hat offiziell viel zu sagen? Wer hat inoffiziell viel zu sagen? (Mind. 3x)
- Finden Sie Informationen zur Sozialstruktur/Demographie und zwar sog. „objektive“ und subjektive.
- Lassen Sie sich die Lebensgeschichte eines Menschen erzählen. (Mind. 5x)
- Finden Sie drei Menschen, die in X-Dorf mit vielen anderen Leuten verwandt oder verschwägert sind. (Mind. 3x)
- Welche Betriebe und Gewerbe gibt es? (Mind. 2x)
- Welche Vereine und Initiativen gibt es? Finden Sie zu deren Struktur und Mission etwas heraus. Organisieren Sie ein passendes „Souvenir“. Ermitteln Sie eine Möglichkeit, wie man sich revanchieren kann. (Mind. 2x)
- Werten Sie das Gemeindeblatt und das Kirchengemeindeblatt aus.
- Sprechen Sie mit den Vorstehern der Kirchengemeinden über X-Dorf.
- Wo trifft sich die Jugend?
- Wo spielt sich das Leben im Dorf ab? Sammelplätze, an denen man sich zum Dorfklatsch trifft, Gastwirtschaften, Vereinsräume
- Finden Sie heraus, wer diese Person ist (Foto einfügen), welchen Einfluss sie auf das Dorfleben haben könnte, und erzählen Sie uns etwas über die „Einrichtung“, in der sie sich engagiert.
- Finden Sie heraus, welche Feste in X-Dorf gefeiert werden, warum sie gefeiert werden und wie.
- Veranstalten Sie zusammen mit X-Dorfern eine Bürgerversammlung zu einem wichtigen Thema, das die Leute in X-Dorf bewegt.
- Organisieren Sie ein Abschlussfest am Samstagabend, zu dem möglichst viele X-Dorfer kommen.
- Gewinnen Sie einen Dorfbewohner, um einen Beitrag für das Kulturprogramm des Abschlussfests zu leisten. (Mind. 5x)

- Fertigen Sie eine Dorfzeitung an, wenn es nicht schon eine gibt, außer dem offiziellen Gemeindeblatt, in der die Ereignisse der Woche dargestellt werden. Jede Kleingruppe schreibt pro Tag einen Artikel. Die Zeitung erscheint am Mittwoch und am Freitag.
- Werben Sie einen Dorfbewohner zum Verfassen eines Artikels für die Dorfzeitung an. (Mind. 3x)
- Gründen Sie eine Initiative oder einen Tauschring in X-Dorf.
- Sorgen Sie dafür, dass Inhalte des Projektes in den Ankündigungen des Sonntagsgottesdienstes vorkommen.
- Sorgen Sie dafür, dass Inhalte des Projektes im offiziellen Gemeindeblatt vorkommen.

1.13 Netzwerkarbeit im Quartiersmanagement

Das Quartiersmanagement hat viele Adressaten und Kooperationspartner und die Aufgabe der Netzwerkarbeit scheint auf den ersten Blick diese Diffusität und Allzuständigkeit noch zu vermehren. Versuchen wir die einzelnen Aufgaben des Quartiersmanagements in der Netzwerkarbeit zu ordnen und zu gewichten:

Quartiersbezogene Funktionen	Tasks der Netzwerkarbeit
Netzwerke fördern	▪ Vernetzung anregen ▪ Kontakte zwischen Interessierten herstellen ▪ Vermitteln ▪ Ressourcen zur Verfügung stellen (Räume, Bürobetrieb)
Themen der Netzwerke auf das Quartier beziehen	▪ Über Stadtteilentwicklung informieren ▪ Stadtteilbezug der Netzwerk-Themen betonen ▪ Mitwirkung im Prozess der Stadtteilentwicklung anbieten ▪ Klienten- oder themenbezogene Expertenschaft anerkennen ▪ Perspektiven auf das Quartier abfragen ▪ Arenen und Bühnen für die Präsentation des Netzwerks im Quartier erschließen ▪ Zu Projektarbeit einladen
Projektspezifische Vernetzung organisieren	▪ Kooperationspartner für ein Projekt finden (helfen) ▪ Neuordnung von Partnerschaften fördern ▪ Projektorganisation aufbauen helfen ▪ Nach Bedarf „von Ferne“ begleiten oder managen ▪ Ressourcen erschließen helfen ▪ Auf Balance zwischen den Kooperationspartnern achten ▪ Konkurrenzen beachten ▪ Projekterfolge darstellen

Quartiersbezogene Funktionen	Tasks der Netzwerkarbeit
Netzwerke institutionalisieren	▪ Informelle Netzwerke „finden" ▪ Helfen, die Netzwerkarbeit auf Dauer zu stellen ▪ Netzwerkarbeit anerkennen ▪ Ressourcen zur Verfügung stellen ▪ Autonomie des Netzwerks anerkennen ▪ Netzwerke unabhängig vom QM machen
Netzwerke im Quartier dauerhaft integrieren	▪ Phase des Kennenlernens und Vertrauens organisieren ▪ Integrationsvorteile aufzeigen ▪ Interessierte „Delegierte" finden ▪ Mischung aus Schlüsselpersonen und Netzwerk-Mitgliedern fördern ▪ Einfache Organisationsformen von quartiersbezogenen Foren, Ausschüssen usw. suchen ▪ Variable Formen und Intensitäten zur Verfügung stellen ▪ Quartiers- und Partialinteressen austarieren ▪ Chancen für Konsens erhöhen ▪ Für die Offenheit des Gremiums sorgen
Ziele, Position der Netzwerke konkretisieren	▪ Transparenz der Vernetzung herstellen ▪ Ziele und Aufgaben der Gremien präzisieren helfen ▪ Indikatoren für Zielerreichung formulieren ▪ Flexible Zeitpläne vorschlagen
Zu Verwaltung und Politik vernetzen	▪ Schnittstellen gestalten ▪ Wechselseitig Adressaten und Zuständigkeiten benennen ▪ Informationen zur Verfügung stellen ▪ Kontakte herstellen und moderieren ▪ Zwischen unterschiedlichen Logiken und Interessen vermitteln ▪ An gemeinsame Interessen anschließen ▪ „Feindbilder" abbauen
Lücken im Beteiligtennetzwerk schließen	▪ Quartiersbezogene Netzwerke auf Träger- und Themenlücken analysieren (z. B. Arbeit, Gewerbe, Schulsystem usw.) ▪ Für nicht vertretene Interessen (z. B. von sozial Benachteiligten) Anwaltschaften organisieren ▪ Aktivierungsstrategien einsetzen ▪ Einladungen und Angebote unterbreiten ▪ Auf Barrieren einwirken ▪ Projektideen vorschlagen

1.14 Organization Mirror

Der sozialen Einrichtung wird auf ihren Wunsch hin ein Spiegel vorgehalten – „organization mirror" heißt deshalb diese Strategie. Die Vertreter mehrerer anderer Organisationen und (Berufs-)Gruppen geben einer Gastgebergruppe ein Feedback darüber, wie sie von diesen gesehen und empfunden wird.

Diese Technik dient der Fremdbilderkundung, soll die Beziehungen zwischen den Netzwerkpartnern verbessern und die Intergruppen-Leistungsfähigkeit verbessern. Die Einrichtungen, Berufsgruppen und Organisationseinheiten, die zum Beispiel zum professionellen Netzwerk einer Suchtberatungsstelle zählen, werden zu einem Treffen eingeladen, um der Beratungsstelle bei der Verbesserung ihrer Arbeit und ihres Images zu helfen.

Die Technik selbst läuft in folgenden Schritten ab:
Die Leitung der Gastgebergruppe eröffnet den Workshop und schafft das nötige Klima: Sie bestätigt, dass die Mitarbeiter dieser Einrichtung wissen möchten, wie sie von den anderen Netzwerkpartnern wirklich gesehen werden; und bittet deshalb um offene Äußerungen zu Eindrücken und Bildern. Die eingeladenen Gäste bilden einen fish-bowl (Stuhlkreis), tauschen ihre Erfahrungen mit der Einrichtung aus und diskutieren diese untereinander. Um den fish bowl herum ist ein äußerer Stuhlkreis für Zuhörende und Beobachter (Gastgeber). Der fish bowl erlaubt es den Netzwerkpartnern, ungezwungen und ohne Unterbrechungen und Rechtfertigungen über die Gastgeberguppe zu sprechen, während diese sich anhört, was die Außenstehenden zu sagen haben, und versucht daraus zu lernen.

Erst danach begibt sich die Gastgebergruppe in den Innenkreis und bespricht die neuen Informationen unter sich. Dabei kann sich eine allgemeine Diskussion entwickeln, in der sichergestellt wird, dass alles Gesagte richtig verstanden wurde; die aufgedeckten Probleme aber werden in dieser Phase noch nicht behandelt.

Zur eigentlichen Bearbeitung der genannten Probleme werden dann gemischte Untergruppen gebildet, die aus Mitgliedern der Gastgebergruppe und eingeladenen Teilnehmern bestehen. Sie sollen die wichtigsten Änderungen identifizieren, die zur besseren Leistungsfähigkeit der Gastgebergruppe nötig sind, und erste Handlungsvorschläge entwerfen.

Danach trifft sich die gesamte Gruppe wieder und fertigt eine Liste mit speziellen Aktionsplänen an, durch die die wichtigsten Änderungen erreicht werden sollen. In dieser Diskussion gewinnen die neuen Handlungspläne immer klarere Gestalt, Aufgaben werden verteilt und Termine zur Ausführung werden gesetzt. Ein späteres Treffen zum Überprüfen des Erfolges wird vereinbart.

2 Mobilisierung von Stadtteilen und Netzwerken: fallunspezifische Arbeit

Der Begriff „fallunspezifische Arbeit" – oft auch einfach FUA genannt – wurde in den 1990er Jahren von Wolfgang Hinte geprägt und ist mittlerweile ins Methodenrepertoire der Sozialen Arbeit aufgenommen worden. Er beschreibt eine Arbeitsweise, die über die Fallarbeit hinausgreift und gleichzeitig mit ihr verbunden ist. Der Blick wird gewissermaßen „vom Fall auf das Feld" (Hinte) erweitert, aber – und das ist das Bedeutsame – von Fachkräften, deren Kernarbeit die Fallarbeit ist (vgl. KGSt 1998, S.28; Hinte/Litges/Springer 1999). Die fallunspezifische Arbeit versucht Potenziale eines Stadtteils, einer Straße oder eines Dorfes in den Blick zu nehmen, die in der Fallarbeit oder in der Stadtteilentwicklung zum Tragen kommen können. Dadurch rücken Möglichkeiten in den professionellen Blick, die das Gemeinwesen bietet oder zumindest bieten könnte, würde man sie mobilisieren. Das sind Kapazitäten aus Sportvereinen, Kirchengemeinden, Stadtteilrunden, Clubs, „Old-Boys-Netzwerken", aus dem Kleinhandel oder von großen Unternehmen. Damit die Fachkräfte diese Potenziale nutzen können, müssen sie sie kennen, vielleicht sogar erst aufbauen. Fallunspezifisch arbeitende Fachkräfte verfügen nach ein, zwei Jahren über ein Ressourcenlager (vgl. Früchtel/Scheffer 1999), auf das sie in ihrer täglichen Arbeit zurückgreifen können.

Anforderungen an die Fachkraft

Eine Fachkraft muss einige Voraussetzungen mitbringen, um zum erfolgreichen Ressourcensucher zu werden. Vor allem muss man davon überzeugt zu sein, dass der Soziale Raum etwas zu bieten hat, das besser sein kann als das eigene professionelle Engagement. Ressourcensucher tanzen auf vielen Hochzeiten. Sie müssen sich in unterschiedlichen Systemen wie einer Gesellschafterversammlung, einem Hausfrauenverein, einem Altenclub und einer Eckkneipe sicher bewegen können. Um Leute ins Boot zu bekommen, muss man herausfinden, wofür sie sich begeistern, was sie können, welche Erfahrungen und „Connections" sie haben. Das ist der Stoff, aus dem dann Gelegenheiten werden können, wenn die eigene Botschaft überzeugend genug ist. Ausstrahlung ist gefragt, ein Geschick, die eigene Merkwürdigkeit zu kultivieren, und die Fähigkeit, schnell zu erkennen, wofür andere brennen. Die Bereitschaft zu ungewöhnlichen Arbeitszeiten ist selbstverständlich, und wenn man bedenkt, wie lange es dauert ein nutzbares Beziehungsnetz zu knüpfen, muss von Ressourcensuchern auch eine längerfristige Perspektive im einen bestimmten Stadtteil verlangt werden.

2.1 Aktivierende Beratung

Die aktivierende Beratung (Lüttringhaus/Streich 2004) nutzt alltägliche Einzelfallarbeit, um Wissenswertes über den Stadtteil zu erfahren. Betroffene sind in vielfacher Weise Experten für ihren Stadtteil. Sie kennen die Themen, die Menschen „hinter dem Ofen hervorlocken", wissen von Menschen, ihren Fähigkeiten und ihren „connections", kennen hilfreiche Gewerbebesitzer, wissen, bei wem „nichts zu holen ist", sind Mitglieder in Vereinen und sind gegebenenfalls bereit, dieses Sozialraumwissen zur Verfügung zu stellen oder sich gar selbst ins Zeug zu legen. Die spezifische Perspektive der aktivierenden Beratung hilft Fachkräften auch, ihre „Fälle" in deren sozialräumlichen Kontexten zu verstehen, und sie eröffnet einen erweiterten Blick zur normalerweise recht problem- und individuumsbezogenen klassischen Einzelfallarbeit.

Aktivierende Beratung bedient sich *fallunspezifischer Fragen*, die sich direkt an das Sozialraumwissen von Betroffenen richten, und bietet den Leuten an, sich als Stadtteil-Scouts zur Verfügung zu stellen. Das hat einen doppelten Effekt: Aus Hilfesuchenden werden Helfer. Das entwürdigende Element von Hilfe – bei Simmel (1983, S. 345) und bei Sennett (2002, S. 264) nachzulesen – ist die Asymmetrie. Wer nur nimmt, hat ein unausgeglichenes Konto, was nicht nur am Selbstwert kratzt, sondern auch – ob man das als Profi will oder nicht – den eigenen Wert in den Augen der Anderen schmälert. Menschen fühlen sich gut, wenn ihr Wissen und ihre Tatkraft nachgefragt werden. Menschen erhalten Ansehen, wenn sie für andere Menschen etwas tun. Darauf zielt aktivierende Beratung ab. So entstehen Arbeitsbeziehungen auf Augenhöhe zwischen Bürgern und Sozialarbeitern, weil Ressourcen in beide Richtungen fließen. Gleichzeitig erhalten Sozialarbeiter Informationen über wichtige Themen im Stadtteil und Zugänge zu Ressourcen.

> Marlies G., 66 Jahre, hat bis zu ihrem 52. Lebensjahr im Baugeschäft ihres Vaters gearbeitet. Nachdem die Firma aufgegeben werden musste, war sie freiberuflich bei der Lokalzeitung tätig. In einer Rentenversicherung war sie nie. Darum bezieht sie heute Grundsicherung. Es langt vorne und hinten nicht. Frau G. ist die Miete der letzten beiden Monate schuldig geblieben. Sie traut sich kaum aus dem Haus heraus, weil sie fürchtet, ihrem Vermieter zu begegnen. Ihre extrem „knappe Kasse" schlägt auch sozial durch. Als sie noch regelmäßige Einkünfte hatte, war sie fester „Bestandteil" eines spiel- und reisefreudigen Kaffeekränzchens. Nun hat sie sich von ihren Freundinnen zurückgezogen. Deren Freizeitbeschäftigungen sind heute zu teuer für sie. Frau G. schämt sich, nicht mithalten zu können.
>
> Sie sucht die Beratungsstelle in einem Stadtteilzentrum auf, um prüfen zu lassen, welche Möglichkeiten sie hat „dazu zu verdienen". Nach erfolgter Beratung fragt die Sozialarbeiterin, ob Frau G. ihr einen Gefallen tun könnte und noch etwas Zeit für ein paar „andere" Fragen habe. Die Sozialarbeiterin sagt:

Als ehemalige Redakteurin und Anwohnerin sei Frau G. eine Expertin für die Stadt und den Stadtteil. Sie fragt nach den Einwohnern, nach den Schulen, Kindergärten und Läden des Viertels. Frau G. hat keine Mühe, der Kollegin weiterzuhelfen. Schließlich fragt sie noch nach kleineren Versammlungsräumen und Nebenräumen in Gaststätten. Die Beratungsstelle wolle ein Projekt „Ressourcenkartei" (s. Kompetenzkartierung und Ressourcenkartei) aufbauen. Dafür brauche man einen geeigneten Raum und Leute, die mitmachen wollen. Als Frau G. von dem geplanten Newsletter für das Projekt hört, wird sie mit Ratschlägen ganz eifrig. Sie hat bis vor kurzem für die Pfarrgemeinde die Kirchenzeitung mitgestaltet und neben ihren fachlichen Erfahrungen als Redakteurin auch lokales Insiderwissen. Ein Wort ergibt das andere, und Frau G. will sich eine Mitarbeit im Projekt überlegen. Sie hofft allerdings, dass sich noch eine „Kollegin" ihrer Generation finden wird. Das würde ihr die Entscheidung leichter machen.

Wenn Profis in der Fallarbeit aktivierend beraten, richten sie ihr Augenmerk auf verschiedene Dinge:

- Ressourcen, Wissen und Hilfsbereitschaft der Betroffenen selbst
- Ressourcen, über die Betroffene durch ihre Beziehungen potenziell verfügen können
- Qualitätseinschätzungen der Betroffenen zur vorhandenen Infrastruktur und Mängelanzeigen zu fehlender Infrastruktur im Stadtteil: Welche Einrichtungen nutzen die Leute, auf welche sind sie stolz? Welche suchen sie vergeblich? Mit welchen sind sie nicht zufrieden? Warum nicht? (s. Handlungsfeld „*Organisation*": Fremdbilderkundung)
- Welche Informationen werden von verschiedenen Leuten immer wieder erzählt und scheinen intersubjektiv bedeutsam? Diese „Strukturthemen" werden durch das Team so bearbeitet, dass sie den verantwortlichen Ressorts und politischen Gremien vorgetragen werden können (s. Textbook, Handlungsfeld „*Sozialstruktur*": Wissensproduktion)
- Welche Themen haben Aktivierungspotenzial? D.h. wofür sind die Menschen bereit sich einzusetzen – was ist „ihr Ding"? (s. Handlungsfeld „*Sozialstruktur*": Aktivierende Befragung)

Schritte der aktivierenden Beratung

1. Rahmung

Man bittet die Leute nach dem Beratungsgespräch um ein paar Minuten Zeit, weil man gerne etwas von ihnen möchte, was nichts mit dem bisherigen Gespräch zu tun hat. Üblicherweise bekommt man gerne die Zeit. Dann erklärt man, dass es sich um ein paar Fragen zum Stadtteil handelt und fragt, ob das in Ordnung geht: „Ich würde Ihnen gerne ein paar Fragen zum Leben in M-Hausen (Stadt/-teil) stellen (*Anliegen*), weil Sie hier wohnen und sich bestimmt besser auskennen als ich (*Begründung*)." „Ich bin neu hier und muss mich einarbeiten (*Ziel*)" oder „Wir arbeiten hier schon ganz schön lange als Beratungsstelle, aber viele Leute wissen wenig von uns, und wir fragen uns, warum das so ist (*Ziel*)". Menschen, die professionell befragt werden, wollen wissen, welchem Ziel die Fragen dienen und was mit ihren Antworten geschieht. Eine offensichtliche Etikettierung der Fragen als „Ressourcensuche", kann die Leute allerdings vorsichtig und verhalten machen. Deshalb das eher allgemein gehaltene Ziel.

2. Mundöffner
Mundöffner sind Fragen, die das Antworten leicht machen, weil sie einfach, nicht allzu konkret und nicht persönlich gehalten sind. Sie sind sozusagen fallunspezifische „Warming-up-Fragen":

- Wohnen Sie schon lange hier?
- Wie gefällt es Ihnen denn hier in (Stadtteil) so?
- Wie sind die Schulen, Kindergärten (nur wenn jemand Kinder hat), Nachbarn, die Geschäfte, die Kneipen, die Busanbindung?
- Welche Themen beschäftigen alte Menschen/junge Menschen/Alleinerziehende?
- Was ärgert alte Menschen/junge Menschen/Alleinerziehende?

„Mundöffner" thematisieren nicht direkt die Lebenslage der Befragten. Sie nutzen aber deren Wissen zu den Lebenslagen im Stadtteil. So ist eine allein erziehende Frau eventuell nicht bereit, offen auf die Frage zu antworten, worüber sie sich in ihrem Stadtteil ärgert. Leichter fällt ihr die Antwort auf die Frage, worüber sich (andere) Alleinerziehende ärgern.

Wichtig ist nicht mit den Leuten zu diskutieren. Es geht um ihre Sicht der Dinge, um das, was sie wissen oder denken. Es geht darum, den Befragten in der Rolle des Alltags- und Stadtteilexperten zu bestätigen.

3. Ideenbereich
Der dritte Schritt lenkt die Aufmerksamkeit auf Ressourcen. Das können einmal konkrete Nachfragen zu ganz bestimmten Anliegen sein (3a), oder Vertiefungen von vorher genannten Themenbereichen, für die sich der Befragte gegebenenfalls engagieren würde (3b).

a) Die „Wen-kennen-Sie-Frage"
„Wen kennen Sie, der …?" (engl.: "Who do you know who …?", vgl. Sheer 2000) ist eine offene Frage. Eine geschlossene Frage: "Kennen Sie jemand, der beim Stadtteilfest mithelfen könnte", kann den Angesprochenen denken las-

sen: „Hm, keiner hat mir gesagt, er würde gerne bei einem Stadtteilfest helfen. Dann antworte ich halt mal ‚Nein'." Was lässt sich darauf erwidern? „Dankeschön" vielleicht, und das Gespräch ist beendet. Im Gegensatz dazu erzielt die offene Frage „Wen kennen Sie, der beim Stadtteilfest mithelfen könnte?" wesentlich bessere Ergebnisse, denn sie kann den Nein-Automatismus austricksen. Offene Fragen provozieren Angesprochene zum Nachdenken:

„Wir machen eine Stadtteilzeitung. Wen kennen Sie, den man fragen könnte, ob er mitmacht?" Die Formulierung wird die angesprochene Person zuerst über sich selbst nachdenken lassen, ohne dass man sie direkt fragen muss. Wenn sie selbst nicht ins Raster passt, wird sie andere Personen erwägen. Die „Wen-kennen-Sie-Frage" bringt Menschen sehr leicht dazu, sich einen Kopf zu machen, um hilfreich sein zu können. Man kann beim Nachfragen in zweifacher Hinsicht spezifischer werden: Einmal indem man eine mögliche Zielgruppe zu suchen vorgibt: „Vielleicht jemand aus Ihrem Bekanntenkreis? Vielleicht ein Nachbar von Ihnen? Vielleicht jemand aus einem Verein, in dem Sie sind? Vielleicht ein Arbeitskollege?" Die andere Möglichkeit spezifischer zu werden ist: „Wir machen eine Stadtteilzeitung. Wen kennen Sie, der Spaß am Schreiben hat, weiß was hier passiert, sich mit Textverarbeitung auskennt, leere Büroräume hat, …?"

Banu Alaudeen, community worker bei Beyond Social Services, hat immer wieder mit Menschen zu tun, die auf der Suche nach Arbeit oder nach einer Wohnung sind. Früher haben die Sozialarbeiter nach Arbeitsstellen und Wohnungen gesucht. Das machen sie zwar immer noch, werden aber heute durch einen Stamm von community volunteers unterstützt, die oft selbst einmal Wohnungs- oder Arbeitssuchende waren. Der neue Ansatz besteht darin, jeden Besucher der Einrichtung gezielt darauf anzusprechen, ob er von freien Wohnungen oder Arbeitsstellen weiß. Das passiert manchmal am Anfang eines Kontaktes, manchmal auch erst in der Abschlussphase, je nachdem wie es eben am besten passt. Dadurch haben sich die Möglichkeiten vervielfacht. Heute verfügt Frau Alaudeen über eine kleine, aber feine Kartei von hilfsbereiten „Ex-Klienten", die sie systematisch durchtelefoniert, wenn jemand eine Wohnung, einen Kinderwagen, einen Kühlschrank oder eine Arbeitsstelle braucht. Mitunter rufen die Leute auch selbst an, wie Frau Wong, die als Reinigungskraft bei einer Behörde untergekommen war. Sofort als sie davon hörte, dass die Reinigungsabteilung vergrößert werden sollte, hat sie „ihre Sozialarbeiterin" angerufen, weil sie wusste, dass diese immer „ganz scharf auf solche Infos" ist. Frau Wong freut sich darüber, dass sie etwas tun kann. Als Frau Alaudeen für eine allein erziehende Mutter eine billigere Wohnung sucht und getreu dem Ansatz „frag die Klienten" in fast jedes Beratungsgespräch die Frage einwebt, ist die Wohnung binnen zweier Tage gefunden. Früher hätte man dafür oft Wochen gebraucht, sagt sie.

b) Die Zustände im Stadtteil
„Sie haben gerade von der Situation im Park berichtet. Was müsste da geschehen? Welche Lösungsmöglichkeiten sehen Sie?“ „Wenn Du König von X-Stadt wärst, was würdest Du dann am Stadtpark ändern?“ Solche Fragen zielen auf Vertiefungen vorher genannter Themen des Befragten ab. Es geht dabei um mögliche Veränderungspotenziale, also um Sachen, für die Menschen sich gegebenenfalls engagieren würden. In dieser Phase geht es jedoch erst um Veränderungsrichtungen.

4. Aktionsbereich
Welche Menschen wären gegebenenfalls bereit sich zu engagieren? Das können Menschen sein, die der Befragte kennt. Das kann natürlich auch der Befragte selbst sein. Folgende Fragen können hier weiter helfen:

Sie haben gerade von der Situation auf dem Spielplatz erzählt. Sollen wir da was machen? Wie könnte man das anpacken? Wen kennen Sie, der da etwas tun könnte? Auf den Befragten überleitend: Wo würden Sie besonders gerne mitmachen?

Wissen über Netzwerke nutzen:
Wen kennen Sie, der sonst noch mitmachen würde? Vielleicht ein Nachbar, der auch Kinder hat? Wen kennen Sie, dem das Spaß machen würde? Wenn Ihnen noch jemand einfällt, der mitmachen könnte, würden Sie mich anrufen? Könnten Sie Ihre Freundin einmal ansprechen?

Anforderungen an die Fachkraft
Profis sehen in Stadtteilbewohnern Experten. Sie wissen, was im Stadtteil gut funktioniert, welche Menschen dort leben, was diese können oder interessiert. Die Profis wollen dieses Wissen anzapfen, um es nutzbar zu machen für andere Bewohner oder zur Wissensproduktion. In erster Linie geht es um einen Rollenwechsel. In der Fallarbeit gelten normalerweise die Fachkräfte als Experten für ein bestimmtes Vorgehen oder für bestimmte Wissensbestände. Die fallunspezifischen Fragen der aktivierenden Beratung machen die Betroffenen zu den Experten und Leistungserbringern. Sie haben etwas, was die Profis wollen. Dieser Rollenwechsel muss mit Konsequenz vollzogen werden und keineswegs nur so, dass die Fachkräfte eine Studie durchführen, bei der die Betroffenen nur Datenlieferanten bleiben. Bürger, die über ihren Stadtteil berichten, wollen als Experten geschätzt werden. Wenn sie sich engagieren, entsteht eine Dynamik, die unter professioneller Kontrolle leiden würde. Eine Arbeitsbeziehung von Experte (des sozialen Dienstes) zu Experte (des Stadtteils) ist zweckdienlicher. Fachkräfte die aktivierend beraten, brauchen die Überzeu-

gung, dass ein wesentlicher Teil des Erfolgs Sozialer Arbeit vom Wissen und von den Ressourcen der im Sozialen Raum lebenden Menschen abhängt und dass dort mehr zu holen ist, als professionelle Dienstleistungen je anzubieten hätten. Weiterhin bedarf es einer ausgeprägten Bereitschaft und einer ausgefeilten Methodik zur Kontaktpflege.

Übungen

Aktivierende Beratung als Pilotprojekt (für Fachkräfte in der Einzelfallarbeit)

1. Ermitteln Sie in Ihrem Team, welche Ressourcen den Menschen, mit denen Sie arbeiten, typischerweise fehlen.
2. Bauen Sie für eine Woche fallunspezifische Fragen nach diesen Ressourcen in Ihre Beratungsarbeit ein.
3. Evaluieren Sie dann die Ergebnisse: Was war schwierig? Was war einfach? Was war überraschend? Wie haben die Fragen auf die Befragten gewirkt? Welche Ergebnisse haben die Fragen gebracht? Wie haben die Fragen Ihr Bild/Ihre Arbeitsbeziehung mit dem Befragten verändert?

Einübung von „Wen-kennen-Sie-Fragen“

Versuchen Sie etwa eine Woche lang jeden Tag mindestens 10 „Wen-kennen-Sie-Fragen“ zu stellen, im beruflichen Kontext genauso wie im Privaten. Protokollieren Sie die Ergebnisse. Versuchen Sie auch Spezifizierungen einzubauen (s.o.).

2.2 Organisationen gewinnen

Wenn die Börse von Singapur den Bull Run ausruft, wechseln mehrere Millionen Dollar den Besitzer. In erster Linie profitiert die Autism Association davon, ein sozialer Dienstleister für Menschen mit Autismus und gleichzeitig die Dachorganisation zur Interessenvertretung. Mit dem Bull Run hat sich die Autism Association ein maßgeschneidertes Konzept für die Finanzwelt der asiatischen Metropole ausgedacht. Bär und Bulle sind die Wappentiere der Börse. Der Bull Market ist ein prosperierender Markt und der Bulle steht für steigende Kurse. Im Bull Run zeigen die großen Finanzunternehmen durch ihr Sponsoring, dass es der Finanzwelt gut geht. Sie machen das, weil die Börse selbst dazu aufruft und sie geben ein Vielfaches der Organisationskosten des Volkslaufes. Das Spenden steigert sich geradezu zum Wettstreit, denn wer viel gibt, demonstriert der Öffentlichkeit, wie profitabel das Unternehmen dasteht. Die Veranstalter verstärken den Wettbewerbseffekt, indem sie die Titel „Diamond Bull" (ab $100.000), Golden Bull (ab $75.000) usw. vergeben. „The Singapore Exchange's Bull Run 2005 charity event has broken the $1 million barrier. As of Friday, donations totalled $1,023,000. More than 30 companies have contributed since the programme opened on July 13. The biggest sponsors include Noble Group, Genting International and Jurong Technologies, which pledged $100,000 each. Donations will go to the Autism Association and 13 other charities working with needy youth." (Pressemeldung zwei Monate vor dem Ereignis, Business Times, 22. August 2005)
Natürlich ist das Medienecho auch gut für das Firmenimage in Sachen Corporate Social Responsibility. Deswegen haben sich die Sozialarbeiter der Autism

Association mit der Unterstützung der Marketingleute der Börse eine ganze Reihe medienwirksamer Details ausgedacht, wie eine hochrangige Schirmherrschaft, ein Open Air Konzert, prominente Gäste, Kleinkunsteinlagen, Straßenshows, Karnevalsrequisiten und Riesenposter für schöne farbige Pressebilder. Wesentlich ist sicher auch das makellose Image der Autism Association.
Die Sponsorunternehmen nutzen den Bull Run nebenbei für das Firmenklima, indem sie die Mitarbeiter einladen, ihnen Champagner und ausgezeichnetes Essen offerieren. Eine naive Vorstellung vom Fund Raising will Spendengelder maximieren. Das ist einseitig vom Spendenempfänger her gedacht. „Profit ist für ein Unternehmen wie Sauerstoff für einen Menschen. Man braucht ihn um im Spiel zu bleiben, aber er hat nichts mit dem eigentlichen Zweck eines guten Unternehmens zu tun, der in der in der Verwirklichung gemeinschaftlicher und gemeinschaftsdienlicher Ziele liegt (engl. „company", „companion") (Senge 2006, S. 5). Das entspricht dem Selbstbild, das renommierte Unternehmen haben wollen und auch haben müssen, um langfristig erfolgreich zu sein. Der Bull Run der Autism Association schließt an diesem Selbstbild an, indem der Börse ein fein ausgedachtes Konzept geboten wird, ihren „eigentlichen" Existenzzweck in direkter Weise deutlich zu machen. Organisatorin des Bull Runs zu sein, gehört mittlerweile zur Corporate Identity der Börsengesellschaft, und die Belegschaft ist stolz darauf. Im Bull-Run-Konzept der Autism Association ist das Commitment der Börse mindestens genauso wichtig wie das Geld, das sie beischafft. Deswegen kann man dieses Fund Raising Event durchaus als Beispielstrategie zum „Gewinnen von Organisationen" sehen und konsequenterweise von „Commitment Raising" sprechen.

Ressourcen von Organisationen
Jeder Stadtteil beheimatet jede Menge Organisationen wie Industrieunternehmen, Bibliotheken, Ämter, Universitäten, Wohnungsbaugesellschaften, Krankenkassen, Schulen, Banken, Industrie- und Handelskammern, Kindergärten, Polizeistationen, Museen, Krankenhäuser, Altenheime, Jugendzentren, Sozialstationen, aber auch Verbände, Vereine, Clubs, Initiativen und Kirchengemeinden. Manche relevanten Organisationen sind auch außerhalb des Stadtteils zu suchen. In der fallunspezifischen Arbeit werden Organisationen in erster Linie als Schatztruhen verstanden, in denen viel Wertvolles zu finden ist. Organisationen haben Räume und Plätze, sie verfügen über Geräte, Material, Bücher, Zeitschriften, Internet und natürlich auch über menschliche Schätze in Form von Mitarbeitern, Lehrern, Trainern, die alle besondere Kompetenzen haben. Organisationen besitzen wertvolle Kaufkraft, wenn sie lokal einkaufen oder Personal bevorzugt lokal rekrutieren. Durch Organisationen sind aber auch Beziehungen zu anderen Organisationen herzustellen oder Zugänge zu neuen Finanzierungsquellen zu schaffen, über die man selbst nicht verfügt. Schließlich ist manchen Organisationen ein Renommee zu Eigen, das – je nach Zweck – viel wert sein kann.

Ressourcen von Organisationen, die für Zwecke Sozialer Arbeit nutzbar sind
Finanzmittel ▪ Geldspenden ▪ Zinslose Kredite ▪ Förderpreise ▪ Beteiligung an Stiftungen und Förderfonds
Zeit, Know-how und Goodwill ▪ Honorierung des sozialen Engagements der eigenen Mitarbeiter in deren Freizeit ▪ Freistellung von Mitarbeitern ▪ Engagementeinsätze von ganzen Teams ▪ Entsenden von Führungskräften in Vorstände von NGOs ▪ Beratung und Schulung für Mitarbeiter von NGOs in Sachen IT, Controlling, PR, Finanzierung etc. ▪ Hilfe bei der Personalrekrutierung ▪ Wissen über Unterstützungsmöglichkeiten ▪ „Parteiliche" Beratung bei der Inanspruchnahme von Sozialleistungen ▪ Großzügige Ausübung behördlichen Ermessensspielraumes ▪ Berücksichtigung von individuellen Dringlichkeiten in der Bearbeitungsgeschwindigkeit von Anträgen ▪ Beratung in juristischen Angelegenheiten
Material ▪ Kostenlose oder kostengünstige Dienstleistungen (pro bono Services) ▪ Bereitstellung von Material und Produkten ▪ Nutzung von Räumen und Geräten (Internet, Kopierer, KFZ, Werbeflächen) ▪ Bereitstellung von Wohnraum
Kaufkraft ▪ Aufträge an gemeinnützige Unternehmen ▪ Einkäufe der Organisation in lokalen Geschäften zur lokalen Wirtschaftsförderung
Praktikums-, Beschäftigungs- und Qualifizierungsmöglichkeiten ▪ für Adressaten sozialer Dienste
Vermittlung von Kontakten zu: ▪ Experten, Clubs, Politikern, Branchen, Kunden, Lieferanten ▪ Lobbyarbeit für NGOs, Unterstützung der sozialpolitischen Botschaften der NGO ▪ Profilierungshilfe gegenüber Sponsoren, Politik, Finanzierungsträgern
Fundraising für die NGO

(Vgl. auch: Lang/Dresewski 2006, S. 130)

Die mit Abstand wertvollste Ressource von Organisationen (wenn sie Normaleinrichtungen sind) ist aber ihr Normalisierungspotenzial. Wenn auffällige oder schwierige Kinder dort bleiben können, wo es normal ist, in ihrer Lebensphase zu sein, z. B. in einer Kindertagesstätte oder einer Hauptschule, dann ist das für deren Integration Gold wert, genauso wenn Jugendliche einen Ausbildungsplatz finden oder alte Leute durch einen Bringservice dabei unterstützt werden, daheim leben zu können.

Nun ist es aber so, dass Organisationen nicht selten von Interessen außerhalb des lokalen Gemeinwesens gesteuert werden. Das kann ihre Bereitschaft, Verantwortung für den Stadtteil und seine Menschen zu übernehmen, entscheidend drosseln. Fallunspezifische Arbeit bezweckt, das Commitment von Organisationen für Quartiere und deren Bürger zu erhöhen, indem sie Win-Win-Effekte herstellt. Der Stadtteil profitiert bzw. ein Jugendlicher profitiert, und gleichzeitig profitiert auch eine Krankenkasse oder eine Bank, die Ressourcen bereitstellen. Wenn das gelingt, fördern sich Organisationen und Gemeinwesen gegenseitig. Im Corporate Social Responsibility ist dieser Gedanke bestimmend, wenn Unternehmen Verantwortung für das Allgemeinwohl quasi in ihrem Eigeninteresse übernehmen (vgl. Bassen et al. 2005).

Aber auch jenseits moderner wirtschaftspolitischer Trends arbeiten Sozialarbeiter nach dem Win-Win-Prinzip, mitunter in einer ziemlich erfolgreichen subtilen Weise. Wenn es zum Beispiel Sozialarbeiterinnen gelingt, einem Unternehmen einen spürbaren Vorteil zu verschaffen – etwa gute Publicity durch soziales Engagement –, bauen sie dadurch eine soziale Schuld auf, die zurückgezahlt werden muss. Wenn es durch die Vermittlung von Sozialarbeiterinnen gelingt, dass eine Bürger- oder Elterngruppe Verantwortung für eine Schule übernimmt – egal ob das die Wunschpatenschaft der Schule ist oder nicht – und wenn die Elterngruppe sich erfolgreich engagiert – etwa indem man Leserbriefe für die überfällige Renovierung der Pausenhalle schreibt –, erwirbt sie dadurch gewisse „Rechte“, Wünsche an die Schule zu richten, die man nicht so einfach abweisen kann. Die Wirksamkeit des Lobbyismus ist ein Beispiel für diesen Effekt. Vielfach lohnen sich Investitionen in Organisationen mehr als voreilige Forderungen an sie.

Aber auch die Methodik des erfolgreichen Forderns will gelernt sein. Das Gegenüber ist dabei – im Unterschied zur Alltagsarbeit von Sozialarbeitern – nicht jemand, für den man etwas tut, sondern jemand, von dem man etwas haben will. Verkaufstechniken sind hier wichtiger als Beratungstechniken, und der Geber ist in einer ungleich stärkeren Position als die Zielgruppen der klassischen Sozialarbeit. Oft bedarf es spezieller Fachkenntnis des Operationsbereiches der Organisation oder eines detaillierten Insiderwissens, um die Bandbreite ihrer potenziellen Ressourcen überhaupt erst erkennen zu können, die mitunter gar nicht marktförmig bekannt gemacht werden. Deswegen sind hier fachfremde Volunteers mitunter von unschätzbarem Wert, weil eben ein pensionierter Bankdirektor besser über das Bescheid weiß, was Banken zu bieten haben und was sie wollen könnten, genauso wie ein Schulleiter sich leichter in eine Schule „einfühlen" kann.

Schritte
„Organisationen gewinnen" funktioniert in folgenden Schritten:
Schritt 1: Finden und auswählen

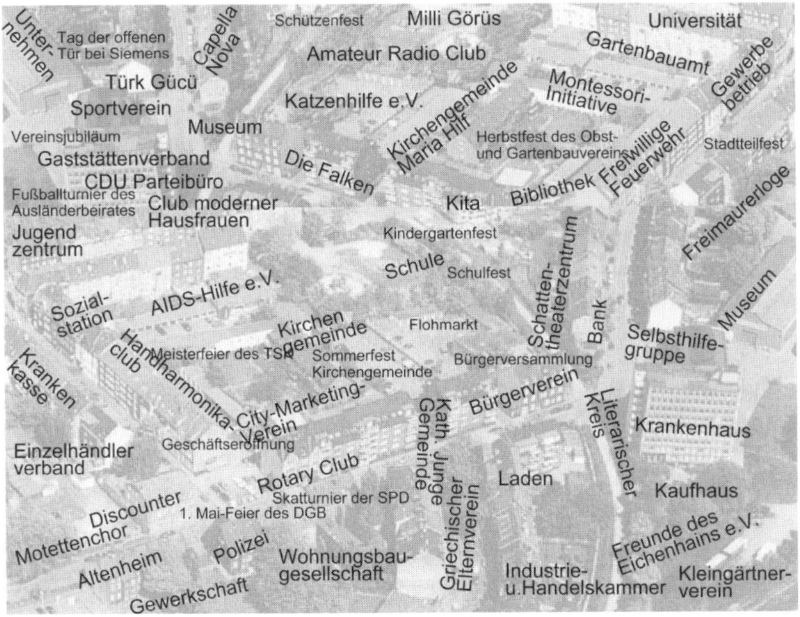

Die Abbildung vermittelt einen kleinen Eindruck, auf welche Vielfalt und Unübersichtlichkeit man trifft, wenn man anfängt Organisationen zu „sammeln". Die Mittelstadt Schwäbisch-Gmünd (62.000 EW) beispielsweise hatte 2007 über 300 Vereine laut Vereinsdatenbank, vom Firmenregister und den Organisationen im Sozialatlas ganz zu schweigen. Die Gefahr ist groß, sich entweder zu verzetteln oder sich von vorneherein durch die schiere Masse an Möglichkeiten abschrecken zu lassen. Eine praktikable Auswahlstrategie ist folglich gefragt, will man sich nicht im Organisationswirrwarr einer komplexen Gesellschaft verlaufen, bzw. will man wertvolle Personalressourcen effizient fallunspezifisch einsetzen.

Man kann die *Strategie der konzentrischen Kreise* verfolgen und zunächst einmal alle Organisationen im nächsten Umkreis des eigenen Standorts abgrasen. Das beschert interessante Einblicke in die Nachbarschaft, dient der Umfeldpflege, spart Reisezeit und kann auch „nebenbei" erfolgen, indem man Einkäufe und Geschäftsessen in den Nahraum verlegt.

Eine Alternative dazu funktioniert „bedarfsbezogen", indem überlegt wird, welche Ressourcen in der Alltagsarbeit regelmäßig fehlen oder nützlich wären (*Bedarfsstrategie*). Unter Ressourcen sind hier sicher auch Goodwill und Integrationsbereitschaft zu verstehen. In der sozialräumlichen Gestaltung von Hilfen zur Erziehung beispielsweise ist die Bereitschaft von Kindertagesstätten, auffällige oder schwierige Kinder nicht auszusondern, von besonderer Bedeutung. Dazu „müssen Normaleinrichtungen erstens andere Rahmenbedingungen bekommen und zweitens auch gewonnen werden" (Jugendamt Stuttgart 2000, S. 4). So ist es „sinnvoll, erst einmal verlässliche Beziehungen zu einigen wenigen Kindertagesstätten aufzubauen, auf die man dann in der Fallarbeit zurückgreifen kann. Die Anzahl der Kooperations-Einrichtungen lässt sich im Lauf der Zeit ausdehnen." (ebd.)

Solche Einrichtungen kann man wiederum anhand bestimmter Kriterien auswählen. Ihre bisherige Experimentier- oder Innovationslust könnte ein Kriterium dafür sein (*Strategie des geringsten Widerstandes*), oder bestehende persönliche Kontakte zu deren Personal.

Die *Kontakte der eigenen Mitarbeiter zu nutzen* ist eine besonders effektvolle Auswahlstrategie. Dabei braucht man sich keineswegs auf die beruflichen Beziehungen zu beschränken. Private Beziehungen sind mitunter noch nützlicher, weil sie aus dem „Sozialarbeitssektor" hinausreichen zu Vereinen, Kirchengemeinden, Unternehmen etc.

Events auszunutzen: Dazu werten die Fachkräfte den Veranstaltungsteil von Tages-, Stadtteil- und Werbezeitungen permanent systematisch aus. Man weiß, wann Versammlungen einberufen werden, Gremien tagen, Vereine Jubiläen feiern, Stadtteil-, Schul-, Kirchengemeinde- oder Kindergartenfeste stattfinden. Solche Events werden genutzt, um der Arbeit dieser Gruppen Wertschätzung zu zollen, indem man z. B. kommt, sich vorstellt, Feedback gibt oder auch mal einen Leserbrief schreibt. Andererseits kann man bei solchen Anlässen auch Schlüsselpersonen oder „interessante Typen" gezielt ansprechen, Telefonnummern oder Visitenkarten austauschen.

Schließlich gibt es noch die *Strategie der abgestuften Intensität*, was soviel besagt wie einen *weiten* Kontaktkreis zu ziehen für *wenig kostenintensive* Maßnahmen der Kontaktaufnahme und einen *kleinen* Kreis *intensiv zu beackern*. Newsletter und besonders E-Mail-Newsletter sind relativ „günstige" Instrumente, um viele Organisationen auf einen Schlag anzusprechen. Das folgende Beispiel[2] richtet sich an etwa 300 Schulen. Diejenigen Schulleiter, die

2 Zum fachlichen Hintergrund des Family Group Conferencing s. FB-I Familienrat

auf die E-Mail reagieren, werden persönlich kontaktiert, alle anderen bleiben auf dem Verteiler des monatlichen Schreibens. Die Verkaufsmasche ist, den Schulleitern eine interessante Fachinformation in leicht zu lesender Form zu bieten. Das erbauliche Schlusszitat soll die Gefälligkeit steigern. Die angegebenen Adressen bieten unterschiedliche Wege der Antwort: E-Mail, Telefon, Brief oder Besuch.

> Dear Educators
>
> Happy Teachers' Day and welcome to the first issue of an email that will come to you on the first Friday of every month. You will learn about the efforts put in by educators like you and community organisations like us in managing delinquency in schools. It is about making a young person accountable for his deeds, strengthening his character, sharing responsibility with parents, creating inclusive school environments, problem solving and in short, putting things right!
> Beyond Social Services is a charity that works at keeping young people in school and out of trouble with the law. The juvenile delinquency rate was steadily rising and we wanted to help schools to deal with students who commit 'discretionary' offences. Sometimes schools, despite their concern for the well being of the young offender, would refer the matter to the police as they lack the know-how or resources to deal with the matter satisfactorily.
> Our main tool is Family Group Conferencing, a Restorative Justice Model adopted by the New Zealand Justice System. A Family Group Conference is a decision-making meeting for the family and other significant people of a young offender and victims of such wrongdoing. The objective is to decide how the young person can take responsibility for his or her deed and be held accountable. The focus is on righting the wrong, rather than on punishment.
> Example
> A 13 year old boy stole $1000 from his family's safe at home and splurged it on food, clothing and jewellery together with 3 of his classmates. A few days later, together with another boy, these 3 classmates shoplifted at the OG Departmental Store; pilfering a Billabong wallet, pencil case and a mobile phone.
> 24 people attended the Family Group Conference on a weekday evening during the school holidays. Those present included the 5 offenders, parents, cousins, tuition teachers, a school counsellor, a Vice-Principal, the form teachers and 4 social workers. OG Departmental Store provided a verbal victim impact statement.
> Significant Outcomes of the Conference: All offenders had an individualised reparation plan that had the support of their family group. All offenders wrote apology letters to the victim i.e. their parents and the OG Departmental Store and delivered them in person. They also verbally apologised to their teachers. All offenders agreed to put things right with their community and to demonstrate their remorse by willingly participating in Community Service. These ranged from the serving of meals to the elderly and the washing of dishes, maintenance of school premise and helping out at a family fruit stall. All offenders undertook not to re-offend, fight and to cooperate with school authorities. Today. 9

months after, teachers have reported that all offenders are more focussed in school and have not gotten into any trouble. This Conference was successful mainly because the offenders' family groups undertook their responsibilities in the reparation plan seriously. Family members, the school and even concerned adults like tuition teachers looked after the young offenders diligently. In other cases where offenders defaulted, we often found that their adult support persons had let them down.

Family Group Conferencing is also very helpful for child protection and care issues and we would be very glad to coordinate Family Group Conferences in Schools for such issues apart from youth offending. Just contact Saras our Manager for Restorative Justice Service at telephone number 63722083 or email **saras@beyond.org.sg**. Beyond's approach towards helping troubled students has always been to create a "Triangle of Care" around them. The Triangle comprises the school, the parents and the community. We are from the community and when we work in schools, we play the role of the driver who facilitates the formation and strengthening of this Triangle. Thanks for listening and I would like to end with this anonymous quotation I stumbled upon that I found so true and appropriate for all juvenile justice efforts.We think of the effective teachers we have had over the years with a sense of recognition, but those who have touched our humanity we remember with a deep sense of gratitude.

Yours sincerely, Gerard Ee, Executive Director Beyond Social Services, 26 Jalan Klinik #01-42/52, Tel: 63752940, Fax: 62740633, ged@beyond.org.sg, www.beyond.org.sg

Education... is a painful, continual and difficult work to be done in kindness, by watching, by warning, ... by praise, but above all -- by example. John Ruskin

Welche Strategie verfolgt wird, wie sie genau aussieht, wer für was zuständig ist und wessen ausbaufähige Kontakte genutzt werden, wird im fallunspezifischen Teil der Teambesprechungen vereinbart (s. Handlungsfeld „Organisation: „Sozialraumteamarbeit").

Schritt 2: Erkundung

Bevor man eine Organisation direkt anspricht, lohnt es sich in zweierlei Hinsicht Nachforschungen anzustellen. Zum einen ist zu klären, wen man anspricht. Dazu werden beim Lobbying oder Fundraising die Struktur der Organisation und ihre internen Machtverhältnisse erforscht. Ein persönlich adressierter Brief ist am wirkungsvollsten, wenn er jemanden anspricht, der diesbezüglich etwas zu entscheiden hat. Bei wichtigen Organisationen kann eine relativ aufwendige Erkundungsarbeit notwendig sein, die bei wohlgesinnten, aber machtlosen Bündnispartnern im Bodenpersonal beginnen kann, im Laufe der Zeit mehr und mehr Informationen zusammenträgt, um schließlich daraus eine wirkungsvolle Strategie zum Gewinnen der Spitze basteln zu können. Die Abkürzung zu nehmen und gleich oben anzufangen kann man sich nur leisten, wenn man einen entsprechenden Trumpf im Ärmel hat, zu dem das Top-Management einfach nicht nein sagen kann, aber wer hat das schon …

In der „Erkundung“ geht es zweitens darum herauszufinden, was die Organisation bewegt und worauf man dort stolz ist. Die meisten Organisationen sind stolz auf ihre Geschichte, weil sie das Bemühen um ihre Etablierung und die Werte zeigt, die am Anfang standen. Mitunter wird die Geschichte einer Organisation geradezu daraufhin geschrieben, heutige Zielsetzungen in den frühen Werten zu verankern.

Beispiel: Der Leiter eines Gemeinwesenzentrums ist auf der Suche nach Jugendlichen als Volunteers. Die Eliteschule XY hat ihn zu einem Vortrag eingeladen über Soziale Arbeit. Er beginnt seine Rede mit Reflexionen über John Baptist de La Salle, die Galionsfigur der Schule. Er betont vor allem das soziale Engagement De La Salles, die Herausforderungen und die Möglichkeiten, die darin stecken und die „natürliche Verbindung“, die zwischen der Schule und dem Gemeinwesenzentrum in Sachen Gesellschaftsverbesserung besteht.

Wichtig sind weiterhin das Leitbild und die Geschäftsbereiche. Größere Organisationen haben informative Homepages und Newsletter, aus denen solche Informationen hervorgehen, bei kleineren Organisationen wie Schulen oder Kindergärten eignen sich Jahresberichte, Konzepte oder persönliche Gespräche.

Wer solche Informationen hat, kann leichter die eigenen Themen an die Themen der Organisation anschließen und eine Übereinstimmung von Werten aufzeigen. Es wird so auch möglich, sich Vorteile für die Organisation zu überlegen, die aus der Zusammenarbeit resultieren können, oder die richtigen Belohnungen in Aussicht zu stellen.

Die subtile Strategie des Erkundens ist es, wie beim Lobbying, persönliche Beziehungen zu Entscheidungsträgern oder einflussreichen Beratern aufzubauen. Ziel ist, Ansprechpartner zu haben, die einen schätzen und wertvolle Ratschläge geben können, wie man das eine oder andere Projekt richtig aufsetzen kann. Die Methoden sind vielschichtig und reichen vom regelmäßigen gemeinsamen Cappuccino, über den Austausch interessanter Informationen und ein Dankschreiben an den Chef des Mitarbeiters für dessen Rede zur Einweihungsfeier, bis zur gleichen Vereinsmitgliedschaft. Sie sind allesamt „inoffiziell“, weil durch inoffizielle Kontakte die offiziellen Kontakte vorbereitet werden (s. Handlungsfeld *„Sozialstruktur*: Lobbying).

Damit kommt man fließend zum nächsten Schritt, dem Fuß-in-die-Tür-Schritt: Entscheidend ist ein Türöffner, der die Tür möglichst längerfristig offen hält. Die Methode dazu nennt sich „soziale Schulden aufbauen“. Während man im Auswahlschritt (s. o.) überlegt, was man von einer Organisation gebrauchen könnte, ist die Frage beim Fuß-in-die-Tür-Schritt: „Was könnten wir dieser Organisation bieten?“ Denn das langfristige Ziel, Commitment der

Organisation zu gewinnen, erfordert zuerst Investitionen auf der eigenen Seite. Wer schenkt, baut soziale Schulden auf. Das kann in materieller, sozialer oder ideeller Weise geschehen. Gastgeschenke mitzubringen ist keine Nebensache. Einen Leserbrief zu schreiben, der die gute Arbeit einer Schule herausstellt, wird sicher Effekte zeigen. Man kann jemanden mit Fachartikeln „versorgen" oder mit einem Brief eine öffentliche Aktion kommentieren. Wie beim Schenken ist es wichtig, das Richtige zu treffen. Türöffner sind vorbereitende Kontakte vor dem eigentlichen Kontakt. Manchmal lässt sich das leichter über Dritte als „Matchmaker" einfädeln, die bereits über gute Kontakte verfügen. Besonders geeignet sind natürlich prominente Persönlichkeiten, die als Vermittler auftreten. Jeder Verein ist bemüht, im Vorstand „einflussreiche" Leute zu haben, die Kanäle in alle Ecken der Gesellschaft haben.

Der Presseartikel bezieht sich auf den Verein „Artist for Kids", einem Münchner Jugendhilfeträger, in dessen Vorstand der Filmemacher Bernd Eichinger ist, was zur Folge hat, dass Leute wie Peter Ustinov dafür „auftreten".

„Ratz und Rübe" erobern das Kulturamt

„Ratz und Rübe" ist der „Ur-Enkel" eines mobilen Spielprojektes, das sich zu einem Kindertheater weiterentwickelt hat. Die Zuschauerresonanz ist enorm und man braucht unbedingt ein größeres Theater, um wirtschaftlicher arbeiten zu können. Die großen Bühnenstücke bringen nämlich erst die Mittel für die vielen kleinen und personalintensiven Kindertheatergruppen. Ein Großhändler zählt schon seit längerem zu den Sponsoren. Er bietet „Ratz und Rübe" seine nicht mehr genutzten Lagerräume als neuen Bühnenstandort an. Die Fläche würde für eine ordentliche Bühne, einen großen Zuschauerraum und etwas Gastronomie ausreichen. Der örtliche Jazzclub will abends, wenn das Kindertheater die Räume nicht braucht, Programme anbieten.

Aber die Kosten sind ein Problem, obwohl der Sponsor einen erheblichen Betrag für den Umbau zuschießt und nur eine Minimalmiete verlangt. Das Kul-

turamt muss gewonnen werden. Der Sozialarbeiter, der Geschäftsführer von „Ratz und Rübe“ ist, verfolgt das örtliche Kulturgeschehen natürlich genau und entwirft seine Strategie in gewollter Harmonie mit den kommunalen Entwicklungsprozessen.
Vor zwei Jahren hat sich die Stadt als „europäische Kulturhauptstadt“ beworben. In der Bewerbungsphase ist ein Konzept der Kinder- und Jugendkulturförderung entstanden, das der Stadtrat beschlossen hat, zu dessen Umsetzung der Kulturbürgermeister aber „noch nicht gekommen ist“. Die Sozialarbeiter gestalten das zukünftige Konzept von „Ratz und Rübe in neuen Räumen“ so, dass es fast wie ein Ausführungsplan des kommunalen Konzeptes der Kinder- und Jugendkulturförderung wirkt. So vorbereitet gehen die Theaterleute ins Rathaus. Der Kulturbürgermeister freut sich, in der Stadt eine Initiative „gefunden zu haben“, die so gut zu den kulturpolitischen Zielen von Stadtrat und Verwaltung passt. Für die Haushaltsberatungen haben „Ratz und Rübe“ einen Partner gefunden.

Schritt 3: Herstellen einer „Win-Win-Konstellation“

Das bedeutet, beide Beteiligten müssen etwas von der neuen Kooperation haben, weil jede Partei mit einer für sie schwachen Währung zahlt, die aber für den anderen eine starke Währung ist. Im Vorfeld ist also die Frage zu lösen, wie man ohne fachliche Arroganz Neues schmackhaft und lohnenswert zu machen vermag.

Projektbeispiele
Ein Träger für Jugendwohngruppen sponsert Trikots für die Jugendmannschaft einer Schule (zu gewinnende Organisation). Dadurch wird eine Dauerkooperation etabliert, die im Gegenzug Sonderkonditionen für manche Jugendliche aus den Wohngruppen in dieser Schule ermöglicht, ohne die sie keine Chance dort hätten.

Der Übungsleiter im Fußballverein Rot-Weiß-Rund weiß Bescheid über die Bemühungen des Flattichhauses, Jugendlichen Chancen zu vermitteln. Mit entsprechender Vorbereitung oder Unterstützung ist er dazu bereit, immer wieder mal einen Jugendlichen in sein Training aufzunehmen, wohl wissend, dass ihm dieser Jugendliche vielleicht einiges an Aufmerksamkeit abverlangen wird. Er weiß aber gleichzeitig, dass er jederzeit einen Profi als Ansprechpartner hat, und hat Lust auf die Sache, die ihn ja auch für seinen Normal-Übungsleiterjob pädagogisch qualifiziert. Die Profis bleiben mit ihm in Kontakt, erkundigen sich nach dem Stand der Dinge, lassen diese fallbezogenen Kontakte mit zunehmenden Integrationsgrad des Jugendlichen aber seltener werden. Mindestens einmal im Jahr gibt es ein Fest für alle diese Volunteers, und für die Interessierten werden auch spezielle Fortbildungen angeboten.

Ein Selbsthilfeverein für Menschen mit Krebs betreibt einen intensiven Kontakt zu einem vor Ort ansässigen Pharmaunternehmen, das im Kerngeschäft schnöde Medikamente produziert, sich aber laut Firmenphilosophie als Unternehmen versteht, das die gesundheitliche Versorgung von Menschen verbessern will. Das unterstreicht das Unternehmen durch seine langjährige Forschung im psychosozialen Bereich. Daran schließt das Engagement des Selbsthilfevereins an, der Glück hat und offene Türen einrennt. Pharmaunternehmen und Verein gründen zusammen ein Institut, das verschiedene Projekte begleitet, z. B. zu Sozialer Arbeit für Frauen mit Brustkrebs und zum Aufbau von Selbsthilfezentren. (vgl. Polterauer 2006, S. 138f)

Kooperationsbeispiele zwischen Wirtschaftsunternehmen und Sozialarbeit
- Seitenwechselprogramme: Mitarbeiter, meist Führungskräfte, gehen für eine Woche in eine soziale Einrichtung.
- Wissenskooperation: Führungskräfte der Wirtschaft teilen ihre Kompetenz mit Führungskräften aus der Sozialen Arbeit.
- Volunteeraktionstag: Mitarbeiter eines Unternehmens führen in einer Einrichtung eine Aktion durch, z. B. Gartengestaltung, Renovierung, Festgestaltung etc.
- Mentoring: Mitarbeiter eines Unternehmens werden für einige Stunden im Monat zur Beratung/Unterstützung einer Einrichtung freigestellt.
- Secondment: Mitarbeiter eines Unternehmens werden für ein ganzes Jahr zur Durchführung eines Projektes freigestellt. (Leisgang 2006, S. 143)

Projektbeispiele aus den Hilfen zur Erziehung in Stuttgart, wo es in erster Line um die Gewinnung von Regeleinrichtungen für Kinder geht, die im Rahmen der Hilfen zur Erziehung ansonsten oft schnell ausgesondert werden:
- *Projekt „Keep cool"*: Training und dauerhaftes Coaching für Erzieherinnen in ausgewählten Kindertagesstätten im Umgang mit „aggressiven Kindern" – mit der Zielsetzung, dort „schwierige" Kinder integrieren zu können.
- Ein Jugendhaus wurde gewonnen, 1:1-Hausaufgabenbetreuungen anzubieten, um Mütter zu entlasten.
- Eine LVA-Mitarbeiterin erreichte durch erfolgreiche Schuldenregulierung eine Entspannung im familiären Zusammenleben.
- Statt sozialer Gruppenarbeit wurden HzE-Kinder regelmäßig in eine Jugendfarm begleitet und das Personal für sie gewonnen. Sie sind inzwischen fest integriert und nutzen das Angebot selbständig.
- Im Kinder- und Jugendhaus wurde eine Fußballgruppe ins Leben gerufen, in der Jungen aus einem Heim aktiv sind. Die Gruppe läuft jetzt in eigener Regie. (Jugendamt Stuttgart 2004)

Was man tun sollte in Schritt 3:
- Verständlich sein in dem, was man will, eine gute Idee gekonnt präsentieren, keine generellen Anfragen – dennoch erkennbare Freiräume für die Organisation zulassen

- Den Sinn und Zweck der eigenen Arbeit auf den Punkt bringen können, von der eigenen Sache überzeugt sein, Erfolge und positive Beispiele nachweisen
- Die Organisation praktisch einbeziehen und Gelegenheiten zum Ausprobieren geben; evtl. modellieren, indem man vormacht oder eine andere Organisation zeigen lässt, wie einfach ein Beitrag zu leisten ist
- Das FÜR und WIDER präsentieren und Risiken minimieren

Was man möglichst lassen sollte in Schritt 3:
- Vorurteile gegen die Organisation hegen
- Einfach mal miteinander reden wollen
- Die eigentliche Arbeit dann der gewonnenen Organisation alleine überlassen
- Versuchen, irgendwie nebenbei Organisationen zu gewinnen, ohne echt Zeit dafür zu reservieren
- Die Organisation in erster Linie „melken wollen“

Schritt 4: Pflege der Beziehung und Erweiterung des Netzes
Jede Strategie des langfristigen erfolgreichen Gewinnens von Organisationen braucht Techniken der Ressourcenspeicherung, der Ressourcenpflege und der Ressourcenerweiterung. Zur Ressourcenspeicherung und Aufbereitung dienen sog. Ressourcenkarteien. Das sind systematisierte Beschreibungen der Organisationen, der Ansprechpartner und der einzelnen Kontakte der Teammitglieder mit diesen. So kann ein großer Mitarbeiterkreis sehen, was zur Verfügung steht und welche Bereiche und Personen bereits „bearbeitet“ wurden oder dringend Kontaktpflege brauchen (s. Handlungsfeld „*Netzwerk*: Ressourcenkartei). Ressourcenpflege meint die Kontakte und Aktionen, die in erster Linie dazu dienen, Anerkennung zu zeigen. Das können Volunteerstage sein, Fortbildungen, Weihnachtskarten, Geburtstagsgrüße, regelmäßige Newsletter, Erwähnungen in Jahresberichten, Telefonate und vieles andere mehr. Ressourcenerweiterung meint die Nutzung vorhandener Kontakte als Sprungbrett, um neue Kontakte zu erschließen. Solche Brückeneffekte können den Einzugsbereich ungemein erweitern und sind meist nicht schwer zu arrangieren, wenn man diese Suchstrategie systematisch vor Augen hat.

Konfrontative Techniken des Organisationen-Gewinnens
Ruth Brack gibt eine Reihe von Beispielen zu „konfliktiven Verhandlungstechniken“ (Brack 1998, S. 19ff) mit Organisationen, bei denen der Konflikt zwar nicht gesucht, aber bewusst in Kauf genommen wird, wenn andere Formen

des Gewinnens nicht erfolgreich waren, man aber auf die Kooperation dieser Organisation nicht verzichten kann. Wichtig ist dabei, dass der Konflikt nie zum Selbstzweck werden darf, sondern immer rationales Mittel bleiben muss. Es gilt immer das Prinzip der kleinsten wirksamen unerfreulichen Aktion, also nicht „mit Kanonen auf Spatzen schießen". Im Einzelnen nennt Brack die folgenden Techniken:

- Androhung eines Vorgehens, zu dem man in der Lage sein muss und das für die Organisation unangenehm sein wird
- Einflussnehmen bei übergeordneten Stellen und einflussreichen Bezugspersonen
- Eine unerfreuliche Aktion in Form eines öffentlichen Protestes, z. B. wenn Klienten mobilisiert werden zu protestieren oder Leserbriefe geschrieben werden, Journalisten eine Story geliefert wird
- Das Einschalten der Justiz, wenn Klienten berechtigte Ansprüche vorenthalten werden bzw. wenn ein Verhalten einer Organisation nicht hinnehmbar ist

Wer diese Techniken anwenden muss, sollte – sobald der „Gegner" ernsthaft einlenkt – sofort eine Strategie parat haben, auf die Seite des „Verlierers" zu gehen, und das Verbindende betonen, ihm vielleicht sogar die Möglichkeit geben, das Einlenken als Veränderung darzustellen, die er schon immer gewollt hat.

2.3 Sozialraumprojekte

Sozialraumprojekte erfüllen Brückenfunktionen zwischen den Akteuren im Sozialen Raum. Themen – wie die Feinstaubbelastung an einer viel befahrenen Straße, sterile Spielplätze, nicht vorhandene Zebrastreifen am Schulweg – können Bürger und Sozialarbeiter auf ganz untypische Art in Projekten zusammenbringen, Zugangsschwellen zu sozialen Dienstleistungen verringern und den Grundstein für eine weitere Kooperation bei ganz anderen Themen legen. Gleiches gilt natürlich auch für konventionellere Projekte wie einen Stammtisch von Alleinerziehenden oder einen Selbsthilfeverein von Hartz IV-Empfängern. Dabei entstehen auch Brücken zwischen Bürgern, weil ihr Netzwerk wächst und sie später auf dieses Soziale Kapital zurückgreifen können. Projekte mit Bürgern machen Organisationen schlauer, weil sie helfen, Probleme „aus Bürgersicht" zu betrachten, und sie erweitern das Wissen von Bürgern über beteiligte Organisationen. Schließlich sind Sozialraumprojekte ein funktionierendes Vehikel der Vernetzung von Fachkräften verschiedener Organisationen.

Das XXL-Projekt
Im Nordbahnhof-Viertel arbeiten Sozialarbeiter des Jugendamtes und der Evangelischen Gesellschaft (Erziehungshilfeträger) mit der Rosensteinschule zusammen. Bei einem Gespräch auf dem Pausenhof erfährt ein Sozialarbeiter, dass nicht wenige Lehrer über die stetig wachsende Zahl übergewichtiger Kinder besorgt sind. Sein Stadtteilteam generiert aus der Sorge der Lehrer eine Projektidee, die die Kooperation zwischen Schule und Sozialarbeit vertieft. Es entstehen Gruppen für übergewichtige Mädchen und Jungen. Sie arbeiten zu Themen wie bewusstem Essen und Bewegung, vermitteln gesunde Ernährung nicht mit erhobenem Zeigefinger, machen attraktive Tanz- und Sportangebote mit einer Tanzlehrerin. Eltern, Schule, Gesundheitsamt, Evangelische Gesellschaft und Jugendamt kooperieren bestens. Die Schule verbucht einen Imagegewinn, die Sozialarbeiter des Stadtteilteams (der Erziehungshilfe) intensivieren ihre Nützlichkeit für die Schule, was sich bei anderen „Fällen", in denen man Zugeständnisse der Lehrerschaft braucht, auszahlen wird. Die Jungen, Mädchen und Eltern im Stadtteil erweitern ihr Netzwerk.
(Quelle: Jugendamt Stuttgart 2005)

Wichtig ist, dass Aufwand und Ertrag solcher Projekte in einem guten Verhältnis stehen. Sozialraumprojekte als fallunspezifische Arbeit dienen nicht der Grundversorgung. Das Hauptrisiko besteht darin, dass sie längerfristig mehr professionelle Ressourcen binden als sozialräumliche Ressourcen mobilisieren. Sozialraumprojekte setzen keine aufwändige Bedarfsanalyse voraus, sondern einen Gelegenheitenblick. Sie entstehen aus scheinbar zufälligen Beobachtungen, Bekanntschaften, Bemerkungen, Situationen, die ausgenutzt und zu Win-Win-Situationen für alle Beteiligten gemacht werden (vgl. „Einleitung"; „Situative Wirksamkeit"). In der Erziehungshilfe dienen Sozialraumprojekte wie in allen Arbeitsfeldern, die potenziell desintegrierende Effekte für die Nutzer haben können, der Suche nach Kontakten im Stadtteil. Der Projektaufwand muss sich amortisieren, dadurch dass für ausgesonderte Menschen Verbindungen zum „normalen Leben" hergestellt werden. In Arbeitsfeldern wie der Jugendarbeit, der Kindertagesbetreuung, des Allgemeinen Sozialen Dienstes, der Bildungsarbeit etc., die weniger mit marginalisierten Gruppen zu tun haben, verfolgen Sozialraumprojekte das Ziel der sozialräumlichen Öffnung des Dienstes zum Stadtteil (s. Handlungsfeld „*Organisation*: Sozialräumliche Organisation des Jugendhauses).

Sommerfest eines Kinderheimes:
Üblicherweise bereiten die Mitarbeiter bei derlei Festivitäten alles bestens vor. Besonders stolz ist man auf die ehrenamtlich gezimmerten Infostände und das selbst geschriebene Theaterstück. Wenn Wetter und Werbung passen, kommen die Leute dann auch, trinken ihr Bier, verzehren ihr Steak, kaufen vielleicht noch drei Lose für das gute Gewissen und verschwinden wieder, mit dem Eindruck:

„Die Steaks waren nicht schlecht und gar nicht teuer." Das ist eine Verschwendung von Kontaktmöglichkeiten. Bei einem Sommerfest als Sozialraumprojekt wird anders gearbeitet. Die Mitarbeiter bleiben nicht hinter dem Holzkohlegrill oder unter sich, sondern sprechen gezielt Gäste an, nicht um den Leuten etwas aufzuschwatzen, was diese nicht wollen, sondern um herauszufinden, was sie wollen. Das kann ganz Unterschiedliches sein. Der eine will sich mal das Haus anschauen. Der andere will eine Fallgeschichte hören. Der Dritte will was vom Alltag mitkriegen. Der Vierte will wissen, wie das alles finanziert wird und den fünften interessiert, woher die guten Steaks sind. Nach dem Fest werden die Ergebnisse des „Fishings" ausgewertet, die da sind: Jeder Mitarbeiter hat etwa 15 neue Bewohner des Stadtteils kennengelernt, bei diesen das Gefühl erzeugt „interessanter Laden" oder „interessanter Typ", weiß von etwa der Hälfte die Adresse oder Telefonnummer und weiß auch bei jedem einzelnen, was Themen sind, die ihn/sie bewegen. Das kommt dann alles in die Ressourcenkartei und wird von dort aus weiterverarbeitet.

Projektbeispiele

Beispiele für Projekte, die in einem Stadtteil Brücken zwischen den Stärken von Jugendlichen und Ressourcen des Sozialen Raums bilden.

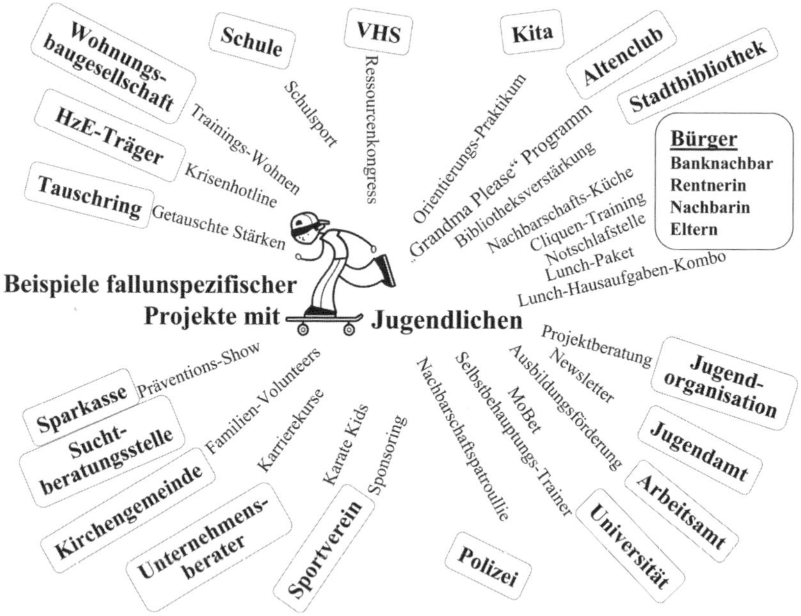

Projektskizzen

Karrierekurse	▪ Projektpartnerschaft zwischen HzE-Träger und Universität vor Ort ▪ HzE-Träger fädelt Lehrauftrag für einen Unternehmensberater ein, was diesem Imagegewinne verschafft. ▪ Im Gegenzug macht der Unternehmensberater ein Seminar „Geld machen & erfolgreich sein im Businessbereich" für Jugendliche. ▪ Ungeplante Konsequenz: Unternehmensberater verhilft drei Jugendlichen zu einer Lehrstelle.
Familien-Volunteers	▪ Alleinerziehender Vater wird von einer Kirchengemeinde unterstützt, indem Ehrenamtliche gesucht werden, die ihm im Haushalt und bei der Kinderbetreuung helfen.
Präventions-Show	▪ Jugendliche Klienten eines Wohnprojektes entwickeln mit einer Suchtberatungsstelle eine Suchtpräventions-Show für Schulen. ▪ Die Vorbereitung dauert 6 Monate mit wöchentlichen Treffen. ▪ Gesponsert wird das Projekt von der Sparkasse.
Getauschte Stärken	▪ Junge bekommt Nachhilfe über einen Tauschring. ▪ Er mäht dafür Rasen, und sein arbeitsloser Vater macht Gartenarbeiten. ▪ Nachhaltige Wirkung: Tauschringarbeit führt zur festen Beschäftigung des Vaters.
Krisenhotline	▪ wird von einem HzE-Träger unterhalten. Jugendliche und Profis arbeiten zusammen im Kriseninterventionsteam.
Trainings-Wohnen	▪ Bei einer Bürgerversammlung wird während der Pausengespräche der Geschäftsführer einer Wohnungsbaugesellschaft in die Wohnungssuche einer jungen Frau „einbezogen". ▪ Später stellt die Wohnungsbaugesellschaft eine „Trainingswohnung" auf Zeit, die klären hilft, ob alleine zu wohnen das Richtige ist.
Schulsport	▪ Situation: Große Zahl von HzE-Fällen aus einer Schule ▪ Fallunspezifische Arbeit: Kooperationsaufbau mit der Schule, was von gemeinsamen Fallbesprechungen zu gemeinsamen Angeboten führt, wie z. B. einem wöchentlichen Sportnachmittag in der Schule mit Lehrern und HzE-Mitarbeitern.
Ressourcen-Kongress	Jugendamt & VHS beschäftigen Jugendliche zur Erstellung eines Sozial-Atlas: ▪ Interviews mit Kirchen, Schulen, Sozialen Diensten etc. ▪ Ergebnisse auswerten ▪ Broschüre erarbeiten ▪ Das Projekt dauert die gesamten Sommerferien und endet mit einem stadtweiten Kongress, auf dem die jugendlichen Autoren Bürgern, Politikern und Fachleuten die Ressourcen des Gemeinwesens vorstellen.

Orientierungs-Praktikum	▪ Kindergarten des Stadtteils nimmt eine junge Frau als Praktikantin, die seit 2 Jahren nicht mehr zur Schule geht.
„Grandma Please"-Programm	▪ Ein Altenclub und eine Kita starten ein Betreuungsprogramm für Kinder, deren Eltern berufstätig sind. ▪ Die Kinder können Senioren anrufen, wenn sie sich einsam fühlen, Fragen oder einfach nur Langeweile haben.
Bibliotheks-verstärkung	▪ Teenager, die keine Ausbildungsstelle gefunden haben, arbeiten in den Sommermonaten in einer personell unterbesetzten Stadtbibliothek als Aushilfskräfte, wodurch die Öffnungszeiten erweitert werden können.
Lunch-Haus-aufgaben-Kombo	▪ Große Schwester (16 Jahre) kocht/holt Mittagessen für Frau im Rollstuhl (als Ableistung der Sozialstunden), ▪ die sich währenddessen um die Hausaufgaben der kleinen Schwester kümmert. ▪ Später „finanzieren" Rentnerin und Mutter zusammen den Mittagstisch- und Hausaufgabenservice.
Nachbar-schaftsküche	▪ Nachbarin übernimmt die Essensversorgung der beiden Jungen während die Mutter im Krankenhaus ist (§20 KJHG).
Notschlaf-stelle	▪ Die Eltern einer Kiga-Gruppe organisieren ein rotierendes Notschlafsystem für ein Mädchen, dessen Mutter ab und zu an Überforderungsgrenzen kommt.
Lunch-Paket	▪ Damit ein Jugendlicher rechtzeitig aus dem Bett kommt, holt der Banknachbar seinen Freund morgens ab und hat auch für ihn ein Pausenbrot dabei.
Cliquen-Training	▪ Schachtraining einer Clique bei behindertem Rentner, der auch hilft, ein Turnier zu organisieren
Projekt-beratung	▪ Mitarbeiter und Junge Erwachsene eines HzE-Trägers unterstützen eine kirchliche Jugendorganisation beim Aufbau eines Jungenprojektes.
Newsletter	▪ Alle Adressaten und interessierte Bürger eines Jugendamtes erhalten einen monatlichen Newsletter, der auch Beiträge von Klienten enthält. ▪ Jugendliche Klienten bessern ihr Taschengeld durchs Verteilen auf. ▪ Durch Kooperation mit einem Informatik-Lehrer wird ein E-Newsletter daraus → qualifizierende Wirkung.
Ausbildungs-förderung	▪ Jugendliche, die keine Ausbildungsstelle gefunden haben – darunter auch „HzE-Fälle" – werden von einer Schule angestellt, um ein Lernprogramm für Erstklässler zu entwickeln und auszuprobieren. ▪ Sie arbeiten zusammen mit einer Studentengruppe einer Fachhochschule. ▪ Ausbildungsvergütung kommt vom Arbeitsamt, Sachkosten werden vom Jugendamt finanziert.

MoBet	▪ Studierende einer ganzen Fakultät machen Mobile Hausaufgabenbetreuung für Kinder.
Selbst-behauptungs-Trainer	▪ Jugendliche werden zu Trainern für ein Selbstbehauptungsprogramm ausgebildet, das später an den Schulen des Stadtteils zu den Themen Gewalt, Männlichkeit und Gruppendruck läuft. ▪ Das Training der Trainer wird gemeinsam von Polizei und Jugendamt als HzE finanziert. ▪ Trainer sind Studierende und Dozenten des Studienschwerpunktes „Jungenarbeit".
Nachbar-schafts-patroullie	▪ Jugendliche bilden unter Anleitung von Jugendbeauftragten der Polizei eine Nachbarschaftspatrouille für ihren Stadtteil. ▪ Sie passen auf Spielplätze auf, vermitteln bei Konflikten, unterstützen alte Leute, begleiten Kinder nach Hause und schalten Erwachsene, wenn nötig, ein. ▪ Außerdem machen sie Präsentationen ihrer Arbeit in Schulen und Jugendgruppen, um andere Jugendliche für ähnliche Projekte zu gewinnen.
Karate Kids	▪ Übungsleiter eines Sportvereins bietet wöchentlich Selbstverteidigungstraining für Stadtteil-Kinder beim HzE-Träger an.
Sponsoring	▪ HzE-Träger sponsert Trikots für die Jugendmannschaft, wodurch eine Dauerkooperation etabliert wird. ▪ Fußballbegeisterte Kids des HzE-Trägers finden dort einen einfachen Einstieg. ▪ Gemeinsame Sommerfeste und Freizeiten

Teamübung: Ressourcenbezogene Projektentwicklung

Dauer: ca. 90 Minuten

Material: 20 A5-Karten pro Person, Filzstifte, Klebeband oder Pins, genug Wandplatz

Die Frage, ob ein Projekt überzeugt, hat auch eine handwerkliche Seite. So kann zwar die Idee, am Ortsrand ein Biotop zu schaffen, aus ökologischen Gründen überzeugen, erfolgreich wird das Projekt aber nur sein, wenn das handwerkliche Know-how passt. „Quick & Simple" ist eine Methode der ressourcenbezogenen Projektentwicklung (vgl. Snow 2004, S. 13-23). Anders als zielbezogene Ansätze (Bürger oder Profis haben ein Ziel vor Augen und konzipieren das Projekt gewissermaßen als Mittel zur Erreichung eben dieses Zieles), geht Quick & Simple von den Kompetenzen, Talenten und Vorlieben der Gruppenmitglieder und den Ressourcen der eigenen Organisation aus.

Schritt A: Aktivposten erkennen (30 Minuten)

1. Teilen Sie sich in Kleingruppen zu 5 Personen auf. Für jeden gibt es einen Stapel Karten und einen Marker.
2. Jeder produziert mit Hilfe der Karten einen Stapel von Ressourcen. Schreiben Sie bitte nur eine Ressource auf jede Karte, keine Listen. Schreiben Sie so groß wie möglich in schönen Buchstaben, so dass man es gut lesen kann. Schreiben Sie möglichst spezifische Ressourcen aus mindestens 3 oder 4 der Kategorien der Merkliste auf. Es geht nicht um eine irgendwie vollständige Aufzählung der Ressourcen ihrer Organisation, ihrer Mitglieder und deren Umwelt, sondern nur um einige interessante Ressourcen. Bedenken Sie dabei, dass die Ressourcen später umso nützlicher sein werden, je außergewöhnlicher sie sind. Seien Sie möglichst spezifisch: nicht „das Gebäude", sondern „Barockraum mit 100 Sitzplätzen in der Fußgängerzone".
3. Lesen Sie danach der Gruppe Ihre Ressourcen vor.
4. Hängen Sie alle Ressourcen an die Wand. Sortieren Sie sie bitte nicht.

- **Merkliste zum Finden der „richtigen" Ressourcen**
- Vergegenwärtigen Sie sich zwei oder drei spezifische physische Ressourcen Ihrer Gruppe. Danach denken Sie bitte an zwei oder drei außergewöhnliche physische Ressourcen Ihrer Gruppe, an die Sie zuerst gar nicht gedacht haben.
- Schreiben Sie eine oder zwei Sachen auf, die Sie mit Ihren Händen machen können.
- Schreiben Sie ein paar Sachen auf, von denen wahrscheinlich niemand in Ihrer Gruppe weiß, dass Sie sich dafür interessieren.
- Schreiben Sie ein paar Talente oder Kompetenzen von Leuten Ihrer Kleingruppe auf.
- Schreiben Sie einige Organisationen auf, die etwas mit Ihrer Organisation gemeinsam haben. Es kommt auf ungewöhnliche Dinge an.
- Schreiben Sie einige Gruppen oder Initiativen (keine Organisationen!) außerhalb Ihres Arbeitsbereiches auf, die für Ihre Gruppe interessant sein könnten.
- Schreiben Sie ein paar Sachen auf, für die Ihre Gruppe bzw. Ihre Organisation Geld ausgibt. Es kommt auf außergewöhnliche Dinge an.

Schritt B: Verbindungen herstellen (30 Minuten)

1. Stellen Sie sich als Kleingruppe vor Ihre Karten an der Wand und betrachten Sie Ihre Ressourcen.
2. Bei der technischen Wirksamkeit geht man von Zielen aus und überlegt sich die passenden Mittel. Sie sollen etwas anderes machen, nämlich situativ wirksam sein. Dabei geht man von Gelegenheiten aus. In diesem Fall ist eine Gelegenheit eine neue Verbindung zwischen Ressourcen, die Sie

herstellen sollen. Denken Sie sich Aktionen/Projekte aus, die zwei oder mehr der Ressourcen verbinden.
3. Wenn Sie eine Idee haben, dann nehmen Sie die zwei, drei oder vier betreffenden Karten, hängen Sie sie zusammen (Cluster) und erzählen Sie der Gruppe von Ihrer Aktion.
4. Die anderen können jetzt auch noch mehr Ressourcenkarten zu Ihrem Cluster hängen. Wenn jemand das macht, muss er aber immer dabei sprechen und erzählen, wie das die Aktion ergänzt oder verbessert.
5. Es ist auch erlaubt, neue Cluster zu eröffnen.
6. Am Ende sollten etwa zwei bis sechs solcher Kartengruppen an der Wand hängen, die jeweils ein konkretes Projekt repräsentieren.
7. Geben Sie jetzt jedem Projekt einen kurzen Namen und schreiben Sie ihn zur Kartengruppe.

Wichtiger Hinweis: Ordnen Sie die Ressourcen nicht zu Kategorien. Es ist ein natürlicher Instinkt, das zu tun, aber versuchen Sie ihn bitte zu unterdrücken. Es geht nicht um Ordnung, sondern um die kreative Verbindung von Ressourcen mit einem möglichen Projekt oder einer Aktion.

Schritt C: Mit den Füßen abstimmen (10–20 Minuten, je nach Anzahl der Gruppen)

1. Jede Kleingruppe präsentiert kurz ihre Aktionen/Projekte im Plenum.
2. Danach wählt jeder Teilnehmer das Projekt aus, in dem er am liebsten mitarbeiten würde.
3. Gehen Sie zu der Kartengruppe des Projektes und stellen Sie sich daneben.
4. Sie haben damit Ihren *Arbeitsplan*, mit dem Sie sofort starten können: die Aufgabe, die Leute, die sich für dieselbe Idee interessieren und die Ressourcen, die genutzt werden können, um die Idee zu verwirklichen.

2.4 One-to-Ones

Um Ressourcen im Sozialen Raum zu entdecken, muss man dort präsent sein: Man kann die eigenen Besorgungen des täglichen Lebens im Stadtteil machen; Friseur- und Ladenbesuche sind unerschöpfliche Quellen von informativem Tratsch, bieten einfache Möglichkeiten bekannt zu werden, und geben Leuten Gelegenheit, Sozialarbeiter anzusprechen. Ähnliches gilt für Kneipenbesuche. Das Mittagessen lässt sich vielleicht aus der Kantine ans Büdchen um die Ecke und damit mitten in die Lebenswelt verlegen. Andere Ansatzpunkte können Schlüsselpersonen aus unterschiedlichsten Lebensbereichen sein. Die Rentnerin von nebenan, die über alles und jeden Bescheid weiß, der Pfarrer, mit dessen Ansehen sich ein Projekt adeln lässt, die langjährige Stadträtin, die weiß, wie Mehrheiten zu arrangieren sind, Geschäftsleute, Filialleiter von Banken, Polizisten, Lehrer, die im Stadtteil wohnen,... All das können Gelegenheiten für „One-to-ones" (mitunter auch geschrieben als „One2ones") sein. Das sind Vier-Augengespräche, Kontakte ohne Schreibtisch oder sog. „relational meetings" (Chambers 2004, S. 44-54).

Kaffee, Kuchen und Kontakte
Zwei Kollegen haben einen Jahresplan aufgestellt, der ständig durch die Lektüre der Lokalpresse aktualisiert wird. Im Plan steht, wann welche Schule, welcher Verein, welche Kita oder welche Kirchengemeinde ihr Sommerfest, ihr Jubiläum oder sonst etwas feiert. Dabei geht es weniger um Kaffee und Kuchen. Festbesuch ist fachliche Pflicht im ASD-Team M-hausen, weil man dort sehr effizient eine ganze Menge von One-to-ones machen kann. Frau Franz hat „Festdienst", taucht pflichtgemäß beim Sommerfest der Kindertagesstätte „Kleine Strolche" auf und wandert von Sonnenschirm zu Sonnenschirm. Man merkt der Sozialarbeiterin an, dass sie Routine darin hat, Menschen anzusprechen. Sie kommt mit Eltern und Großeltern über den Kuchen und das Wetter ins Gespräch, natürlich auch über die Kita, manchmal geht es auch um Kommunalpolitik oder um den Stadtteil. Die Themen dienen als Eisbrecher. Der Kollegin geht es darum, Bürger kennenzulernen, herauszufinden, was sie bewegt, und den Grundstock für eine weitere „Zusammenarbeit" zu legen.
Die Rechnung des ASD-Teams ist einfach. Wenn jede der sechs Fachkräfte jede Woche ein One2one macht, wären das im Jahr ca. 240 neue Kontakte. Selbst wenn nur ein Viertel davon zu einem neuen Volunteer, Sponsor, Fürsprecher oder Informanten führen, ist das Rechenexempel ein Argument dafür, One-to-ones ins Methodenarsenal zu integrieren.

Einzelhändlerstrategie
One-to-ones nutzen Techniken, die in den Abschnitten „aktivierende Befragung", „Community Organizing" (s. Handlungsfeld „*Sozialstruktur*") und „aktivierende Beratung" (s. o.) beschrieben wurden. Sie dienen dazu, Netzwerke zu knüpfen. Netzwerke sind einfach gesagt Menschen, die miteinander reden, die Ideen, Ressourcen und Informationen austauschen. Ralf Brand nennt das die „Einzelhändlerstrategie" (1995, S. 15). Entscheidend ist darin nicht, *was* man kennt, sondern *wen* man kennt, und vor allem wen man kennenlernt. Face-to-face bewirkt manchmal mehr als PR, weil erstens Beziehungen und zweitens Dominoeffekte entstehen: Menschen kooperieren mit Menschen, die ihnen bekannt sind. Was das Ziel von One-to-ones betrifft unterscheiden sie sich fundamental vom Smalltalk. Um entscheiden zu können ‚Lohnt sich ein Follow-up?', muss man in kürzester Zeit (ca. 30 Min.) die Neugier, die Überzeugung, die Kraft, die Talente und die Connections des unbekannten Gegen-

übers herausbekommen. Gleichzeitig muss es dem Profi gelingen, ein Klima zu schaffen, das Lust auf einen weiteren Kontakt macht.

One-to-ones haben zwei Ebenen. Auf der *Beziehungsebene* geht es darum, schnell eine Sympathie- und Vertrauensbeziehung zum Gegenüber aufzubauen, an der man später wieder anschließen kann. Gelungen ist der Kontakt, wenn der Angesprochene zu sich selbst sagt: „Das war ein gutes Gespräch. Mit der Frau würde ich gerne mal wieder quatschen. Die war interessiert an mir. Sie hat Fragen gestellt, die einem nicht jedem Tag gestellt werden, aber es waren wichtige Fragen …"

Auf der *Inhaltsebene* muss ein One-to-one die folgenden Fragen beantworten können: „Wer ist dieser Mensch? Wer sind seine Helden? Was bewegt diesen Menschen? Worüber ärgert er/sie sich? Was sind seine Träume für seine Nachbarschaft, seine Stadt? Wann würde dieser Mensch sagen, sein Leben hätte Sinn gehabt? Wie viel Einfluss hat der Mensch in seinem Betrieb, seiner Kirchengemeinde, seinem Verein etc? Was hält er davon, wenn Bürger versuchen, etwas zu bewegen? Ist er jemand, der andere mobilisieren kann, auf den andere hören, dem andere folgen (Leader)? Ist er jemand mit vielen Beziehungen und einem großen Netz (Zelle) oder jemand, der gerne etwas für andere tut, Freude am Service hat und spürt, was andere mögen, wie es ihnen geht (Perle)?"

Um tiefer einzusteigen, kann man *Ausdehnungsfragen*: „Wirklich?" oder „Wie war das?", „Wie haben Sie das genau gemacht?" benutzen. Man kann aber auch die *„Echotechnik"* einsetzen: Erzähler: „Ich habe dann beschlossen, etwas ganz anderes zu machen." Fragender: „Etwas ganz anderes?".

Zu den Fragetechniken „Mundöffner", „Fishing", „Selling", „Wen-kennen-Sie-Frage" etc. ist in den Abschnitten „aktivierende Beratung" und „Community Organizing" mehr zu finden.

Anforderungen an die Fachkraft

Die Strategie ist effektvoll, aber mitunter etwas ungewöhnlich für das berufliche Selbstverständnis deutscher Sozialarbeiter: „Man fühlt sich wie ein Staubsaugervertreter, Hausierer und noch schlimmer, als jemand, der den Leuten die letzten freien Minuten ihres Lebens rauben will." (Brand 1995, S. 15) One-to-ones sind zwar irgendwie für jeden von uns das Selbstverständlichste der Welt, aber dennoch als sozialarbeiterische Technik nicht ganz einfach. Erstens ist natürlich einmal die Hemmschwelle der ungewöhnlichen Situation zu überwinden, wo der Profi auf Bürger zukommt und etwas will. Normalerweise ist das ja immer umgekehrt.

One-to-ones erfordern kommunikatives Talent, unaufdringliche Neugierde und die Grundüberzeugung, dass die Welt ein Netzwerk ist, in dem Menschen immer auf andere Menschen angewiesen sind. One-to-ones und „Verkaufen" passen nicht zusammen. Im Zentrum steht das Gegenüber, nicht seine „Verwendung“ in der eigenen Arbeit. Die Fachkräfte versuchen herauszufinden, was jemanden interessieren oder weiterbringen könnte. Sie versuchen, hilfreich zu sein und dem Gesprächspartner einen Vorteil zu verschaffen. Jemanden etwas aufschwatzen, ist etwas grundsätzlich anderes, und ein Angesprochener wird sofort bemerken, ob es der Fachkraft um ihn geht oder um ihr Ziel.

Fachtipps

- Die meisten Teams versuchen etwas Neues für etwa drei Monate, und wenn es dann noch keine spürbaren Erfolge zeigt, versuchen sie etwas anderes. Netzwerke zu etablieren dauert aber wesentlich länger. Insofern ist die 3-Monats-Probierhaltung für One-to-ones ungeeignet (vgl. Smith 2000, S. 243)
- Bringen Sie sich selbst immer wieder gezielt in Situationen, in denen Sie neue Leute treffen werden.
- Versuchen Sie in jeder größeren Versammlung, zu der Sie gehen, fünf neue Leute kennenzulernen. Suchen Sie nach Gelegenheiten, sich bei der Veranstaltung nützlich zu machen: Kopien verteilen, Stühle aufstellen, beim Grillen mithelfen. Dann ergeben sich gute Gespräche ganz von alleine.
- Machen Sie Komplimente zum Outfit anderer Leute, zu ihrer Sprache, zu ihren Redebeiträgen, Interessen usw.
- Versuchen Sie „erinnerbar“ zu sein. Das kann man mit Sprache tun, etwa mit einer guten Geschichte oder einem intelligenten Witz, durch Kleidung oder durch eine Requisite (auffälliges Buch, eine Plastik, ein Plakat, eine Blume etc.), die man herumträgt. An gute Geschichtenerzähler erinnert man sich, weil Menschen etwas für Geschichten übrig haben.
- Wenn Sie Mitglied in einem Verein werden, dann gehen Sie auch in den Vorstand.
- Machen Sie sich Notizen nach den Kontakten (s. das „Kontaktprofil“ im Materialteil) und schreiben Sie Geburtstagskarten, Weihnachtskarten oder Dankeschönkarten, die Sie personalisiert vorgedruckt in der Arbeitstasche haben und auf dem Rückweg schreiben.

Übung „Netzwerkertest" (nach Fisher/Vilas2000, S. 277)

Beantworten Sie jede dieser Fragen, indem Sie eine Zahl dahinter schreiben: 1 = nie, 2 = manchmal, 3 = häufig, 4 = immer

Addieren Sie die Zahlen und schauen Sie am Ende der Fragenliste nach: Sind Sie ein guter Netzwerker?

▪ Ich habe ein fachliches Profil und weiß, wo ich für andere eine Ressource sein kann.	
▪ Ich finde in Gesprächen mit Leuten, die ich nicht kenne, leicht ein Thema.	
▪ Ich habe eine Netzwerkkarte, das Reichweite und Vielschichtigkeit meines Netzwerkes zeigt.	
▪ Ich stelle mich anderen Menschen so vor, dass deren Interesse geweckt wird.	
▪ Ich fühle mich in Gruppen wohl und verstehe es, Runden Gesprächsthemen zu geben.	
▪ Ich stelle mich Leuten lieber zweimal vor als darauf zu warten, dass sie sich an mich erinnern.	
▪ Mir fällt es sehr leicht, wildfremde Leute anzusprechen.	
▪ Mich interessiert eigentlich jeder Mensch.	
▪ Wenn sich mir jemand vorstellt, konzentriere ich mich, um dessen Namen unbedingt „abzuspeichern".	
▪ Ich spiele gerne Gastgeber.	
▪ Ich tue etwas dafür, dass ich anderen auffalle, als Person und als Sozialarbeiter.	
▪ Meine Namenskarte ist attraktiv gestaltet, gibt über meine Arbeit Aufschluss, und ich verwende sie häufig.	
▪ Wenn ich von anderen Menschen Namenskarten bekomme, mache ich auf der Rückseite einen Vermerk und schreibe später eine E-Mail, um in Kontakt zu bleiben.	
▪ Wenn ich jemand Neues treffe, lege ich eine kleine Karteikarte an: Adresse, Telefonnummer, E-Mail usw.	
▪ Ich gebe und erhalte täglich Anerkennung.	

▪ Ich pflege alle meine Netzwerkkontakte durch E-Mails, Anrufe, Briefe, Geschenke etc.	
▪ Ich habe personalisierte Kurzbriefe und verwende sie.	
▪ Ich erwidere Anrufe innerhalb von 24 Stunden.	
▪ Ich frage andere Leute oft um Unterstützung und gebe anderen Leuten oft Unterstützung.	
▪ Ich finde sehr oft Gelegenheiten, Leute zu fragen: „Wen kennen Sie, der…?"	
▪ Ich mache aus so gut wie jedem Kontakt Gewinn.	
▪ Ich übe ein Amt in einem Beirat oder Vorstand aus.	
▪ Ich vermittle regelmäßig Leute an andere Leute.	
▪ Ich bin bekannt für meine Hilfsbereitschaft.	
▪ Ich bin ein guter Zuhörer, mit dem sich Leute gerne unterhalten.	
▪ Wenn ich eine Sache angehe, spielt mein Netzwerk in meinem Denken immer eine große Rolle.	

Nun zählen Sie die Summe Ihrer Punkte zusammen:
104 – 88 exzellent
87 – 75 effektiv
64 – 62 Mensch mit Ressourcen
61 – 46 Gelegenheitsnetzwerker
45 – 26 Einzelkämpfer

Übung: Zehn One-to-ones im Stadtteil

Diese Übung ermöglicht Ihnen, nicht nur die Technik kennenzulernen und einzuüben. Sie verschafft Ihnen auch einen interessanten Einblick in den Stadtteil, in dem Sie arbeiten oder leben.

- Nutzen Sie Ihre nächsten Wege in Geschäfte, Kneipen, Cafés, und kommen Sie mit den Kunden, Besuchern oder Bewohnern ins Gespräch.
- Besorgen Sie sich einen Stadtplan und tragen Sie die Themen, die Sie erfahren haben, und die Wohnorte der Menschen, die Sie befragt haben, ein. Damit sind Sie auf dem Weg zu einer Stadtkarte besonderer Art: Darstellung von Themen, in denen Mobilisierungspotenzial steckt, und Hinweise auf Menschen, die eventuell mitmachen. Mit dieser Stadtkarte, zentral aufgehängt, halten Sie das Thema One-to-ones im Gespräch.

Material:
Kontaktprofil als Planer und Protokollraster

Kontaktprofil
Für jeden neuen Kontakt oder Kontaktplan eine eigene Karte verwenden

Name: ………………….. Vorname: …………………Datum:

Adresse: ……………………………………………………..........

Tel: …………………….. E-Mail……………………………

Meine Ziele für den Kontakt:

Ergebnisse des Kontaktes:

Interessen des Kontaktpartners:

Netzwerke des Kontaktpartners:

Fähigkeiten / Ressourcen des Kontaktpartners:

Wenn vorhanden Namenskarte hier einkleben.

Dos und Don'ts bei One-to-ones

Do's	Dont's
▪ Ein unverbindliches Thema wählen: Wetter, Lärm, Uhrzeit, Wegbeschreibung, Feuer für eine Zigarette ▪ Fragen stellen, Themen aufgreifen, aber nicht aus der Hand nehmen ▪ Sich für die Sichtweise des Gegenübers interessieren ▪ Sich der Sprache des Gegenübers nähern ▪ Themen ansprechen, die Gruppen, zum Beispiel ältere Mitbürger, Alleinerziehende, Frauen etc. angehen	▪ Eigene Person in den Vordergrund stellen ▪ Sachen richtig stellen ▪ Ratschläge geben ▪ Ausfragen ▪ Kritisches Feedback geben ▪ Zu einer bestimmten Sicht überreden oder überzeugen wollen ▪ Ironie ▪ Pseudovertraulichkeit

2.5 Kompetenzkartierung

Zentrales Anliegen der Kompetenzkartierung ist es, konkrete Informationen über die Fähigkeiten von so vielen Menschen wie möglich zu erheben. Menschen sind die wesentlichen „Stadtteilschätze". Jeder Einzelne hat Fähigkeiten, Talente, Wissen und Beziehungen. Ein gutes Leben zu leben heißt, die eigenen Kompetenzen zu nutzen. Dann fühlen sich Menschen geschätzt, gebraucht, tüchtig, einflussreich und gut im Sozialen Raum verankert. Das nützt auch dem Gemeinwesen. Immer, wenn Menschen ihre Fähigkeiten einsetzen, wird das Gemeinwesen stärker. Gut funktionierende Gemeinwesen sind solche, in denen die Bürger ihre Kompetenzen gebrauchen. In schwachen Gemeinwesen hingegen gelingt es nicht – aus welchen Gründen auch immer – diese Ressourcen zu mobilisieren. Klassische Sozialarbeit konzentriert sich bei der Betrachtung Sozialer Räume auf das, was fehlt. Sozialräumliche Arbeit versucht die Aktivposten zu finden und zu nutzen. Ein Zimmermann hat seinen Job vor Jahren verloren, weil ihm nach einem Unfall ein Bein amputiert werden musste. Wenn Fachkräfte nur davon wissen, dass er ein Bein zu wenig hat, können sie ihm nur beim Ausgleich dieses Defizits helfen, wenn sie hingegen wissen, dass er ein ausgezeichneter Fachmann der Holzverarbeitung ist, lässt sich mit diesem „Fähigkeitenwissen" etwas Mobilisierendes anfangen.

Die Kompetenzkartierung als Technik konzentriert Sozialarbeiter auf die Fähigkeiten von Bürgern, die sich z.B. nutzen lassen als Entlastung Alleinerziehender, als „Taxifahrer" zur Schule, Organisatorin eines Straßenfestes, als Nachhilfelehrer in Englisch, als nachbarschaftlicher Steuerberater, als sing- und erzählfreudiger Besucher Bettlägeriger etc. Gelingt es, Menschen aus dem Stadtteil in Lösungspläne von anderen Menschen aus dem Stadtteil zu integrieren, so werden gleichzeitig Netzwerke erweitert und das Gemeinwesen gestärkt. Die so verknüpften Ressourcen bleiben auch dann erhalten, wenn sich Professionelle zurückziehen. Das verspricht Nachhaltigkeit.

Das Prinzip der Kompetenzkartierung liegt *nicht* darin, für einen bestimmten Fall oder ein bestimmtes Projekt Leute mit einer spezifischen Fähigkeit zu finden. Wenn etwas Bestimmtes gesucht wird, wendet man eine Art *Suchscheinwerfertaktik* an. Kompetenzkartierung funktioniert dagegen eher nach der *Schleppnetztaktik*: So viele Leute wie möglich kennenlernen und so viele Fähigkeiten wie möglich herausbringen. Damit baut man ein breites Ressourcenlager auf, und die Wahrscheinlichkeit steigt, für heute noch nicht absehbare, zukünftige fall- oder projektbezogene Bedarfe etwas „auf Lager zu haben".

Entwickelt wurde die Kompetenzkartierung (engl. Originalbegriff: capacity inventory) im Asset-Based Community Development Institute an der Northwestern University/Chicago (www.northwestern.edu/ipr/abcd.html). In ihrem berühmten Buch "Building Communities from the Inside Out" haben Kretzmann und McKnight im Gegensatz zur traditionellen Stadtteilarbeit, die primär Defizite erkennt und auf professionelle Dienstleistungen von außen baut, eine Methodik entwickelt, die zuerst die Aktivposten im Gemeinwesen erkennt und Entwicklungen von „innen nach außen" ankurbelt (s. Textbook, Handlungsfeld „*Sozialstruktur*": Schatzkarten statt Bedarfspläne)

Wie man Kompetenzen sammelt

> Door knocking
> Es ist 17.30 Uhr. Zwei PKW-Ladungen von Sozialarbeitern fahren von der Einrichtung zu einem angrenzenden Stadtviertel. Ziel sind drei Wohnblöcke in der Nachbarschaft. Man will die Zeit zwischen Abendessen und TV-Abendprogramm nutzen. Ausgerüstet sind die Kollegen mit je fünf Fragebogen zur Kompetenzkartierung (s. u.). In der sog. „door knocking activity" will man bei etwa 50 Haushalten anklingeln, sich vorstellen und eine kurze Befragung machen. Am Tag vorher haben die Kollegen ein Flugblatt bei den zu befragenden Familien eingeworfen und ihr Kommen angekündigt. Nach etwa zwei Stunden hat das Team ca. 500 „Fähigkeiten" notiert und mit knapp 80 Leuten gesprochen. Die Ergebnisse werden am nächsten Tag in eine Ressourcenkartei (s. u.) übertragen. Einiges von dem, was die Bürger können, lässt sich in der Fallarbeit nutzen. Mit diesen Leuten wird so bald wie möglich wieder Kontakt aufgenommen. Andere Fähigkeiten lassen sich mit auch genannten Nachfragen nach Unterstützung verknüpfen. Dazu gilt es die Parteien zusammenzubringen. Bei zwei der Familien wird eine Kollegin wegen der Nachfrage nach speziellen professionellen Diensten vorbeischauen.

Das Door knocking ist eine bestimmte Form der Kompetenzkartierung. Man kann aber auch Menschen auf der Straße oder bei Versammlungen, vor dem Supermarkt oder auf Stadtteilfesten ansprechen. Folgende Techniken haben sich dabei bewährt:

- Begründen

Haustürgeschäfte, Unterschriftensammler, telefonische Meinungsumfragen oder Gewinnankündigungen lassen Menschen skeptisch werden, wenn sie angesprochen werden. Darum hat eine kurze und überzeugende Begründung besonderes Gewicht.

Hilfreich ist ein *Schreiben der sozialen Organisation*, das die Kompetenzkartierung begründet und verspricht, dass die erfragten Informationen nur mit Genehmigung des Befragten weitergegeben werden. Besser wird die Vorinformation noch, wenn ihr ein *Referenzschreiben einer stadtbekannten Persönlichkeit* (etwa des Bürgermeisters, Pfarrers oder eines Sportlers) beigefügt ist. Ein *Dienstausweis mit Foto*, der klar stellt, dass da ein Mitarbeiter einer

Sozialorganisation anfragt, schafft Vertrauenswürdigkeit. Eine *Visitenkarte mit Telefonnummer*, die beim Befragten verbleibt, unterstützt die zukünftige Kontaktpflege.

Die Eintrittskarte kann eine kurze Gesprächssequenz wie die folgende sein:

> „Guten Tag. Mein Name ist Michael Wachter. Ich bin beschäftigt beim Stadtteilladen XY. Wir haben Ihnen gestern auch schon einen Brief in den Briefkasten geworfen, in dem wir unser Anliegen schriftlich vorgestellt haben. Wir machen eine Umfrage über das, was die Leute hier im Stadtteil interessiert, und zu dem, was sie können. Wir glauben, dass es hier in der Nachbarschaft jede Menge Fähigkeiten, Talente und Erfahrungen gibt. Wir wollen mit dieser Umfrage herausfinden, welche. Wir möchten auch etwas darüber erfahren, was die Menschen, die hier wohnen, interessieren würde.
> Die Absicht, die hinter dem Ganzen steckt, ist, die Stärken des Stadtteils und die Stärken der Menschen, die hier leben, zu beschreiben, aber auch – wo möglich – Kontakte zwischen Leuten herzustellen, die sich gegenseitig unterstützen können.
> Wenn Sie 20 Minuten Zeit für mich hätten, könnte ich Ihnen als Gegenleistung ein interessantes Gespräch und eine Einladung zu einer Abschlussfeier bieten, bei der wir die Ergebnisse austauschen."

Zwanzig Minuten sind zwanzig Minuten. Und eventuell kann es eben auch etwas länger dauern. Man sollte vorab einschätzen, ob jemand jetzt gerade Zeit dafür hat. Ein Vater mit zwei schreienden Kindern, oder eine eilige Frau mit schweren Einkaufstaschen bieten weniger Aussicht auf Erfolg als ein Zeitungsleser im Stehcafé oder jemand, der auf den Bus wartet oder den Hund Gassi führt. Besonders aussichtsreich sind Anlässe jeder Art, zu denen Bürger sowieso Zeit mitbringen wie Kindergarten-, Schul-, Vereinsfeste.

- Fragebogen zur Kompetenzkartierung

Ein Fragebogen kann helfen, Fähigkeiten breit abzufragen. Er besteht deswegen aus einer relativ langen Liste von Fähigkeiten, die in Kategorien geordnet sind. Man beginnt damit etwa folgendermaßen:

> „Ich werde Ihnen nun eine lange Liste von Fähigkeiten vorlesen und bitte Sie, mir jeweils zu sagen, ob Sie das können, oder ob Sie daran interessiert wären, es zu lernen. Wir sind an allen Ihren Erfahrungen, Talenten und an Ihrem Können interessiert. Das können Dinge sein, die Sie sich selbst beigebracht haben, oder im Beruf gelernt haben, oder als Hobby tun oder im Haushalt machen oder in einem Verein, in dem Sie sind."

Arbeiten im Haushalt	**Ja**	**habe Interesse**
Fenster putzen,	J	
Teppiche reinigen	J	
Boden wachsen und bohnern	J	
Abflüsse reinigen	J	
Rasen mähen	J	
Kochen (was ist die Spezialität?)	J	
Backen	J	
Nähen	J	
Häkeln/Stricken	J	
Gartenarbeit	Ja	habe Interesse
Rasen mähen, Unkraut jäten, Laub rechen		

(Kompletter Fragebogen im Anhang nach „Ressourcenkartei".)

Auch wenn der Fragebogen es nahezulegen scheint, geht es *nicht* darum, ein Formular auszufüllen. Wird der Kompetenzbogen so eingesetzt, verfehlt er seine Wirkung, weil die Konzentration dem Papier gilt. Man sollte sich jedoch auf den Befragten konzentrieren. Der Kompetenzbogen hat vielmehr die Funktion eines Leitfadens für den Interviewer. Man kann die Antworten darin vermerken. Er hilft, das Gespräch ohne allzu künstlichen Smalltalk „fortzubewegen", wird aber dem natürlichen Gesprächsfluss untergeordnet. Die Antworten der Leute sollen vor allem „bewundert" werden, was die Befragten darin bestärkt, von weiteren Fähigkeiten und Verdiensten zu berichten. Gerät das Interview in eine Kategorie, wo der Befragte „wenig zu bieten" hat, dann wechselt man zur nächsten. Ein Dutzend Mal „davon habe ich wenig Ahnung" sagen zu müssen, stärkt nicht. Allerdings kann es Sinn machen, den Interviewten vor Beginn des Interviews (oder an Stellen, an denen der Interviewer einen entsprechenden Eindruck gewinnt) zu fragen, ob er die gerade befragte Fähigkeit gerne erlernen möchte. Gelingt es, auch diese „Nachfrage" zu kartieren, ergibt sich die Möglichkeit, später „Anbieter" und „Nachfrager" zusammenzubringen. So können Win-Win-Situationen entstehen, weil man etwas besonders Nachgefragtes bekommt für etwas, was man routiniert beherrscht. Weiterhin bietet sich eine geschlechts- und altersspezifische Reihenfolge der Fragen an. Bei jungen Erwachsenen kann man andere Fähigkeiten annehmen als bei älteren Leuten, und Frauen können typischerweise etwas anderes als Männer. Man beginnt am besten mit der Kategorie, die am meisten Trefferwahrscheinlichkeit verspricht.

- Kompetenzkarten

Eine weitere Möglichkeit ist die Arbeit mit Kompetenzkarten. Diese decken verschiedene Sparten von Alltagskompetenzen ab, von Haushalt über Freizeit bis Herkunft. Die Karten werden als stimulierender Startbegriff vorgelegt. Die Karten lenken die Aufmerksamkeit des Nachdenkens über eigene Fähigkeiten in verschiedene Richtungen. Nennt ein Befragter eine Fähigkeit zu der Karte, fragt der Interviewer Details nach, verhält sich anerkennend, notiert das Gesagte und fragt, ob der Befragte in diesem Kartenbereich noch mehr Fähigkeiten hat. Wenn nein, nimmt man sich die nächste Karte vor.

Alltagskompetenzen

- Arbeit im Haushalt
- Büro
- Computer
- Gartenarbeit
- Gastronomie
- Handel, Verkauf Dienstleistungen
- Handwerk
- Kinderbetreuung
- Maschinen und Autos Reparieren
- Musik und Theater
- Organisieren und mithelfen
- Pflege
- Sicherheit
- Sport
- Sprachen
- Transport

- Bewertung der Fähigkeiten durch den Befragten selbst:

Die meisten Kompetenzkartierungen erstaunen in ihrem Ergebnis die Befragten. In der Regel sind sie verblüfft, was sie alles können. Das haben sie zwar im Prinzip gewusst. Aber dies alles so konzentriert zusammengefasst zu sehen macht stolz, denn das Wissen über eigene Fähigkeiten ist eben latent und wird nur bewusst, wenn ein konkretes Können erforderlich ist. Im nächsten Schritt müssen die genannten Fähigkeiten bewertet werden.

„Ich bin wirklich erstaunt, was Sie alles können und in wie vielen Bereichen Sie besondere Fähigkeiten haben. Ich möchte Sie gerne jetzt um Folgendes bitten. Das eine oder andere können Sie zwar gut, machen es aber gar nicht so gerne. Welche der genannten Fähigkeiten können Sie so gut und machen sie auch so gerne, dass sie diese Fähigkeiten auch anderen Leuten anbieten würden – vorausgesetzt diese Leute sind nett genug?"

Freigabe der Informationen:
Als letzte Hürde ist die Freigabe der Informationen zu nehmen. Das bedeutet, die befragte Person erlaubt in eine Ressourcenkartei aufgenommen zu werden. Jetzt geht es um Namen, Adresse, eventuell Geburtstag und Telefonnummer. Das geht über das bis dahin vielleicht anonyme Interview hinaus. Hier zucken bisweilen Befragte zurück. Ob auch dieser Schritt gelingt, ist Vertrauenssache und abhängig vom guten Namen der Organisation, für welche die Fachkraft arbeitet; von der bestätigenden Atmosphäre des Interviews, insbesondere ob es der Fachkraft gelungen ist die Fähigkeiten angemessen, aber nicht übertrieben zu würdigen; von der Verdeutlichung des guten Verwendungszweckes der Informationen sowie von der Zusicherung, dass der Befragte immer nochmals um Genehmigung gefragt wird, bevor seine Informationen weitergegeben werden.

Pflege der Kontakte:
Wer mit Kompetenzkartierungen beginnt, lässt sich auf eine Arbeit mit Folgen ein. Gewonnene Informationen über die Fähigkeiten von Menschen nutzen nur, wenn die Menschen sie später auch zur Verfügung stellen. Dazu muss die Beziehung zu den Befragten gepflegt werden. Gelingt das nicht, verwandelt sich die Ressourcenkartei schnell in einen Datenfriedhof. Zumindest durch einen Newsletter sollten die Befragten „auf dem Laufenden" gehalten werden, etwa über Projekte des Teams oder Themen des Stadtteils. Man kann auch Geburtstagskarten oder Neujahrsgrüße schreiben, um zu zeigen, dass man die Leute auch weiterhin als Kooperationspartner sieht.

Kompetenzkartierung ist eine Teamaufgabe:
Die Schleppnetzstrategie der Kompetenzkartierung ist ein aufwändiges Geschäft. Schleppnetze lassen sich leichter ziehen, wenn mehrere Fachkräfte zusammenarbeiten. Die Rechnung ist einfach: Gelänge in einem sechsköpfigen Team jeder Fachkraft pro Woche die erfolgreiche Kompetenzkartierung einer Mitbürgerin, so könnte das Team am Ende des Jahres über mehr als 300 Volunteers „verfügen". Die Kartierung als Team hat Vorteile:

- Je mehr Teammitglieder kartieren, desto mehr Ressourcen kommen zusammen.
- Teammitglieder können ihre Erfahrungen, wie am besten vorgegangen wird, austauschen und ihre Vorgehensweise optimieren.

- Falls bestimmte Ressourcen gesucht werden (Pflegefamilien, Nachhilfelehrer...) kann ein Team das Vorgehen gemeinsam planen.
- Misserfolge eines Kartierungsversuchs lassen sich im Team besser auffangen, Erfolge besser gemeinsam feiern.

Einsatzmöglichkeiten der Kompetenzkartierung:

- Ein amerikanischer Kollege (Snow 2004) berichtet über folgende Einsatzmöglichkeiten der Kompetenzkartierung in Kirchengemeinden:
- Door knocking im Stadtteil (s. o.)
- Training des Pfarrers und Pfarrgemeinderates, die dann die Kompetenzkartierungen durchführen
- Veröffentlichung eines Kompetenzbogens im Kirchenblatt mit vorgegebenem Rückgabeweg und -termin
- Einsatz bei Veranstaltungen, an denen viele Leute teilnehmen (z. B. Kirchengemeindefest)
- Kompetenzkartierung im Rahmen einer Veranstaltung einer festen Gruppe (Gesangsverein, Posaunenchor,...)
- Kompetenzkartierung nach dem Gottesdienst mit Vorankündigung durch den Pfarrer
- Eine Kompetenzkartierungswoche als Event der Kirchengemeinde
- Kompetenzkartierung per Rundschreiben an Gemeindemitglieder

2.6 Ressourcenkartei

In jedem Team steckt ein umfassendes Wissen über Ressourcen in Stadtteilen. Altgediente kennen gute Vereine, spendable Gewerbetreibende, im Viertel wohnende Funktionäre, engagierte Kirchengemeinderäte, aber auch viele Bewohner mit ihren besonderen Kompetenzen. Dennoch hat jedes Team eine Art Wissensmanagementproblem, denn normalerweise ist dieses Stadtteilwissen in den Köpfen der Kollegen gespeichert, was Auswirkungen auf die technischen und sozialen Zugriffsmöglichkeiten darauf hat. Je länger Sozialarbeiter im Geschäft sind, desto reicher, aber auch unübersichtlicher ist deren sozialräumlicher Wissensfundus. Mit einer Ressourcenkartei hingegen kann ein Team das Sozialraumwissen aller Teammitglieder so „abspeichern“, dass es in gesammelter und geordneter Form jedem Teammitglied jederzeit zur Verfügung steht. Dadurch wird das Sozialraumwissen jeder einzelnen Fachkraft breiter und gleichermaßen wird eine Methodik kultiviert, wie ein Team sozialräumliches Wissen erhebt, aufbereitet, pflegt und im Team präsent hält.

Welche Mittel und Wege sich für ein Team eignen, fallunspezifische Arbeit ‚am Kochen' zu halten, sind unterschiedlich. Als vorteilhaft haben sich riesige

Pinwändc herausgestellt, die immer wieder bestückt, beschaut und gepflegt werden. Manche Teams arbeiten mit vorgefertigten Formularen, die helfen, Informationen zu dokumentieren. Andere Teams haben die fallunspezifische Arbeit immer fest auf der Tagesordnung und zwar zeitlich immer *vor* der Fallarbeit. Schließlich gibt es ein ausgearbeitetes Karteikartensystem zum Speichern und Sortieren von Ressourcen, das kurz vorgestellt werden soll. Man braucht dazu vier verschiedenfarbige Kartentypen:

Auf der Vorderseite der OrganisationsKarte werden wichtige Grundinfos über kontaktierte Organisationen eingetragen, wie Adresse, Telefon, E-Mail, Zielgruppe/ Kunden, Ausstattung, Angebote/Produkte, die Schlüsselperson, durch die man Zutritt hat, und mindestens eine Machtperson, die etwas zu sagen hat. Das Aktualisierungsdatum dieser Infos ist am unteren Rand vermerkt.

Name der Organisation: Pfleger-Hort		**OrganisationsKarte**	
		Newsletter: Ja (angekreuzt)	Nein
Strasse: Hauptstr. 23		Telefon	0951/ 603485
		Fax	0951-603480
Postleitzahl und Ort: 96055 Bamberg		E-Mail	sp-hort@bamberg.net.de
Zielgruppen: Kinder und Jugendliche von 6 bis 14 Jahren		WWW	
		Schlüsselperson	Silke Meier
		Machtperson	Ilse Kolb (GF)
Ausstattung: viergruppig, großes Freigelände, gute Kontakte zu Sportvereinen, gute Kontakte zu den Hauptschulen der anliegenden Sprengel			
Angebote: Hausaufgabenbetreuung, regelmäßige Elterngespräche, Betreuungsangebote auch während der Schulferien, geöffnet ab 10.00 Uhr			
Aktualisierungsdatum	3.3.2003		

Auf der Rückseite der OrganisationsKarte wird vermerkt, was die Organisation an möglichen Ressourcen zu bieten hat, aber auch das, was man der Organisation als Ressource bieten könnte. Letzteres sind die „Karotten, die den Hasen reizen“. Zudem wird vermerkt, welche Ressourcen die Organisation von Dritten gebrauchen könnte, weil das ein Ansatzpunkt sein kann, eine neue Verbindung für die Organisation zu schaffen. Im unteren Teil der OrganisationsKarte stehen die Aktionen, also das, was in Bezug auf die Organisation getan wurde.

Pfleger-Hort	**OrganisationsKarte**
Für wen eine mögliche Ressource?	Alleinerziehende und berufstätige Eltern, die Betreuung für ihre Kindern während der Ferien suchen. Erziehungshilfeangebote im Rahmen von Normalisierungsstrategien
Nachfrage nach was?	Unterstützung bei Öffentlichkeitsarbeit Unterstützung bei Fallberatungen
Was können wir bieten (Karotte)?	Darstellung des Hortes im Rahmen der Newsletter Finanzierung von SV

Aktionen

Datum	Kontaktperson	Aktionsform	Inhalt und Ergebnisse	Mitarbeiter
8.3.2003	Silke Meier	Besprechung	Hort erklärt sich bereit einen Beitrag bei der Entwicklung von wohnortnahen Hilfen zu leisten	S. Bender

Die BürgerKarte nimmt auf der Vorderseite Daten einzelner Menschen auf, wie deren Adresse, Erreichbarkeit, Geburtstag (um eine Glückwunschkarte schreiben zu können), Kompetenzen und Nimmkraft (potenzielle Nachfrage nach etwas, was sie gebrauchen könnten).

Name: Sabine Schmitt	**BürgerKarte**	
	Newsletter	~~Ja~~ Nein
Strasse: Erlenweg 3	Telefon	0951-547688
	Fax	
Postleitzahl und Ort: 96049 Bamberg	E-Mail	schmittsab@web.de
Perle – Leader - Zelle Organisiert gerne, kocht gerne für andere	Geburtstag	6.10.52
	Gute Kontaktzeit	Vor 9.00 morgens
Kommentar	gestandene Hausfrau, die weiß was sie will, mit viel Energie	
Kompetenzen	Kinderbetreuung, Altenpflege, Kochen	
Nachfrage	Sprachunterricht (Türkisch)	
Aktualisierungsdatum	~~10.3.2008~~ 15.3.2008	

Auf der Rückseite der BürgerKarte stehen wiederum die Aktionen, gegliedert nach Datum, Fachkraft, Inhalt, Ergebnis. Die Kategorie „Matching" dokumentiert, wie und wo dieser Bürger Ressourcen eingebracht hat. OrganisationsKarten und BürgerKarten werden in alphabetischer Reihenfolge in zwei verschiedenen Kästen sortiert.

Sabine Schmitt		**BürgerKarte**			
Mitarbeiter-Kontakte		Matching			
Datum	Bemerkung	Datum	Name	Ergebnis	Mitarbeiter
10.3.08	S. hat sich über die Vermittlung sehr gefreut.	15.3.08	Y. Öztürk	S. übernimmt 2 x pro Woche Kinderbetreuung von 4 Stunden für die 3-jährige Tochter und erhält dafür zweimal pro Woche Türkisch-Unterricht. Sie steht für Frau Öztürk als Ansprechpartnerin in Erziehungs-fragen zur Verfügung und „übt mit Erhan deutsch. Dafür wird sie öfter zum Essen eingeladen.	S. Bender

Die KompetenzKarte umfasst verschiedene Rubriken alltagsweltlicher Fähigkeiten wie Hausarbeiten, Gesundheitspflege, Kinderbetreuung, Handwerkerarbeiten, Bürotätigkeiten, Verkaufstätigkeiten, Organisieren, Kochen, Musisches, Sprachen etc. Für jeden Bürger wird je Fähigkeit, die er abrufbar machen möchte, eine Kompetenzkarte angelegt. Hier werden nur die Kompetenzen näher beschrieben und eventuelle Präferenzen beim Einbringen erläutert. Der Name des Kompetenzträgers stellt die Verknüpfung zur BürgerKarte her.

Kinderbetreuung		**KompetenzKarte**	
Name	Sabine Schmitt	Telefon	0951/ 65831
		Fax	
		E-Mail	schmittsab@web.de
		Gute Kontaktzeit	Vor 9.00 morgens
Kompetenz:	früher berufstätig als Kinderpflegerin		
Präferenz:	hätte Lust auf Tagespflege, 1 bis 2 Kinder bis zu 4 Jahre erwartet Bezahlung oder Gegenleistung		
Angebote	15.3.2003		

Die NimmkraftKarten ähneln den KompetenzKarten, nur dass sie nachgefragte Ressourcen oder Dienste dokumentieren. KompetenzKarten und NimmkraftKarten werden nach den Kompetenzkategorien sortiert.

Fremdsprache		**NimmkraftKarte**	
Name	Sabine Schmitt	Telefon	0951/ 65831
		Fax	
		E-Mail	schmittsab@web.de
		Gute Kontaktzeit	Vor 9.00 morgens
Nachfrage:	geht öfters in die Türkei in Urlaub und möchte Türkisch lernen		
Präferenz:	möchte bald anfangen. Hätte gerne Kontakt zu einer türkischen Frau.		
Angebote	15.3.2003		

Übung: Kompetenzen von Kollegen kartieren

Besetzen Sie im Rahmen der Übung die folgenden Rollen:
Rolle 1: Interviewende Fachkraft
Rolle 2: Bürgerin, die interviewt wird
Rolle 3: Beobachter

Überlegen Sie, wie Sie der Person, die befragt werden soll, Ihr Anliegen nahebringen wollen.

Nutzen Sie die als Material angebotenen *Kompetenzkarten* bzw. den *Fragebogen zur Kompetenzkartierung*, und führen Sie eine Kompetenzkartierung durch.

Auswertungsfragen:
- Inwieweit gelang es der interviewenden Fachkraft, die „Bürgerin" zu verstärken?
- Wie ging es der „Bürgerin" bei der Sammlung ihrer Stärken?
- Welche Ihrer Kompetenzen (Fähigkeiten, Talente, Wissen) wurden nicht entdeckt?
- Ergänzen Sie Fragen zum Fragebogen, die geeignet gewesen wären, diese Kompetenzen herauszufinden.
- Wie wurde der Prozess von der beobachtenden Kollegin erlebt?
- Was gelang gut, was noch nicht so gut?
- Welche Fragen würden Sie a) ergänzen, b) weglassen c) anders formulieren?

Bitte wechseln Sie nun die Rollen und führen eine weitere Kompetenzkartierung durch.

Material: Fragebogen zur Kompetenzkartierung

Arbeiten im Haushalt	Ja	habe Interesse
Fenster putzen	J	
Teppiche reinigen	J	
Boden wachsen und bohnern	J	
Abflüsse reinigen	J	
Rasen mähen	J	

Kochen (welche Cuisine?)	J	
Backen	J	
Nähen	J	
Häkeln/Stricken	J	
Gartenarbeiten	J	
Rasen mähen, Unkraut jäten, Laub rechen	J	
säen, pflanzen, pikieren	J	
Bäume beschneiden	J	
Kranken- und Altenpflege	**Ja**	**habe Interesse**
Betreuung von kranken Menschen	J	
Betreuung von alten Menschen	J	
Betreuung von behinderten Menschen	J	
Wenn eine der drei oben stehenden Fragen mit „Ja" beantwortet wurde, dann fragen Sie bitte nach:		
Einkaufen für jemanden	J	
beim An- und Auskleiden unterstützen	J	
Baden und andere Körperpflege	J	
beim Essen unterstützen	J	
spezielles Essen zubereiten (z. B. Diät)	J	
Bewegungsübungen machen	J	
Spaziergänge und andere Begleitungen	J	
Gespräche führen, zuhören, vorlesen ...	J	
Handwerksarbeiten	**Ja**	**habe Interesse**
Tapezieren	J	
Dübeln	J	
schneidern/Kleider nähen	J	
Lampen installieren	J	
Fenster und Türen streichen	J	
Schmuck- oder Uhrenreparatur	J	
Kunstschreinerei	J	
Stoppen Sie hier, wenn bisher keine Frage mit „ja" beantwortet wurde		
Aufpolstern	J	

Tropfende Wasserhähne reparieren	J	
Verputzen	J	
Fassaden streichen	J	
Möbel reparieren	J	
Schlösser reparieren	J	
Isolieren	J	
Wasserleitungsreparatur	J	
Elektroinstallation	J	
Maurerarbeiten	J	
Einbauküchen aufstellen	J	
Stuckarbeiten	J	
Schweißen	J	
Betonieren	J	
Fußboden verlegen	J	
Heizung entlüften/installieren	J	
Fenster einbauen	J	
Zimmermannsarbeiten	J	
Dach decken	J	
Büro	**Ja**	**habe Interesse**
Telefongespräche führen	J	
Formulare ausfüllen	J	
Information in den Computer eingeben	J	
Maschine schreiben	J	
Telefonumfragen/Menschen interviewen	J	
Geschäftsbriefe formulieren	J	
Große Telefonanlagen bedienen	J	
Warendurchlauf regeln	J	
Sich mit Ämtern auskennen	J	
Stenographie	J	
Buchhaltung	J	
Textverarbeitung	J	

Berichte schreiben	J	
Arbeitsplanung für andere Leute machen	J	
Ein Budget aufstellen	J	
Maschinen und Autos reparieren	**Ja**	**habe Interesse**
Wartungsarbeiten an Autos machen	J	
Einfache Autoreparaturen	J	
Aufwändigere Autoreparaturen wie z. B. Karosserien, Motor, Kupplung	J	
Autos entrosten, lackieren	J	
Reparieren von Radio, Fernsehen, Video- oder Kassettenrecorder	J	
Haushaltsgeräte reparieren z. B. Kühlschrank, Waschmaschine	J	
Heizung reparieren	J	
Aufzüge reparieren	J	
Gastronomie	**Ja**	**habe Interesse**
Essen servieren	J	
Tische dekorieren	J	
Essen kochen für größere Menschenmengen	J	
Catering	J	
Ausschank, Barbetrieb	J	
Transport	**Ja**	**habe Interesse**
Auto fahren	J	
Möbel transportieren	J	
Lieferwagen fahren	J	
Bus fahren	J	
Taxi fahren	J	
Traktor fahren	J	
LKW fahren	J	
Fahrradkurier	J	
Kinder und Jugendliche	**Ja**	**habe Interesse**
Babysitting	J	

Babypflege	J	
Kinderbetreuung als Tagesmutter /-vater	J	
Kinderbetreuung über Tag und Nacht	J	
Bei Hausaufgaben helfen	J	
Mit Kindern spielen	J	
Freizeitgestaltung mit Jugendlichen	J	
Handel/Verkauf/Dienstleistungen	**Ja**	**habe Interesse**
Eine Kasse bedienen	J	
Waren im Einzelhandel verkaufen (Welche Produkte?)	J	
Großhandelsverkauf (welche Produkte?)	J	
Unterrichten (was?)	J	
Eigentum verwalten	J	
Haare schneiden/frisieren	J	
Andere Dienstleistungen (welche?)	J	
Musik/Theater	**Ja**	**habe Interesse**
Singen	J	
Ein Instrument spielen (welches Instrument?)	J	
Theater spielen	J	
Figurentheater	J	
Pantomime	J	
Tanzen	J	
Sicherheit	**Ja**	**habe Interesse**
Grundstücke & Gebäude schützen	J	
Kontrolle großer Massen	J	
Türsteher	J	
Alarmssystem installieren/reparieren	J	
Feuerlöschen	J	
Sport (bitte Sportarten in den einzelnen Rubriken benennen)	**Ja**	**habe Interesse**
Mannschaftssport	J	
Einzelsport	J	

Ballsport	J	
Kampfsport	J	
Denksport	J	
Gesundheitssport wie Yoga ...	J	
Tanzsport	J	
Fremdsprachen	**Mutter-sprache**	**passabel**
	Mutter-sprache	passabel
	Mutter-sprache	passabel
Computer (jeweils die Programme erfragen)	**Ja**	**habe Interesse**
Internet	J	
Textverarbeitung	J	
Webpage-Design	J	
Photobearbeitung	J	
Tabellenkalkulation	J	
Datenbanken	J	
Graphiken entwerfen	J	
Organisieren und mithelfen **Haben Sie jemals Gemeinschaftsaktivitäten wie die folgenden organisiert oder bei der Organisation geholfen?**	**Ja**	**habe Interesse**
Jugendgruppen	J	
Spendensammlungen	J	
Elternbeirat	J	
Jugendmannschaften im Sport	J	
Wanderungen/Ausflüge	J	
politische Kampagnen	J	
Flohmärkte	J	
Kirchenfeste	J	
Stadtteilfeste/Bierfeste	J	
Gruppenarbeit	J	

Kinderzeltlager	J	
Sonstiges	**Ja**	**habe Interesse**
Arbeiten, die auf einem Bauernhof anfallen	J	
Vorträge halten	J	
Texte/Zeitungsartikel verfassen	J	
Photographieren	J	
Videofilme machen	J	
Malen/zeichnen	J	
Geschichten erzählen	J	
Töpfern	J	
Basteln	J	
Streit in der Nachbarschaft schlichten	J	
Kindergeburtstage organisieren	J	
Streit schlichten	J	

Gibt es andere Fertigkeiten von Ihnen, die nicht aufgeführt wurden? Wenn Sie an die Dinge denken, die Sie können, welche drei Dinge können Sie Ihrer Ansicht nach am besten? 1,	
2.	
3.	
Welche von Ihren Fähigkeiten sind gut genug, dass andere Menschen Sie deswegen engagieren würden? 1,	
2.	
3.	
Name	Adresse
Tel.	Alter Geschlecht M/W

O Handlungsfeld „Organisation“

Das Handlungsfeld „Organisation“ beschäftigt sich mit Strategien, Methoden und Techniken zur sozialräumlichen Optimierung des institutionellen Rahmens, in dem soziale Dienstleistungen entstehen. Sozialraumorientierung verlangt von jeder sozialen Einrichtung eine Überprüfung und Veränderung ihrer eigenen Organisationsmerkmale. Das beginnt bereits bei den Zugängen für die Adressaten. Statt mit spezialisierten Zuständigkeiten für Teilprobleme nur die „richtigen“ Klienten herauszufiltern, wollen diese Einrichtungen Bürger, Gruppen und andere Einrichtungen einladen und Versorgungsnetze knüpfen. Eine weitestgehende „Normalisierung“ und soziale Integration der Adressaten und der Abbau von Sondereinrichtungen sind fachliche Ziele. Auch tradierte Aufbau- und Ablaufmuster werden von flexiblen Regelungen abgelöst, die es den Fachkräften erlauben, situationsspezifisch zu entscheiden. Die Organisationen richten ihre Arbeitsteilung nach Dimensionen des Sozialen Raums aus, zum Beispiel nach Stadtteilen oder nach den Herkunftsorten der Menschen.

Ein Perspektivenwechsel in der Profi-Laien-Beziehung verlangt nach neuen Formen systematischer Beteiligung der Adressaten an „ihrem“ Hilfeprozess und am gesamten Leistungsangebot der Einrichtung. An diese Überlegungen schließen die vorgestellten Methoden und Verfahren an. Neben ihnen bedient sich ein sozialraumorientierter Ansatz im Handlungsfeld „Organisation“ natürlich auch anderer sinnvoller Techniken, zum Beispiel aus dem Repertoire der Organisationsentwicklung.

Die Umstellung auf einen Sozialraumansatz bedeutet für Organisationen die Bereitschaft zum Umdenken auf vielen Ebenen:

1. Unter dem Stichwort „*Portaltechniken*“ geht es um Verfahren, mithilfe derer sich Sozialarbeiter kritisch mit ihrem Fremdbild und Image in ihrer Umgebung auseinandersetzen. Denn das Fremdbild beeinflusst wesentlich inwieweit sich Adressaten Sozialer Arbeit einer Organisation in der Erwartung nähern, dass sie in ihren Anliegen flexibel unterstützt werden.
2. Für die gesamte Organisation brauchen Leitung und Mitarbeiter Strategien des Innovationsmanagements: Die *Potenzialanalyse,* um Innovationsreser-

voirs erkennen zu können, die *Teamorganisation,* um das Leistungsvermögen von Teams – z. B. als Sozialraumteams – offensiv zu nutzen. Für Fall- und Projektbesprechungen sind Strategien notwendig, die der Komplexitätsreduktion durch Routine vorbeugen und in zeiteffizienter Weise immer wieder neue Perspektiven systematisch erzwingen: Das *„Ausrichten der Aufmerksamkeit“*, der *Perspektivenwechsler*, *Ideenkonferenzen* und die *„Provokative Operation“* werden dazu vorgestellt.

3. Wie sich Organisationen immer wieder selbst versichern können, in welchem Maße sie bewusst Diversität und Heterogenität zulassen können, um Aussonderungstendenzen zu verhindern und Normalisierung zu befördern, wird am Werkzeug des *„Index for Inclusion“* gezeigt.
4. Sozialraumorientierte Einrichtungen beteiligen ihre Adressaten umfassend. Dies kann durch generelle repräsentative Partizipationsformen stattfinden und als direktes Mitreden im einzelnen Hilfeprozess. Hier bekommen Sie Informationen zu Strategien, wie *Beschwerden* von Kunden stimuliert und bearbeitet werden, und wie Nutzerbefragungen zur Optimierung von Arbeitsprozessen genutzt werden können.
5. Auf einer anderen Ebene liegt die Frage, wie das fachliche Handeln und seine finanziellen Kosten im Sozialraumansatz gesteuert werden können. Die Organisation muss sich dann mit Techniken des *Controlling* und mit notwendigen Schritten zur Aufstellung eines *Sozialraumbudgets* befassen.

1 Zugänge zur Organisation gestalten: Portaltechniken

Portaltechniken befassen sich in erster Line mit den Zugangswegen für Adressaten. Mit ihnen findet man heraus, wie das eigene Portal wirkt und wie es verändert werden kann, damit die Organisation Bürger als Kunden einlädt und nicht abschreckt.

1.1 Fremdbilderkundung

Bei der Fremdbilderkundung ist man als Zweierteam im Stadtteil in der näheren Umgebung der eigenen Organisation unterwegs und befragt Passanten (ausführlich in Krisch 2009, S. 141ff). Ideale Gelegenheiten sind Orte, wo viele Leute vorbeikommen, wie zum Beispiel der Supermarkt, oder noch besser die Bushaltestelle, weil die Leute die Ablenkung beim Warten ganz nett finden könnten. Um möglichst verschiedene Gruppen anzusprechen, sollte man die Befragung zu unterschiedlichen Tageszeiten und an den unterschiedlichsten Orten durchführen. Es lässt sich aber auch an eine vordefinierte Befragungszielgruppe denken: etwa weibliche Jugendliche, die nicht ins Jugendhaus gehen, oder nichtdeutsche Eltern, deren Kinder nicht den Kindergarten besuchen. Einer der beiden Interviewer stellt die Fragen, der andere schreibt mit. Eine Sonderform der Fremdbilderkundung ist die Befragung von anderen Fachkräften des sozialen Sektors oder von Funktionsträgern anderer Organisationen (wie z. B. Sportvereine, Kirchengemeinden etc.), mit denen man am besten vorab Termine ausmacht.

Ziel der Fremdbilderkundung (vgl. Krisch 1999, S. 81f) ist, die Außenwahrnehmung der eigenen Organisation durch die Zielgruppe, durch Kooperationspartner und durch andere Akteure des Sozialen Raums zu untersuchen. Man will erfahren, wie die eigene Organisation im näheren geographischen Umfeld gesehen wird, welche Funktionen und Fehlleistungen ihr zugeschrieben werden und wie der Zugang eingeschätzt wird. Oft gehen Dienste von der falschen Vorstellung aus, dass sie gerade in der Nachbarschaft ausreichend bekannt sind. Oder es gibt in der Nachbarschaft Vorurteile, die sich hartnäckig halten, weil sie der Organisation verborgen blieben und deshalb nicht aktiv aufgeklärt werden konnten. Solche Imagebarrieren prägen Portale und begrenzen genauso wie faktisch existente Barrieren den Zugang. Die Fremdbilderkundung will beides in Erfahrung bringen.

Weiterhin geht es darum, zu erfahren, welche Erfahrungen Bürger bisher mit der Organisation gemacht haben, also herauszubekommen, ob die Organisation auf dem richtigen Weg ist oder ob von Bürgern Veränderungen gewünscht werden. Oft bieten auch gerade die Erfahrungen der Befragten mit

„der Konkurrenz" interessante neue Ideen. Ein weiteres Ziel der Fremdbilderkundung ist die Kontaktsammlung. Jeder Befragte ist entweder ein potenzieller Adressat, ein Beobachter, ein Meinungsmacher oder eine potenzielle Ressource.

Als Ergebnisse der Fremdbilderkundung sind drei verschiedene Auswertungen möglich:

Der Imagebericht gibt über die Außenwahrnehmung und über Notwendigkeiten bzw. Möglichkeiten ihrer Veränderung Aufschluss. Er sollte nach verschiedenen Bevölkerungsgruppen und nach Wohnorten differenzieren.

Der Ideenbericht stellt bei der Befragung herausgefundene Veränderungswünsche und innovative Ideen zusammen. Während der Imagebericht sich mit der Wahrnehmung der anderen beschäftigt, zielt der Ideenbericht auf die Verbesserung der eigenen Arbeit.

Schließlich umfasst der Interaktionsbericht eine Sammlung der neuen Kontakte und der damit verbundenen Ressourcen. Die Daten des Interaktionsberichtes werden in eine Ressourcenkartei (siehe Kapitel Netzwerk: Ressourcenkartei) eingespeist.

Im Folgenden werden Fragen für eine Fremdbilderkundung eines ASD, eines Stadtteilprojektes, eines Kindergartens, einer Wohngruppe und eines Jugendhauses synoptisch zusammengestellt, um Gemeinsamkeiten und Verschiedenheiten erkennbar zu machen.

* Die Abkürzungen werden hier im Text nur verwendet, um Platz zu sparen. Im Interview sind Abkürzungen nur zu verwenden, wenn sie quasi zum Alltagsjargon in der Stadt/Gemeinde gehören.

** Die Formulierung der Frage, muss natürlich an die Befragten angepasst werden. Mitunter muss man auch inhaltliche Unterscheidungen machen.

Organisationsname	Allgemeiner Sozialer Dienst des Jugendamtes	Soziale-Stadt-Projekt „Königstraße“ (Kö)	Kindergarten „Kleine Strolche“ (Kita)	„Zacke“, Wohngruppe für Behinderte Menschen (WG)	„Jugendhaus Zapp“ (JH)
Bekanntheit	Kennen Sie das Jugendamt? Kennen Sie den ASD*?	Haben Sie schon vom Kö* gehört?	Kennen Sie die Kita*?	Kennen Sie die WG*?	Kennen Sie** das Zapp*? Warst Du** schon mal dort?
Lage	Wissen Sie, wo sein Büro ist?	…, wo das Projektbüro/ der Stadtteilladen ist?	…, wo die Kita ist?	…, wo die WG ist?	…, wo das Zapp ist?
Aufgabe, Angebot	Wissen Sie, was der ASD tut?	…, was wir im Projekt machen?			…, was dort passiert?
Mitarbeiter	Wissen Sie, welche Leute dort arbeiten? Kennen Sie Mitarbeiter von dort?				
Adressaten und deren Image	Wissen Sie, wer dorthin geht? Kennen Sie jemanden, der schon mal mit dem ASD Kontakt hatte?	…, wer dort mitmacht? Kennen Sie jemanden, der sich dort engagiert?	…, welche Kinder dort sind? Kennen Sie Leute, deren Kinder dort sind?	.., wer dort wohnt? Kennen Sie jemanden von dort?	…, wer dorthin geht? Kennst Du jemanden, der dorthin geht?
Mögliche	Waren Sie selbst schon mal da? Wenn nein:				
Zugangsbarrieren	Würden Sie hingehen?	Warum nicht?			Warum nicht? Gehst Du in ein anders JH? Was ist dort anders/ besser?

Interesse	Würden Sie gerne mehr über den ASD erfahren? Wenn ja: Adresse und Tel. aufnehmen. Wollen Sie mal vorbeischauen?	… das Kö erfahren? Wenn ja: Adresse und Tel. aufnehmen. Wollen Sie mal vorbeischauen?	… die Kita erfahren? Wenn ja: Adresse und Tel. aufnehmen. Wollen Sie mal zu einem Fest eingeladen werden?	… die WG erfahren? Wenn ja: Adresse und Tel. aufnehmen. Wollen Sie sie gerne mal anschauen?	Weißt Du genug vom Zapp? Wenn nein: Adresse und Tel. aufnehmen. Welche Angebote/ Ereignisse würden Dich interessieren?
Image, Nutzen	Was hört man denn so über den ASD?	Was hört man denn so über das Kö?	Was hört man denn so über die Kita?	Was hört man denn so über die WG?	Was hört man denn so über das Zapp?
Wünsche	Was sollte/könnte Ihrer Meinung nach…				
und Ressourcenfrage	…der ASD noch tun/ anderes tun? Was könnte der ASD für den Stadtteil tun? Könnten Sie sich vorstellen, das meinen Kollegen mal zu erklären?	…das Kö noch tun/ anders tun? Was könnte das Kö für den Stadtteil tun? Könnten Sie sich vorstellen, das meinen Kollegen mal zu erklären?	…die Kita für den Stadtteil tun? Könnten Sie sich vorstellen, das meinen Kollegen mal zu erklären?	…die WG für den Stadtteil tun? Könnten Sie sich vorstellen, das meinen Kollegen mal zu erklären?	…im Zapp anders sein? Was könnte das Zapp für den Stadtteil tun? Könntest Du das den Leuten vom JH mal erklären?
		Könnten Sie uns die Kontakte dafür machen/dabei helfen?			
Kontakt	Informationsfaltblatt mit Kontaktadresse beim Bedanken und Verabschieden aushändigen				

Beispiel einer tabellarischen Auswertung zum Imagebericht

Organisation	*Image positiv*	*Image negativ*	*Kooperationswünsche*	*Wünsche*
Bezirksvorsteher		JUZ ist verschlossen Keine Wochenend-betreuung nicht herausreichend wenig Identifikation mit der Siedlung	Kontakt regelmäßige Info / Programm	Vernetzung zwischen Älteren und Jungen fördern
Pfarrer, Pfarrei St. Josef	dass es das JUZ gibt gut ausgebildetes Personal innovativ persönliche Zu-wendung sinnvolle Frei-zeitgestaltung	wenig Vermischung mit anderen Kindern Keine Wochenendarbeit	gemein. Großveranstaltungen	Elternarbeit
...	...	...	...	...
Hauptschule B.	Eingehen auf Wünsche der Schule offenes Ohr für Kinder gutes Personal wichtig für manche Kids	zu wenig Austausch	gemeinsame Projekte, zusammen mit anderen Schulen Mehr Zusammenarbeit mehr Austausch	mehr Sport mehr Infos
...	...	...	...	...

Offensichtlich wird, dass das Image der lange bestehenden Einrichtung nicht nur positive Aspekte aufweist. Der Wunsch nach mehr Information kommt häufig vor. Überraschend war, der recht negative Eindruck des Bezirksvorstehers (Auszug entnommen aus: Deinet o. J., S. 30).

1.2 Zielgruppen-Sampling

Beim Zielgruppen-Sampling handelt es sich um eine strukturierte Stadtteilerkundung auf der Suche nach Angehörigen der Zielgruppe der eigenen Organisation. Zuerst muss eine Zielgruppe bestimmt werden, die die Organisation ansprechen will. Dann wird versucht, diese Zielgruppe mit äußerlichen Merkmalen zu beschreiben, so dass ihre Mitglieder als solche erkennbar sind: z. B.

Jugendliche zwischen 11 und 17 Jahren. Wenn das nicht geht, muss man sich für das Zielgruppen-Sampling eine einfache Eingangsfrage als Filter ausdenken, denn befragt sollen nur Leute werden, die einer vorab festgelegten Zielgruppe zugehören und nicht zu den aktuellen Nutzern der Organisation gehören. Nur wenn diese Auswahl irgendwie einfach zu bewerkstelligen ist, kann man ein Zielgruppen-Sampling durchführen.

Mit Hilfe eines Stadtplanes (1:5.000 – 1:10.000) wird ein Stadtteil in kleinere Einheiten (Befragungsgebiete) aufgeteilt, die in einem halben Tag bequem abzulaufen sind. Man kopiert einen Stadtplanausschnitt als „Befragungskarte" heraus und laminiert ihn. Außerdem wird für jedes Befragungsgebiet eine alphabethische Liste aller darin befindlichen Straßen erstellt. Der Straßenname ist die erste Spalte dieser Liste, dahinter kommen dann weitere Spalten, je nachdem ob sich die Gruppe der Befragten noch weiter differenzieren lässt: z. B. eine Spalte für jedes Geschlecht, oder drei Altersspalten: Kind/Jugendlicher, Erwachsener, Senior.

Ausgestattet mit Interviewleitfaden, Notizblock, Karte, Folienstift und Liste machen sich dann Zweierteams auf den Weg, laufen „ihr" Befragungsgebiet systematisch ab und befragen jeden Menschen, der ihnen über den Weg läuft und zur vorher festgelegten Befragungsgruppe gehört. Die Tour im Befragungsgebiet wird zu unterschiedlichen Tages- und Wochenzeiten wiederholt, weil man jeweils andere Leute antrifft. Jede Befragung wird auf der Karte und der Liste mit einer laufenden Nummer vermerkt, die sich auch auf der Interviewmitschrift findet. So kann man im Nachhinein gut die Befragungsorte erkennen und hat anhand der Liste einen guten Überblick, wo man schon war, denn jeder Weg durch die jeweilige Straße wird dort mit einem Strich vermerkt.

Inhaltlich wird beim Zielgruppen-Sampling das Gleiche erfragt wir bei der Fremdbilderkundung: Es geht in erster Line darum, etwas über die Wirkung der eigenen Portalkonstruktion herauszufinden und Anregungen zu bekommen, wie das eigene Angebot aus der Sicht bislang nicht erreichter Zielgruppen verbessert werden könnte. Als Nebenprodukt entstehen neue Kontakte, und evtl. entdeckt man auch neue Ressourcenquellen.

Ein paar Bemerkungen zu Einrichtungen, die nur von Bevölkerungsgruppen in spezifischen Lebenslagen in Anspruch genommen werden:

Aus der Sicht von eher spezialisierten Organisationen – wie beispielsweise Behinderteneinrichtungen, Altenheime oder Jugendämter – mag es auf den ersten Blick nicht sinnvoll erscheinen, eine Fremdbilderkundung oder ein Zielgruppen-Sampling *im Stadtteil* durchzuführen, weil die Chancen nicht sehr hoch sind, auch wirklich auf einen Angehörigen der späteren Nutzergruppe zu treffen. Auf den ersten Blick erscheint es zweckdienlicher, gleich die derzeitigen Nutzer zu befragen, um so direkter zu den Daten zu kommen. Das ist jedoch eine „Abkürzung“, die das Zielgruppen-Sampling als „Portalbewertungstechnik“ eher unbrauchbar macht, denn Menschen, die bereits den Zugang zu einer Organisation gefunden haben, werden vielleicht ganz andere Themen benennen, als Menschen, die nur *potenzielle* Nutzer sind. Portalbewertungstechniken machen Barrieren sichtbar, die z. B. verhindern, dass sich eine Nachbarin an das Jugendamt wendet, wenn sie die Überforderung von Eltern mitbekommt.

Viele Organisationen neigen weiterhin dazu, ihren Adressatenkreis über Defizitmerkmale zu definieren. Befragt man nur diese „Zielgruppe“, dann fallen Menschen derselben Altersgruppe oder desselben Wohngebiets, die dieses Defizitmerkmal nicht haben, durch das Raster. Dabei handelt es sich aber oft um genau die Menschen, deren „Mithilfe“, Ressourcen, Verbindungen, „Goodwill“ zur Erreichung von Inklusionszielen notwendig sind.

2 Innovationsmanagement

Sozialraumorientierung stellt an Organisationen die Aufgabe, sich gezielt mit Veränderungen und Innovation auseinanderzusetzen. Nicht nur die Einstellungen und die fachlichen Kompetenzen der Mitarbeiter müssen zu den neuen Herausforderungen passen, sondern auch das Management der Einrichtung muss den Prozess der Öffnung durch Organisationsentwicklung befördern, nicht zuletzt durch eine solide Absicherung von Innovationen durch ausreichende und passende Ressourcen.

Komplexe soziale Systeme tendieren dazu, Sicherheit und Kontinuität durch das Abarbeiten von Routineaufgaben herzustellen und sich durch Strukturen, Sichtweisen oder Regeln vor Innovationen zu schützen. Denn Veränderungen verunsichern, kosten Aufmerksamkeit und binden Ressourcen. Jede Organisation profitiert von Routinen. Sie sind geradezu Wesensmerkmal der Organisation, die eine Art intersubjektiver Perfektion erfolgreichen Handelns verkörpert. Die Schattenseite der Routine ist ihre Unbeweglichkeit. Sie löst ein Problem nicht nur effizient immer in derselben Weise, sondern sie nimmt auch an, dass diese Lösung verallgemeinerbar und übertragbar ist. Weiterhin wird die Energie des Denkens der Organisationsmitglieder hauptsächlich auf das Lösen von Problemen verwandt. Warum ist das in der Sozialraumorientierung ein wesentliches Thema? Das Stärkemodell setzt geradezu als Axiom, dass die Beschäftigung mit Problemen nicht ausreicht, um Menschen so zu helfen, dass daraus eine stärkende und nachhaltige Geschichte wird. Die Maximen der Lebensweltorientierung betonen, dass es gerade die eigensinnige Sicht der Betroffenen ist, die es zu respektieren gilt, soll Hilfe keine Kolonialisierung sein. Innovationsmanagement muss die „Schwerkraft“ in der Einrichtung kennen und auf sie reagieren.

Aus dem Innovationsmanagement werden folgende Aspekte dargestellt: die Potenzialanalyse, die Arbeitsweise von Sozialraumteams und Methoden der Denkorganisation für Teamberatungen.

2.1 Potenzialanalyse

Hier geht es darum, all die Konstellationen zu erschließen, die in der Umwelt, im Aufgabenfeld oder in der Einrichtung vorhanden sind und zum Vorteil aller Nutzergruppen beitragen können. Es kann sich dabei um latent vorhandene, aber noch nicht entdeckte Potenziale handeln oder um neue, die sich aus Veränderungen der Umwelt, z. B. stärkerer Konkurrenz oder neuen fachlichen Konzepten ergeben haben (vgl. Maelicke 1998, S. 573ff.). Die Suche (z. B. eines temporär eingesetzten Innovationsteams oder in einem jährlich festgesetzten Workshop) kann nach außen und nach innen gerichtet werden. Die folgenden Kategorien dienen als „Leuchtkerzen“ für Aufmerksamkeiten, Fragen und Ideen.

Externe Nutzenpotenziale

- *Marktpotenzial*: Wie verändern sich aktuell oder in Zukunft die Aufnahmefähigkeit und die Struktur unseres „Marktes“/unserer Nachfrage? (z. B.: Hält der Trend in unseren Werkstätten für Behinderte an, dass nicht Menschen mit „klassischen“ Behinderungen, sondern junge Menschen mit „Verhaltensauffälligkeiten“ kommen?)
- *Finanzpotenzial*: Wo könnten wir neue Finanzquellen für unsere Einrichtung und geplante Projekte erschließen?
- *Informationspotenzial*: Wie können wir neue Informations- und Kommunikationstechnologien innovativer in unserer Einrichtung nutzen?
- *Externes Humanpotenzial:* Welche Personen mit welchem Wissen und welchen anderen Ressourcen könnten wir für unsere Einrichtung und unsere Arbeit neu nutzen? Woher können wir Anregungen für die Sozialraumorientierung unserer Einrichtung erhalten?
- *Kooperationspotenzial*: Welche neuen attraktiven Kooperationspartner sehen wir, welche Netzwerke würden uns neue Handlungsmöglichkeiten erschließen?
- *Verfahrenspotenzial*: Welche neuen Konzepte, Methoden und Techniken könnten wir uns aus der Fachwelt holen?

Interne Nutzenpotenziale

- *Know-how-Potenzial*: Welches Wissen hat die soziale Einrichtung, das sie für die Sozialraumorientierung verwenden kann?
- *Synergiepotenzial*: Welche Stärken und Potenziale hat unsere Einrichtung über die einzelnen Arbeitsbereiche hinweg? Wie können wir von den anderen „Geschäftsfeldern“ unseres Trägers oder von anderen organisationsübergreifenden Infrastrukturmöglichkeiten profitieren?
- *Organisationspotenzial*: Welche neue Gestaltung von Prozessen und Strukturen könnte unsere Leistungsfähigkeit erhöhen, welche Regelungen können wir für den Ausbau einer Sozialraumorientierung nutzen?
- *Internes Humanpotenzial*: Was können unsere Mitarbeiterinnen und Mitarbeiter an fachlichen und persönlichen Ressourcen (Kompetenzen, Wissen und Verbindungen), um die wir uns bisher zu wenig gekümmert haben, einbringen?

- *Kostensenkungspotenzial*: Wo sehen wir Kosteneinsparungen in unserer Organisation, um unseren Handlungsspielraum in anderen Feldern zu erhöhen?

Sind Nutzenpotenziale entdeckt und Strategien überlegt worden, wie man diese für die fachliche Arbeit ausschöpfen könnte, ist es wichtig, nicht nur probeweise eine günstige Gelegenheit dafür zu nutzen, sondern diese Strategien immer wieder systematisch zu wiederholen oder parallel in mehreren Organisationseinheiten zu „multiplizieren" (z. B. im ASD in mehreren Bezirken gleichzeitig oder in allen Außenstellen), um größere Dynamik zu erzielen und um mehr Erfahrungen mit den Neuerungen zu gewinnen.

2.2 Teamorganisation

Um eine Organisation dauerhaft auf eine positive Haltung gegenüber Innovationen umzustellen, hat sich eine konsequente Teamorganisation bewährt, die im Gegensatz zu hierarchischen Strukturen als ein Kernstück lernender Organisationen gilt. Am Beispiel der Sozialraumteams soll ein typisch sozialräumlich arbeitendes Team näher betrachtet werden.

Unter einem Sozialraumteam versteht man im Bereich der Erziehungshilfe eine feste Gruppe von Fachkräften, die für ein Stadtviertel zuständig ist. Das Konzept „Sozialraumteam" (bzw. Stadtteilteam) wurde im Rahmen des Umbauprozesses der Erziehungshilfe in Stuttgart in einer Zusammenarbeit der Fachkräfte des Jugendamtes Stuttgart und des ISSAB der Universität Essen entwickelt.

Das Sozialraumteam setzt sich zusammen aus Mitarbeitern des Allgemeinen Sozialen Dienstes (Jugendamt) und Mitarbeitern von freien Trägern der Erziehungshilfe (NGOs), die für dieses Stadtviertel einen Versorgungsauftrag haben. Manchmal sind auch Fachkräfte der wirtschaftlichen Jugendhilfe (WJH) integriert. Am Beispiel der Stadt Rosenheim sieht man, wie das Stadtgebiet in drei Regionen gegliedert wurde, für die jeweils ein Sozialraumteam unter Beteiligung unterschiedlicher freier Träger gebildet wurde. Sozialraumteams treffen sich wöchentlich, bearbeiten alle anstehenden Fälle und planen die fallunspezifische Arbeit (s. Kapitel Netzwerk). Die zweite Abbildung stellt die Funktionen von Sozialraumteams als Übersicht dar.

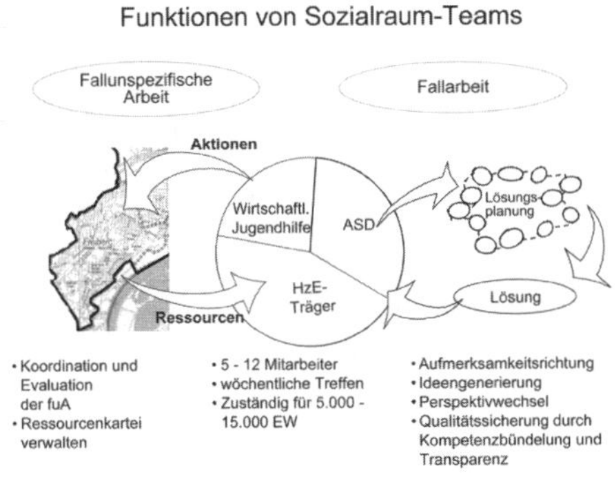

Der Unterschied zu Kommunen ohne Sozialraumteams ist, dass dort der einzelne ASD-Mitarbeiter einzelfallbezogen und selbstständig mit einer relativ großen Zahl von freien Trägern zusammenarbeitet, die zum Teil in der Kommune, zum Teil auch weit entfernt lokalisiert sein können. Die Kontakte beschränken sich dann auf wenige Treffen, die der „Hilfeplanung" für einen bestimmten jungen Menschen dienen. Die folgenden Auszüge aus einer „Geschäftsordnung" geben einen detaillierten Einblick in die Arbeitsweise der Sozialraumteams, die in Stuttgart Stadtteilteams heißen.

Geschäftsordnung von HzE-Stadtteilteams
„§ 3 Funktion in der Hilfeplanung: Das HzE-Stadtteilteam (STT) ist Bestandteil des Hilfeplanverfahrens, das zu einer passgenauen Hilfe führen soll. Im STT wird der Blick auf den Fall geöffnet, werden neue Lösungsideen vorgebracht und die Funktion einer Hilfe (selbst-)kritisch hinterfragt. Als Qualitätszirkel versucht das Team, lohnende Hilfeansätze zu entwickeln, Vorgehensweisen abzusprechen, hilfreiche Helfer-Klienten-Beziehungen zu benennen sowie Aufträge einzugrenzen. Allerdings beschließt das STT keine Hilfe, sondern kreiert lediglich Ideen. Entscheidungen zur Hilfegestaltung sind dem Kontraktgespräch mit den Betroffenen vorbehalten.

Organisationsübergreifende Kooperation: Das STT dient der Kooperation von Fachkräften des Erziehungshilfeträgers, des ASD und der WJH im Sinne des § 36 SGB VIII. STTs arbeiten fallspezifisch und fallunspezifisch. Die organisationsübergreifende Zusammensetzung verbietet eine einheitliche Leitung des STT. Die Kooperation beruht auf dem Prinzip der Einstimmigkeit sowie auf dem ergebnisoffenen Fachdiskurs.

Sozialräumlicher Bezug: Die räumliche Zuordnung der Teams sollte sich möglichst an den vor Ort gewachsenen sozialen Beziehungen und den Bezugspunkten des öffentlichen Lebens orientieren. Im Idealfall handelt es sich dabei um ein Gebiet, das für die Mehrheit der dort lebenden Bevölkerung tatsächlich den Lebensmittelpunkt bildet. Dies setzt bei beiden Kooperationspartnern eine Anpassung mittels sozialraumbezogener Teamzuständigkeit voraus.

§ 4 Die personelle Besetzung des HzE-STTs
(1) Dem HzE-STT gehören als ständige Mitglieder alle für den Stadtteil zuständigen Fachkräfte des Trägers und des ASD und der WJH an.
(2) Das STT trifft sich wöchentlich für ca. 3 Stunden. Die Teilnahme ist für die regulären Mitglieder verbindlich. Alle Mitglieder sind gleichermaßen auf die Projektziele verpflichtet und aufgerufen, diese zu vertreten.
(3) Die Verpflichtung zur fallunspezifischen Arbeit gilt für alle Mitglieder des STT gleichermaßen.

§ 5 Die Moderation der Sitzung
Für jede Teamsitzung wird eine Moderation bestimmt. Die Moderation sorgt für einen geordneten, ergebnisorientierten Ablauf. Sie strukturiert die Sitzung zeitlich und sorgt u. a. dafür, dass für die fallunspezifische Arbeit genügend Zeit zur Verfügung steht. Die Moderation sorgt dafür, dass:

- die Aufmerksamkeitsrichtung (ausführlich in 1.3) klar ist, indem jeder Schritt kurz mit der anstehenden Aufgabenstellung eingeleitet wird;
- die Zeitstruktur beachtet wird;
- keine persönlichen Angriffe erfolgen;
- eine Orientierung an den Stärken erfolgt und durchgehalten wird;
- Gemeinplätze konkretisiert werden;
- Ideen gefördert und nicht abgeblockt werden;
- der roten Faden nicht verloren geht und jeder Schritt mit einer Zusammenfassung abgeschlossen wird;
- konkrete Vereinbarungen getroffen werden.

§ 8 Die fallunspezifische Arbeit des HzE-STTs
(2) Mit der fallunspezifischen Arbeit sollen personelle und materielle Eigenkräfte des Stadtteils gesichtet und für die Fallarbeit oder für die Prävention mobilisiert werden. Jedes STT führt dafür eine allen STT-Mitgliedern zugängliche Ressourcenkartei, die laufend aktualisiert wird.
(3) Die Ressourcenmobilisierung erfolgt auf unterschiedliche Arten, wobei die Mindestanforderungen sind:

- Die Angebote der ansässigen Vereine und Verbände, Kirchengemeinden oder Initiativen werden gesichtet und für die Fallbesprechungen verfüg-

bar gehalten. Es werden Kontakte zu Schlüsselpersonen aufgebaut und gepflegt.
- Ein Einstieg in die fallunspezifische Arbeit erfolgt über die aktive Präsenz in den Stadtteilgremien.
- Die Regeleinrichtungen vor Ort (Kindertagesstätten, Jugendhäuser und Schulen) werden durch regelmäßige Kontakte als feste Kooperationspartner gewonnen und in Hilfesettings integriert.
- Anhand der zurückliegenden fallspezifischen Arbeit listet das STT Kooperationsbedarfe auf, um damit die weitere fuA zu planen.
- Das STT führt im Stadtteil Aktionen durch, um Bewohnern den Nutzen stadtteilorientierter Erziehungshilfe für das Gemeinwesen aufzeigen und sie zur Mitarbeit zu gewinnen.
- Besonders gut gelungene Kooperationen mit Volunteers, Vereinen oder Regeleinrichtungen werden für die anderen STTs dokumentiert.

§ 9 Die Rolle der Fallbesprechung für die Hilfeplanung
(1) Die Ideen und Vorschläge des STTs orientieren sich an den Grundsätzen der Flexibilität, der Nachfrageorientierung, der Sozialraum- und Lebensweltorientierung, der Ressourcen- und Stärkenorientierung sowie der Klienten-Beteiligung. Die Orientierungsziele für die Fallbesprechungen sind:
- an Stärken und Ressourcen der Adressaten anzuknüpfen;
- an den Willen und den Vorstellungen der Betroffenen anzuknüpfen;
- ein maßgeschneidertes Hilfearrangement zu ermöglichen;
- Beziehungsabbrüche zu vermeiden, u. a. indem versucht wird die Hilfen im angestammten Lebensfeld bzw. wohnortnah durchzuführen und Ausschlüsse aus Regeleinrichtungen (Kitas wie Schulen) zu verhindern;
- Ressourcen des Stadtteils und des sozialen Umfelds für die individuelle Unterstützung zu mobilisieren;
- eine Hilfe durch Ziel- und Mittelgenauigkeit zu effektivieren;
- gerade bei andauernden und sich intensivierenden Hilfen, diese kritisch zu hinterfragen.

§ 11 Mindestanforderungen an die Falleingabe
(1) Es stehen ausreichend Informationen für eine gehaltvolle Fallbesprechung zur Verfügung. Hierfür wurden alle beteiligten Familienmitglieder sowie bereits involvierte Fachkräfte der Jugendhilfe angehört, soweit die Leistungsberechtigten dies erlauben.
(2) Das STT wird per Falleingabe über den Handlungsanlass, über die Sicht der Betroffenen auf die Problemlage, über die Ressourcen der Familie sowie über Wünsche und Ziele der Beteiligten informiert.

§ 12 Die Fallbesprechung im STT
Die Fallbesprechungen werden anhand des Fallbogens schriftlich dokumentiert. Für die erstellten Protokolle sind die Regelungen zum Datenschutz zu beachten. Die Fallbesprechungen orientieren sich am folgenden Ablaufschema:

1. Verteilung von Funktionen: Moderation, Protokollführung und Rolle der Betroffenen
2. Benennung der gewünschten Aufmerksamkeitsrichtung durch den Falleinbringenden
3. Falldarstellung ohne Zwischenfragen
4. Informationsnachfragen
5. Bestimmung der fallspezifisch nutzbaren Ressourcen der Beteiligten, ihres Netzwerkes und des Stadtteils (s. Kapitel Netzwerk: fallunspezifische Arbeit)
6. Ideenbörse zu Ansatzpunkten einer möglichen Unterstützung (ausführlich in 1.5 Ideenkonferenz)
7. Rollenübernahme: Teammitglieder nehmen zum bisher Gesagten aus der vermuteten Sicht der Hauptbetroffenen Stellung (mehr zum Perspektivwechsler in 1. 4)
8. Bestimmung der weiteren Vorgehensweisen: Klärungsbedarf, Bearbeitungsschwerpunkte, Reihenfolge der Arbeiten, Zuständigkeiten, Grenzen des Auftrags"
   (vgl. Landeshauptstadt Stuttgart 2000)

„Lose Kopplungen"
Auch Teams geraten immer wieder in die Gefahr, ihre einmal gefundenen Lösungen zu perfektionieren und auf Dauer zu stellen. Im Folgenden werden einige Strategien vorgestellt, wie erfolgreiche Teams es geschafft haben, „innovative" Teams zu bleiben. „Lose Kopplungen" umfassen alle Spielarten von verabredeten Kontakten zu Externen, die inhaltlich auf gegenseitige Anregung und neue Ideen zielen. Sie sind in der Sozialraumorientierung besonders leicht herzustellen, weil Schnittstellen zu allen möglichen einzelnen wie kollektiven Akteuren dort systematisch aufgebaut und erweitert werden. Dies lässt sich an der Zusammensetzung und den Handlungsprinzipien der Sozialraumteams sehr gut nachzeichnen. Es geht letztlich immer darum, sich im Austausch mit Externen für die eigene wie gemeinsame Arbeit irritieren und anregen zu lassen und deshalb die Häufigkeit und die Formen zu multiplizieren, in denen dies passieren kann. Lose Kopplungen können als „Spezialisten-Besuch" realisiert werden, als regelmäßiger Austausch mit Gruppen außerhalb der eigenen Organisation, die mit ähnlichen Aufgaben beschäftigt sind, oder als gemeinsamer

themen- oder problembezogener Problemlösezirkel usw. (vgl. Schreiber 2001, S. 330ff) bis hin zu einem kleinen Projektverbund.

Sozialraumteams haben meist ein spezifisches Ablaufschema für Besprechungen adaptiert, das es wahrscheinlicher machen soll, auch jenseits der Routinen zu denken. Im folgenden Text werden nun die drei ungewöhnlichsten Phasen dieses Schemas eingehender vorgestellt.

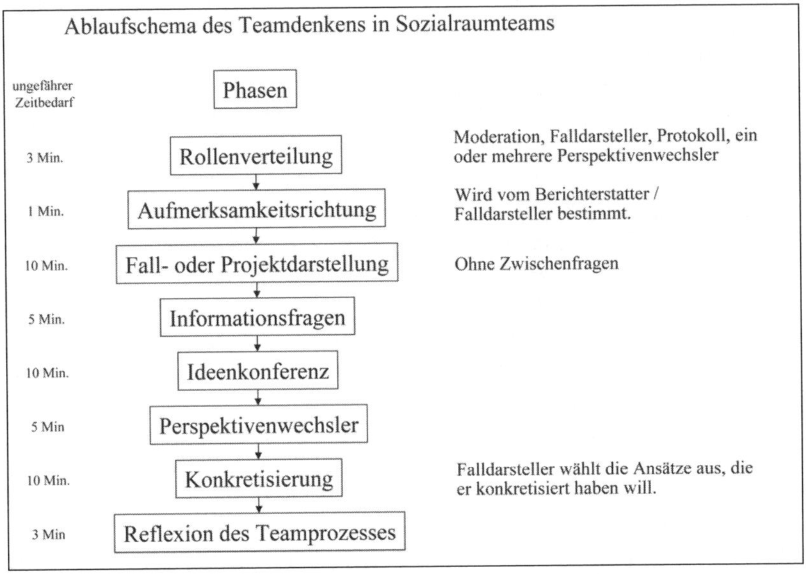

Quelle: Lüttringhaus/Streich 2011

2.3 Aufmerksamkeit ausrichten

Am Beginn jeder Besprechung muss geklärt werden, wozu sie veranstaltet wird. Das klingt so selbstverständlich, dass es oft übersehen oder nur sehr unpräzise gemacht wird. Stellen Sie sich folgende Situation vor: Ein Lehrer beschwert sich über einen Schüler, der mit seinen Späßen oft den Unterricht unterbricht. Das Ziel des folgenden Gesprächs lässt sich ganz verschieden definieren:

- Wie kann der Lehrer die Späße unterbinden?
- Wie kann er jemand anders dazu bringen, das für ihn zu machen?
- Wie kann der Lehrer den Schüler dazu bringen, solche Späße zu machen, die er selbst gut findet?

- Wie kann er sich selbst dazu bringen, die Späße des Schülers gut zu finden?
- Wie kann der Lehrer verhindern, dass die Späße wirken?
- Wie kann der Lehrer verhindern, dass er sich über die Späße ärgert?
- Wie kann der Lehrer sich bei dem frechen Schüler effektvoll revanchieren?

Jede dieser alternativen Zieldefinitionen führt zu einer anderen Lösung. Im genannten Beispiel ergeben sich folgende unterschiedliche Handlungskategorien:

- Die Späße stoppen → den Schüler disziplinarisch beeinflussen
- Die Späße ändern → den Schüler pädagogisch beeinflussen
- Die Wahrnehmung der Späße ändern → den Lehrer oder die anderen Schüler beeinflussen

Mitunter verrennt sich unser Denken in einer Sackgasse, weil wir an einer bestimmten Problemdefinition kleben. Die Fallschilderungen oder Projektberichte, mit denen sich Teams beschäftigen, sind zudem komplexer als das dargestellte Beispiel, so dass nicht selten verschiedene Kollegen verschiedene Aspekte aufgreifen und verfolgen. Die Konsequenzen sind oft zeitraubende Irrfahrten im Kosmos sozialer Phänomene, ohne dass die den Fall einbringende Fachkraft weiterkommt.

Deswegen wurde in Sozialraumteams die Technik der „*Bestimmung der Aufmerksamkeitsrichtung*" entwickelt: Die Fachkraft, die einen Fall einbringt oder aus einem Projekt berichtet, definiert vorab die Richtung, in die das Team/die Projektgruppe denken soll. Das heißt, sie bestimmt die Aufmerksamkeitsrichtung, den Fokus, die Aufgabe für das Team, den Auftrag oder die Anfrage an das Team. In Gesprächen mit Betroffenen ist es die Aufgabe der Moderation, immer wieder klar zu machen oder zu erfragen, warum man über das Thema redet, über das man redet, bzw. strukturierende Fragen in das Gespräch einzubauen. Dabei muss eine passende Balance zwischen natürlichem Gesprächsfluss und notwendiger Strukturierung gefunden werden.

Die Bestimmung der Aufmerksamkeitsrichtung macht die Arbeit der Gruppe einerseits einfacher, weil die Leute wissen, was von ihnen erwartet wird. Ein nicht seltenes Phänomen in Teambesprechungen ist, dass engagiert und ausgiebig von Hölzchen auf Stöckchen diskutiert wird, keiner das gehaltvolle Fachgespräch unterbrechen will, alle mit dem Gefühl auseinander gehen, hart gearbeitet zu haben und doch kein verwertbares Ergebnis vorliegt. Sicher sind solche zielunspezifischen Teamreflexionen ab und an wichtig. Die Teams, die es aber nicht schaffen, sie bewusst anzustoßen und bewusst zu unterbinden, verkommen bald zum Debattierclub, wo auf hohem Niveau Irrelevantes ventiliert wird, aber sonst nicht viel geschieht.

Weiterhin wird durch die Vorgabe einer Aufmerksamkeitsrichtung die Art des gewünschten Teamdenkens definiert. Wie gesagt beginnen wir üblicherweise beim Denken fast automatisch damit, ein Problem lösen zu wollen. Wir tun das auch als Sozialarbeiter, weil es normalerweise Probleme sind, die an uns herangetragen werden. Im Endeffekt ist die Problemlösung sicher das Ziel, auf dem Weg dorthin kann es aber hilfreich sein, andere Aufmerksamkeitsrichtungen zu nutzen.

Die folgende Tabelle ist eine Zusammenstellung verschiedener Typen von Aufmerksamkeitsrichtungen wie sie vorkommen können in
Fallbesprechungen mit Kollegen (FB),
Lösungsplanungen[1] *mit Familien (LP) oder*
Projektbesprechungen mit einer Projektgruppe (PB).

Sie werden im Format einer Anfrage vorgestellt, mit der sich eine Fachkraft als Falleinbringer an ihre Kollegen, an eine Familie oder an ein Projektteam als Moderator wendet.

1 Wir bevorzugen den Begriff „Lösungsplanung“ anstelle des üblicheren Begriffs „Hilfeplanung“, weil letzterer eine zu passive Idee von der Rolle der Betroffenen vermittelt und impliziert, dass die Hilfe, um die es geht, in erster Linie eine Profileistung des Hilfesystems ist, mit der sich Betroffene arrangieren. Wir meinen hingegen, dass Lösungsplanung das Schwergewicht auf die Leistung der Betroffenen selbst legen sollte.

Aufmerksamkeits-richtung:	Gesprächssituation: FB: Fallbesprechung im Kollegenkreis: „Ich möchte, dass ihr nach meiner Falldarstellung darüber nachdenkt,…“ LP: Lösungsplanung zusammen mit Betroffenen: Ich würde Sie gerne fragen …“ PB: Projektbesprechung mit Fachkräften und Bürgern: „Ich habe meinen Bericht so gestaltet, dass er uns hilft, darüber nachzudenken …“
Ein Problem lösen/ eine Aufgabe definieren	▪ wie man die lästigen Einmischungen von Herrn X (Amtsleiter) abstellen könnte. (PB) ▪ wie man die Streitereien zwischen Vater und Sohn verringern könnte. (FB) ▪ wie Sie es schaffen könnten, dass die Nachbarin Sie in Ruhe lässt. (LP)
Einen Traum (heraus) finden	▪ wie der Lebenstraum dieser jungen Frau aussieht. (FB) ▪ was Sie vom Leben haben wollen. (LP) ▪ wie Ihre Idealwohnung aussieht. (LP) ▪ wie ein perfekter Erfolg dieser Strategie aussehen würde. (PB)
Erfinden/entwerfen	▪ wie ein neues Logo aussehen könnte. (PB) ▪ was eine produktive „Störung“ der Familienroutine sein könnte. (FB)
Eine vorhandene Lösung verbessern	▪ wie man unsere Berichterstattung darüber in der Stadtteilzeitung verbessern könnte. (PB) ▪ wie wir unsere guten Kontakte zu Bezirksvorstehern noch intensivieren könnten. (PB)
Verhandeln/Kontrakte erarbeiten	▪ wie eine Vereinbarung aussehen müsste, dass sie für dich UND deine Eltern akzeptabel wäre. (LP) ▪ wo sich die Interessen des Hochbauamtes und die der Bürgerinitiative überlappen und wo nicht. (PB)
Informations-sammlung	▪ wie Sie denn das normalerweise daheim machen. (LP) ▪ wie Du herausfinden könntest, was man bei einer Gartenbaulehre alles macht. (LP) ▪ welche Informationen wir über die Gewerbe in der Gegend brauchen. (PB)
Planen, organisieren, eine Strategie entwickeln	▪ wie man das anstehende Gespräch gestalten könnte, so dass die Mutter im Mittelpunkt steht und mit ihrer Meinung zum Zuge kommt. (FB) ▪ wie wir die Informationen, die wir über einzelne Anwohner haben, systematisieren könnten. (PB) ▪ wie wir uns in der kommenden Sitzung des Bauausschusses verhalten sollen. (PB)

Auswählen/ entscheiden	▪ ob ich einen Hausbesuch machen oder noch einen Brief schreiben soll. (FB) ▪ welche der besprochenen Lösungen Ihnen denn am sympathischsten wäre. (LP) ▪ zu entscheiden, ob wir Plan A oder Plan B verfolgen. (PB)
Bewerten	▪ wie wir diesen Vorschlag bewerten sollen. (PB) ▪ ob dieses Handlungsergebnis vom Vater beabsichtigt war. (FB) ▪ wie sie ihren Job als Referentin bei der Bürgerversammlung gemacht hat. (PB)
Vermitteln/ kommunizieren	▪ wie man das dem Lehrer am besten vermitteln könnte. (FB) ▪ wie wir möglichst viele Anwohner erreichen können. (PB)
Glück/Zufriedenheit erreichen	▪ was Sie jetzt glücklich machen würde. (LP) ▪ auf welches langfristige Ergebnis unserer Arbeit wir sehr stolz wären. (PB)
Gelegenheiten suchen/arrangieren	▪ welche Gelegenheiten in diesem Stadtratsbeschluss für uns stecken könnten. (PB) ▪ welche Chancen darin stecken, dass Sie sich von Ihrem Freund getrennt haben. (LP) ▪ wie man diese Krise nützen könnte. (FB)
Effekte/Veränderungen erkennen	▪ welche Veränderungen Sie sehen, seit wir zusammen arbeiten. (LP) ▪ welchen Effekt meine Intervention beim Vater hatte. (FB) ▪ welche unbeabsichtigten Nebenwirkungen unsere Aktion gebracht hat. (PB)
Zusammenfassen	▪ wie man diese Haltung auf den Punkt bringen könnte. (FB) ▪ wie man mit drei Sätzen sagen kann, was unser Anliegen ist. (PB)
Zweckfreier Fokus: über etwas nachdenken, ohne dass ein bestimmtes Ziel vorgegeben ist	▪ was Euch dieser Artikel sagt. (PB) ▪ wie die Berichterstattung der Tageszeitung ist. (PB) ▪ wie er seinen Schulalltag gestaltet. (FB)
Erklärungen finden	▪ was dieses Verhalten auslöst. (FB) ▪ wie ihr Sohn es schafft, sie in Rage zu bringen. (LP)
Prognostizieren	▪ wie unser Projekt in zwei Jahren aussehen wird. (PB) ▪ wie sich dieser Fall entwickeln wird. (FB)

2.4 Perspektivwechsler

Perspektivwechsler ist ein Verfahren zur Entdeckung neuer, vielleicht bislang ungewohnter Perspektiven und Blickwinkel auf ein Geschehnis. Die Technik betont und verstärkt Perspektiven der Lebenswelt, erweitert Handlungsstrategien der Profis, favorisiert Perspektiven, die Chancen auf Integration eröffnen und Perspektiven, die Stärken in den Blick bringen. Schließlich versucht der Perspektivwechsler, eingefahrene Sichten auf ein Problem oder einen Menschen zumindest vorübergehend einzuklammern.

In jeder Geschichte stecken immer viele Geschichten. Uns fallen aber meist die Geschichten als erstes ein, die wir gewohnt sind zu erzählen, oder diejenigen, die wir am liebsten erzählen. Das hat etwas mit den eigenen Erfahrungen, Fähigkeiten und Gewohnheiten zu tun. Auch Organisationen tendieren dazu, bestimmte Sichten auf die Welt besonders zu kultivieren. Hierfür sind eingespielte Verfahren, gesetzliche Vorgaben und professionelle Voreinstellungen verantwortlich. Eine solche beschränkte oder ausgewählte Sicht der Wirklichkeit wird zur Wirklichkeit schlechthin, wenn sich Teams keine Alternativen dazu vorstellen können. Dann kann man von einer Art organisatorischem Kollektivbewusstsein sprechen, das abweichende Sichten als abwegige Sichten disqualifiziert und die Anliegen von Adressaten erst so zurechtfeilt, dass sie für die Organisation passen, um sie dann bearbeiten zu können.

Realität ist eine Konstruktion, die an Perspektiven gebunden ist
Vier blinde Menschen, die gemeinsam in Indien auf dem Weg sind, stoßen auf einen Elefanten. Je nachdem, wo sie gerade stehen, beginnen sie vorsichtig abzutasten. Der Erste stellt fest, das „Ding" sei so dick wie ein Arm, glatt und hart. Der Zweite widerspricht: armdick ja, aber weich und fast zart. Der Dritte protestiert, dick wie ein Baum und runzlig sei das Ding. Der letzte schließlich erkennt einen schlangenartigen Pinsel.

Perspektiven sind Erklärungen der Realität, die auch von bestimmten Interessen geleitet sind und bestimmte Handlungsstrategien nahelegen. Miriam „stört den Unterricht", sagt ein Lehrer. Für dieses „Stören" lassen sich sehr unterschiedliche *Erklärungen* finden:

- „Miriam interessiert der Stoff zurzeit nicht."
- „Miriam ist frisch verliebt."
- „Miriam hat Konzentrationsstörungen."
- „Miriam ist unterfordert."
- „Miriam will auf ihre schwierige Situation daheim aufmerksam machen."
- „Miriam beweist ihren Mut und gewinnt Ansehen."
- „Miriam will mehr Aufmerksamkeit von ihrem Lieblingslehrer."

- „Miriam macht den langweiligen Unterricht durch ihre ‚Störungen' abwechslungsreich."

Was als gültige Erklärung akzeptiert wird, hängt stark von den *Interessen* der Erklärenden (hier der Lehrer und der Schulsozialarbeiter) ab, und legt bestimmte Ziele nahe. Auch hier können wir uns alternative Konsequenzen vorstellen:

- „Der Unterricht, den ich so, wie er ist, weiterführen will, soll störungsfrei ablaufen. Wer stört, muss bestraft werden."
- Oder: „Wer stört, muss behandelt werden."
- Oder: „Dieser Lehrer ist ein langweiliger, autoritärer Knochen von gestern. Ich muss schauen, dass Miriam keinen Schaden davonträgt."
- Oder: „Das könnte ein Zeichen für ADHS sein."
- Oder: ...

Je nachdem, welche Erklärung als gültig angesehen wird, kommen andere *Strategien* des weiteren Vorgehens in Betracht:

- „Wir müssen darüber nachdenken, wie eine wirkungsvolle Sanktion für Miriam aussehen könnte, die das störende Verhalten stoppt."
- „Wir arrangieren einen Termin beim Kinderpsychiater zur diagnostischen Abklärung."
- „Wir sollten mal darüber nachdenken, wie man Miriam im Unterricht mehr bieten könnte."
- „Wie kann man diesen Stoff interessanter vermitteln?"
- „Wie bringe ich den Lehrer dazu, seinen Anteil an der Geschichte zu sehen?"

Man sieht sofort, dass die Angelegenheit schnell unübersichtlich wird, sobald man dem eigenen Denken erlaubt, ungewohnte Wege zu gehen. Die Sache wird schwieriger und unbequemer, aber das Perspektivenwechseln garantiert neue Entdeckungen. „Den guten Forscher zeichnet die Bereitschaft aus, seine Lieblingshypothese beim Frühstück zur Disposition zu stellen", soll Konrad Lorenz gesagt haben. Den guten Sozialarbeiter zeichnet die ausgeprägte Tendenz zum Perspektivwechsel aus.

Variante 1: Perspektivwechsler spricht für jemand, der nicht anwesend ist.
Irgendjemand ist immer nicht da, egal ob das eine Fallbesprechung ist, wo über Betroffene geredet wird, die nicht dabei sind, oder eine Projektbesprechung, in der es um einen Kooperationspartner geht, oder um eine Familienkonferenz, zu der der getrennt lebende Vater nicht kommen wollte. Der erste

Schritt ist, überhaupt erst einmal herauszubekommen, wer nicht da ist. Das ist dann nicht leicht, wenn den Gesprächsteilnehmern die Bedeutung der unbeabsichtigt „Ausgeschlossenen" für die Problemlösung nicht bewusst ist, oder wenn der „Ausgeschlossene" eine persona non grata ist, deren Existenz man zu ignorieren pflegt. Für Familien eignen sich Genogramme und Eco-Maps (s. Kapitel Individuum), für Projekte kann man die „Analyse der Machstruktur" (s. Kapitel Sozialstruktur: „Community Organizing") nutzen.

Methoden, Abwesende anwesend zu machen

1. Für Familienkonferenzen kann man Platzhalter-Karten verwenden, die auf den Tisch gestellt werden und den Namen jeweils eines Abwesenden tragen. Man kann auch Stühle symbolisch für Abwesende leer lassen. Kinder, um die es in schwierigen Familienräten (s. Kapitel Individuum) geht, werden durch Fotos vertreten, manchmal schreiben sie einen Brief, der laut verlesen wird, oder machen ein Video, in dem sie ihre Sicht und Wünsche äußern.
2. Eine andere Technik ist die „Vertretung" Abwesender, indem ihre Rolle von einem Anwesenden besetzt wird.
3. Wenn man nicht im Voraus weiß, welche Perspektive im Gespräch relevant werden wird, kann man Fragen wie die folgenden einsetzen:
   - Wer, der heute nicht da ist, würde sich darüber wohl am meisten freuen/ärgern?
   - Wer, der heute nicht da ist, hätte dazu was Wichtiges zu sagen?
   - Wer, der heute nicht da ist, könnte dazu eine gute Idee haben?

Solche Fragen eignen sich aber auch, um „bekannte" und bereits symbolisierte Abwesende ins Gespräch zu bringen. Das ist die Funktion der Moderation: „Was würde XZ dazu sagen/dafür tun können?"

Variante 2: Perspektivwechsler bringt eine Perspektive ein, die übersehen oder abgewertet wird.

Auch hier ist als erster Schritt zu erkennen, welche Perspektive abgewertet oder ignoriert wird. Typischerweise korrelieren Abwertung und Nichtbeachtung mit folgenden Faktoren:

- Niedriger Status der Person in der Gruppe
- Negative Konsequenzen, die man erwarten kann, wenn man für ein bestimmtes Verhalten (z. B. das Schlagen der Ehefrau) oder eine bestimmte Position (z. B. Null-Bock-Haltung eines Jugendlichen) Verständnis zeigen würde
- Konflikte, die Anwesende mit der Person haben

Man kann z.B. die folgende Tabelle zum Ausstricheln nutzen, um die eigene Aufmerksamkeit auf Übersehene zu lenken:

Wer ist der Schwarze Peter?
Arbeitshilfe Perspektivwechsler zu abgewerteten oder vergessenen Perspektiven

Personen:	Frau M	Herr M	Heijo	Groß-mutter	Melanie	Melanies Freund
Wer schweigt?						
Wer wird öfter unterbrochen?						
Wer wird selten gefragt?						
Wessen Ideen/ Anmerkungen werden von den anderen nicht aufgegriffen?						
Wer wird selten angesehen?						
Wer nervt die anderen?						

Übung

Ein Ehepaar, beide Mitte 30, kommt zu Ihnen zur Eheberatung. Der Mann berichtet, dass die Hauptursache der Eheprobleme im ewigen Nörgeln seiner Frau liege, das über die Jahre ständig zunehme. Das einzig wirkungsvolle Mittel, sie zu stoppen, wäre ihr öfters Mal „die Backe zu polieren", damit meint er Ohrfeigen.

1. Sammeln Sie Argumente *aus der Sicht des Mannes, die seine Position und sein Verhalten nachvollziehbar machen.* Schreiben Sie die verschiedenen Gründe auf. Gehen Sie die Positionen noch einmal durch und versuchen Sie, sie zu vertiefen.
2. Reflektieren Sie den Prozess und versuchen Sie zu beschreiben, was Sie tun mussten, um die Perspektive des Mannes einnehmen zu können. Was davon ließe sich in einer Fallbesprechung anwenden?

Variante 3: Perspektivwechsler spricht das aus, was ein Betroffener nicht sagt. Doppeln ist eigentlich ein Handwerkszeug des Rollenspiels. Der doppelnde Rollenspieler benennt Facetten, Positionen, Bedürfnisse, Interessen, die sich die gedoppelte Person im Rollenspiel nicht zu benennen traut. Doppeln wird beim Perspektivwechseln ebenfalls zur Unterstützung einer übersehenen oder unterdrückten Perspektive eingesetzt.

Klassische Schritte:
„Darf ich mal an Ihrer Stelle etwas sagen und Sie sagen mir dann, ob das so stimmt?" Nach Erlaubnis tritt man neben die Person, geht in eine hockende Position und spricht in Ich-Botschaften. Nach dem Statement fragt man die gedoppelte Person, ob diese Vermutung richtig sei, und lässt sie gegebenenfalls nachbessern.

Vereinfachte Anwendung:
Eine Fachkraft übernimmt die Verantwortung für das genaue Zuhören bzw. Beobachten einer Person, die wenig sagt, und kommentiert von Zeit zu Zeit folgendermaßen:

Variante 4: Perspektivwechsler hält im Gespräch, was ein Betroffener gesagt hat, und sorgt dafür, dass es nicht „untergeht".
Ähnlich wie beim Doppeln geht es darum, schwache Positionen zu verstärken. In der Regel haben Beiträge aus der Lebenswelt in Profi-Klienten-Gesprächen, die mit mehr als einer Fachkraft besetzt sind, eine geringere Durchsetzungschance. Das erscheint gerade in der Hilfeplanung paradox, denn es geht ja vor allem darum, Hilfen auf die Vorstellungen von Adressaten abzustimmen. Wahrscheinlich verschleiert der Begriff „Hilfe" zu sehr institutionelle Kontrollaufträge und Eigeninteressen, als dass die Differenz automatisch augenfällig wäre. Oft überfordern Vorschläge von Betroffenen mit ihrer Eigensin-

nigkeit organisatorische und professionelle Verarbeitungsroutinen und werden schlichtweg überhört. Deswegen empfiehlt sich eine Art Speicher- und Verstärkersystem, wo eine Fachkraft nur die eine Aufgabe übernimmt, Beiträge aus der Lebenswelt zu protokollieren und, wenn nötig, beharrlich zu wiederholen:

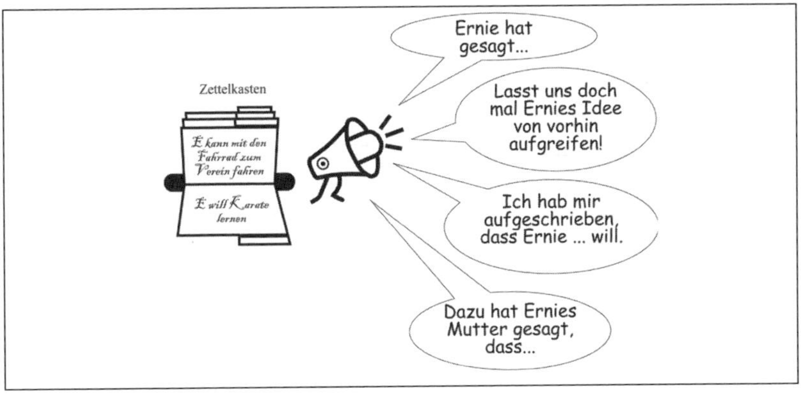

Doppelte Besetzung:
Eine besonders für Fallbesprechungen hilfreiche Technik zur Verstärkung einer bestimmten Position ist die Mehrfachbesetzung einer bestimmten Rolle. Wenn plötzlich drei Leute konsequent aus der Perspektive eines nicht kooperativen alten Mannes sprechen, verändern sich Dynamik und Tendenz der Besprechung meist fundamental zugunsten dieser vorher als „hoch problematisch“ angesehenen Haltung.

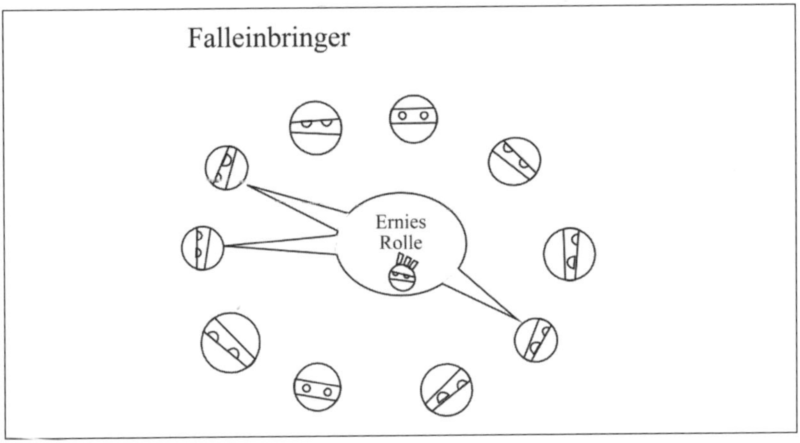

Variante 5: Perspektivwechsler bringt ein, wie es ihm an Stelle des Betroffenen ginge.
Am einfachsten ist diese Funktion zu erfüllen, wenn das Gespräch eine feste Ablaufstruktur hat. Dann wird der Einsatz dieses Perspektivenwechsels vom Moderator als Programmpunkt aufgerufen. Die Fachkraft hat am Beginn die Rolle übernommen, konsequent aus der vermeintlichen Position der Person zu denken und zu fühlen, über die gesprochen wird. Dabei ist es gar nicht so entscheidend, ob deren wirkliche Position getroffen wird. Auch nur vermutete Meinungen oder Gefühle bringen meist frischen Wind ins Gespräch und dienen der kritischen Beäugung der Lieblingshypothesen. Da die von Fachkräften favorisierten Vorgehensweisen oft unmerklich vom institutionellen Kontext geprägt sind, hilft der Auftrag, gerade diesen Kontext nicht zu berücksichtigen und die Scheuklappen der Organisation sichtbar zu machen.

Welche Fragen[2] kann sich die Person, die die Perspektive der Variante 5 einnimmt, stellen, um die Fallreflexion zu erweitern?
Wenn ich in der Situation wäre, ...
... fände ich folgende Vorgehensweise am angenehmsten:
... würde mich von den geäußerten Ideen Folgendes am meisten reizen:
... würde man am ehesten Zugang zu mir bekommen, wenn ...
... fände ich es hilfreich, wenn ...
... wünschte ich mir ...
... bräuchte ich erst einmal ...

Wenn ich jetzt zugehört hätte, ...
... ginge es mir ...
... würde ich jetzt am liebsten ...

An seiner/ihrer Stelle würde ich jetzt ...
In der Situation ...
... habe ich mich gewundert über ...
... war ich überrascht über ...
... hat mir Folgendes gefallen ...

2 Die Fragen und Aussagenformate sind aus den Materialien des ISSAB, Institut für Stadtteilbezogene Soziale Arbeit und Beratung der Universität Duisburg-Essen entnommen.

2.5 Ideenkonferenz

Die Ideenkonferenz dient der Erweiterung des Möglichkeitsspektrums im Hinblick auf das durch die „Aufmerksamkeitsrichtung" (s. o.) definierte Ziel. Das Flexibilisierungskonzept verlangt von Organisationen die Fähigkeit, ihr Handeln nicht nur in traditioneller Weise an Routinen entlang zu entwickeln. Reflexive Teamkompetenzen müssen auch so kultiviert werden, dass die (Er) Findung neuer Lösungen zum Routinegeschäft wird, damit die Lebenswelt und deren Problembearbeitungsmöglichkeiten maßgebend für die Strukturierung des organisatorischen Handelns werden können. Dazu braucht man Techniken, um das bisher noch nicht Gedachte zu denken und zu tun. Die entwickelten Möglichkeiten müssen noch keine Wirklichkeiten sein und müssen sich im Stadium der Ideenkonferenz auch noch nicht an der Realität beweisen[3]. Eine zu frühe Prüfung auf Realisierbarkeit macht es eher unwahrscheinlich, das Spektrum der Handlungsoptionen zu erweitern. Die Ursprungsidee einer Erfindung ist selten praktikabel. Ihre Bedeutung steckt vielmehr in ihrem Bewegungswert, den man ausnutzen kann, um sich aus der üblichen Denkbahn schleudern zu lassen. Natürlich werden in der Ideenkonferenz nicht nur neue Lösungswege erfunden, sondern auch vorhandene Lösungsteile in einer Weise arrangiert, die sie gut zum jeweiligen Fall oder zum Projekt passen lässt. So gibt es Techniken, die vorhandene Routinen nutzen, und Techniken, die neue Lösungen erfinden, indem sie vorhandene Routinen ignorieren.

Techniken, die vorhandene Routinen ausnutzen

Analyse: Man arbeitet ein Phänomen – zum Beispiel „ein Jugendlicher macht häufig seine Aufgaben nicht" – so weit klein, bis sich die Einzelteile mit bekannten Mitteln bearbeiten lassen.

Wenn die Analyse ergibt, dass es sich um eine Motivationsfrage handelt, so kann die Standardlösung im Anwenden eines Verstärkersystems bestehen: 50 % des Taschengeldes werden dafür reserviert, täglich einen Teilbetrag auszuzahlen, wenn die Hausaufgaben erledigt wurden. Wenn die Hausaufgaben jeden Tag erledigt werden, kann der Jugendliche sogar die Gesamtsumme des Taschengeldes um 20 % steigern.

3 Das ist der Unterschied zwischen dem „Bewirken", das ein gegebenes Mittel in möglichst perfekter Weise anwendet, und dem „Ermöglichen", das ein gegebenes Ziel in bislang unbekannter Weise realisiert. Die bisher üblichen Controllingverfahren in der Sozialen Arbeit konzentrieren sich zu sehr auf das Bewerten des Bewirkens und vernachlässigen die Bewertung des Erfindungsreichtums.

Vergleich: Man sucht nach ähnlichen Situationen in der bisherigen Erfahrung oder bei anderen Organisationen und überträgt erfolgreiches Verhalten auf das anstehende Problem.

Die Bewohner einer Wohngemeinschaft haben keine Lust, sich um das Säubern der Gemeinschafträume zu kümmern, so dass diese herunterkommen und sich niemand mehr wohl darin fühlt. Das Team bringt dieses Problem in die nächste stadtteilweite Austauschrunde ein, bei der ein Kollege aus einem Jugendzentrum berichtet, wie das bei ihnen gemacht wird: Für jeden Raum wird ein Jugendlicher als Raumverwalter gewählt, hat den Schüssel und die „Macht", dafür zu sorgen, dass der Raum geputzt wird, etwa indem er mal ein oder zwei Tage absperrt.

Transformation: Wie in der Mathematik wird das „Problem" in eine andere Problemart uminterpretiert, für die man eine Lösung hat.
Die Frage, wie der Kindergarten das Stadtteilfest bereichern kann, wird gelöst, indem rekapituliert wird, welche Events der Kindergarten in den letzten zwei Jahren organisiert hat und welche Aktionen dort besonders gut ankamen. So stellt sich heraus, dass der Kindergarten über einen großen Stamm an türkischen Müttern verfügt, die ausgezeichnet und gern kochen, und dass es einen Chor russlanddeutscher Eltern gibt.

Techniken, die vorhandene Routinen ignorieren oder herausfordern
Zauberwortansatz: Ein Kind kommt häufig nicht zur Schule. Die Eltern sagen, der Junge käme nicht aus dem Bett und wolle zudem nicht recht in die Schule. Formale Mahnschreiben der Schule haben keinen Erfolg gebracht.

Der *Zauberwortansatz* benutzt nun eine magische Substanz (PoMat[4]) oder eine magische Person (PoBod) oder eine magisches System (PoSys) oder eine magische Situation (PoSit), mit der die Formulierung der Problemlösung erst einmal möglich wird:

Wir brauchen PoBod, dessen Klingeln den Jungen jeden Morgen mit Freude aus dem Bett springen lässt und der ihn auch noch qualifiziert nach den Hausaufgaben fragt. Oder: Wir brauchen PoMat, wodurch der Junge morgens aufgeweckt und zum Schulbesuch angetrieben wird. Oder: Wie sähe PoSys aus, wenn der Junge jeden Morgen zuverlässig in die Schule käme?

Sind die Funktionen von PoBod, PoMat oder PoSys erst einmal spezifiziert, kann man sich daranmachen, etwas Reales zu entwickeln, das diese Funktionen auch erfüllen kann. Der Zauberwortansatz ähnelt der Wunderfrage aus der lösungsorientierten Beratung. Auch dort besteht der Trick darin, erst einmal

4 Po steht für „possibility" (Möglichkeit).

die Vorstellung der erfolgten Lösung zu provozieren und sich von dort aus rückwärts zur Realität hinzuarbeiten. Meist können Teams sehr viel mehr, als sie üblicherweise in der Arbeit anwenden, und ein PoBod ist gar nicht einmal so unrealistisch zu finden. In dem Beispiel war es die Lieblingslehrerin, deren eigener Schulweg an der Wohnung des Jungen vorbeiführte, die sich bereit erklärte, als PoBod zu agieren, nachdem der „Fall" so „formatiert" besprochen wurde, dass ihr Potenzial überhaupt erst sichtbar wurde.

Von einer *Challenge* spricht man, wenn um der Kreativität willen (keinesfalls um der Kritik willen) ein besprochenes Vorgehen, zum Beispiel die Reinigung der Wohngemeinschaftswohnung durch eine professionelle Putzkolonne, in Frage gestellt wird, etwa mit diesem Format:

„Das kann genau die beste Art sein, das zu tun. Das mag vielleicht sogar die einzig sinnvolle Art sein, es zu tun. Lasst uns dennoch ein bisschen Zeit darauf verwenden, über Alternativen nachzudenken".

Für eine gute Challenge muss man sich erst klarmachen, was denn das Routinevorgehen überhaupt ist, um einen effektiven Fokus bestimmen zu können. Dann braucht es eine klare Einleitung, die sicherstellt, dass nicht Kritik das Anliegen ist, denn Kritik führt zur Verteidigung und zum Ende jedes kreativen Prozesses. Und schließlich braucht es die Bereitschaft aller Teilnehmer, über Alternativen nachdenken zu wollen.

Dass die Gemeinschaftsräume (Wohnzimmer, Küche, Bad, Toilette) in Schuss gehalten werden, stellen Profis und Bewohner einer Einrichtung durch ein System rollierender Haushaltspflichten sicher und durch einen externen Putzdienst. Das war ein erprobtes und altes Verfahren und es funktionierte. Könnte man es dennoch anders machen?

Das Team kam auf die Idee, das Haushaltsmanagement zum Arbeitsmarkt zu machen. Die verschiedenen Jobs wurden durch Arbeitsplatzbeschreibungen definiert, durch hausinterne Stellenausschreibungen offeriert und mit einem Gehalt honoriert. Die Bewohner konnten sich darauf bewerben mit einem entsprechenden Bewerbungsschreiben. Es gab Einstellungsgespräche und Arbeitsverträge. Das neue Mitarbeiter-Vorgesetzen-Verhältnis ermöglichte ganz neue Optionen, Jugendliche auf den Arbeitsmarkt vorzubereiten, ohne dass es sich um rein schulisches Trockenschwimmen handelte.

2.6 Provokative Operation

Unser Gehirn ist ein sich selbst organisierendes System. Es ordnet hereinkommende Information in Muster und benutzt dazu Kategorien wie „gleich – ungleich“, „Übereinstimmung mit bisherigen Erfahrungen – Widerspruch“ usw. Diese Funktion der „Bewertung“ selektiert, ordnet, weist einen Gedanken ggf. als falsch zurück und sichert damit die Konsistenz unseres Denkens. Wenn wir uns „bewegen“, benutzen wir einen Gedanken ganz anders, nämlich um seines „Bewegungswertes“ willen. Die Idee wird dann zum Trittstein, auf dem wir zu einem anderen Muster überwechseln. Der Zweck von Provokationen ist, uns aus der normalen Bahn des Denkens zu bringen (vgl. de Bono 2003, S. 124ff).

Ziel: Die Qualität der Träger der Erziehungshilfen einer Stadt steigern
Das Problem war die schiere Komplexität des gewachsenen Systems, das jede Veränderung zu einer riesigen administrativen Aufgabe und zu einem aufreibenden Fachdiskurs macht, in deren Folge gute Ansätze und Motivationen aufgerieben werden.

Provokation: Wir verhindern, dass sich Träger der Erziehungshilfen verändern. Ergebnis war die Idee, ein Experiment mit einem Träger zu machen, der sich radikal veränderte und für den alle sonst gültigen Rahmenbedingungen soweit wie möglich aufgehoben wurden, während die anderen Träger den Prozess über zwei Jahre konstruktiv-kritisch begleiteten, aber selbst keine grundsätzliche Veränderung durchlaufen mussten. Im Laufe dieses „Experiments“ wurden die neuen Rahmenbedingungen herausgefunden und ausprobiert, die sich für die Gesamtlandschaft eignen.

Unsere Sprache bietet wenige Optionen, Irrationales rational zu behandeln. Entweder etwas ist vernünftig oder abwegig. Es kann nie beides sein. Genau das sind aber provokative Operationen. Sie sind rational konstruierte Muster, die sich im Sinne des bisherigen Systems „abwegig“, wenn nicht „verrückt“ ausnehmen. Denn provokative Operationen werden genau zu dem Zweck konstruiert, um ein Team „auf einen anderen Weg zu bringen“ bzw. die bisherige Sicht der Dinge zu „verrücken“. Allerdings bedarf es der expliziten Rahmung eines Gesprächsbeitrags als provokative Operation und des Wissens der Kollegen, was es damit auf sich hat, will man keine größeren Verwirrungen erzeugen.

Es ist gar nicht so einfach, zu einer guten, d. h. wirkungsvollen Provokation zu kommen. Die generelle Methode ist wie bei der Challenge (s. o.),

1. zuerst gerade das *Fraglose* einer Organisationsroutine herauszufinden,
2. es dann durch geschicktes *Arrangieren einer Provokation* in Frage zu stellen und
3. schließlich den daraus entstehenden *Bewegungswert* systematisch zu nutzen.

   1. Fragloses: Hilfen zur Erziehung sollen Familien „helfen“.
   2. Fragloses mittels Provokation in Frage stellen: Durch Hilfen zur Erziehung sollen die Familien dem Jugendamt helfen.
   3. Bewegung: Vielleicht könnte man eine neue Technik der Hilfeplanung erfinden, die Familien in Bewegung bringt und dazu veranlasst, die „Hilfearbeit“ selbst zu machen. Eine solche Provokation könnte zur Erfindung der „Familienzeit“ im Familienrat (siehe Handlungsfeld Individuum) geführt haben. „Familienzeit“ bedeutet, dass in einer Phase keine Fachkräfte anwesend sein dürfen, damit die Verwandtschaft sich auf ihre eigenen Möglichkeiten und Präferenzen konzentriert.

Umkehrtechnik zum Arrangieren einer Provokation: Man stellt das, was normalerweise geschieht, auf den Kopf nach dem Motto: Lass uns mal das Gegenteil denken oder machen!

> In einem Projekt der „Sozialen Stadt“ bekamen die Fachkräfte von Anwohnern immer wieder zu hören, dass in dem Wohnblock am Waldrand „das Unglück wohne“. So drückte man sich häufig über die Zustände dort aus. Die provokative Operation bestand darin, das Wohnsilo in der Nacht mit „Glück“ zu bestrahlen, in Form einer gesponserten Lightshow zum Thema „Glück“. Der Effekt waren natürlich zahlreiche Schaulustige aus allen anderen Stadtteilen. Die Bewohner des unglücklichen Wohnsilos nutzten das allabendliche Event zum Verkaufen von Würstchen und Getränken. Es entstand ein Aufwertungseffekt („Interessante Leute, die da wohnen und feiern können sie auch!“) und ein Aktivierungseffekt („Wir sind der Block, wo was los ist, und wir können was los machen!“)

Die *Übertreibungstechnik zum Arrangieren einer Provokation* funktioniert sehr ähnlich. Alles, was eine metrische Maßeinheit hat, eignet sich dafür, wie z. B. Anzahl, Häufigkeit, Zeiten, Entfernungen.

Man übersteigert einfach die Quantitäten ins Unmögliche und nutzt den Bewegungswert der Übertreibung. Welche Ideen lassen sich daraus gewinnen?

Übung

Wählen Sie eine der Übertreibungen aus und surfen Sie auf deren Bewegung:

- Wir haben 1000 Kollegen im Team.
- Alle HzE dauern nur einen Tag.
- Kein Gespräch dauert länger als 5 Min.
- Jedes Telefongespräch bei uns kostet 100 Euro.
- Man spricht immer mit 100 Klienten gleichzeitig.

Un-ordnen als Technik bringt übliche Abläufe, Rollen und Konventionen durcheinander, etwa indem man

- die zeitliche Reihenfolge vertauscht,
- die Konnotation von signifikanten Begriffen umdreht (Hilfe → Strafe),
- gültige Regeln außer Kraft setzt.

Übung

Lassen Sie sich vom Bewegungswert folgender Provokationen zu neuen Ideen anregen.

- Hilfeplanung wird erst nach Abschluss der Hilfe gemacht.
- Straftäter finanzieren die Polizei.
- HzE wird bezahlt, bevor sie gebraucht wird.
- Betroffene helfen dem Jugendamt.
- Klienten führen Akten über den Sozialarbeiter.
- Das Papier, auf dem Sie Aktennotizen machen, wird nach einer Woche schwarz.
- Teambesprechungen finden am Sonntagmorgen nach dem Gottesdienst in der Kirche statt.
- Wir ziehen uns alle Overalls mit dem Namen unserer Einrichtung an – auch in der Freizeit.
- Wir machen Lösungsplanung auf Bierdeckeln.
- Unsere Einrichtung verkauft ab jetzt auch McDonalds-Produkte.
- Jeder, der bei uns Karriereambitionen hat, heftet sich einen gelben Sticker ans Revers.

Bewegungswert einer Provokation systematisch nutzen

Nun bleibt die Frage, wie man denn weiter kommt mit einer offensichtlichen Provokation. Man spricht hier von Bewegungstechniken. Dazu braucht es einen ausgeprägten Willen, die Bewertung auszusetzen, die durch die Provokation natürlich sofort "provoziert" wird. Das ist die Grundhaltung, ohne die nichts geht.

Eine Möglichkeit besteht darin, die *„Essenz herauszufiltern“*, d. h. aus einer Provokation ein interessantes Prinzip oder einen Aspekt abzuleiten:

> Ein Junge, der in einer stationären Wohngruppe lebte, hatte die Angewohnheit, in unregelmäßigen Abständen auf dem First des dreistöckigen Gebäudes zu balancieren, was stets eine größere Rettungsaktion auslöste. Die Provokation in der Teamsitzung lautete: „Für das Spektakel kassieren wir von den Anwohnern und Schaulustigen Einrittsgeld.“

Essenz: Wagemut, Selbstdarstellungswille und Balanciervermögen des Jungen haben einen „Marktwert“.
Nutzungsidee: Wir erweitern unsere Zirkusgruppenarbeit um sog. „Reality-Einlagen“ (wurde nicht weiter verfolgt). Wir suchen nach einer Ausbildung als Stuntman oder zumindest nach einem Praktikumsplatz. Wenn wir ihn nicht davon abhalten können, müssen wir ihn aus Sicherheitsgründen wenigstens qualifizieren.

> Ein anderes Beispiel ist ein Mann (ca. 50 Jahre), der alle Leute, die mit ihm Kontakt aufnehmen wollten, mit Geschichten aus dem Universum überrollte, und sich so alles und jeden vom Leib hielt, aber auch immer einsamer und skurriler wurde.

Provokation: Alle genießen seine Geschichten und zahlen sogar noch dafür.
Nutzung der Essenz: Aufschreiben und veröffentlichen. Daraus wurde dann sogar eine Theatergruppe entwickelt, die sich bevorzugt mit Geschichten wie „Per Anhalter durch die Galaxis“ beschäftigt.

Eine weitere Technik sind „Bewegungsstudien”. Man stellt sich vor, die Provokation wird umgesetzt, auch wenn das unmöglich ist, und analysiert, was Schritt für Schritt passieren würde.
Problem: Die Beziehungsabbrüche und Abteilungswechsel, die Jugendlichen zugemutet werden, wenn der Wechsel von einer sog. ambulanten Hilfeform in eine stationäre erfolgt.
Provokation: Die Jugendlichen kommen nicht ins Heim, sondern der Mitarbeiter nimmt sie einfach mit heim.
Ergebnis: Ein Konzept für stationäre Einrichtungen, das neben einem festen Hausmanager auch ambulante Mitarbeitende beschäftigt, die für ihre Klienten zuständig bleiben und im stationären Bereich mitarbeiten.

Parallel Thinking

Eine Möglichkeit der Perspektivenvermehrung in der Teambesprechung bieten auch die sechs „Thinking Hats". Das sind sechs imaginäre Denkhüte, von denen jeder eine andere Farbe hat. Sie markieren jeweils eine andere Art zu denken. Wenn man einen dieser Hats aufsetzt, denkt man ausschließlich in diesem Denkformat: Weiß = Zahlen, Fakten, Informationen; rot = Gefühle, Intuitionen; schwarz = Bedenken, Risiken, Schwachstellen; gelb = Chancen, Nutzen; grün = neue Ideen, Alternativen; blau = Moderation, die auf Überblick, Ergebnis, Entscheidung achtet. Wenn ein anderes Denk-Format gewollt ist, setzt man einen anderen Hat auf. Das ist dann auch ein Perspektivwechsel. Jede Perspektive hat ihre Berechtigung. Die Kunst ist, sich der Perspektivität bewusst zu werden und im Team damit strategisch umzugehen. Genaueres zum Parallel Thinking findet sich bei de Bono 2000b.

3 Inklusionsmanagement am Beispiel des Index for Inclusion

Das „Centre for Studies on Inclusive Education“ (CSIE) (http://inclusion.uwe.ac.uk/csie/about.htm) hat mit seinem Index for Inclusion ein Analysewerkzeug erarbeitet, das man zur Beurteilung des Flexibilisierungsgrades einer Organisation heranziehen kann. Das Inklusionsparadigma wird vom CSIE zwar hauptsächlich am Beispiel von Schulen und Kindertageseinrichtungen konzeptioniert, ist aber auch auf andere Regelsysteme anwendbar. Weiterhin lässt sich das Inklusionsparadigma auch zur Beurteilung des Potenzials von Spezialsystemen anwenden, in Regelsystemen einen höheren Inklusionsgrad zu erzielen, anstelle die Überweisungs- und Aussonderungspraxis von Menschen ins eigene spezialisierte Hilfesystem zu verstärken.

Inklusion wird definiert als Fähigkeit von Regelsystemen, sich an Adressaten (z. B. Schüler) unterschiedlicher Kulturen und Milieus und an Adressaten mit unterschiedlichen Kompetenzen anpassen zu können, indem

- Zugangsbarrieren abgebaut und Ausschlusskriterien reduziert werden,
- die Philosophie der „special needs education“ zugunsten eines „Curriculums für alle“ (Hinz o.J.) aufgegeben wird,
- die Anpassungsnotwendigkeit des Systems an nicht stromlinienförmige „Kunden“ als Lernchance für die Organisation begriffen wird und
- Regelsysteme wie beispielsweise Schulen zu Einrichtungen des Gemeinwesens werden, die Ressourcen des Sozialen Raums nutzen, und selbst Ressourcen des Sozialen Raums für andere sind (vgl. „Definitions of inclusion in education from the Index for Inclusion“; *http://inclusion.uwe.ac.uk/csie/indexlaunch.htm*).

Bezugsrahmen von Inklusion ist die positiv bewertete Heterogenität der Adressaten und Organisationsmitglieder und die gewollte organisatorische Adaption. Der klassische Exklusionsmodus leitet Behandlungsmethoden von diagnostizierten Defiziten ab. Dabei gilt die funktionale Spezialisierung auf homogene Defizitgruppen als Qualitätsmerkmal. Der hier vorgestellte Inklusionsmodus leitet von individuellen Unterschieden Veränderungsnotwendigkeiten für die Organisation ab, die nach dem Muster funktionaler Integration ihre Qualität nach Vielfalt und Flexibilität bestimmt (vgl. GEW 2003).

Das Kriterienbündel, das im Index for Inclusion entwickelt wird, bezieht sich auf die „Kultur“ der Organisation, ihre „Struktur bzw. Politik“ und ihre „Praktiken“. Im Folgenden geben wir den Index ausschnittsweise mit den Indikatoren wieder, die einer sozialräumlichen Theorie am wichtigsten sind. Bei drei der Indikatoren werden auch einige der Einzelfragen genannt, die bei der Operationalisierung des jeweiligen Merkmals helfen sollen.

Index for Inclusion für Tageseinrichtungen für Kinder
(Ausschnitte; die Übersetzungen sind übernommen aus GEW 2005)

A.1.1 Jeder soll sich willkommen fühlen.
- Ist der erste Kontakt mit der Einrichtung freundlich und einladend?
- Ist die Umgebung der Einrichtung freundlich?
- Ist die Einrichtung Eltern und anderen Bewohnern des Stadtteils gegenüber aufgeschlossen?
- Werden den Eltern Informationen über die Leitlinien und Aktivitäten zur Verfügung gestellt?
- Erwähnen diese Informationen ausdrücklich, dass die ganze Bandbreite von unterschiedlichen kulturellen Hintergründen willkommen ist?
- Werden die Kulturen und Gruppen des Stadtteils durch Schilder und Ausstellungen gewürdigt?
- Haben die Kinder und Eltern das Gefühl, dass die Räume und Flächen der Einrichtung zu ihnen gehören?
- Haben Fachkräfte und Stadtteilbewohner alle das Gefühl, dass die Einrichtung zu ihnen gehört?

A.1.5 Es gibt eine Partnerschaft zwischen Fachkräften und Eltern.

A.1.6 Fachkräfte stellen eine Verbindung zwischen den Ereignissen in der Einrichtung und dem Leben der Kinder zu Hause her.

A.1.7 Alle Gruppen des lokalen Gemeinwesens werden involviert.

A.2.2 Von allen Kindern wird viel erwartet.

B.1.3 Alle Kinder der Nachbarschaft werden ermutigt, die Einrichtung zu besuchen.

B.1.4 Die Einrichtung wird so umgestaltet, dass sie allen Menschen zugänglich wird.

B.1.5 Allen neuen Kindern wird bei der Eingewöhnung geholfen.

B.2.3 Die Leitlinien des „besonderen Förderbedarfs“ sind Leitlinien für Inklusion.

B.2.6 Verbessern die Hausregeln die Einrichtung für alle Kinder?
- Werden die Kinder und ihre Eltern an der Formulierung der Hausregeln beteiligt?
- Geben die Hausregeln über Anlässe von Konflikten Auskunft und versuchen solche Anlässe zu reduzieren?
- Bedient man sich zur Behebung von Schwierigkeiten des Wissens der Eltern?
- Tragen die Hausregeln dazu bei, das Wohlergehen von Kindern zu fördern?

B.2.7 Der Druck, „Störer“ auszusondern, wird reduziert.

C.1.1 Bei der Planung von Angeboten wird an alle Kinder gedacht.

C.1.5 Die Angebote wirken Stereotypisierung entgehen.

C.2.4 Die Unterschiede zwischen den Kindern werden als Ressourcen für die Förderung von Spiel, Lernen und Partizipation genutzt.

C.2.4 Das Fachwissen der Mitarbeiter wird in vollem Maße genutzt.
- Ist das gesamte Können und Wissen der Fachkräfte bekannt und nicht nur das, was sich auf ihren Titel und ihre Arbeitsplatzbeschreibung bezieht?
- Wird die Vielzahl der in der Einrichtung gesprochenen Sprachen als Ressource für alle Kinder genutzt?
- Bezieht man sich bei Aktivitäten auf die kulturellen und sozialen Unterschiede d er Fachkräfte?
- Tauschen die Fachkräfte untereinander ihre unterschiedlichen Perspektiven aus?

C.2.6 Ressourcen des Sozialen Raums sind bekannt und werden genutzt.

4 Kritik als Produktivkraft

Eine sozialräumlich handelnde Organisation räumt ihren Adressaten systematisch Beteiligungschancen ein. Das kann wirkungsvolle repräsentative Mitbestimmung (vgl. van Santen 2005, S. 174) oder die Auditierung durch Betroffene selbst bedeuten. Weiterhin kann auf der individuellen Ebene das Beschwerderecht von Adressaten eine wirksame Form der Beteiligung sein, und ebenso Nutzerbefragungen, die darüber Aufschluss geben, wie die Leistungen der Fachkräfte und ihr Umgang mit Adressaten bewertet werden.

Beide Verfahren sind in der (deutschen) Sozialen Arbeit noch keine Selbstverständlichkeit, aber gerade stationäre Einrichtungen und Organisationen in einer Konkurrenzsituation bemühen sich um eine neue, positive Einschätzung von Nutzerkritik. Das Ermuntern zu und Erleichtern von Kritik sowie die Institutionalisierung von Beschwerdeverfahren sind ein Ausdruck von Professionalität, Qualität und Nutzernähe. Beschwerden können geradezu als eine kostenlose Beratung der Organisation zu ihren Verbesserungspotenzialen durch ihre Adressaten interpretiert werden. Ein fachlich sicheres Jugendamt könnte dann zum Beispiel auch gut eine Gruppe aushalten, die sich als „Verein von Jugendamtskritikern“ gegründet hat und den Handlungen des Amtes sehr kritisch „auf die Finger schaut“. Oder soziale Einrichtungen eines Trägers erklären sich damit einverstanden, dass in den nächsten Wochen bei einigen von ihnen „silent shopper“ eingesetzt werden, also verdeckt als Klienten auftretende „Qualitätsprüfer“, die dann systematisch ihre Erfahrungen an das Fachpersonal zurückmelden. Dafür kann man auch frühere Klienten gewinnen, bezahlen und in ihrer „Fachkompetenz“ anerkennen.

4.1 Beschwerdemanagement

Es empfiehlt sich für eine Einrichtung, sich intensiv mit Unzufriedenheiten ihrer Adressaten zu beschäftigen, denn bekanntermaßen beschweren sich nur 4 % aller unzufriedenen Nutzer, aber 96 % aller Unzufriedenen wandern ab, ohne sich vorher zu beschweren. Ein zufriedener Nutzer erzählt durchschnittlich drei Menschen von seinen positiven Erlebnissen, aber schlechte Erfahrungen werden an elf andere weitergegeben. (vgl. Wolff 2004, S. 105) Es ist wesentlich aufwändiger, einen *neuen* Bürger für ein Projekt im Quartier zu gewinnen, als einen *bestehenden* Kontakt, z. B. aus der Fallarbeit, dafür „auszubauen“.

Ein Beschwerdemanagement zu implementieren heißt, gezielt die verschiedenen Elemente dieses Verfahrens passend zur eigenen Institution zu planen und umzusetzen:

Beschwerdestimulierung:

Da in der Sozialen Arbeit den meisten Adressaten Beschwerden nicht leicht fallen, müssen sie dazu angeregt, ermutigt und aufgefordert werden. Das kann passieren durch

- *aktive Rückfragen* nach Abschluss einer Dienstleistung: Zum Beispiel können Weihnachtskarten oder Glückwunschkarten zum Geburtstag an Adressaten verschickt werden, verbunden mit einer Aufforderung zur Beschwerde anhand einiger kurzer Fragen.
- *Ausgabe von Meinungskarten* am Ende eines Kontaktes, vielleicht mit der Teilnahme an einem Preisausschreiben verbunden
- *Gebührenfreie Beschwerdetelefone*
- *Beschwerdeseiten* auf der Homepage der Organisation im Internet
- *Dialogkarten („Let's talk“)* im Wartebereich der Einrichtung, wo der Adressat bequem seinen Kontaktwunsch und einen von ihm bevorzugten Kontaktzeitpunkt für einen Anruf der Einrichtung bei ihm angeben kann
- *Spezielle Plakate, Anzeigen, Verweise und Mitteilungen* zum neu geschaffenen Beschwerdeweg: Wer ist für die Annahme von Beschwerden zuständig?

Liebe Jugendliche, lieber Jugendlicher,

mit diesem Fragebogen möchten wir Dir Gelegenheit geben, Deine Zufriedenheit mit der Arbeit des Jugendamtes und Deinem Betreuer oder Deiner Betreuerin des Trägers zum Ausdruck zu bringen. Dabei ist es uns wichtig zu erfahren, was Dir gefällt und was Dir nicht gefällt. So können wir in unserer Arbeit dazulernen.
Der Fragebogen enthält insgesamt 16 Fragen. Bei fast allen Fragen kannst Du Noten wie in der Schule vergeben. Also: „sehr gut“ ist eine 1 und „sehr schlecht“ ist eine 6. Außerdem gibt es einige Fragen, die Du mit Deinen eigenen Worten beantworten kannst.
Der Bogen wird in einer Forschungsabteilung des Jugendamtes vollkommen anonym ausgewertet. Es kann also nicht mehr festgestellt werden, wer welche Antwort gegeben hat.

Unter den Einsendern und Einsenderinnen
des Fragebogens wird ein MP 3 Player verlost.

Du brauchst dafür nur die beiliegende Karte auszufüllen und mit dem ausgefüllten Fragebogen in den frankierten Umschlag legen. Und ab in die Post !!!!

Vielen Dank für Deine Mitarbeit und
viel Glück bei der Verlosung !!!!!!!

Verlosung MP3 Player

Ich nehme an der Verlosung

☐ teil und habe den Fragebogen ausgefüllt.

☐ Im Falle eines Gewinns benachrichtigen Sie mich bitte unter der auf der Vorderseite angegebenen Adresse.

Der Gewinner wird im Januar 2006 benachrichtigt.

Quelle: Jugendamt Stuttgart, Nutzerbefragung 2005

Beschwerdeannahme
Wenn ein Adressat sich entschließt, seine Unzufriedenheit mit der Betreuung, der Beratung, der Information usw. der sozialen Einrichtung mitzuteilen, muss diese für drei Aufgaben Sorge tragen:

1. Es müssen im Erstkontakt mit dem unzufriedenen Adressaten klare Verantwortungsstrukturen festgelegt werden. Dabei gilt der Grundsatz „*Complaint Ownership*": Diejenige Fachkraft in der Organisation, die als erste von einem Adressaten über ein Problem informiert wird oder als erste ein Kundenproblem wahrnimmt, ist von diesem Zeitpunkt ab dafür verantwortlich, dass das Problem als Beschwerde erkannt, erfasst und bearbeitet wird.
2. In sozialen Einrichtungen können Beschwerden auch über von den Adressaten selbst bestimmte „*Vertrauensleute*" weitergegeben werden (vgl. Arbeitsgemeinschaft für Erziehungshilfe 2004, S. 229f).
3. Alle Mitarbeiter einer Organisation müssen darauf trainiert sein, eine Beschwerde ruhig, freundlich, ohne Ausflüchte und Beschwichtigungsversuche („die zuständige Sozialarbeiterin ist gerade nicht im Haus", „da haben Sie sicher etwas falsch verstanden" usw.) entgegenzunehmen und in der Art und Weise ihrer Reaktion dem Betroffenen zu signalisieren, dass man um die Wiederherstellung seiner Zufriedenheit bemüht ist, dass der Fall schnell sachlich geklärt und eine Problemlösung eingeleitet wird.
4. Die Mitarbeiter müssen sich für die Beschwerde bedanken, da sie ihnen hilft ihre Arbeit zu verbessern. Dafür braucht die Einrichtung eine positive Beschwerdekultur: „Kritik und Beschwerden und Reklamationen sind kein persönlicher Angriff auf den Mitarbeiter, sondern eine interessante Information zur Qualitätsverbesserung der Einrichtung." (Diakonisches Werk 2002, S. 29)
5. Alle relevanten Informationen über die Beschwerde müssen im Hinblick auf eine schnelle und unkomplizierte Bearbeitung erfasst werden.

Erfassungsbogen für Anregungen und Beschwerden

Empfänger/in der Anregung oder Beschwerde:
Datum/Uhrzeit:
Adressat:
Anschrift:
Telefonnummer:
☐ Nutzer ☐ Eltern/Angehörige ☐ Bekannte/Freunde ☐ Nachbarn ☐ sonstige

Kurze Beschreibung der Anregung/Beschwerde:

Gewünschte Problemlösung:

Gegebenenfalls Empfangsbestätigung durch Beschwerde-Verantwortliche/n:
Name:
Eingangsdatum:
Weitergeleitet am:
Um Bearbeitung gebeten bis:
Rückmeldung an Adressat:
realisierte Problemlösung:

Bewertung/Zufriedenheit durch Adressat:
☐ zufrieden ☐ weiß nicht ☐ nicht zufrieden

Zur Auswertung gegeben an:
Datum: Beschwerde-Verantwortliche/r:

Quelle: überarbeiteter Erfassungsbogen für Anregungen und Beschwerden des Evangelischen Kinder- und Jugendheims Veldenz (Evangelischer Erziehungsverband 2003, S. 113).

Beschwerdebearbeitung

Dabei geht es um die internen, für den Adressaten nicht unmittelbar einsehbaren Bearbeitungsschritte. Abhängig von dem genannten Problem müssen verschiedene Personen daran beteiligt werden. Entscheidend ist, dass nicht schuldige Mitarbeiter gesucht, sondern die verbesserungsfähigen Prozesse identifiziert werden. Dafür wird manchmal eine sehr genaue Fallschilderung gebraucht, eine genaue Inhaltsanalyse, bei Interaktionsproblemen kann auch eine Kategorisierung in Qualitätsdimensionen sinnvoll sein: Annehmlichkeiten des Leistungsumfeldes, Verlässlichkeit, Einsatzbereitschaft, Kompetenz und Einfühlungsvermögen der Mitarbeiter in welchen konkreten Situationen?

Dafür muss der „complaint owner" mit den jeweiligen Bearbeitern der Aufgabe, des Falles sprechen und nach Lösungsmöglichkeiten suchen. In etlichen Einrichtungen werden Beschwerden nicht nur von den Fachkräften bearbeitet, sondern von beauftragten Adressaten selbst, z.B. in der Position von Streitschlichtern, Ombudsleuten oder einer Jury.

Beschwerdereaktion gegenüber dem Adressaten
Kommunikative Reaktionen sind auf jeden Fall angebracht, also Entschuldigungen und Erklärungen, die auf den Einzelfall zugeschnitten sind. Daneben müssen – je nach Problem – entsprechende „materielle", korrigierende Leistungen erfolgen, wie das Angebot einer wiederholten Beratung oder Vermittlung, eine Korrektur der getroffenen Entscheidung oder auch ein Geschenk als Geste der Wiedergutmachung. Der Maßstab ist jeweils, ob der Adressat die Reaktion als angemessen und fair erleben wird. Entscheidend ist, dass nicht *über* den Adressaten, sondern *mit ihm* gesprochen wird.

Beschwerdeauswertung
Hier steht die interne Perspektive im Mittelpunkt: Wie können die erfassten Beschwerdeinformationen für Verbesserungsmaßnahmen genutzt werden, um auf diese Weise in Zukunft weitere Nutzerprobleme zu vermeiden und die Zufriedenheit aller Adressaten zu erhöhen? Hilfreich kann eine Ursache-Wirkungs-Analyse mit dem sog. Fischgrät- oder Ishikawa-Diagramm sein (vgl. Stauss/Seidel 1998, S. 226ff). Diese wird am besten in „Verbesserungsteams" vorgenommen, in denen alle (auch indirekt) beteiligten Organisationseinheiten und Kompetenzen vertreten sind. Für den letzten Schritt, das Beschwerde-Reporting, muss festgelegt werden, welche internen Stellen mit welchen Auswertungen in welchen Zeitintervallen über Veränderungen informiert werden.

4.2 Nutzerbefragung

Mit regelmäßigen Nutzerbefragungen zeigen soziale Einrichtungen, dass sie an den Erwartungen und Urteilen ihrer Adressaten interessiert sind, dass nicht das eigene Berufsverständnis dominieren soll, sondern die Zufriedenheit der Adressaten. Befragungen liefern selten fertige Handlungskonzepte, aber sie stoßen Diskussionen an, bringen Leitungen und Fachteams zum Nachdenken, erzwingen Schlussfolgerungen. Die Evaluationsforschung bietet für Nutzerbefragungen unterschiedliche Instrumentarien an:

Standardisierte Befragung mit einem Fragebogen
Sie ist dann das Mittel der Wahl, wenn man eine repräsentative Querschnittsmeinung erhalten und deshalb eine größere Anzahl von Adressaten befragen will. Da für die einzelnen Arbeitsfelder und -bereiche meistens noch keine erprobten Fragebogen vorliegen, muss jede Einrichtung selbst geeignete Fragebögen entwickeln, die ihren spezifischen Besonderheiten Rechnung tragen. Dafür kann man Experten von außen holen, aber die Mitarbeiter müssen unbedingt mitentscheiden. Im Jugendhilfebereich sind für stationäre Einrichtungen schon vielfach Kinder- und Elternbefragungen erprobt worden.

Auszug aus einem Kinderfragebogen in einer Jugendhilfe-Einrichtung:

6. Kannst Du ungestört telefonieren?
☐ immer
☐ häufig
☐ selten
☐ nie/fast nie

7. Wurde Deine private Post von anderen geöffnet?
☐ ja, mehrmals
☐ ja, ein- oder zweimal
☐ nie
☐ weiß nicht

8. Kannst Du Dein Zimmer frei gestalten (z. B. Poster, Möbel, Farbe etc.)?
☐ ja
☐ teilweise
☐ nein
wenn teilweise/nein: Wo würdest du gerne selbst entscheiden?

11. Bist du mit Deinen Ausgehzeiten zufrieden?
☐ voll zufrieden
☐ eher zufrieden
☐ eher nicht zufrieden
☐ gar nicht zufrieden
wenn nein: Was möchtest Du gerne ändern?

Quelle: Überarbeiteter Kinderfragebogen Haus Marienthal Schweinfurt GmbH In: EREV, 2002 S. 72-78

Für Arbeitsbereiche, in denen bisher Nutzerzufriedenheit aus verschiedenen Gründen kein systematisches Thema war, müssen einem Fragebogen erst intensive Gespräche mit verschiedenen Adressaten vorangeschaltet werden, um überhaupt herauszufinden, welche Kriterien die Zufriedenheit der Nutzer bestimmen und welche Indikatoren sich für ihre Erfassung eignen. So haben sich in einem Forschungsprojekt „Zufriedenheits- und Qualitätskriterien rechtlich Betreuter“ der Fachhochschule Jena 12 Themen herauskristallisiert, innerhalb derer sich die Zufriedenheitsäußerungen der Befragten bewegen (vgl. Adler/Weigel 2007), z. B. „Ist der Betreuer reagibel, d. h. bereit und fähig zum schnellen, pünktlichen und unmittelbaren Arbeiten? Kann man sich beim Betreuer sicher fühlen, sind die Angelegenheiten in guten Händen? Ist der Betreuer kommunikationsbereit, und geht er sinnvoll mit Informationen um? Kann der Betreuer die Welt aus den Augen des Betreuten interpretieren? Vertritt der Betreuer bei Zwangsmaßnahmen erkennbar die Interessen des Betreuten?“ usw.

Deine Meinung ist uns wichtig!!!!!!!!!!!!!!!

1. Sind die Gespräche mit den Mitarbeitern des Jugendamtes hilfreich für Dich gewesen?

ja, sehr	1	2	3	4	5	6	nein, gar nicht

2. Ist die Unterstützung für Dich schnell genug zustande gekommen?

ja	1	2	3	4	5	6	nein

3. Ist vom Jugendamt berücksichtigt worden, was Du willst?

ja, sehr	1	2	3	4	5	6	nein, gar nicht

6. Wird das, was Du gut kannst, anerkannt?

ja, sehr	1	2	3	4	5	6	nein, gar nicht

8. Würdest Du Deinen Sozialarbeiter beim Jugendamt an einen Freund weiterempfehlen?

Quelle: Jugendamt Rosenheim, Nutzerbefragung, Auszug, 2006

Problemzentrierte Interviews: Die Nutzerperspektive kann durch leitfadengestützte Interviews am Ende des fachlichen Kontakts erfragt werden. Welche Erzählimpulse von der Sozialarbeiterin dabei gegeben werden, lässt sich grob zwei Varianten zuordnen:

- *Sequentielle Ereignismethode:* Dabei „nimmt man Adressaten quasi an die Hand" und geht mit ihnen die einzelnen Stationen des Kontakts durch. Das können dann in einer Beratungsstelle zum Beispiel folgende Fragen sein: *Was hat Sie bewegt, eine Beratungsstelle aufzusuchen? Was erwarteten Sie? Wie war es, als Sie das erste Mal Kontakt mit der Beratungsstelle aufnahmen? Wie war die erste Beratung? Wie ist es dann gelaufen? Wie beurteilen Sie die Beratung aus jetziger Sicht?*

- *Critical Incident Technique:* Hier ist der Impuls bewusst offen gehalten: *Woran erinnern Sie sich denn, wenn Sie an unsere gemeinsame Arbeit/unseren Kontakt in den letzten Wochen denken?* Dahinter steht die Hypothese, dass die Kundin sich an besonders subjektiv hervorstechende „sensible“ Aspekte erinnert, an positive oder an negative. Damit können die Fachkräfte erfahren, was in den Augen ihrer Nutzer jeweils „Schlüsselsituationen“ waren und wie diese erfahren wurden.

Zeichnungen, Fotos: Diese Darstellungsmittel eignen sich besonders gut, um Zufriedenheiten mit den Strukturbedingungen einer Organisation (zum Beispiel der Einrichtung des Jugendzentrums oder des Tagestreffs) oder besonders wichtige Ereignisse in ihrer subjektiven Wahrnehmung abzubilden. Damit werden subjektive Wertigkeiten sichtbar.

Die Mitglieder einer Wohngemeinschaft für psychisch Kranke wurden mit der Handhabung eines Fotoapparates vertraut gemacht. Dann wurden Anreize ausgesetzt, dass jeder mit seinem Fotoapparat das in der Wohnumgebung fotografiert, was ihm besonders gut gefällt und ihm wichtig ist. Die meisten Betreuer erwarteten Aufnahmen von den schönen Gärten in der unmittelbaren Nachbarschaft der Wohnung. Tatsächlich zeigten viele Bilder kleine Läden in den Einkaufsstraßen des Stadtteils: die Lottoannahmestelle, ein kleines Stehcafe einer Kaffeekette, eine Bäckerei, in der es auch ein paar Stühle gab usw. Für die Bewohner waren wohl die unverfänglichen Beobachtungs- und Kontaktmöglichkeiten in den anderen Straßen wichtiger als die Ruhe und Schönheit der unmittelbaren Nachbarschaft (s. Kapitel Netzwerk: Autofotografie).

Symbolische Bilder: Zusammen mit anderen Verfahren ist es oftmals hilfreich, die Erfahrungen der Adressaten mit dem Unterstützungsprozess in ein Bild fassen zu lassen. Jugendliche oder Erwachsene würden das Malen eines Bildes möglicherweise als eine sehr „fremde“, unangenehme Aufgabe empfinden, sind aber bereit, aus einer großen Anzahl von sehr verschiedenen Fotokarten das auszusuchen, was nach ihrer Wahrnehmung gut für die sozialarbeiterische Intervention/Aktion stehen kann, und ihre Wahl zu erläutern. Oder sie willigen ein, zum Beispiel den erfahrenen Beratungsprozess verbal in ein Bild zu fassen.

In einer Facheinrichtung gegen sexuelle Gewalt an Mädchen und Frauen fragt die Mitarbeiterin am Ende des letzten Auswertungsgesprächs die Jugendliche: „Wenn du jetzt an diese Beratung denkst, fällt Dir da irgendwas zu ein, wie man das vergleichen könne, symbolisch?" „Da ist ein Weg, ein Wegweiser, ein Baumstamm mit diesen Pfeilen, und da wird halt entschieden, geguckt, welchen man gehen kann. Ich hätte … zurücklaufen können oder einen Weg nehmen können, der mir dann doch nicht so ... oder es abbrechen können auf der halben Stelle, aber ich bin den richtigen gegangen." (Nicolai/Derr 2006, S. 180)

Mitarbeitskurven: Bei längerfristigen Kontakten mit Adressaten, zum Beispiel in Stadtteilprojekten, HzE-Maßnahmen, Besuch von offenen Einrichtungen usw. können Schwankungen der aktiven Teilnahme und ihre jeweiligen Bestimmungsfaktoren über Mitarbeitskurven erfasst werden. Dieses Instrument ist ein einfaches Koordinatensystem, in dem auf der x-Achse die Zeitschiene markiert wird (zum Beispiel die Monate Januar bis Dezember) und die y-Achse mit einer Zahlenskala von 1 bis 10 versehen ist. Die Adressaten, z. B. Jugendliche in einem stadtteilorientierten Beschäftigungsprojekt, bekommen dann den Auftrag, in Einzelarbeit ihr Engagement für die letzten Monate auf der Skala einzuschätzen und zu bewerten und anschließend mit Kommentaren zu versehen, welche Ereignisse oder Gefühle jeweils die einzelnen Phasen ausgelöst oder bestimmt haben. Dann können die Höhen- und Tiefpunkte mit der Sozialarbeiterin diskutiert werden.

Dadurch gewinnen die Fachkräfte Einblick in die Faktoren, welche die Mitarbeit und das Engagement der Adressaten beeinflussen.

Persönliche Karteikarten: Viele sozialraumorientierte Maßnahmen leben von den Aktivitäten der Adressaten: Das reicht von der regelmäßigen Hausaufgabenhilfe mit anschließenden Freizeitangeboten bis zu speziellen Trainings, von wechselnden Aufgaben in einem Projekt bis zu vereinbarten Schritten, um die gemeinsam entwickelten Interventionsziele zu realisieren. Hier können einfache persönliche Dokumentationskarten festhalten helfen, welche Aktionen und Aufgaben absolviert wurden, wie viel Zeit investiert und verbraucht wurde, und wie die einzelnen Situationen von den Adressaten bewertet wurden. Auf der Karteikarte, die jeder erhält, werden in den Zeilen jeweils Datum, Zeit und Inhalt der jeweiligen Aktivität notiert und persönliche Bemerkungen angebracht. Dann können in regelmäßigen Abständen diese Karteikarten ausgewertet werden unter den verschiedensten Fragestellungen, die die Zufriedenheit der Adressaten betreffen: Wann haben die Aktivitäten Spaß gemacht, was hat jeweils gefehlt oder hat nicht geklappt? Stimmt die Zeitbilanz zwischen Aufwand und Ertrag, sind die vereinbarten Schritte erfolgversprechend, welche zusätzlichen Ressourcen werden gebraucht?

5 Steuerungstechniken

5.1 Fachcontrolling

Es reicht nicht, Gutes zu tun, sondern man muss es auch gut machen. Controlling hilft dabei, zu beurteilen, wie nahe man den eigenen Zielen kommt. Im Gegensatz zur Begleit- oder Evaluationsforschung gehört das Controlling zum Tagesgeschäft. Es systematisiert die sowieso hochreflexive Arbeit von Sozialarbeitern, verallgemeinert Einzelreflexionen auf den Abstraktionsebenen „Team", „Abteilung" und „Organisation", ist ein partizipativer Lernprozess für Leitung und Mitarbeiter, Profis und Betroffene, und trägt zur Qualitätsentwicklung bei.

Allerdings gibt es noch sehr wenige wirklich überzeugende Controllingkonzepte in der Sozialen Arbeit, was kein Zufall ist. Erstens hat die Wirkungsforschung eine unglaubliche Komplexität von Einflussfaktoren zu bewältigen. Zweitens sind die Ziele auf verschiedenen Ebenen (Politik, Leitung, Mitarbeiter, Adressat, Öffentlichkeit …) nicht immer deckungsgleich, schwer operationalisierbar und im Zeitverlauf ziemlich variabel. Drittens gibt es in der Sozialen Arbeit keine eigene Forschungstradition. Bis dato wird das Evaluationsgeschäft meist extern durch Fachfremde besorgt. Die Methodik des eigenständigen Evaluierens *in der Praxis durch Praktiker* steckt noch in den Kinderschuhen. Dieser Abschnitt wird die eben genannten Lücken nicht schließen können, will aber in durchaus unsystematischer Weise auf einige zweckdienliche Grundlinien aufmerksam machen. Erfolgreiches Controlling besteht aus zwei Elementen, den Beobachtungsmethoden und dem Controllingdialog.

Beobachtungsmethoden: Indikatorenbezogenes und zielbezogenes Controlling
Controlling in der Sozialraumorientierung muss auf *fachlichen Zielen* der Sozialraumorientierung aufbauen. Diese generellen Ziele werden in jeder Einrichtung vom Personal „verhandelt" und somit der jeweiligen Organisation angepasst. Die fachlichen Ziele sollen überzeugend sein, das Handeln der Fachkräfte orientieren, in Fortbildungen eine große Rolle spielen und zum Leitbild der Organisation gehören. Wenn keine ausbuchstabierten Ziele vorhanden sind oder wenn potemkinsche Dörfer den Zielhintergrund bilden, bleibt Controlling Zahlenakrobatik: Jeder schaut dann nur, dass die eigenen Zahlen passen. „Qualität ist zu verstehen als ein Konstrukt, bei dem Personen sich (…) in einem Vorgang der Normsetzung auf Bewertungsmaßstäbe verständigt haben. (…) Qualität ist eine reflexive, substantiell auf Diskurs verwiesene Kategorie. Im Qualitätsbegriff ist seine dialogische Beschaffenheit angelegt." (Merchel 2004, S. 36). Wenn die Baupläne dafür nicht transparent und überzeugend sind, bleibt Controlling „Sozialtechnologie".

Entwicklungsziele des sozialräumlichen Umbaus der Jugendhilfe in Rosenheim (Quelle: Jugendamt Rosenheim).

Projektziele

1. Jugendhilfe an Adressaten orientieren
1.1 *Stärken und Wille der Betroffenen sind Ausgangspunkt und Motor*
1.2 Möglichst wenig Beziehungsabbrüche
1.3 Maßgeschneiderte Hilfearrangements

2. Jugendhilfe im Gemeinwesen verankern
2.1 Ressourcen des Stadtteils entwickeln & nutzen
2.2 Regeleinrichtungen stärken um Aussonderung zu verhindern
2.3 Erziehungshilfen finden möglichst am Wohnort statt

3. Wirtschaftlichkeit: Erziehungshilfen effizienter machen

Prozessqualität:

1.1.1 *Die Stärken, Kompetenzen und Ressourcen des Adressaten und seiner Familienmitglieder sind klar formuliert.*
1.1.2 Der Wille der Adressaten ist dokumentiert und schlägt sich in den Zielen der Lösungspläne maßgeblich nieder.
1.1.3 Die Lösungspläne sind in einer positiven Sprache formuliert.
1.1.4 Lösungsplanung ist als Heimspiel organisiert, und Beteiligung wird maximiert.

Ergebnisqualität
1.1.5 Lösungsarrangements werden auf der Basis der Stärken und Ressourcen des Adressaten, seines Netzwerkes, seines Familiensystems entwickelt.
1.1.6 Lösungsarrangements zeichnen Veränderungen der Situation des Adressaten zeitnah nach.
1.1.7 Die sich wandelnden Lösungsarrangements werden aus einer Hand und im Rahmen konstanter Bezugspersonen verwirklicht.
1.1.8 Die Arrangements werden innerhalb von fünf Arbeitstagen installiert.
1.1.9 Lebensweltexperten sind Leistungserbringer

	1: Wie viele verschiedene Stärken des jungen Menschen werden genannt?	2: Wie viele dieser Stärken wurden konkretisiert, z.B. durch Darstellung des Kontextes oder Nennung eines Beispiels?	3: Aus wie vielen der u.g. Lebensbereiche wurden Stärken des jungen Menschen genannt?	
	durchzählen, Gleiches nicht doppelt zählen		erst ankreuzen, dann Kreuze zählen	
Lösungsplan Nr.: **85**	**3**	**3**	☒ Schule/ Arbeit ☐ Freunde ☒ Familie ☐ Freizeit ☐ Haushalt ☐ Nachbarn	☐ Verein ☐ Hobby ☐ Partnerschaft ☐ Stadtteil Anzahl: **2**

Das Beispiel ist ein *indikatorenbezogenes Controlling*. Auf der Basis von groben sozialräumlichen Projektzielen werden Indikatoren entwickelt, die dann mit bestimmten Selbstbeobachtungsverfahren (hier Dokumentenanalyse der Lösungspläne und Beobachtungen von Lösungsplanungen) ‚gemessen' werden. Der dargestellte Ausschnitt der Indikatoren betrifft nur das Ziel „Stärken und Wille der Betroffenen sind Basis und Motor…". „Der Erhebungsbogen bezieht sich auf das Dokument ‚Situationsbeschreibung durch den ASD'. Der Indikator „Die Stärken, Kompetenzen und Ressourcen des Adressaten und seiner Familienmitglieder sind klar formuliert" wird z. B. ‚gemessen' durch einfaches Zählen der dokumentierten Stärken (1), der Beschreibung des Kontextes, in dem die Stärken als Stärken gesehen werden (2) und durch die Auszählung der *verschiedenen* Lebensbereiche, in denen die Stärken beobachtet werden konnten. Das Kriterium „Stärkenkontext" kann verhindern, dass einfach Stärkenattribute „von der Stange" genannt werden. Am Kriterium „Herkunft der Stärken" kann deutlich werden, wie viel „Lebenswelt" in der Situationsbeschreibung steckt, oder ob nur das an Stärken abgebildet wird, was Profis im Rahmen ihrer Hausbesuchsroutine haben nennen können." (vgl. Klausner et. al 2006, S. 266f)

Beispiel: Fachcontrollingsystem des Jugendamtes Stuttgart
Für jedes der sechs groben fachlichen Ziele wird in jedem Jahr ein anderes Indikatorenset vereinbart. Hier wurden nur die Indikatoren 1.1 bis 1.4 für das Ziel 1 dargestellt. (Quelle: Jugendamt Stuttgart 2003: Vertragswerk zum Umbau der Hilfen zur Erziehung in Stuttgart. Grundlagenvertrag, S. 4 und Teilvertrag 7: Steuerungssystem Jugendamtsleiter, S. 5, eigene Darstellung)

	Fachliche Ziele	Indikatoren
Adressatenorientierte Hilfen	1. Maßanzug statt Konfektionsware: individuell komponierte Betreuungsarrangements	1.1 Die Hilfeerbringung basiert auf vereinbarten Zielen im Kontraktgespräch.
	2. Eigenverantwortung stärken, Empowerment, Betroffene als Akteure der Hilfeplanung und –gestaltung	1.2 Im Kontraktgespräch werden konkrete und kleinschrittige Ziele vereinbart und sind positiv formuliert.
	3. Stärkung von Familien	1.3 Der Zeitraum zwischen Kontraktgespräch und Hilfebeginn ist max. drei Wochen.
Integrieren statt ausgrenzen	4. Wohnortnahe, vernetzte Hilfen	1.4 Vierteljährlich finden Kontraktgespräche statt.
	5. Regeleinrichtung vor Sondereinrichtung	
	6. Nutzung sozialräumlicher Ressourcen	

Dann wird ein Messverfahren entwickelt, wie z.B. für Indikator 1.1: Zweimal im Jahr werden pro Team fünf Kontraktgesprächs-Protokolle geprüft. Sie werden zufällig ausgewählt. Auswertungsfrage: Lässt sich in den Dokumenten erkennen, wie die Ziele zu den Maßnahmen passen? Für die Auswertung sind die Teamleitungen verantwortlich. Die Diskussion erfolgt im Team u. wird protokolliert. Die Konsequenzen werden an die Steuerungsebene gemeldet.

Beispiel: Zielcontrolling in der Lösungsplanung

Carsten, 12 Jahre
SMART-Anwendung (s. Hanlungsfeld Individuum):
Carsten soll in der Schule besser lernen.
Ich will in der Schule besser lernen.
Ich will ein besseres Zeugnis.
Ich will in Mathe eine bessere Note erreichen.
Ich will in Mathe bei der Klassenarbeit in 3 Wochen eine „3" haben.
↓
Zielschritte:
1. Ich notiere immer genau die Hausaufgaben
2. Ich übe Mo, Di, Mi, Do, Fr jeweils 1 Stunde Mathe mit Herrn Sommer.

☺1 2 3 4 5 6 7☹

Herr Bommer, Betreuer von Carsten:
Ich will ein Lernen ermöglichen, das an die Motivation von C angepasst ist.
Ich will Cs Lernen fachlich qualifiziert unterstützen.
↓
Ich will bei jeder Lerneinheit ein hohes Maß an geduldiger Aufmerksamkeit zeigen.
Ich will auf jede Lerneinheit gut vorbereitet sein.

Selbsteinschätzung von B

Quelle: Hekele 2005, S. 177

Weitere gute Beispiele des indikatorenbezogenen Controllings finden sich in Hansbauer/Kriener 2000, S. 240ff; Merchel 2000, S. 247ff; Spiegel 2004, S. 226; Hekele 2005, S. 177ff.

Beim *zielbezogenen Controlling* geht man im Gegensatz zum indikatorenbezogenen Controlling nicht von vordefinierten Indikatoren aus, nach deren Ausprägung in der Praxis gesucht wird. Die Mitarbeiter mit Controllingfunktion identifizieren stattdessen zusammen mit ihren Kollegen Schlüsselprozesse,

d. h. die sensiblen Kristallisationspunkte, an denen typische Herausforderungen oder Schwierigkeiten auftauchen oder an denen die Einlösung der Ziele besonders neuralgisch ist. Schlüsselprozesse sind je nach Arbeitsfeld und Ziel unterschiedlich. Das können Gespräche mit Adressaten sein, Teambesprechungen, Verhandlungen mit Auftraggebern, Akten, Streetworkeinsätze, Gruppenstunden, Projektsitzungen, Veranstaltungen usw. Die „Controller“ haben eine klare Vorstellung von den fachlichen Zielen und einen guten Einblick in die Praxis. Sie wissen, warum Kollegen Dinge so tun, wie sie sie tun. Sie kennen Zusammenhänge und Hintergründe. Sie sind aber auch geschult in professioneller Distanz zur eigenen Arbeit und beherrschen die „Attitüde der künstlichen Dummheit“, d. h. das naiv anmutende Befragen von professionellen Routinen, Überzeugungen und Haltungen. Ihre Beobachtungsergebnisse aus Gesprächen, aus dem Beobachten und aus dem Aktenstudium verarbeiten sie zum „Fall des Controllers“. Das ist ein Kunstfall, der aus vielen Einzelbeobachtungen unterschiedlicher „Fälle“ zusammengesetzt wird, um das typisch Fraglose, das typisch Gelingende und das typisch Misslingende in plastischer Form zu verdeutlichen. Der „Fall des Controllers“ bildet dann, wie die „Messergebnisse“ beim indikatorenbezogenen Controlling, die Ausgangsbasis für den *Controllingdialog.*

Zielbezogenes Controlling ist nicht durch eine Vorauswahl von Indikatoren begrenzt. Es wird eingesetzt, um neue Sichtweisen auf Bekanntes zu entdecken, oder es kommt bei Schlüsselprozessen zum Einsatz, deren Qualität sich nicht oder noch nicht durch Indikatoren abbilden lässt.

Beispiel für ein zielbezogenes Controlling von Fallbesprechungen im Sozialraumteam zur Hilfeplanung

Im Rahmen des Umbaus der Erziehungshilfen in Stuttgart wurden 1999 Stadtteilteams (STT) eingeführt. Das sind kleine Teams – zusammengesetzt aus Mitarbeitern des ASD und eines Erziehungshilfeträgers –, die für die Planung, Realisierung und Evaluation von Erziehungshilfen in einem Stadtteil zuständig sind. (s. Handlungsfeld Organisation: Teamorganisation“)

Der Controllingauftrag wurde von den Fachkräften an der Basis und in der Projektleitung erteilt, u. a. weil die Stadtteilteams ständig durch die vielen Fallbesprechungen überlastet schienen. Der Schlüsselprozess war damit klar, die Beobachtungsmethodik bestand im Dabeisein eines Mitarbeiters bei etwa 20 Stadtteilteamtreffen. Dieser „Controller“ hatte nur die Aufgabe, sich vor dem Hintergrund der Projektziele (s. Tabelle oben) sein Bild von der beobachteten Arbeitsweise zu machen und dies pointiert rückzumelden. Der Fall des Controllers war also in diesem Fall, einen Idealtyp bzw. eine Typologie von Teambesprechungen anzufertigen. Das Ergebnis, das hier nur in Kurzform erzählt werden kann, wurde nach acht Wochen in mehreren Controllingworkshops mit allen Kollegen besprochen und führte zur Einführung des Konzeptes der „Aufmerksamkeitsrichtung".

Typologie von Stadtteilteamberatungen
Die Beratungen im Stadtteilteam folgen einem problemzentrierten Muster, wenn es sich um folgende Fälle handelt:

- *Sprachloser Fall*: Der Wille der Betroffenen ist unklar, weil sie wenig sagen, der Hilfe distanziert gegenüberstehen, obgleich der ASD Handlungsbedarf sieht.
- *Vielstimmiger Fall*: Widersprüchliche Expertenmeinungen stehen im Raum, meist auch externe psychiatrische Gutachten. Der Fall bleibt rätselhaft, und man ist sich uneinig.
- *Fehlgeschlagener Fall*: Bisherige Maßnahmen haben sich als nicht erfolgreich herausgestellt. Die Zuständigen sind ratlos, was zu tun ist.
- *Fall mit komplexem Helfersystem*: Ausgesprochen viele „Helfer" aus unterschiedlichen Systemen sind beteiligt. Es kommt zu Abstimmungsproblemen und Rollenkonflikten.

Die typische Beratung im Stadtteilteam weicht bei solchen Fällen von dem Ideal der effizienten Konstruktion eines maßgeschneiderten Lösungsarrangements ab. Man ist bescheidener und vergibt Aufträge zur weiteren Klärung und ist unzufrieden mit dem Ausgang der Besprechung, weil „nichts" herauskommt und viel Zeit „verbraten" wurde.

Die lösungszentrierte Beratung war bei folgenden Fällen zu beobachten:

- *Diagnoseübernahme*: Die externe, oft psychiatrische Diagnose wird übernommen, weil sie einleuchtend oder mit unbezweifelbarer Autorität ausgestattet ist oder als Arbeitserleichterung gesehen wird.
- *Standardisierte Problemlösung*: Übliche Problemlösungskomponenten werden bei typischen Problemlagen (überforderte Mutter, Verselbständigung, Mißbrauchverdacht, Entwicklungsrückstand, …) eingesetzt.
- *Klarer Wille*: Der Wille ist ziemlich klar, realistisch geäußert und wird ohne Umschweife zum Bezugspunkt der Lösung.
- *Krisenfall*: Eine dringliche Maßnahme wird schnell vereinbart.

	problemzentrierte Beratung	lösungszentrierte Beratung
Nachteile	1. Gefühl, nicht weiter zu kommen 2. Fall wird verschleppt 3. Entdeckung immer neuer Probleme 4. Überlastung des STT	1. Vorschnelle Folgerungen 2. Zu einfache Sicht 3. Abweichende Sichten werden ignoriert
Vorteile	1. Simplifizierung wird vermieden. 2. Risiken werden erfasst.	1. Es geht zur Sache, es passiert etwas 2. Schnelle Besprechungen

Eines der Ergebnisse in Kurzform: Beide, lösungszentrierte und problemzentrierte Beratungen, haben ihre Berechtigung. Stadtteilteams können sich für jeweils eine Form entscheiden, müssen dies aber explizit vor der Beratung des Falles tun, damit ein gewisser übereinstimmender Erwartungskorridor der beteiligten Fachkräfte entsteht. Das wird erreicht durch die Vordefinition einer „Aufmerksamkeitsrichtung" durch die falleinbringende Fachkraft. Sie formuliert damit einen Auftrag an das Team, was es genau besprechen, wofür es Lösungsvorschläge finden soll und wie viel Besprechungszeit gewünscht wird (s. 1.3 Aufmerksamkeit ausrichten). Sie bereitet sich dementsprechend auf die Beratung vor, durch Recherchen bei den Betroffenen (Wille, Situationsbeschreibung) und eigene Reflexionen. Das STT beschränkt sich in der jeweiligen Teamsitzung genau auf den Auftrag. Die Zeitvorgabe wird von der Moderation vorher mit den anderen Besprechungen abgestimmt. Die „restliche" Hilfeplanung findet in den „Kontraktgesprächen" mit den Betroffenen statt. Das STT bekommt darüber einen Kurzbericht.
(Quelle: Jugendamt Stuttgart 2000: Evaluationsbericht „Fallbesprechungen im Stadtteilteam")

Beide Beobachtungsmethoden des Controllings kommen nicht ohne eine gewisse Anzahl an *Basisdaten* aus, die etwas über generelle Größenordnungen aussagen, Vergleiche zwischen Teams, Regionen oder Trägern ermöglichen (Benchmarking) und in der Langzeitbetrachtung Tendenzen erkennen lassen. Die Erfahrung zeigt, dass man die Menge dieser statistischen Basisdaten (sprich die Variablen-anzahl) so klein wie irgend möglich halten sollte, aber gleichzeitig Energie und Akribie auf die Vollständigkeit der Daten verwenden muss. Wenn man hier nicht vorsichtig ist, passiert das Gegenteil von dem, was man will: Es wird ganz viel erhoben, aber so gut wie nichts davon einigermaßen vollständig. Wegen der vielen fehlenden Werte sind die Daten dann zweifelhaft und gleichzeitig so voluminös, dass niemand eine zeitnahe Auswertung schafft. Wir schlagen ein auf den ersten Blick ziemlich karges Basisdatenset vor, das aber erhebungstechnisch nicht ohne Herausforderung ist und unter der Voraussetzung der zeitnahen, vollständigen Erfassung und Aufbereitung ausreichend Datenmaterial bietet. Je nach Arbeitsfeld ist das Datenset natürlich verschieden, weswegen hier exemplarisch die Basisdaten eines Jugendamtes in den „Hilfen zur Erziehung" und die Basisdaten der Leitung eines Jugendhauses dargestellt werden.

Basisdatenset eines Jugendamtes in den „Hilfen zur Erziehung"
(Anzahl pro Quartal und pro Jahr; alle Daten differenziert nach Regionalteam bzw. Träger)

Anfragen beim ASD bzgl. HzE	▪ ad hoc gelöste Anfragen ▪ selbst gelöste Anfragen, ohne dass daraus ein Fall wurde ▪ weitervermittelte Anfragen
Fälle	▪ Echte Neufälle ▪ wiederaufgenommene Fälle (Häufigkeitsverteilung des Zeitabstandes zur letzen Hilfe) ▪ abgeschlossene Fälle (differenziert nach „erfolgreich/nicht erfolgreich beendet", „Wegzug")
abgeschlossene Fälle	▪ durchschnittliche Falldauer und Häufigkeitsverteilung der Falldauer ▪ durchschnittliche Fallkosten und Häufigkeitsverteilung der Fallkosten
Falltypen	Ambulant – stationär, Einzelsetting – Gruppensetting
Wohnort (WO)	Stadtteil/Gemeinde, Straße
Ort der HzE	gleicher Stadtteil wie WO, Stadt des WO, <10km, <50 km, >50km weg vom WO

Basisdaten der Leitung eines Jugendhauses

Besucher	▪ pro Tag, Woche, Jahr ▪ pro Angebot ▪ Wohnort, Alter, Nationalität, Schulform, Geschlecht ▪ Regelmäßige Besucher (mind. einmal pro Woche über einen Zeitraum von sechs Monaten) und Kernbesucher (mind. dreimal pro Woche) ▪ Verhältnis: Besucher/Vollzeitstellen
mögliche Nutzungsstunden	pro Tag: offener Bereich, Programmangebot, sozialräumliches Angebot außerhalb der Einrichtung
Personalarbeitsstunden	pro Tag für: Arbeit mit Jugendlichen, Kooperationsarbeit mit Schulen und anderen Organisationen im Stadtteil, Teambesprechung und Reflexion

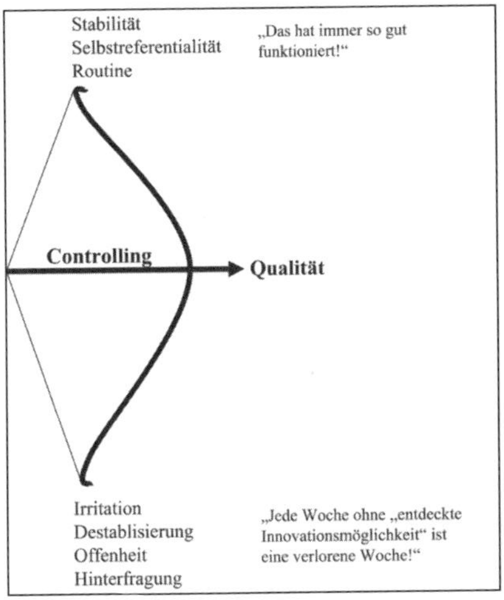

Controllingdialog: Controllingvertrag und Feedbackschleifen

Wenn Controlling in einer Organisation leben soll, braucht es Überzeugungstäter, sowohl im Controllingteam als auch in der Leitung und natürlich an der Basis. Wenn diese drei Ebenen nicht eine ausgesprochen hohe Motivation zum Controlling haben, wird es nur oberflächlich gelingen, die Praxis aber nicht wirklich qualifizieren. Die *Leitungsebene* muss ein Interesse an einem relativ aufwändigen fachlichen Diskurs mit der Basis haben. Viele Leitungskräfte erliegen dem Irrtum, dass Controlling ihnen das Leitungsgeschäft erleichtern wird. Das ist nicht so. Die gesammelten Daten werden die Komplexität des Bildes von der Praxis immens erhöhen. Die Diskussion der Daten werden Leitungskräfte sehr stark in das Alltagsgeschäft verwickeln, in der Organisation fachliche Kontroversen erzeugen und ihnen Ideen für neue Lösungswege abfordern. Die *Basismitarbeiter* müssen sich etwas von Controlling versprechen, das weiter geht als die Anerkennung ihrer Leistung oder ihrer Überlastung. Damit die Fachkräfte allerdings wirklich etwas vom Controlling haben, müssen es die besten der Abteilung machen. Von *Controllern*, die etwas bewegen wollen, wird erwartet, fachlich up to date zu sein, was die Diskussionen in der Fachliteratur betrifft, ein gutes Standing bei den Kollegen zu haben, Beobachtungs- und Interpretationsmethoden zu kennen, Phänomene mit Eleganz und/oder Humor auf den Punkt bringen zu können, gut und gerne zu schreiben und das jeweils richtige Abstraktionsniveau auf Leitungs- und Mitarbeiterebene zu finden. Neben dieser Grundqualifikation gehört natürlich eine kompetente Beherrschung der fachlichen Entwicklungsziele auf Theorie- und Ausführungsebene dazu.

Gutes Controlling hält einen Spannungsbogen zwischen Irritation und Routine. Zu viel Bestätigung dessen, was man eh schon wusste, lässt die „Übung" überflüssig werden, zu viel Verunsicherung führt dazu, dass die Mitarbeiter sich mit Hilfe verschiedenster Strategien (mauern, abwerten …) schützen. Controllingergebnisse müssen gestandene Sozialarbeiterinnen überraschen können, etwa indem sie neue Sichten auf Altbekanntes bieten, oder indem sie mit verschiedenen Abstraktionsniveaus der Ergebnisdarstellung geschickt jonglieren. Wenn einem aufschlussreichen Fallbeispiel eine Statistik folgt, die belegt, dass dies kein Einzelfall war, und dann noch ein Fallbeispiel kommt, das Alternativen aufzeigt, dann hat die Controllingdiskussion Fortbildungscharakter. Das verlangt vom Controllingteam, sich sowohl in der Welt in Zahlen und Euros als auch in der Lebenswelt auszukennen und das Ganze mit einer interessanten theoretischen Begründung verfeinern zu können.

Controlling ist eine Co-Produktion. Ohne die ungeschönten Daten, ohne zusätzliche Interpretationsdetails, ohne Optimierungsideen und ohne Hinweise aus der Fachbasis, wo man mal genauer hinsehen müsste, wird aus dieser Veranstaltung Sozialtechnologie. Deswegen braucht Controlling eine Art *Controllingvertrag*, der regelt,

- welche Themen im Fokus stehen sollen,
- wie die Informationsgewinnung laufen wird,
- an wen Ergebnisse rückgekoppelt werden und
- von wem in Diskussion mit wem Konsequenzen gezogen werden.

So entsteht eine dialogische Controllingform mit geschlossenen Feedbackschleifen. Dabei gibt der „zwanglose Zwang des besseren Arguments" den Ausschlag und die Leitung wird nicht aus ihrer Verantwortung entlassen, Entscheidungen zu fällen. Allerdings: Mitarbeiter, die „controlled" werden, haben ein garantiertes Interpretationsrecht an ihren eigenen Daten – wenn auch nicht das alleinige –, und sie haben ein Mitspracherecht bei der Beratung über die Konsequenzen. Der „Controllingkalender Hilfen zur Erziehung" vermittelt einen Eindruck vom Beteiligungsaufwand, den gutes Controlling mit sich zieht.

Controllingkalender „Hilfen zur Erziehung"

Januar	Februar	März	April	Mai	Juli	September	Oktober	November	Dezember
Datensammlung	Datenlieferung an JHP	Berichtserstellung Benchmarking Meldung der Beispiel-Fälle	Controlling –Plenum	Nachbereitung Controlling – Plenum Schwerpunktthemen vereinbaren	Fachtag Fallgeschichten	Bereichsübergreifende Fall- steuerung Auswertung in der Trägerkonferenz	Datensammlung	Datensammlung	Datensammlung

Quelle: Jugendamt Stuttgart (2003): Vertragswerk zum Umbau der Hilfen zur Erziehung in Stuttgart. Teilvertrag 7: Steuerungssystem Jugendamtsleiter, S. 7

Soziale Arbeit ist Co-Produktion zwischen Adressaten und Fachkräften. Empowerment heißt, auch diese co-produktive Perspektive im Controlling zu verankern. Die gebräuchlichste Form der Nutzerbefragung ist ein ziemlich stumpfes Instrument, wenn die Nutzer später keine Gelegenheit erhalten, bei der Interpretation und Konsequenzziehung mitzuwirken. Ein Beispiel der weitergehenden Betroffenenbeteiligung findet sich in → TB-O Outputdemokratisierung.

5.2 Berechnung eines Sozialraumbudgets

Ein Sozialraumbudget (vgl. Hinte 1999, Hinte/Littges/Gruppe 2003 und Budde/Früchtel 2006) ist ein Finanzierungssystem, das als pauschales und raumbezogenes Abrechnungsverfahren in den Hilfen zur Erziehung ohne die negativen Effekte der bisherigen Einzelfallfinanzierung über Fachleistungsstunden oder Tagessätze funktioniert (s. Textbook: Sozialraumbudget).

Budget-Typen
Die Praxis des sozialräumlichen Umbaus hat in verschiedenen Kommunen zu ganz unterschiedlichen Budgetarchitekturen geführt.

Beim Typ des *„Trägerbudgets"* wird das Budget von dem für die Region zuständigen Träger bzw. Trägerverbund (TrV) verwaltet (Bsp.: Rosenheim,

Nordfriesland). Der öffentliche Träger überweist das Budget in vier bis sechs Raten an den freien Träger, dem die exakte buchhalterische Erfassung des Budgetverbrauchs obliegt. Außerdem stellt dieser dem öffentlichen Träger zu vertraglich vereinbarten Zeiträumen Controllingdaten zur Verfügung.

Von *ASD-Budget* (Landkreis Main-Taunus) spricht man, wenn das Budget beim öffentlichen Träger verbleibt und dort auf die ASD-Regionen aufgeteilt wird. Die buchhalterische Erfassung des Budgetverbrauchs liegt bei der wirtschaftlichen Jugendhilfe.

Geteilte Budgets (zum Beispiel zu Beginn des Umbauprojektes Stuttgart) liegen vor, wenn eine Unterscheidung von „Altfall- und Neufallbudget" vorgenommen wird, ersteres beim öffentlichen Träger verbleibt und nur letzteres das Budget des freien Trägers bildet. Als „Altfall" gilt ein Fall, der schon zum Zeitpunkt der Budgeteinführung bestand und nicht vom Trägerverbund bearbeitet wird.

Handwerkliches: Die Berechnung von Sozialraumbudgets (Genaueres zur Berechnung in Früchtel et al. 2001, S. 37-48)
Voraussetzung für die Berechnung von Sozialraumbudgets ist die Festlegung von geographischen Regionen als betriebswirtschaftliche Steuerungsgrößen. Diese Regionen sind keine Sozialräume, auch wenn sie oft so genannt werden. Sie legen lediglich fest, die Kosten welcher Fälle für das Budget berechnet werden. So kann beispielsweise eine Mittelstadt ihr Stadtgebiet in drei Regionen aufteilen und berechnet dann für jede dieser Regionen ein Budget. Dazu werden die im Basisjahr entstandenen Kosten aller Erziehungshilfen, deren Leistungsberechtigte in der jeweiligen Region wohnen, zusammengerechnet. Im darauf folgenden Budgetjahr müssen dann alle bisherigen und neuen Erziehungshilfen, deren Leistungsberechtigte in dieser Region wohnen, aus diesem Budget finanziert werden.

Zur Berechnung von Budgets für 2007 braucht man für das Basisjahr 2006 eine Tabelle, die etwas vereinfacht wie folgt aussieht:

1	Name Adresse Geburtstag Eltern	Leistungs-berechtigte A	Leistungs-berechtigter B	Leistungs-berechtigter C	Leistungs-berechtigte D
2	Region	Nord	Nord	Ost	Ost
3	Träger	TrV Ost	TrV Nord	TrV Ost	externer Träger
4	Leistungsbeginn	1.1.2006	1.4.2006	1.1.2206	01.10.2006
5	Leistungsende	31.12.2006	31.12.2006	30.8.2006	31.12.2006
6	bisherige Hilfeart	§ 31	§ 34	§ 33	§ 32
7	Stundensatz	€ 42,–			
8	Stunden pro Woche	5			
9	Tagessatz		€ 100,–		€ 40,–
10	Tage pro Woche		7		5
11	Monatssatz			€ 450,–	
12	Kosten, die keine Sätze sind (jährl.)	Musikschule € 480,–		Sportverein € 45,–	
13	Summe in 2006	€ 11.400,–	€ 27.400,–	€ 3.645,–	€ 1600,–

Zeile 1: Hier werden einige wesentliche Grunddaten erfasst. Die Adresse der Sorgeberechtigten dient als Regionszuordnung.

Zeile 2: Im Beispiel werden 4 Fälle dargestellt, die zu 2 verschiedenen Regionen zählen. Diese Spalte ist die Variable, über die die regionalen Budgets aggregiert werden.

Zeile 3: Mit den 4 Fällen sind 3 verschiedene Träger beschäftigt. 2 davon sind Regionsträger, einer ein sog. externer Träger, der im Jahr 2007 keine Regionszuständigkeit und kein Budget haben wird. Fall B und C werden von „ihren" Regionsträger versorgt, Fall A und D nicht. Das heißt für 2007, dass der TrV Nord (Regionsträger für Nord) aus seinem Budget den Fall A finanziert, aber ein anderer Träger (TrV Ost) die Hilfe leistet. Das ist eine wichtige Information für den Regionsträger, dessen Budget zum Teil schon am Jahresbeginn für Fälle bei anderen Trägern verplant ist.

Zeile 4, 5: Mit den Spalten Leistungsbeginn und -ende wird der Zeitrahmen erfasst, in dem die Leistung erbracht wurde. Damit wird der zeitliche Umfang erfasst, in dem eine bestimmte Anzahl von Stundensätzen (Fachleistungsstunden) pro Woche, Tagesätze pro Woche und Monatssätze anfallen. Auch sieht man, ob ein Fall bereits abgeschlossen wurde.

Ab Zeile 7 werden die 2006 entstandenen Kosten erfasst. Je nachdem ob es sich dabei um Stunden-, Tages- oder Monatssätze handelt ist eine andere Hochrechnung nötig, deren Ergebnis in Zeile 13 steht. Im Fall A rechnet man: 5 Stunden pro Woche x 52 Wochen x 42 Euro + ein jährlicher Betrag von 480 Euro = 11.400 Euro. In Fall B sind es zwischen April und Dezember 274 Tage x 100 Euro. Im Fall C hat die Pflegefamilie 9 Monate ein Entgelt von 450 Euro bekommen. Die Tagesgruppe in Fall D rechnet über Tagessätze ab, jedoch nur 5 Tage pro Woche; die Rechnung lautet: 13 Wochen x 5 Tage x 40 Euro.

Zeile 12: Hier muss eine Vielzahl von weiteren Kosten, die budgetrelevant sind, einbezogen werden. Auch wenn es sich hier nicht um große Beträge (Fahrtkosten, Klavierstunden, Mitgliedsbeiträge, Kostenbeteiligung an therapeutischen Hilfen etc.) handelt, macht doch in der Addition auch „Kleinvieh Mist".

Zeile 13: Fallkosten des erfassten Jahres. Werden alle Fallkosten einer Region addiert, ergibt sich eine Summe, die das Ausgangsbudget für 2007 darstellt.

Die zur Errechnung des Budgets erforderlichen Daten sind also durchaus gut überschaubar. Ein Problem besteht eher darin, dass die Fallkosten komplett und exakt erfasst werden müssen. Die auf diese Weise hochgerechneten Beträge decken sich nur ungefähr mit den durch die Haushaltsstelle ausgezahlten Beträgen. Der Hauptgrund dafür ist der Zeitpunkt der Rechnungslegung der freien Träger. Hilfen zur Erziehung werden nicht von allen Trägern zum Jahresende abgerechnet. Kosten, die kostenrechnerisch etwa zum Jahr 2005 gehören, werden erst 2006 kassenwirksam, da sie erst im Jahr 2006 in Rechnung gestellt werden. Letztlich machen viele Städte, die Budgets bilden, die Erfahrung, dass es bei der Berechnung des Ausgangsbudgets eher um die Identifizierung eines Wertes geht, der „passt", also mit großer Sicherheit erfasst, was in der Vergangenheit in der relevanten Steuerungsregion an Erziehungshilfekosten entstanden ist. Um hier eine größere Sicherheit zu schaffen, ist es möglich, Rechnungsergebnisse verschiedener Jahre zu mitteln. Als nicht weniger hilfreich sind sicher die Einschätzungen der Experten der wirtschaftlichen Jugendhilfe und der Kämmerei zu bewerten. Die Hoffnung auf eine exakte Berechnung des Ausgangswertes wird sich dagegen nicht erfüllen lassen.

S Handlungsfeld „Sozialstruktur“

Im Handlungsfeld „Sozialstruktur” werden Strategien und Techniken zur Verdeutlichung und Beeinflussung struktureller Bedingungen sozialer Probleme vorgestellt. Damit entsteht die (kommunal-)politische Arena der Sozialraumorientierung, bei der man mehrere Arbeitsschwerpunkte mit jeweils eigenen Methoden und Techniken unterscheiden kann.

1. Als „Strukturarbeiter“ werden Sozialarbeiter aktiv im Prozess, individuelle Probleme von Adressaten zu anerkannten strukturellen Problemen zu machen. Dafür müssen Problemmuster entworfen und durchgesetzt werden.
2. Arbeit im Handlungsfeld „Sozialstruktur“ heißt Einfluss nehmen auf öffentliche Diskurse in ganz unterschiedlichen Arenen wie auf Tagungen, in Massenmedien, im öffentlichen Raum und im direkten Kontakt zu Entscheidungsträgern. Dafür wird ein ganzer Strauß von Techniken dargestellt, von relativ „harmlosen“ bis betont kämpferischen, die an harte Bedingungen geknüpft bleiben sollten: *Publikationen*, *Tagungen*, *Leserbriefe*, *Unterschriftenlisten*, *Straßentheater*, *Direktkontakt*, *Demonstrationen*, *Storytelling*, *Kommunikationsguerilla* und *ziviler Ungehorsam*. Sozialarbeiter agieren dabei eher im Hintergrund, sie unterstützen vielmehr Adressatengruppen darin, eine Stimme zu bekommen bzw. sie zu nutzen.
3. Deshalb müssen Sozialarbeiter über die verschiedenen Formen und Spielarten von *Beteiligungsrechten* der Bürger und damit auch ihrer Adressaten Bescheid wissen.
4. Im vierten Abschnitt wird bewusst ein meist unentdeckter „Schatz“ der Sozialen Arbeit gehoben, ihr besonderes Wissen um Kunden und Kundenprobleme. Dieses Wissen selbstbewusst und effektiv als Einmischungswissen zu nutzen, kann *Lobbying*, aber auch ein neues *sozialarbeiterisches Wissensmanagement* bedeuten.
5. Der Sozialraumansatz lebt vom Grundsatz der Aktivierung der Adressaten. Im Handlungsfeld „Sozialstruktur“ reichen die Methoden von der *aktivierenden Befragung* zu speziellen Strategien des *Community Organizing* bis zur *Organisierung von Gruppen*.

Diese Bandbreite wird im folgenden Kapitel mit einzelnen Techniken, Beispielen und Hinweisen zum Weiterlesen abgebildet.

1 Soziale Probleme durchsetzen

Politische Einmischung kann bedeuten, dass ein sozialer Sachverhalt, den Soziale Arbeit als veränderungsbedürftig bewertet, als „neues“ soziales Problem (zumindest neu für diese Kommune) an das politische System mit dem Ziel weitergereicht wird, dass es dort als Problem anerkannt wird und Maßnahmen mit den dazugehörigen Ressourcen beschlossen werden. Die erfolgreiche Durchsetzung eines „sozialen Problems“ kann Sozialarbeiter in sehr verschiedenen *Rollen und Funktionen* fordern:

- Sie können als Fachleute das Wissen und die Informationen für die Argumentation zur Verfügung stellen, das dann andere, z. B. Bürger- oder Projektinitiativen, aktiv nutzen.
- Sie können sich mit ihrer Position selbst parteilich einmischen, skandalisieren und Betroffenen „eine Stimme geben“.
- Sie können als Prozessbeobachter und -steuerer den Akteuren strategische Unterstützung geben für alle Phasen des Problematisierungsprozesses, von ersten Thematisierungen über die Berichterstattung in den Medien und in den politischen „Arenen“ bis zu Verhandlungen mit (Kommunal-)Politikern.

Jede Thematisierung eines „neuen“ Problems muss dabei folgende Aufgaben erfüllen:

- Das Thema muss als soziales Problem interpretiert werden: Die Tatbestände sind unerwünscht, widersprechen also Wertvorstellungen der Gemeinschaft, sind strukturell und nicht (ausschließlich) individuell verursacht und sind veränderbar, müssen nicht als „naturgegeben“, „gottgewollt“ und „unlösbar“ hingenommen werden.
- Es müssen Ursachen und Verursacher des Problems genannt werden: Faktoren und Funktionsstellen in Politik, Verwaltung, Wirtschaft etc., die für die Entstehung des Problems verantwortlich gemacht werden können.
- Adressaten für die Forderungen müssen spezifiziert werden: Es braucht genaue Angaben dazu, welche Institution, Instanz oder Person für die Bearbeitung des Problems zuständig ist und wer Ressourcen zur Verfügung stellen muss und kann.
- Handlungsziele müssen benannt werden.

- Die Rolle der Akteure muss gerechtfertigt werden: Sind es unmittelbar oder indirekt Betroffene, sind es Menschen in einer Advokatenrolle oder fachliche Experten, die sich hier engagieren, sind ihre Bemühungen frei von eigenen egoistischen Interessen?

1.1 Erstellen von Problemmustern

Um die öffentliche Meinung zu beeinflussen, bedarf es der Herstellung spezifischer Deutungs- und Interpretationsmuster für die Sachverhalte, die man als „Missstand" benennen will. Solche „Problemmuster" sollen einem (Laien-) Publikum plausibel machen, warum der thematisierte Sachverhalt ein Problem darstellt und wie man es lösen könnte. Problemmuster machen ein Phänomen eindeutig, indem sie dessen Komplexität verringern („Sind Straßenkinder bei uns in Deutschland Ausdruck von Kinderarmut oder von Drogenmissbrauch im frühen Jugendalter oder von Eltern-Kind-Konflikten oder von Versagen der Jugendhilfe oder Ausdruck eines neuen prekären Lebensstils oder ...?"). Sie beschleunigen Entscheidungen und sind so etwas wie „sozialer Kitt" für Gruppen, die diese Sicht teilen (vgl. Schetsche 1996). Kollektiv gewordene Problemmuster sind außerordentlich einflussreich, halten sich oft über lange Zeiten und gegen empirische Gegenbeweise. Deswegen tut Soziale Arbeit gut daran, sich in ihre Konstruktion einzumischen.

Erfolgreiche Problemmuster weisen folgende Elemente auf:

- Einen *Namen*, der das Problem eingängig und motivierend benennt (z. B. „Straßenkinder", „Crash-Kids", „Heimkarrieren", „Generationenkonflikt", „Internet-Sucht", „Schulverweigerer")
- Ein *Identifizierungsschema*, das im Alltag die Zuordnung konkret beobachteter Sachverhalte zum Problem leicht macht („Internet-Suchtgefährdete verbringen täglich mehrere Stunden im Internet, vernachlässigen reale soziale Kontakte…").
- Ein Bündel von Wissensbeständen – zu Verbreitung, Verursachung und zu den unerwünschten Folgen des Problems für Betroffene und Gemeinschaft.
- Ein *Bewertungsmaßstab*, der möglichst allgemein akzeptiert wird, wie das Recht des Kindes auf körperliche Unversehrtheit.
- *Problemlösungen*, die Handlungsanleitungen für Laien und Experten, für die öffentliche und private Umgebung geben. Darin können bereits die Domänen von Professionen verteilt, die Zuständigkeiten von Institutionen für die Problembearbeitung vordefiniert werden.
- *Affektive Bestandteile,* die z. B. als Mitleid mit den Betroffenen oder Verachtung für die Verursacher die Deutung im Bewusstsein der Menschen

absichern. Sie sollen das Engagement möglichst vieler Personen und Gruppen auslösen.

1.2 Verbreitungsstrategien

Die Auseinandersetzungen über neu entstandene oder wiederentdeckte soziale Probleme können an sehr unterschiedlichen Orten und mit sehr unterschiedlichen Beteiligten stattfinden: interne Beratung in einer Bürgerinitiative, Diskussion in einem wissenschaftlichen Fachforum, öffentliche Podiumsdiskussion, Sitzung eines politischen Ausschusses, Musterklage vor dem Gericht, Protestaktion im öffentlichen Raum, „aufdeckende" Reportagen der Massenmedien.

Erfolgreiche Argumentationen müssen auf drei Ebenen Aussagen machen: auf der *rationalen* Ebene müssen Aussagen geprüft und nachvollzogen werden können, auf der *moralischen* muss die Verpflichtung zum Abhilfeengagement erzeugt werden und auf der *affektiven* Ebene müssen der Ärger, die Angst, der Tatendrang angesprochen werden. Je nachdem in welcher „Arena" das Problem gerade diskutiert wird, sollten die Anteile der Argumente auf diesen drei Ebenen variieren. So müssen die Sprachbilder der Argumentation auf das jeweilige Publikum abgestellt werden, also in unterschiedlichen Dosen „magische" Begriffe (der Teufel „Droge", „Immobilienhaie"), moralische (Opfer-Täter-Zuschreibungen), medizinische („Kranke", „Gefährdete", „Risikogruppe") und sozialwissenschaftliche Begriffe (Benachteiligte, Stigmatisierte, Ausgeschlossene, Interessenkonflikte) enthalten.

Welche Kriterien muss die Argumentation auf der rationalen Ebene erfüllen?
Das Problem muss sich als quantitativ und qualitativ bedeutsam darstellen lassen. Eine große, aber nicht zu große Gruppe von Betroffenen muss längerfristig beeinträchtigt sein, z. B. eine wachsende Zahl von Schulausschlüssen Jugendlicher, die sich auf weitere Lebensphasen und für das Gemeinwesen negativ auswirkt. Eine zu große Zahl von Betroffenen ist entmutigt, weil die Mittel zur Abhilfe nicht in der notwendigen Größenordnung vorhanden sind. Das Problem muss als dauerhaft gelten und darf nicht als temporäre Krise oder vorübergehende Gefährdung einzuordnen sein. Schädlichkeit und Beeinträchtigungen müssen überzeugend nachgewiesen werden, und die Chancen für eine Lösbarkeit des Problems müssen als hoch eingeschätzt werden.

Strategien:

- Fallbeispiele, Statistiken, Prognosen und „gelehrte Expertisen" von anerkannten Fachleuten beibringen.

- Die vom Problem Betroffenen in eine bereits als benachteiligt anerkannte Gruppe einordnen (zum Beispiel in die Gruppe der Alleinerziehenden, chronisch Kranken, Kinder mit Migrationshintergrund usw.) und die Problemursachen gängigen, „großen", typischen Risiken zuordnen (strukturelle Folgen der Wiedervereinigung, soziale Spaltung der Städte, Krise am Arbeitsmarkt, Überforderung von Familien).
- Es müssen Nachweise vorgebracht werden, dass dieses Problem von den vorhandenen Einrichtungen aufgefangen werden kann und dass wirksame Lösungsmuster vorliegen oder gerade erarbeitet werden. Dazu braucht man eine Zerlegung in bearbeitbare Einzelprobleme, muss aber aufpassen, damit nicht die Emotionalisierung und politische Schubkraft des Gesamtproblems gefährdet werden.

Welche Kriterien muss die Argumentation auf der moralisch/normativen Ebene erfüllen?
Das soziale Problem muss eindeutig innerhalb der Gemeinschaft/des Gemeinwesens angesiedelt sein, muss als „unseres" angenommen werden. Es muss mit akzeptierten Werten und Überzeugungen unvereinbar sein und Toleranzgrenzen des „Zumutbaren" überschreiten.

Strategien:
- Enge Grenzziehungen – „die Betroffenen sind Fremde" – ausschließen, indem Zugehörigkeiten aufgezeigt und beschrieben werden (Migranten oder Suchtgefährdete sind am Arbeitsplatz, in der Nachbarschaft, in der Kirchengemeinde, im Sportverein usw. anzutreffen). Wirkungsvoll ist, wenn Betroffene als präsente Interaktionspartner die räumliche und soziale Distanz zum „Publikum" verringern (von sich selbst erzählen lassen) oder wenn bekannte Leute sich freiwillig „outen"…
- Herausstellen, welchen Wertvorstellungen das Problem widerspricht. Dabei spezifische Interessen von Betroffenen mit allgemeinen Interessen verbinden: „sozialer Friede verträgt keine Jugendarbeitslosigkeit", „Demokratie heißt Selbstbestimmung und Mitsprache auch von geistig behinderten Menschen" …
- Gegen Personen mit indifferenter oder abweichender Meinung zum sozialen Problem Vorwürfe erheben („Verharmlosung des Problems", „Gleichgültigkeit gegenüber Opfern") und gleichzeitig die Problematisierung als sozialpolitische Verantwortungsübernahme kennzeichnen.

Welche Kriterien muss die Argumentation auf der affektiven Ebene erfüllen?

- Das Problem muss als bedauerlich und unerträglich wahrgenommen werden und Mitgefühl auslösen. Die Betroffenen müssen als möglichst schuldlos dargestellt werden, und die Ziele der Akteure müssen Sympathie wecken.

Strategien:

- Mit der Magie der großen Zahl arbeiten, durch eine weite Definition von Betroffenheit: Neben den unmittelbar Betroffenen gibt es noch große Gruppen von „Gefährdeten", „Risikogruppen", „Dunkelziffer"-Schätzungen, Prognosen ...
- Einzelfälle auswählen und anschaulich darstellen.
- Kausalfragen als Schuldfragen verhandeln, die das kognitive Begründungsschema Ursache-Wirkung mit dem Gegensatz von Gut und Böse aufladen.
- Eindrucksvolle optische Bilder verwenden, die die Aufmerksamkeit fesseln und die nachwirken (z. B. die mehrere hundert Meter lange Reihe von roten Iglu-Zelten an beiden Ufern des Kanals Saint-Martin in Paris im Dezember 2006, die von der Initiative „Kinder von Don Quichotte" aufgestellt wurden, um auf die Situation der Menschen ohne festen Wohnsitz hinzuweisen).
- In der Sprache „Verdichtungssymbole" verwenden, die ein spezifisches Problem in eine allgemeine Bedrohung und/oder Unordnung eingliedern: „Gewaltbereitschaft", „Betreuungslücke", „Verwahrlosung" ...
- Einen Verantwortlichen konzipieren, der einerseits dichotom stilisiert wird, um viele Affekte auszulösen („die Verwaltung kommt ihrem gesetzlichen Auftrag nicht nach"), dem dann aber differenziertere Lösungsmöglichkeiten „angeboten" werden, die Kompromisse ermöglichen.
- Ausdrucksmöglichkeiten für Zustimmung, Unterstützung und Hilfe bieten: Unterschriftenlisten auslegen, Spendenkonten einrichten, ...

2 Aktionsformen im öffentlichen Raum

Aktionen, wie im Folgenden beschrieben, haben einerseits Breitenwirkung, andererseits ermöglichen sie vielen Leuten etwas Konkretes mitzumachen. Laufen kann fast jeder, viele können singen oder grimmig schauen, es gibt oft auch ganz begnadete Schreiber und Redner unter den Leuten. Das konfrontative Element von Aktionen gilt es mit Kreativität und Witz aufzuladen.

Überblick zu den Aktionsformen im öffentlichen Raum

Darstellungstechnik	Direktkontakt	Demonstrationen	Kommunikationstechnik	Ziviler Ungehorsam
▪ Vortrag ▪ Veröffentlichung ▪ Broschüre und Flugblatt ▪ Podiumsdiskussion ▪ Tagung ▪ Leserbrief ▪ offener Brief ▪ Unterschriftenliste ▪ Straßentheater ▪ unsichtbares Theater	▪ persönlicher Brief ▪ E-Mail ▪ Telefonanruf ▪ Persönlicher Besuch ▪ Verhandlung ▪ Lobbying	▪ Mahnwache ▪ Menschenkette ▪ Streikposten ▪ Marsch	▪ Storytelling ▪ Subversive Affirmation ▪ Müllern ▪ Subvertising und Fakes	▪ Sitzblockade ▪ Boykott

Darstellungstechniken

Darstellungstechniken zielen in erster Linie auf die Erzeugung einer öffentlichen Diskussion und auf Aufklärung. Bei den meisten dieser „Techniken“ handelt es sich um etablierte Formen kommunalpolitischer Partizipation und Meinungsbildung, derer sich natürlich auch die Soziale Arbeit bedienen kann und soll. Man bleibt dabei im Mainstream und sollte, um maximale Wirkung erzielen zu können, auch die Gepflogenheiten dessen, was sich gehört, berücksichtigen. Die innovativeren Formen – wie Straßentheater – stellen hingegen den fraglosen Common Sense in Frage und sind auf Settings und Skripts angewiesen, die sich an der Grenze des Erlaubten bewegen, wie das Kabarett oder der politische Witz.

2.1 Vorträge, Publikationen, Tagungen und Streitgespräche

Veröffentlichung und Veranstaltungen sind Mittel, um Themen zu „machen" und um diese in der kommunalpolitischen Diskussion zu verankern.

Erfolgreiche *Vorträge* brauchen eine klare Gliederung und Bildmaterial, das die Aussagen „empirisch" unterstützt oder der Veranschaulichung dient, am besten viele Beispiele, die stets überzeugender sind als lange Begründungen und Herleitungen; auch mit Humor lässt sich in Reden ungemein viel bewerkstelligen. Wem das nicht liegt, der kann sich als Person hervortreten lassen, indem er etwas von sich erzählt. Wichtig ist, wenig Fachjargon zu verwenden und das zum Thema und Publikum passende Outfit zu tragen. Die Nachfrage nach Vorträgen ist nicht zu unterschätzen, allerdings muss man auf die entsprechenden Gruppierungen zugehen. Zu denken ist an Volkshochschulen, Bibliotheken, Museen, Stadtratsversammlungen, Jubiläumsfeiern von Vereinen und Verbänden. Wenn man sich an sowieso stattfindende Events anhängt, erspart einem das Werbungs- und Organisationskosten, und man wird mit der Gruppierung, deren Gast man ist, in Verbindung gebracht.

Publikationen können *Artikel in Fachzeitschriften* sein, die das Ansehen des eigenen Projektes signifikant heben können, da auch die inhaltlichen Widersacher Bürger der gleichen Kommune sind und ein Projekt, das in einer etablierten Fachzeitschrift veröffentlicht wurde, das Ansehen der Kommune stärkt. Man kann sich überlegen, einen oder zwei Co-Autoren aufzunehmen, deren Schreibanteil durchaus gering ausfallen kann, aber deren Name Signalwirkung in der Stadt entfaltet. Auch ist man von Ideen, die man als eigene veröffentlicht sehen kann, meist noch überzeugter als vorher.

Weiterhin sind *Veröffentlichungen in Kirchenblättern, in Zeitungen von Vereinen, in lokalen Gratiszeitungen und natürlich in der Lokalpresse* denkbar. Bei diesen Medien sind eine ganz allgemeinverständliche Sprache, hohe Anschaulichkeit, viele Beispiele, Common-Sense-Plausibilität und prägnante Kürze die wirkungsvollsten Stilmittel.

Eigene Printmedien wie Broschüren und Flugblätter dienen – wie andere Publikationen auch – neben der Verbreitung vor allem auch der Weiterentwicklung der eigenen Argumentation. Eine Idee oder eine Forderung in eine schriftliche Argumentationskette zu bringen, wirken sich positiv auf die Klarheit der Folgerungen aus und machen Schwachstellen und Lücken für den Schreiber deutlich.

Öffentliche Streitgespräche bzw. Podiumsdiskussionen können einen hohen Unterhaltungswert haben und viel Publikum anziehen, wenn das Thema aktuell ist. Sie sind in der Stadtteilarbeit allerdings auch riskant, weil die Tagesform der „eigenen" Redner und der Verlauf der Diskussion nicht hundertprozentig planbar sind. Auf jeden Fall muss die Zusammenstellung eines Podiums gut bedacht sein. Teilnehmer lassen sich am leichtesten gewinnen, wenn man zuerst die ranghöchsten Personen anwirbt. Die anderen ziehen dann mit. Die Funktion des Diskussionsleiters hat entscheidende Bedeutung, da er die Diskussion immer wieder auf die für die Initiatoren wesentlichen Aspekte lenken kann. Im Community Organizing werden sehr oft öffentliche Versammlungen mit politisch hochrangigen Gästen eingesetzt. Dabei überlässt man nichts dem Zufall. Selbst das Publikum wird vorher eingeschworen und trainiert (s. aktivierende Befragung und Organizingtechniken).

Tagungen sind aufwändige Veranstaltungen. Ihre Wirkung erzielen sie durch hochkarätige Redner und durch eine seriöse Behandlung des Themas. Für Stadtteilprojekte wohl eine Nummer zu groß, eignen sie sich für Themen, die stadtweite Bedeutung haben. Wichtig ist es, Honoratioren oder Prominente als Schirmherren und als Ehrengäste zu gewinnen.

2.2 Leserbriefe und offene Briefe

Leserbriefe erreichen ein großes Publikum, weil sie zu den am häufigsten gelesenen Rubriken von Zeitungen gehören. Kommunalpolitiker und Verwaltungsspitzen studieren die Leserbriefseite sehr genau. Nicht alle Leserbriefe werden gedruckt, aber wenn sie sich auf ein aktuelles Ereignis beziehen, das vorher in den lokalen Medien war, haben sie eine sehr große Veröffentlichungschance. Leserbriefe sind eine gute Chance, sich in einer Kommune bemerkbar zu machen, gehören also in jede Strategie, welche die öffentliche Meinung beeinflussen soll. Zudem ist es viel einfacher, einen Leserbrief in einer Zeitung unterzubringen, als einen Journalisten zum Verfassen einer Reportage zu bewegen. Der Leserbrief hat zudem den Vorteil, dass der Schreiber den Inhalt bestimmt. Wenn Leserbriefe gut gemacht sind, sind sie ein außerordentlich effizientes Druckmittel und ideal für Aktionen auf der Ebene „Strukturarbeit".

Eine Variante des Leserbriefes ist der so genannte *„Offene Brief"*, der meist ein bestimmtes Verhalten von Institutionen oder Autoritäten kritisiert. Der Brief selbst wird der kritisierten Institution zugestellt und zudem in geeigneter Form in die Öffentlichkeit gebracht, als Flugblatt, als E-Mail, auf Webseiten, in der Presse, als Rundbrief etc.

Tipps zum Verfassen von Leserbriefen

Ein Leserbrief hat die besten Chancen, wenn er an eine vorher in dieser Zeitung besprochene Geschichte anschließt, quasi eine Reaktion darauf ist. Nicht nur deswegen ist die regelmäßige Lektüre der Lokalzeitungen ein absolutes

Muss für sozialräumliche Arbeit. Lesen Sie die Leserbriefseite regelmäßig. Das ist eine gute Möglichkeit zu erkennen, was einen Leserbrief ansprechend, d. h. erfolgreich macht. Außerdem sieht man, ob schon andere das Thema aufgegriffen haben. Leserbriefe müssen kurz und prägnant sein: ca. 150 bis 200 Wörter. Die Zeitung hat das Recht, einen Text nach Belieben zu kürzen. Je knapper man schreibt, desto geringer wird die Wahrscheinlichkeit, dass wichtige Gedanken dem Rotstift zum Opfer fallen. Beginnen Sie mit der wichtigsten Information und spitzen Sie sie zu, ohne in Sarkasmus, billige Anklage, persönliche Anschuldigungen oder Klischees zu verfallen. Eine Gliederung in Absätze erleichtert das Lesen. Benutzen Sie immer eine Sprache, welche die Menschen, mit denen Sie arbeiten, kompetent, interessant und positiv erscheinen lässt. Der Leserbrief soll Umstände und kommunalpolitische Rahmenbedingungen thematisieren, und er soll es vermeiden, vorhandene Stigmatisierungsprozesse zu verstärken. Man muss einen Leserbrief nicht unbedingt selbst schreiben. Manchmal ist es taktisch klüger, andere Personen als die mit einem Projekt befassten Fachkräfte als Autoren zu gewinnen oder als deren Ghostwriter zu fungieren. Betroffene Bürger – wie zum Beispiel wohnungslose Menschen, die Bewohner eines Stadtviertels oder die Bezieher von staatlicher Unterstützung – können wirkungsvolle Leserbriefautoren sein, brauchen aber mitunter taktische und stilistische Beratung. Manchmal ist eine vorgefertigte Skizze hilfreich. Mitunter entpuppen sich hier aber auch wahre Naturtalente. Name, Adresse und Unterschrift des Verfassers sind obligatorisch. Sie dienen auch zur Verifizierung des Schreibers. Schreiben Sie nicht zu oft, alle drei Monate reicht. Es gibt ja meist noch mehr Leute im Team.

Ein spezielles Format ist die Multiplizierung eines Leserbriefes in einer Gruppe von etwa 10 Leuten. Dazu muss man dann aber eine wirklich gute Gelegenheit wie etwa eine vorangegangene Reportage oder einen schon vorliegenden Leserbrief haben. Im Punkt „Fakes" (s. „*Kommunikationsguerilla*") wird gezeigt, wie sich ein solcher Anlass auch künstlich schaffen lässt, etwa indem ein Mitstreiter den Leserbrief, auf den man dann etwas entgegnen will, lanciert. Die Gruppe setzt sich zusammen, bespricht die Ziele, die der Text erreichen soll und sammelt Argumente. Dann schreibt jeder in Einzelarbeit einen eigenen Leserbrief.

> *Keine Zuschüsse für das Jugendzentrum. Landkreis verlängert Verträge nicht.*
> Der Landkreis W. wird keine Zuschüsse mehr an die Jugendzentren zahlen. Das hat der Kreistag beschlossen. Seit 1993 hat der Landkreis die Jugendzentren jedes Jahr mit 35000 Mark unterstützt. Der Jugendhilfeausschuss hatte vor einigen Wochen gefordert, den Zuschuss fortzuführen, der Kreistag entschied sich mit den Stimmen von CSU, Freien Wählern und Landrat angesichts der

leeren Kassen aber dafür, diesen Betrag heuer nicht mehr zu zahlen. (…) In der Kreistagssitzung ging es hoch her, mit leidenschaftlichen Plädoyers für die Fortsetzung des Zuschusses.
(Auszug aus der Lokalpresse Feb. 2005)

Leserbrief einer Sozialarbeiterin als Erwiderung:
Falsches Sparen
Zum Beschluss des Kreistags, die Förderung der Jugendzentren zu kürzen. Jugendzentren boten bisher einen Ort, an dem Kindern und Jugendlichen die Möglichkeit gegeben wurde, zu lernen, sich in der Gesellschaft zu behaupten, angemessen mit Konflikten umzugehen und nach gewaltfreien Lösungen zu suchen. Sie lernten dort, ihre Freizeit zu gestalten, bauten Vorurteile gegenüber anderen Nationalitäten ab und schlossen Freundschaften. Mit Aussagen wie ‚die Jugend ist unser aller Zukunftskapital‘ brüsten sich Politiker in ihren Sonntagsreden. Doch genau dieses Kapital soll jetzt leichtfertig aufs Spiel gesetzt werden! Viele wissenschaftliche Analysen zum Jugendalter belegen, dass in diesem schwierigen Alter die Weichen für eine erfolgreiche Integration in die Gesellschaft gestellt werden und sich die Einstellung gegenüber ethischen Fragestellungen ausprägt. Wenn das häusliche Umfeld nicht in der Lage ist, positive Werthaltungen zu vermitteln, eine sinnvolle Freizeitgestaltung zu organisieren oder schulische Unterstützung zu gewährleisten und die Jugendlichen ihre Zeit in Kneipen verbringen, könnten sich die geplanten Einsparungen als Bumerang erweisen und genau diese Kids, deren Jugendzentrum weggespart wurde, erhebliche Kosten für uns Steuerzahler verursachen. Die Fachkräfte der Jugendzentren leisten eine unverzichtbare Arbeit, nämlich durch Früherkennung den ‚Patient Jugend‘ retten. Ich frage mich, warum der Landkreis W. stattdessen durch die Schließung die Zukunft vieler Jugendlicher gefährdet.
Sabine Henning Eberswaldestraße 17 W.

Weiterer Verlauf der Dinge
Nach dem Erscheinen des Leserbriefes initiierte das Jugendzentrum gemeinsam mit den Kindern und Jugendlichen eine Demonstration, um das Thema weiter in die Öffentlichkeit zu bringen (s. „Demonstrationen“). Ein Flyer wurde gefertigt, die Presse verständigt und die anvisierten Funktionsträger vorher etwas bearbeitet

(s. „Lobbying“). Die Kommunalpolitiker, die sich für das Jugendzentrum rhetorisch aus dem Fenster gelegt hatten, wurden – wenn nötig – mit Verweis auf ihre Rede zur Beteiligung gewonnen. Ergebnis war, dass sich ein neuer Sponsor fand, durch den die Jugendarbeit weiterhin finanziert werden konnte.

2.3 Unterschriftenlisten

Mit Unterschriftenlisten soll belegt werden, dass ein breiter Kreis von Bürgern ein Anliegen unterstützt. Wenn Prominente die Liste unterschreiben, kann man sie fragen, ob das veröffentlicht werden darf. In Zusammenhang mit Bürgeranträgen und Bürgerbegehren sind Unterschriftenlisten unverzichtbar (s. „*Nutzen von Beteiligungsrechten*"). Aber auch als nicht förmliches partizipatives Instrument ist ihre Wirkung nicht zu unterschätzen. Auf einige wenige Förmlichkeiten kann man nicht verzichten:

Unterschriften sollten nur auf solchen Listen geleistet werden, auf denen das Anliegen, die Forderung und deren Begründung – zumindest in einer aus sich heraus verständlichen Kurzfassung – enthalten sind. Nur so ist letztlich sichergestellt, dass sich jeder über die Tragweite seiner Unterschrift klar werden kann. Daneben sollten die Listen den Namen, den Vornamen, die Anschrift und – je nach Thema auch das Geburtsdatum – der Unterzeichner enthalten. Diese Informationen machen es möglich, die Unterzeichner zu identifizieren und so die Echtheit der Unterschriften zu bestätigen. Auch wenn das im Einzelfall vielleicht nicht geschieht, unterstreicht allein schon die Möglichkeit die Seriosität der Aktion.

Muster einer Unterschriftenliste
Ich unterstütze mit meiner Unterschrift die Initiative „Rettet den Schlittenberg", die dafür eintritt, dass der City Beach seinen Zaun zurückbaut und seine Betonfundamente absichert, damit die Kinder weiterhin Schlitten fahren können. Bei der Einrichtung des City Beach am Flussufer wurde leider übersehen, dass genau hier unsere Kinder im Winter gerne und gefahrlos Schlitten fahren. Schon ihre Großeltern nutzten diesen weit und breit einzigen Schlittenhang. Sobald die ersten Flocken gefallen sind, tummeln sich hier viele, viele Kinder. Die umliegenden Kindergärten, die G-Schule und die Z-Schule nutzen den Schlittenhang ebenso. Es wäre doch zu schade, wenn dieses kostenlose und nah gelegene Freizeitvergnügen wegen einer Unachtsamkeit nicht mehr genutzt werden kann. Der Betreiber des Beach hat seine Betonfundamente und seinen Zaun in den Auslauf des Schlittenhangs gebaut. Wir haben mit dem Betreiber gesprochen, aber passiert ist nichts. Ein Zuwarten, bis es schneit und die Kinder enttäuscht mit ihren Schlitten ankommen, sich eventuell sogar verletzten, ist unverantwortlich. Eine Anfrage bei der Stadtverwaltung wurde mit der Begründung abgetan: „Wegen zwei Kindern wird hier nicht viel geschehen!" Wir haben nichts gegen den City Beach, sondern wollen nur, dass die nicht bedachten, aber korrigierbaren Folgen behoben werden. Wir bitten die Stadtverwaltung sich dafür einzusetzen, dass der Betreiber des Beach unseren Kindern wieder ihren Schlittenhang gibt.

Nr.	Name	Vorname	Geburtsdatum	Anschrift	Unterschrift
1					
2					
3					
25					

2.4 Straßentheater und unsichtbares Theater

„Woche für Woche zieht ein Häufchen Demonstranten durch die Stadt. Das Ritual ist eingespielt: Treffpunkt am Europaplatz, dann mit megafonverstärkten Parolen (Weg mit Hartz IV!) zum Holzmarkt. Dort bestätigen die Redner den Zuhörenden, was sie schon längst wissen. (...) Die meisten Passanten scheinen das Ereignis schnell abzuhaken: Es ist Montagsdemo.

Szenenwechsel: Im Sommer 2000 schimpft auf dem Marktplatz ein evangelikaler Prediger gegen ein gotteslästerliches Theaterstück. Plötzlich stößt eine Prozession hinzu: Junge Leute kasteien sich ekstatisch, manche schlagen sich mit Bibeln gegen die Stirn. Andere tanzen gleichgeschlechtlich Stehblues, aus einem Fenster dröhnt laute Musik, Halleluja und Sympathy for the Devil. Der Prediger ereifert sich, am Ende fällt ihm nur noch ein, das Deutschlandlied anzustimmen. Ein bizarres Chaos: Was ist ernst gemeint? Wer gehört hier zu wem?" (Hahn 2005)

Straßentheater und das „unsichtbare Theater" gehören zur Kunst des kreativen Straßenprotests. Es soll politische Gegner verwirren und Passanten zum Nachdenken anstoßen. Auf witzige Art und Weise wird das Thema veranschaulicht und zugespitzt. Der öffentliche Raum wird zur Bühne, und eine Auseinandersetzung wird provoziert (vgl. Camatte 1981, Lebel o. J.). Bei dieser Aktionsform ist es wichtig, offensiv auf die Passanten zuzugehen und sie einzubeziehen. Straßentheater erregt leicht das Interesse und schafft attraktive Fotomotive für die Presse. Es ist oft mit wenigen Aktiven zu realisieren und überall kurzfristig durchführbar. Anleihen aus dem Theaterfundus, wie Masken und Gerätschaften, sowie große Puppen, verstärken den Effekt.

Radioballett: Eine Initiative wollte im Mai 2002 gegen die Entfernung von Obdachlosen aus dem Hamburger Bahnhof protestieren. Da die Deutsche Bahn versuchte, eine „Versammlung“ gerichtlich zu verhindern, wurde das “Radioballett” als neue, weniger anfechtbare und kaum auflösbare Protestform entwickelt. Ausgestattet mit Transistorradios zerstreuten sich 300 Aktivisten über den gesamten Hauptbahnhof und folgten den Anweisungen des Senders FSK. Am kleinen Unterschied zwischen der “erlaubten” Geste, die Hand zu reichen, und der “unerlaubten” Geste, die Hand aufzuhalten wurde verdeutlicht, welche Bevölkerungsgruppen aus dem öffentlichen Raum „Bahnhof“ durch Hausordnungen und Wachleute ausgeschlossen werden. Als alle Radios gleichzeitig laut gestellt wurden, wirkte der Bahnhof wie von Lautsprecherwagen beschallt. *(www.fsk-hh.org/akt/0206ballet.html)*

Szene: Kottbusser Tor: Eine Putzkolonne wird von einer Gruppe blank geschorener Jugendlichen angemacht. Die Jugendlichen werfen Steine (aus Styropor). Die herumstehenden türkischen Jugendlichen ergreifen sofort Partei für die Schwachen. Die Putzkolonnenleute wiederum wollen nun die Polizei holen und schimpfen auf die Jugend, beginnen gar die Helfer selbst zu beschimpfen. Die etwas verwirrten Zuschauer wissen gar nicht mehr, für oder gegen wen sie sein sollen und werden zur Auseinandersetzung mit den komplexen, aber oft vereinfacht dargestellten Thema „Gewaltbereitschaft bei Jugendlichen“ provoziert.

Szene: Als lustige Clowns verkleidet nahm eine Gruppe von Aktivisten am „Tag der offenen Tür“ des Frankfurter Flughafens teil. Die Gäste der Besucherterrasse sahen sich mit ca. 20 „Clowns“ konfrontiert, die sie eben noch für eine erheiternde Showeinlage der Fraport-AG gehalten hatten, die aber auch Transparente ausrollten und Flugblätter verteilten, mit der sie die Abschiebemaschinerie am Frankfurter Flughafen kritisierten. Alle Flugblätter waren bereits verteilt, bis es den Fraport-Mitarbeitern und Securities dämmerte, dass die jonglierenden und springenden Clowns vielleicht doch nicht zum offiziellen Programm gehörten. (aus: Amann 2005, S. 32)

Tipps

- Die Vorführung sollte 15-20 Minuten nicht überschreiten.
- Gauklerische und musikalische Elemente als Blickfang einbauen: Stelzen, Pantomime, Masken, Jonglage etc.
- Das Publikum schon vor dem Spielbeginn „einfangen“, z.B. mit einem kurzen Musikstück.

- Verschiedene Einstiegsmöglichkeiten in die Handlung sollten für später Hinzukommende bestehen, z.B. durch einen Erzähler.
- Ein paar Bänke oder Stühle als Sitzgelegenheiten aufstellen. Wo Leute sitzen, stellen sich andere leichter dazu. Das hat etwas „Kondensierendes“ und die Sitzenden stehen nicht so schnell wieder auf.
- Möglichst klare Pointierung. Auf der Straße wird in erster Linie die völlige Zuspitzung erkannt.
- Die inhaltliche „Botschaft“ möglichst unpädagogisch und mit viel Witz vermitteln.
- Flugblätter oder Büchertisch bereitstellen, damit die Passanten sich weiter informieren können; Unterschriftenlisten, Postkartenaktionen oder Spendenlisten geben den Zuschauern die Möglichkeit selbst aktiv zu werden.
- (nach Gocht et al. 2005, S. 66)

Beim *unsichtbaren Theater* weiß das Publikum, also die zufällig anwesenden Menschen, nichts davon, dass es aufgeführt wird. Allerdings wird die Reaktion des Publikums eingeplant, sprich: Wenn das Ensemble einen Streit nachspielt, wird natürlich darauf geachtet, was die Passanten machen. Greifen sie ein? Gehen sie vorbei? Absicht ist es, die Zuschauer zum Eingreifen zu bringen.

Stellen Sie sich eine kleine Gruppe von Aktivisten unterschiedlichen Alters, Geschlechts, Outfits vor, von denen die meisten völlig unauffällig und normal aussehen. Das Ziel ist eine Discounter-Filiale, deren Parkplatz Jugendlichen die Möglichkeit zum Straßenfußball nach Geschäftsschluss bieten könnte, wäre der Filialleiter nicht dagegen. Die Leute kommen einzeln ins Geschäft, stehen an der Kasse, und einer beginnt sich zu beschweren, dass gestern sein Auto auf dem Parkplatz eingesperrt wurde. Er verlangt nach dem Geschäftsführer. Die Leute an der Kasse fangen nach und nach an, sich zu beteiligen. Einige werden am Anfang den Unruhestiftern widersprechen und die Position des Geschäftsführers bestätigen, gar drohen und die Leute zum Verschwinden aufrufen, sich dann aber doch von deren Argumenten überzeugen lassen. Vielleicht lassen sich sogar „echte“ Kunden mit einbeziehen, etwa indem sich scheinbar Unbeteiligte an sie wenden und fragen: Was sagen Sie denn dazu? Die Polizei wird – wenn sie überhaupt gerufen wird – ihre Not haben angesichts einer so großen Gruppe „normaler“ Kunden.

2.5 Direktkontakt: Briefe, E-Mails, Anrufe, Besuche

Direktkontakte sind persönliche, individuelle Kontaktaufnahmen zu Personen, die entscheidend den Ausgang des Anliegens beeinflussen können. Mitunter ist es nicht einfach auszumachen, wer die Entscheidungsträger sind, weil es vielleicht „graue Eminenzen" im Hintergrund gibt (s. „*Community Organizing*"). Üblicherweise sind Stadträte, Bürgermeister, Referatsleiter, Amtsleiter, Geschäftsführer, Landtags- und Bundestagsabgeordnete und die Leiter vorgesetzter Behörden der Kommunalverwaltungen die Adressaten dieses Strategiebündels. Das Potenzial von Direktkontakten liegt in der persönlichen Betroffenheit und in der Sensibilität des Zwischenmenschlichen. Wenige Face-to-Face-Gespräche können manchmal mehr bewirken als Massenaktionen mit vielen. Der Effekt eines guten Briefes ist nicht zu unterschätzen.

Ein *persönlicher Brief* kann die persönliche Betroffenheit und das eigene Wissen zur Sachlage demonstrieren. Briefe von prominenten Bürgern wirken natürlich ganz besonders. Bei Briefen an gewählte Volksvertreter ist es ausschlaggebend, den eigenen Standpunkt so zu präsentieren, dass dieser von den Abgeordneten leicht in die von ihnen vertretene Sozialpolitik eingebaut werden kann. Briefe werden umso wichtiger genommen, je mehr eigene Arbeit des Briefschreibers ersichtlich wird, je besser es dem Schreiber gelingt, sein Anliegen als das Anliegen einer großen Gruppe darzustellen – zumindest im Prinzip – und je besser die Möglichkeiten für den Empfänger sind, aus der Übernahme der Position des Schreibers Gewinn zu schlagen. Ein handgeschriebener oder ein individueller Brief beeindruckt am meisten. Wenn man Standardformulierungen übernimmt, so kann man diese mit einer eigenen Überschrift versehen. Das verdeutlicht, dass der Unterzeichner das Anliegen verstanden hat.

Tipps für wirkungsvolle Briefe

- In der Kürze liegt die Würze: nicht länger als eine Seite.
- Ton: nachdrücklich, aber höflich. Der eigenen Position vertrauen. Es ist nicht unwahrscheinlich, dass man selbst zu dem Sachverhalt mehr weiß als der Adressat. Insofern kann der Brief eine Informationshilfe sein.
- Sich selbst vorstellen und das eigene Anliegen auf den Punkt bringen.
- Fokussieren: Nur die stärksten Argumente bringen.
- Betroffenheit verdeutlichen: Warum ist das Anliegen für einen selbst, für die eigene Familie, für die Nachbarschaft und für den Stadtteil bedeutsam?
- Verbindung herstellen: Haben Sie den angeschriebenen Politiker gewählt oder seine Partei unterstützt?
- Lösungswege aufzeigen.

- Eine Antwort erbitten: Name und Adresse angeben, evtl. einen Rückumschlag beilegen.
- Dankschreiben, wenn der Angeschriebene sich offensichtlich für die Sache einsetzt.

E-Mails sind weniger wirkungsvoll als Briefe, dafür aber billiger und einfacher zu handhaben. Hier zählt vor allem die große Masse. Wenn es gelingt, Schreiber zu bewegen, nicht nur eine E-Mail zu versenden, sondern auch die Leute im eigenen Adressbuch zu mobilisieren, ist viel erreicht.

Mit *Telefonanrufen* kann man zeigen, dass einem die Sache Geld und Zeit wert ist, und sie sind natürlich eine unvergleichliche Möglichkeit, direkt ins Gespräch zu kommen, zu reagieren und Vereinbarungen zu treffen.

Schließlich sind noch *persönliche Besuche* bei wichtigen Funktionsträgern möglich. Dazu braucht man eine Terminvereinbarung und eine gute Vorbereitung. In Besuchen kann man manchmal einem Abgeordneten oder Stadtrat das Versprechen abringen, eine Anfrage an das jeweilige Parlament zu stellen. Besuche bieten mitunter sogar die Möglichkeit, in Verhandlungen einzutreten. Die Einladung zu einer Verhandlung ist bereits die Anerkennung des Anliegens und einer gewissen Macht des Beschwerdeführers. Voraussetzung dafür ist, dass beide Parteien autorisiert sind. Der Name der Wortführer auf einer von Hunderten von Leuten unterzeichneten Unterschriftenliste kann das z. B. bewerkstelligen. Genaueres zu Verhandlungstechniken findet sich im Abschnitt Community Organizing „*Verhandlungen mit mächtigen Instanzen*".

2.6 Demonstrationen

Demonstrationen machen die Masse der Menschen hinter einem Anliegen sichtbar. Am bekanntesten sind die folgenden Typen: *Mahnwachen* sind ruhige und ernste Veranstaltungen, mitunter nächtlich mit Kerzenlicht. Sie sollen die Passanten nachdenklich stimmen. *Menschenketten* sind lange Reihen von vielen Menschen über eine große Entfernung zwischen verschiedenen Orten oder als Ring um einen Ort. *Streikposten-Demos* finden vor dem Dienstsitz wichtiger Funktionsträger oder vor dem Gebäude einer Organisation statt, an die Forderungen gestellt werden. Beim *Marsch* halten die Leute Banner und Schilder und skandieren Slogans und die Masse bewegt sich auf einer festgelegten Route durch die Stadt. Märsche eignen sich gut, wenn man eine größere Menge von Menschen aktivieren kann und wenn die Botschaft viele Passanten ansprechen soll.

Schritte zur Vorbereitung von Demonstrationen und anderen Aktionen

1. Demonstrationen – ebenso wie andere Aktionen – haben immer auch eine wichtige *Funktion für die Gruppe* der Agierenden. Idealerweise können sie, unabhängig vom externen Ergebnis, den Gruppenzusammenhalt stärken, die Klarheit der eigenen Ziele herausarbeiten, neue Leute gewinnen und einbinden, die Organisationskompetenzen der Beteiligten steigern und deren Geschick beim öffentlichen Auftritt erhöhen. Von Alinsky stammt der Satz: „A good tactic is one that your people enjoy." Die Spaßkomponente für die eigene Gruppe ist ein wesentlicher Faktor. Sind Aktionen erfolgreich, so wird den Beteiligten ziemlich unmittelbar klar, dass mit kollektiver Kraft etwas erreicht werden kann. Erfolgserlebnisse motivieren und laden ein zu weiteren Taten.
2. Einer der ersten wichtigen Schritte beim Organisieren einer Aktion ist die *Zielbestimmung*. Es geht darum, ein konkretes und erreichbares Ziel festzulegen, das sich am besten „verkaufen" lässt, wenn es in einer positiven Sprache formuliert ist. Auch wenn man gegen eine Sache demonstriert, ist es wesentlich, realistische und machbare Lösungen auf Lager zu haben. „Der Preis eines erfolgreichen Angriffs ist die konstruktive Alternative", schrieb Saul Alinsky in „Rules for Radicals", und: „Man darf nicht riskieren sich vom Gegner durch dessen unerwartete Gesprächsbereitschaft lahmlegen zu lassen nach dem Motto: Ihr habt Recht. Die Sache läuft schlecht. Sagt uns, wie man das ändern kann! Wie genau?"
3. An den Anfang gehört auch die Bestimmung der Adressaten der Botschaft bzw. der Forderungen. Mitunter ist es nicht einfach herauszufinden, wer genau die Ressourcen kontrolliert, auf welche die Aktion zielt. Die Planer der Aktion müssen bedenken, welche persönliche Wirkung bei den Adressaten ausgelöst werden soll und könnte. Idealerweise führt eine gekonnte konfrontative Aktion dazu, dass der Gegner über die kritisierte Handlungsweise seiner Institution etwas Neues erfährt und bestenfalls auch noch zum Schmunzeln gebracht wird. Kontraproduktiv ist es, Leute in die Enge zu drängen oder deren Gesichtsverlust zu riskieren.
4. *Bündnispartner* und Sympathisanten herausfinden und in die Aktion einbauen: Da sich Aktionen an ein breites Publikum richten und strukturelle Veränderungen zum Ziel haben, ist es essenziell, Bündnispartner in Form von Organisationen und bekannten Persönlichkeiten zu finden. Zuerst kann man sich die Frage stellen, welche Gruppen sowieso die gleichen Interessen haben. Dann kann man weiterfragen, wer etwas von einer Mitwirkung haben könnte und schließlich wer durch die präsentierten Argumente gewonnen werden könnte. Bündnispartner sind umso wertvoller, je höher ihr Ansehen in der Öffentlichkeit und je unzweifelhafter ihr Ruf ist (Bischof,

Pfarrer, Hausarzt ...), je bekannter sie sind (Schauspieler, Sportler ...) oder je größer ihr Einfluss ist (Fraktionsvorsitzende, reicher Unternehmer etc.). Organisationen, Vereine, Verbände, Kirchengemeinden als Partner können demonstrieren, dass das Anliegen von einer breiten Bevölkerungsschicht getragen wird, und sie können natürlich auch eine größere Anzahl von Leuten mobilisieren.

5. *Arbeitsteilung:* Unverzichtbar ist das Zusammenbringen einer kleinen, hoch motivierten Kerngruppe, in der die Arbeitsverteilung genau festgelegt wird. Wichtig ist eine Veranstaltungsleitung, jemand, der sich um rechtliche Angelegenheiten und die notwendigen Genehmigungen kümmert, jemand, der die Verbindung zur Politik herstellt, jemand, der die Pressearbeit übernimmt, sowie Leute, die für Spruchbänder, Slogans, Lieder und Requisiten zuständig sind. Alle Beteiligten sollten bei der Mobilisierung von weiteren Teilnehmern und bei der Mundpropaganda mitwirken.
6. *Lage und Route:* Ein ungünstiger Ort oder eine schlechte Marschroute können die beste Aktion gefährden. Wesentlich sind Straßen und Orte, an denen viele Leute vorbeikommen – wie U-Bahnhöfe, Einkaufsstraßen, Fußgängerzonen –, und natürlich die günstige Terminierung, zum Beispiel während der Rush hour oder am Samstagmittag, ohne den Ärgerfaktor für eilige Fahrer zu groß zu machen. Besser ist es, kleine witzige Geschenke und Informationen an die „Aufgehaltenen" zu verteilen.
7. Die *Werbe- und Mobilisierungsstrategie* ist bei einigen Aktionen entscheidend, da eine große Menge von Teilnehmern demonstriert, dass das Anliegen von einer breiten Schicht getragen wird. Am besten plant man eine Werbestrategie, die zehn- bis hundertmal so viele Leute anspricht, wie man hofft, am Schluss dabei zu haben, denn nur ein Bruchteil der Angesprochenen wird wirklich kommen. Effektiv ist hier vor allem das Nutzen persönlicher Beziehungen. Man kann den ganzen Freundes-, Kollegen- und Verwandtenkreis ansprechen. Weiter kann man Flyer verteilen, Pressemitteilungen und Ansagen im Lokalradio lancieren. E-Mail-Ketten und SMS-Ketten sind ein billiges Mittel. Hier sind vor allem auch die Bündnispartner einzuspannen. Plakatierungen müssen Symbole mit Wiedererkennungswert aufweisen.
8. *Rednerliste für die Kundgebung:* Hier ist es wirksam, möglichst unterschiedliche Leute und Bevölkerungsgruppen aufs Podium zu bringen, die alle nicht viel sagen müssen, sondern vor allem symbolisieren sollen, dass das Anliegen von so unterschiedlichen Gruppen wie Arbeitern, Müttern, Alten, Jungen, Ausländern, Lehrern, Gewerkschaften, Prominenten etc. unterstützt wird.

9. *Slogans, Sprechchöre und Gags* fallen einem normalerweise nicht spontan während einer Aktion ein, sondern brauchen ein kreatives Brainstorming vorab. Auch wenn der Anlass ernst ist, ziehen solche Slogans am besten, die Witz haben. Eine witzige Einlage bleibt oft am besten im Gedächtnis der Passanten hängen, die nicht belehrt werden wollen, sondern den Unterhaltungswert einer Aktion schätzen. Fotokopien von Sprechchören und Verantwortliche, die sie lostreten, sind unabdingbar. Wenn kleine Aktionen an verschiedenen Orten oder zu verschiedenen Zeiten wiederholt werden, wie z. B. beim Straßentheater, bietet es sich an, die Stücke zu variieren, aber auch gleichzeitig durch wiederkehrende Symbole für hohen Wiedererkennungswert zu sorgen.

Frau Lieselotte Meier; Text: Thomas Pigos, Musik: College of Hearts

Frau Lieselotte Meier aus der Rosenstraße 8
hat sich schon seit Jahren nichts zu essen mehr gemacht.
Aß nur Brühe, Brösel, Brennnessel, Salate oder Brot
und am Sonntag ein Stück Schinken aus dem Sonderangebot
Refrain: Nananah nananah nah nananah!
Eines Tages sagt sie sich: So, jetzt ist Schluss!
Dass ich immerzu nur Brot und Brösel essen muss
und mir nichts mehr leisten kann von meiner kargen Rente
und das ist eine Schande und jetzt kauf’ ich mir ‘ne Ente!
Im Kaufhaus an der Ecke, wo es Lebensmittel gibt,
Frau Meier ihren Wagen durch die engen Gänge schiebt.
Da fällt ihr Blick auf Enten, tiefgefroren und stramm,
Frau Meier läuft schon die Spucke in ihrem Mund zusamm.
Frau Meier hat sofort die ganze Tiefkühltruhe durchgewühlt,
sie wählt ‘ne kleine fette mit einem roten Schild
„Attraktiver Preis” und sie liest weiter und erblasst.
„17 Euro 80“, darauf war sie nicht gefasst.
Traurig legt Frau Meier das Entelein zurück
wirft noch einen letzten sehnsuchtsvollen Blick.
Doch da packt Frau Meier die blanke kalte Wut
und die tiefgefror’ne Ente landet unter ihrem Hut.
Frau Meier ist entfesselt, sie kennt sich selbst nicht mehr,
sie steckt in ihre Tasche noch ein Heidelbeer-Dessert,
den Rotwein in den Mantel, ja da fackelt sie nicht lang
und stellt mit einem Brühwürfel sich an der Kasse an.
Langsam schiebt die Menschenschlang’ sich der Kasse zu.
Frau Meier freut sich diebisch über den gelung’nen Coup.
Doch die tiefgefror’ne Ente unterkühlt den Kopf und d’rum
wird Frau Meier ohnmächtig und fällt nach hinten um.
Frau Meier liegt am Boden und die Ente neben dran,
doch bevor der Kaufhausdetektiv Verdacht schöpfen kann

kommen schon die Sanitäter, Mensch, da hat sie aber Schwein.
Und die lädt sie dann danach zu Dessert und Rotwein ein.
(Quelle: Amann 2005, S. 108)

10. Bei *Spruchbändern und Requisiten* ist zu beachten, dass sie von weither lesbar sein müssen, dass wenige Worte und Wortspiele besser sind als viele Worte, dass sich große Bilder, lebensgroße Puppen und Verkleidungen gut für Pressephotos und Kameras eignen.

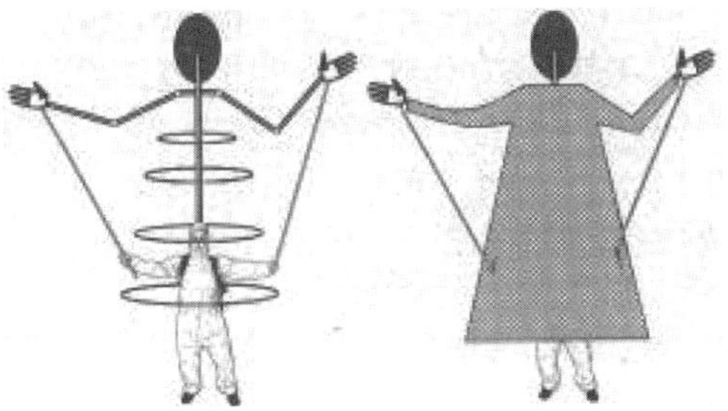

(Quelle: Amann 2005, S. 98)

11. *Schriftliches Infomaterial* (Flyer, Infoblätter, Postkarten) vertieft die visuelle Botschaft, kann mitgenommen und zuhause gelesen werden. Am Ausgangs- bzw. Endpunkt der Demonstration kann man Infotische aufstellen.
12. *Medienarbeit*: Eine gute Aktion kann ein paar hundert Leute ansprechen – wenn die Zeitung darüber berichtet, werden Zehntausende erreicht. Unverzichtbar ist das Vorbereiten von Pressemappen, die Journalisten in Kurzform informieren, Hintergrundinfos und Presseerklärungen bieten sowie vorgefertigte Reportagebausteine enthalten. Die sechs W-Fragen (wer, was, wann, wo, wie und warum) müssen beantwortet sein, das Wichtigste sollte schon im ersten Satz stehen, eine klare und spannende Überschrift, ein griffiges und knackiges Zitat von einem Experten (mit vollem Namen und Funktion) sollte vorkommen. Dabei darf der genaue Absender und eine kompetente Kontaktperson mit Handy-Nummer für Nachfragen nicht vergessen werden (vgl. Attac o. J.). Medienleute sollten eigens eingeladen und ein Verantwortlicher der Kerngruppe zu deren „Betreuung" abgestellt werden.

2.7 Storytelling

> „Denn die Menschen: das sind ihre Geschichten. Geschichten aber muss man erzählen. [...] und je mehr versachlicht wird, desto mehr – kompensatorisch – muss erzählt werden: sonst sterben die Menschen an narrativer Atrophie. [...] Je moderner die moderne Welt wird, desto unvermeidlicher werden die Geisteswissenschaften, nämlich als erzählende Wissenschaften." (Odo Marquard: Apologie des Zufälligen, 1986, S. 105)

Storytelling ist eine uralte Kunst fast jeder Kultur, wichtige Botschaften zu übermitteln. Geschichten verbinden Unterhaltungswert mit Bildung, Aufklärung und Überzeugung. Das Storytelling – als Methode des narrativen Wissensmanagements – nutzt das Phänomen, dass Menschen Inhalte, die in Geschichten präsentiert werden, lieber hören, sich besser merken und auch lieber weitererzählen. The shortest distance between two people is a story. Eine gute Geschichte hat wesentlich größere Aussichten auf Verbreitung per Mund-zu-Mund-Propaganda als abstrakte Fakten. So versucht das Storytelling wesentliche Botschaften, wie z. B. die Kritik an bestehenden Zuständen oder innovative Ideen zur Bearbeitung sozialer Probleme in die Form von Geschichten zu bringen. "Storytelling is a space negotiating differences, and establishing commonality. Storytelling empowers the speaker and improves communication through speaking and listening. Stories are the most efficient way of storing, retrieving, and conveying information. Since story hearing requires active participation on the part of the listener, stories are the most profoundly social form of communication." (http://www.makingstories.net). Geschichten können neben der Verbreitung von Information auch dazu dienen, die Gruppenidentität und das Leitbild der Gruppe bzw. Organisation zu bestätigen oder auch erfolgreiches methodisches Vorgehen in der Vergangenheit ins Gedächtnis zu rufen. Im Community Organizing werden häufig in Treffen immer wieder die gleichen Geschichten erzählt um diese Wirkung zu erzielen.

> Wir erzählen Ihnen eine kleine Taogeschichte: „Das Pferd eines armen chinesischen Bauern läuft weg und seine Nachbarn sagen: Du bist aber wirklich ein Pechvogel! Der Bauer entgegnet: Wer weiß, wozu das geschehen musste. Drei Tage später kommt das Pferd zusammen mit einem Wildpferd zurück. Die Nachbarn: Bist du aber ein Glückspilz! Als der Sohn des Bauern das Wildpferd zureiten will, stürzt er und bricht sich das Bein. Die Nachbarn sagen: Du bist aber wirklich ein Pechvogel! Der Bauer entgegnet: Wer weiß. Drei Tage später werden Soldaten für den Kaiser ausgehoben und alle jungen Männer des Dorfes müssen in den Krieg, bis auf den Bauernsohn mit seinem gebrochenen Bein."

Der Geschichte gelingt es, auf ungemein anschauliche Weise etwas ziemlich Kompliziertes darzustellen, nämlich dass das, was wir als Problem sehen, immer auch Teil seiner eigenen Lösung ist.

> *Das Sonntagsnachmittags-Machtproblem*
> Es ist Sonntag und wir – die Bewohner einer WG für Menschen mit Behinderung – wollen etwas unternehmen. Andy Bauer hat rausgekriegt, dass heute Sommerfest im Hallenbad ist, mit billigem Kuchen und Steaks. Wir warten vor dem Dienstzimmer. Eine Betreuerin kommt heraus: „Was macht denn ihr hier?" sagt sie, aber sie weiß eigentlich um was es hier jeden Sonntag geht. Sie schaut auf Herrn Bauers Flyer und sagt „Ihr spinnt doch! Bei dem schönen Wetter geh' ich doch nicht ins Hallenbad!" An das Wetter hat keiner von uns gedacht. Habt ihr noch ne andere Idee?" fragt die Betreuerin. Keiner sagt was. „Wir könnten doch nach Unterdorf ins Cafe gehen." sagt sie. „Wer will mit?" Mir wäre das Hallenbad lieber gewesen, aber ich meld mich mal. Wenn der Bus nicht voll wird, darf damit nicht gefahren werden und dann bleiben wir hier.

Die Geschichte bringt das Machtgefälle zwischen Profis und Betroffene ziemlich gut auf den Punkt, das sich eher in den Kleinigkeiten des Alltags zeigt als in den beteiligungsorientierten Verfahren der Hilfeplanung. Es wird deutlich, was dem Spruch gemeint ist: „Das Private ist das Politische".

Der menschliche Verstand braucht Geschichten. Jeder simple Taschenrechner ist uns zwar in der Berechnung vielstelliger Ergebnisse hoffnungslos überlegen, aber kann mit Angaben wie „*etwa* 15 Meter" „eine *Prise* Salz" „noch ein *kleines* Stück zurück" überhaupt nichts anfangen. Was sich nicht exakt ausdrücken lässt überfordert Computer. Menschen dagegen haben eine erstaunliche Fähigkeit, mit der Ungenauigkeit und Unberechenbarkeit, die unseren Alltag genauso wie unsere großen Ideen bestimmen, umgehen zu können. Die Frage ist, wie Menschen das schaffen. Wie können sie handeln in Situationen, die undurchsichtig sind, in denen vieles möglich und wenig vorbestimmbar ist? Antwort: Indem sie *Muster* schaffen, die uns Menschen helfen, die Welt zu erklären. Und wir tun dies, indem wir uns permanent Geschichten erzählen, die moralische, kausale, emotionale Ordnung in eine Welt bringen, die vielgestaltig, unberechenbar und eigentlich ungeordnet ist. Erzählend schaffen wir Sinn und konstruieren Zusammenhänge zwischen den vielen verwirrenden Fakten. Menschen können alte Muster in neuen Begebenheiten erkennen und unvollständige Muster ergänzen. Menschen erfinden ständig solche Muster, auch wenn überhaupt keine da sind wie z.B. im Rorschach-Test, wo wir in jedem Tintenfleck Muster, Hinweise, Geschichten entdecken können. Das analytische, ordnende und auf klar erkennbare Gesetzmäßigkeiten ausgerichtete Denken hat uns weit gebracht und uns schließlich gezeigt, dass die Welt nicht analytisch verstanden werden kann. Sie merken das in jedem Fachvortrag, der analytisch brillant sein mag, wenn ihm die Beispiele fehlen, bleibt er trocken und wenig überzeugend. Geschichten bewusst und strategisch zu komponieren, um zweckdienliche Muster zu schaffen, begreifen wir als narratives Wissensmanagement und nennen diesen Ansatz „Storytelling." Es gibt darin unterschiedliche Typen von Geschichten. Wichtig sind sog. Sprungbrett-Geschichten, die Ziele erklären, Zukunft vorstellbar machen und Kraft für Veränderung liefern. Sprungbrett-Geschichten sind strategische Pläne, die überhaupt nicht aussehen wie ein Plan. Geschichten transportieren immer Zusammenhangswissen, nie reines Faktenwissen. Sie liefern einen Kontext, der es den Fachkräften ermöglicht, sich die Sache vorzustellen, die Geschichte zu übertragen, auf eigene Ideen zu kommen und sich mit der Handlung und den Handelnden zu identifizieren.

Qualitätsmerkmale für Sprungbrett-Geschichten:

1. Geschichten brauchen einen *Kontext* Sie müssen an konkreten Gegebenheiten im vertrauten Umfeld der Hörer ansetzen, sie müssen Details enthalten, weil die erst den Kontext zum Leben erwecken und greifbar machen Dadurch werden Geschichten „lebensecht" (vgl. den Unterschied zwischen Roman und wissenschaftlichem Sachbuch).
2. Geschichten brauchen einen *unerträglichen Ausgangszustand*, wie z.B. hier „klassische Jugendhilfe-Karrieren", die erschreckend sind und eine *Verheißung* Die Vision einer besseren Jugendhilfe, für die es sich lohnt Sozialarbeiter zu sein.
3. Geschichten haben immer einen *Helden*, der sich zu einem Abenteuer aufmacht, also etwas riskiert und dafür belohnt wird. WIR, die Fachkräfte, trauen uns zu, es anders zu machen.
4. Es gibt immer auch eine *Gefahr* (Widerstände): Wir wissen nicht wie die Veränderung des Jugendhilfesystems bewerkstelligt werden soll. Alles ist so kompliziert, die Gesetze, die etablierten Strukturen etc.

Gekonntes Lobbying: Eine kleine Gruppe gehörloser Männer hat den Traum in ein eigenes Haus zu ziehen. Als nach langer Suche ein geeignetes Haus gefunden wird, sperrt sich der Bauausschuss, die Nutzungssatzung zu verändern: Die Begründung ist fadenscheinig: Die Bebauung in diesem Gebiet sei zu eng und deswegen ungeeignet. Des Pudels Kern ist eine Stadträtin im Ausschusses, die nebenan wohnt und mit allen Mitteln das „Behindertenheim" verhindern möchte.

Die Einrichtung und die gehörlosen Männer gehen in die Offensive und laden Bürgermeister, Stadträte und Pfarrer in die Wohngruppe ein, damit man sich kennen lernt. Die sperrige Stadträtin kann wegen der eingeladenen Würdenträger den Termin nicht ausschlagen ohne ihr Gesicht zu verlieren. Die gehörlosen Männer bekochen die Delegation mit Lasagne, Rucolasalat und Prosecco. Der Abend wird gemütlich und gelungen. Die Giftpfeile der Stadträtin werden stumpf an der ganz eigenen Gastfreundschaft der gehörlosen, geistig behinderten Männer. Der Bauausschuss genehmigt die Nutzungsveränderung in der nächsten Sitzung und die gehörlosen Männer denken bereits über ihr nächstes kommunalpolitische Projekt nach.

5. Ein *wiederholbares Wunder*: Der Effekt ist auf das gekonnte Handeln der Fachkräfte zurückzuführen, kein Zufallstreffer, nicht von Bedingungen abhängig, die gar nicht kontrollierbar sind.

   Im Ochsenhausener Seniorentreff moderiert Betty Maurer witzreich und eloquent. Die elegante Mitsiebzigerin ist die Vorsitzende und liebt Publikum. Sie ist die zentrale Figur und steuert die Geschicke des Vereins. Das hat Johann Dietz im Rahmen seiner fallunspezifischen Vereinskontakte bemerkt und genutzt. Die Bewohner der WG wären interessiert, aber trauen sich nicht so recht. Eine Gruppe mutiger Männer lässt sich dann doch auf das Wagnis eines Erstbesuchs mit Johan Dietz Begleitung ein. Nachdem Frau Maurer von den „jungen" Männern für ihre Moderation frenetisch beklatscht wird, wird sie zur begeisterten Protagonistin von Inklusion unserer Bewohner in ihren Seniorentreff. Seitdem achten wir mehr auf das, was Kooperationspartner brauchen, bevor wir das thematisieren, was wir selbst wollen. (Johann Dietz, Coletta-Deusser-Haus)

6. Geschichten brauchen eine *im Kern prägnante Botschaft* d.h. sie bringen etwas exakt auf den Punkt und sind in sich stimmig. Dazu gehört eine effizient inszenierte Dramaturgie. Alles, was erzählt wird, hat seine Funktion, wenn nicht, dann hat es in der Geschichte nichts zu suchen. Geschichten dürfen deswegen auch keinen Vampireffekt zulassen, d.h. sich auch ganz anders interpretieren lassen:

   Junger Mann mit seiner Freundin auf einer Liege eines großen Hauses mit Swimmingpool:
   Sie: Sind deine Eltern eigentlich Millionäre?
   Er: Nö, sie sind eigentlich nur … Bausparer … bei Schwäbisch Hall

Das Anhängsel „Schwäbisch Hall" macht die Geschichte zur Werbebotschaft und lässt sie als instrumentalisiert erscheinen. Besser gelingt die folgende Geschichte:

   Ein Ehemann kommt zu spät nach Hause und sagt zu seiner Frau: „Ich hatte eine Panne."
   Die Ehefrau gibt ihm darauf voller Entrüstung eine schallende Ohrfeige mit den Worten: „Mit einem Mercedes?!"

7. Geschichten dürfen aber *keinen offensichtlichen Lehrcharakter* haben. Sie dürfen nicht alles aussprechen, was der Hörer aus ihr folgern soll. Damit der Hörer die Möglichkeit hat, sie auf sich zu übertragen, keinesfalls den Zuhörern mit erhobenen Zeigefinger Anleitungen zu besseren Arbeiten liefern; der Appell muss versteckt sein

8. Geschichten müssen einen *Neuheitswert* bieten, einen unerwarteten „*Kick*".

Im Welcome Trust hatten wir das Problem, dass die Bewohner mit psychischen Behinderungen einen sehr großen Teil ihres Geldes für Zigaretten verwenden mussten und die Kühlschränke leer blieben. Wir hatten die ersten Fälle von Essensdiebstahl. Man kann jetzt den Leuten das Rauchen abgewöhnen oder den Tabak billiger machen. Wir entschieden uns für letzteres und stellten das Know How und die Geräte zur Einrichtung einer kleinen Tabakplantage (was in Neuseeland für den Hausgebrauch erlaubt war). Die Bewohner griffen die Idee auf und mit der ersten Ernte war das Beschaffungsproblem gelöst. Gärtnern an der frischen Luft wurde eine beliebte Freizeitbeschäftigung.

Geschichten müssen einen Unterschied machen, der einen Unterschied macht (Bateson): Der Zuhörer muss hinterher etwas wissen, das er vorher noch nicht wusste. Man ist überrascht und einem geht ein Licht auf. Geschichten verbreiten sich am schnellsten, wenn sie ungewöhnlich sind. Sie wirken dann richtig ansteckend und entwickeln ein Eigenleben.

Schritte des Story Making

1. Unspezifisch sammeln: Geschichten auch dann aufschreiben, wenn man sie nicht braucht. Einen Fundus aufbauen und pflegen. Man darf die Leute nicht danach fragen, was sie denken und meinen, sondern muss danach fragen, was sie erleben: Erzähl doch mal ein Beispiel! Wie ging denn die Sache weiter?
2. Sofort aufschreiben: Wahre Geschichten sind am glaubwürdigsten, man vergisst sie aber schnell wieder. Deswegen: interessante Geschichten sofort aufschreiben. Mit einem Notizbuch in der Tasche entsteht eine geschärfte Wahrnehmung, eine Art „ Storyalarm", der viel mehr Geschichten erfahren lässt, weil viel genauer zugehört wird.
3. Die Botschaft des Geschriebenen analysieren: Kernprägnanztest, Vampirtest, Heldtest, Wundertest, Dramaturgietest.
   Geschichte müssen unter Umstände ein paar Mal umgeschrieben und neu inszeniert, gekürzt werden, damit sie wirken und eine Botschaft auf den Punkt bringen. Sie sollen dann in maximal drei Minuten erzählbar sein.
4. Titeln: Titel zum Merken ausdenken. Wenn man mehrere Geschichten im Fundus hat, ist der Titel ein wichtiger Anker zum Wiederfinden.
5. Testen: zuerst im eigenen Team erzählen.
6. Verbreitungsstrategie: jeder Kollege übernimmt die Geschichte und erzählt sie weiter. Wichtige Adressaten werden auf einer Liste festgehalten und verantwortliche Erzähler für diese benannt.

2.8 Kommunikationsguerilla

> Humpty Dumpty: Wenn ich ein Wort verwende, dann hat es genau die Bedeutung, die ich ihm gebe.
> Alice: Die Frage ist, ob du das kannst.
> Humpty Dumpty: Die Frage ist, wer der Herr ist.
> (Carroll 1994, S. 100, eig. Übers.)

Soziale Arbeit hat die Aufgabe, Leuten Gehör zu verschaffen, die normalerweise nicht den Ton angeben. Das sind Menschen, die normalerweise keine Leserbriefe schreiben, Selbsthilfegruppen gründen oder Bürgerbegehren anstrengen. Die Techniken der „Kommunikationsguerilla" (engl. „Culture Jamming" oder „Adbusting") sind ethisch gesehen nicht zweifelfrei, denn es werden gezielt Information und Desinformation eingesetzt, um Ziele zu erreichen. Dabei ist man um möglichst effektive punktuelle Operationen bemüht (vgl. Eco 1987). Traditionell wird mit Hilfe der Kommunikationsguerilla-Methode versucht, etablierte Kommunikations- und Sozialstrukturen zu durchbrechen und Personen der Zielgruppe dazu zu bringen, zu überdenken, wem sie was glauben und warum.

> Ein typisches Beispiel einer Kommunikationsguerilla ist die „Barbie Liberation Organization", die 1993 Computerchips in sprechenden Barbie-Puppen mit denen der sprechenden Kriegsspielzeug-Puppe GI Joe vertauschte und die Puppen danach zurück in die Geschäfte brachte, so dass nun Barbie militärische Kommandos und GI Joe ‚Ich will mit dir shoppen gehen' von sich gaben."
> (http://de.wikipedia.org/wiki/Kommunikationsguerilla)

Mitunter werden Mittel eingesetzt, die allenfalls mit dem guten Zweck zu rechtfertigen sind, aber die Regeln der Kommunikation auf den Kopf stellen. Insofern ist Vorsicht bei der Anwendung geboten. In jedem Falle ist der Einsatz von Kommunikationsguerilla nur bei übermächtigen Gegnern zu rechtfertigen, die sich anderen Kommunikationsformen gegenüber unaufgeschlossen verhalten und/oder selbst zweifelhafte Methoden anwenden.

In der *Verfremdung* werden bestehende Bilder und Vorstellungen aufgegriffen und so verändert, dass Selbstverständlichkeiten empfindlich gestört werden, um innere Widersprüche kenntlich zu machen. Wenn der Sklave aufhört, Definitionen zu akzeptieren, die ihm von seinem Herrn aufgezwungen werden, dann und nur dann fängt er an, sich in Bewegung zu setzen und ein Leben für sich selbst zu schaffen (vgl. Camus 2006). Zum Beispiel wird aus „Obsession for men" „Recession for men" oder aus „München wird mod*e*rn" wird „München wird m*o*dern". „Sniping" und „Billboard Banditry" lautet der Fachbegriff für die Kommentierung und kreative Veränderung von Plakaten, Denkmälern und Schildern, wenn etwa einem Denkmal eine Fahne hinzugefügt wird.

Versammlungen von Organisationen können entfremdet werden, wenn plötzlich eine größere Anzahl falscher Leute erscheint oder an den völlig falschen Stellen geklatscht wird.

Sie sei „das Beste am Gipfel" gewesen, sagte Venezuelas Präsident Chavez. Er meinte Evangelina Carrozo, die nur im Bikini in den Saal stiefelte, in dem sich 62 Staatschefs gerade zum Fototermin aufgestellt hatten. In die Höhe hielt sie ein Plakat mit der Aufschrift „keine Verschmutzung durch das Zellstoffwerk". Mit dem „erregenden Protest" am EU-Lateinamerika-Gipfel verschaffte die Greenpeace-Aktivistin einer Umweltschutzaktion weltweite Aufmerksamkeit. Einige der Regierungschefs applaudierten sogar …
(SZ, 13.05.2006)

Jede Form von Rollendistanz, -verweigerung oder -umkehrung hat Verfremdungscharakter und wirkt – gut durchgehalten – meist sehr stark.

Die sogenannte *Subversive Affirmation* ist ein Spezialfall der Verfremdung. Dabei werden Rollen in übertriebener oder unpassender Form befolgt, oder die „falschen" Leute tun das „Richtige", wenn z. B. auf einer Kruzifix-Demonstration in Bayern eine Gruppe von Menschen, die als „Islamisten" zurechtgemacht wurden, solidarisierende Flugblätter verteilt. Beifall von der falschen Seite kann schädigend für das Image wirken und ganze Projekte stoppen, wie etwa damals, als Nixon von einer Gruppe nachgemachter Ku-Klux-Klan-Leute gefeiert wurde. Eine auffällige Gruppe von stigmatisierten Personen wirkt auf die Gesamtheit zurück, wenn etwa eine Gruppe von „Satanisten" eine Demo von Abtreibungsgegnern mit dem Slogan unterstützt „Don't abort the Antichrist! Save a soul for satan!".

Besonders wirkungsvoll sind solche Aktionen in Zeiten eines bevorstehenden Wettbewerbs um Zustimmung, wie beispielsweise im Wahlkampf. Für diesen Zweck wurde das so genannte „*Müllern*" entwickelt, benannt nach dem Wahlkampftrick der Liste „Müllerinitiative" 1994 bei den Züricher Kommunalwahlen. Für den Kandidaten der bürgerlichen Partei und Favoriten Andreas

Müller fand die chancenlose Alternativpartei zwei Namensdoubles, die beide auch „Müller" hießen. Ziel der alternativen Müller war es, auf Jugendthemen aufmerksam zu machen. Sie benutzten aber das Mittel der Subversiven Affirmation, um den politischen Gegner in dessen eigener Rolle bloßzustellen und die Vorurteile auszusprechen, die ihn steuerten.

> Die „Müllers" verfassten scharfe Stellungnahmen gegen unangepasste Jugendliche und verschärften von Diskussionsrunde zu Diskussionsrunde ihren Ton, forderten am Ende gar die Abschaffung der Jugend überhaupt. Die anderen Diskussionsteilnehmer versuchten zwar immer wieder, sie auf ihre ‚eigentliche' Rolle als Jugendbewegte festzulegen, aber Hans und Anna Müller entfalteten einen geschickten rhetorischen Stil und wechselten ihre Sprechpositionen häufig. Ein Diskussionsausschnitt: „‚Anna Müller' wirft ein, die Polizei habe sich zu sehr zurückgehalten. ‚Hans Müller' fordert, die Polizei solle größere Gummigeschosse verwenden, um die Verletzungsgefahr zu erhöhen. Die ‚Müllers' hindern den Polizeikommandanten ein gewaltinspiriertes Flugblatt vorzulesen, indem sie immer wieder dazwischenrufen, man müsse endlich die Armee gegen die Jungen einsetzen und alle Aufrührer an die Wand stellen. Schließlich wird Frau Stadträtin Lieberherr giftig und verkündet mit vor Wut funkelnden Augen, sie lasse sich ihre Toleranz für die Jungen nicht vermiesen. Die anderen Diskussionsteilnehmer merkten sehr wohl, dass sie hier nicht ernst genommen wurden, versuchten aber dennoch, eine ernsthafte Diskussion weiterzuführen, konnten aber nicht verhindern, dass ihre eigene Position durch die ‚Müllers' ins Extremistische gesteigert wurde." Durch die Namensgleichheit wurde zudem die schriftliche Berichterstattung äußerst verwirrend, was das Ziel des Müllerns entscheidend unterstützte. (aus: Blissett/Brünzels 1997, S.167)

Müllern ist eine Strategie, die in einer extrem schlechten Ausgangslage eingesetzt wird. Sie zwingt den übermächtigen Gegner zur Bewegung und folgt Alinskys fünftem Lehrsatz zum Community Organizing: „Ridicule is man's most potent weapon. It's almost impossible to counterattack ridicule, and it infuriates the opposition which then reacts to your advantage." (nach Dobson 2003, S. 157)

Auch das *Subvertising* (Gegenteil von Advertising) ist eine Spezialform der Verfremdung, die imagebeschädigenden Charakter hat. Werbebotschaften werden aufgegriffen und so verändert, dass sie sich selbst entwerten. Bekannt sind als Beispiele, wie aus dem Namen der Petrolfirma „Shell" „hell" wurde, und der „gefakte" Aufruf zur Entsorgung von Batterien, der die Verbindung der Politik des ehemaligen Bundespostministers mit den Unternehmen seiner Frau thematisierte.

„Liebe Mitbürger! Batterien gefährden unsere Umwelt. Sie gehören nicht in den Mülleimer. Die Bundespost garantiert jetzt eine einwandfreie Entsorgung. Bitte werfen Sie Ihre gebrauchten Batterien in die Briefkästen der Bundespost. Helfen Sie mit. Ihnen und Ihrer Umwelt zuliebe. Der Bundespostminister Dr. Schwarz-Schilling in Zusammenarbeit mit der Batteriefabrik Sonnenschein.“
Quelle: Blissett/Brünzels 1997, S. 65

Damit sind wir schon bei den sogenannten *Fakes* (Fälschungen). Das sind Erfindungen von falschen Tatsachen zur Schaffung wahrer Ereignisse. So sollte eine gefälschte Ausgabe der Frankfurter Rundschau auf deren fremdenfeindliche Tendenzen in der Berichterstattung aufmerksam machen. Die Fälschung muss für Kenner erkennbar bleiben, darf aber nicht zu offensichtlich sein, so dass die Leser in der Schwebe gehalten werden: „Kann das stimmen? Das kann doch nicht wahr sein, oder etwa doch?“ Dieser Ungleichgewichtszustand ist es, der eine wirkungsvolle öffentliche Debatte auslösen kann. Manche Fakes ahmen auch die Stimme der Verwaltung oder der Politik geschickt nach, wobei die beabsichtigte Aufdeckung dann den gewünschten Kommunikationsprozess auslöst. Beispiele sind gefälschte amtliche Schreiben, die etwa nichtdeutschen Bürgern andere Behördeneingänge zuweisen als deutschen Bürgern. Mitunter werden die gemeinten Institutionen oder Funktionsträger geradezu zum Dementi gezwungen. Damit erreicht der Fake, dass Kommunikationsmedien der kritisierten Organisation für ihn zu arbeiten beginnen, zum Beispiel wenn an Anschlagtafeln von Kirchengemeinden „Wählt CDU!“ oder andere offensichtliche Parteienwerbung als Fake angebracht wird.

Fakes zweiter Ordnung sind gefakte Dementis, also erfundene Richtigstellungen, für die es überhaupt keinen Grund gibt. Wenn etwa ein Dementi einer Firma in Umlauf gebracht wird, dass die 1000 Beschäftigten jetzt doch nicht entlassen werden, so hat dies schon deswegen eine höhere Wirkung, weil das eventuell folgende Dementi eines Dementis schwer zu verstehen ist.

Was auch geht, sind falsche Ankündigungen, deren spätere Richtigstellung soviel Ärgernis erregen würde, dass der Adressat geradezu gezwungen wird, so zu tun, als wäre die Nachricht von ihm selbst. Aktivisten informieren beispielsweise per gefaktem Infozettel der Stadtverwaltung alle Haushalte eines von der Verwaltung vernachlässigten Stadtviertels, in dem die Sperrmüllabfuhr viel zu selten erfolgt: Alte Kühlschränke werden kostenlos abgeholt, wenn sie am Straßenrand platziert sind. Wenn die Kühlschränke erst draußen stehen, schafft die Richtigstellung des falschen Infozettels so viel Bürgerunmut, dass die Stadtverwaltung dies lieber bleiben lässt und die Kühlschränke abholt. Detaillierte Darstellungen zur Kommunikationsguerilla finden sich in Blissett/Brünzels 1997.

2.9 Ziviler Ungehorsam

„We who engage in nonviolent direct action are not the creators of tension. We merely bring to the surface the hidden tension that is already alive. We bring it out in the open, where it can be seen and dealt with." (Martin Luther King, Jr.) So etwa lässt sich das Credo von zivilem Ungehorsam zusammenfassen. Ziviler Widerstand besitzt in Deutschland eine lange Tradition und hat wesentlich dazu beigetragen, heute selbstverständlich geltende Grundrechte wie Versammlungsfreiheit, das Recht auf freie Meinungsäußerung oder das Streikrecht in der Gesetzgebung zu verankern. Ziviler Ungehorsam ist eine kontrollierte Regelverletzung auf der Grenze der Legalität. Er bedarf außerordentlich guter Vorbereitung und juristischer Beratung.

Aktionen des zivilen Widerstandes beruhen auf einer Gewissensentscheidung, müssen wohlbedacht sein, stehen im Zusammenhang mit einem breit akzeptierten übergeordneten Ziel und verletzen niemals die Würde des Menschen. Bekannte Formen sind z. B. der *Kaufstreik* oder *Boykottaufrufe*, die weniger dazu gedacht sind, wirtschaftlichen Schaden zu verursachen, als vielmehr einen Angriff auf das Image eines Betriebes darstellen, der sich problematisch und nicht diskussionsbereit verhält.

Die *Sitzblockade* (Sit In) als bekannteste Methode ist vor allem von Gandhi und Martin Luther King eingeführt worden. Menschen „besetzen" Orte, an denen man sich eigentlich nicht hinsetzen darf, zum Beispiel eine viel befahrene Kreuzung oder den Eingang zum Rathaus. Manchmal genügt es auch, nur damit zu drohen. Berühmtes Beispiel: Als Saul Alinsky ankündigte, eine Gruppe von Aktivisten werde den O'Hare Airport von Chicago lahmlegen, indem alle Toiletten über lange Zeit „besetzt" gehalten würden, erklärten sich die Autoritäten dazu bereit, einen Plan zu Ghettosanierung zu verabschieden. Häufig geschieht die Blockade an Orten, die symbolhaft für die Ziele stehen. Strafrechtlich wird eine Sitzblockade als Nötigung bewertet. Sehr wichtig ist, dass die Passanten deutlich mitbekommen, worum es den Sitzenden geht, und dass die Presse von Anfang an mit dabei ist.

3 Nutzen von Beteiligungsrechten

In jeder deutschen Gemeindeordnung findet sich eine Reihe demokratischer Beteiligungsinstrumente. Solche Beteiligungsrechte sind mitunter deshalb ein effektives Mittel zur Einmischung in den politischen Prozess einer Kommune, weil sie sozusagen einen Teil des demokratischen Stolzes der Gemeinden und Länder ausmachen. Zugegeben, die Verfahren sind nicht immer die bürgerfreundlichsten und oft auch nicht einfach zu benutzen, aber sie sind ein rechtlich vorgesehenes Mittel der Mitwirkung an der politischen Entscheidungsfindung und sollten deswegen für sozialarbeiterische Interventionen auf der Ebene Sozialstruktur beherrscht und von Fall zu Fall erwogen werden (vgl. etwa Holtkamp 2000, Glück/Magel oder Gack/Rudel 2007, die von „Mitmachkommune" sprechen).

3.1 Bürgerversammlung

In vielen Gemeindeordnungen sind sog. Bürger- oder Einwohnerversammlungen vorgesehen, z. B. nach Art 18 GO Bay, §20a GO B-W, §16b GO S-Hol, §16 GO R-Pf. Das sind Pflichtveranstaltungen, die der Bürgermeister normalerweise mindestens jährlich durchzuführen hat und zu denen alle Einwohner einer Stadt, oder bei größeren Städten eines Stadtteils, durch die Presse eingeladen werden. In großen Versammlungsräumen für mehrere hundert Besucher thront dabei nicht selten die Riege der Verwaltungsspitzen auf einem Podium über den Köpfen der Bürger und beantwortet alle auf Zettel zu schreibenden Fragen. Für den unvorbereiteten oder individuell auftretenden Bürger sind solche Versammlungen normalerweise klare Auswärtsspiele[1]. Man kann auf Themen aufmerksam machen, muss aber seinen ganzen Mut zusammennehmen und bekommt – wenn es um ein schwieriges Thema geht – nicht selten eine wachsweiche, eben politische Antwort. Mit etwas Vorbereitung und vor allem mit der Bildung einer Gruppe Gleichgesinnter, die erstens an den richtigen Stellen applaudieren bzw. pfeifen und zweitens das Anliegen aus anderen Blickwinkeln und mit neuen Argumenten wiederholt vorbringen, lässt sich allerdings auch die Stimmung des gesamten Saales beeinflussen. In die lokale Presse kommt man auf jeden Fall, und die Empfehlungen der Bürgerversammlungen müssen mitunter innerhalb einer bestimmten Frist vom Gemeinderat behandelt werden. Die Chancen, den politischen Prozess zu beeinflussen, sind größer als man denkt, wenn es gelingt, das Anliegen vom Verdacht des Partikularinter-

1 Wie man Bürgerversammlungen gestaltet, die Heimspiele für die Bürger sind, ist im Abschnitt Community Organizing nachzulesen, aber solche Settings geben die Vorschriften der Gemeindeordnungen und die üblichen Gepflogenheiten nicht her.

esses zu reinigen. Denn die Verwaltungsspitzen wollen im Grunde zufriedene Bürger, nicht nur weil man wiedergewählt werden will, sondern auch, weil das ja der Auftrag ist und einem die Arbeit dann mehr Spaß macht.

Bei der Vorbereitung ist also zu beachten: Es geht zuerst einmal darum, Unterstützer bzw. Gleichgesinnte zu finden. Das geht z. B. durch One-to-ones (s. Handlungsfeld „*Netzwerk*") oder aktivierende Befragungen (s. u.). Mit diesen Leuten organisiert man dann ein Vortreffen, um die Argumente zusammenzutragen und auf verschiedene Redner, als deutlich unterschiedliche Beiträge, aufzuteilen. Man kann in so einem Vortreffen durchaus als Probe eine Bürgerversammlung simulieren und üben, die Dinge auf den Punkt zu bringen und auf Entgegnungen zu reagieren. Normalerweise wirken Vortreffen, wenn sie gut laufen, auch mobilisierend, d. h. die dort Anwesenden legen sich danach ins Zeug, um ihre Nachbarn und Bekannten aus dem Stadtteil zur Bürgerversammlung zu bekommen und entsprechend einzuschwören.

3.2 Anhörungen

„Die Gemeindevertretung muss bei öffentlichen Sitzungen Einwohnerinnen und Einwohnern, die das 14. Lebensjahr vollendet haben, die Möglichkeit einräumen, Fragen zu Beratungsgegenständen oder anderen Angelegenheiten der örtlichen Gemeinschaft zu stellen und Vorschläge oder Anregungen zu unterbreiten." (§16c GO S-Hol, ähnlich in §16a GO R-Pf). Der Auszug aus der schleswig-holsteinischen Gemeindeordnung klingt richtig einladend an die Bürger, sich einzumischen. Es gilt natürlich auch hier: Je besser die Vorbereitung und je mehr Unterstützer, denen man das Klatschen und die akustisch geäußerte Zustimmungsbekundung nicht wird verbieten können, desto mehr Durchschlagskraft kann erzielt werden. Die Anhörungen sind nicht als Monologe zu verstehen. Die Argumente der Bürger sind von den Rats- oder Verwaltungsvertretern nicht nur entgegenzunehmen, sondern es ist auf sie einzugehen. Das Ideal ist ein Dialog, in dem auf beiden Seiten Lernprozesse möglich sind (Bischoff 2001, S. 48). Neben den genannten gesetzlichen Regelungen der beiden Gemeindeordnungen werden über örtliche Regelungen in Geschäftsordnungen der Stadt- und Gemeinderäte sog. „Bürgerfragestunden" praktiziert, die dieselbe oder ähnliche Funktion haben.

Nicht immer sind die Gemeindeordnungen so weitgehend wie die eben zitierte, aber ein Unterrichtungs- und Anhörungsrecht der Einwohner bei wesentlichen Dingen gibt es oft: „Bei wichtigen Planungen und Vorhaben der Gemeinde, die unmittelbar raum- oder entwicklungsbedeutsam sind oder das wirtschaftliche, soziale und kulturelle Wohl ihrer Einwohner nachhaltig berühren, sollen die Einwohner möglichst frühzeitig über die Grundlagen sowie die Ziele, Zwecke und Auswirkungen unterrichtet werden. Sofern dafür ein besonderes Bedürfnis besteht, soll den Einwohnern allgemein Gelegenheit zur Äußerung gegeben werden." (§ 20,2 GO B-W, ähnlich geregelt in §23 GO NRW, §16a GO S-Hol, §15 GO R-Pf).

Mitunter gibt es für *Kinder und Jugendliche* noch einmal explizite Äußerungsrechte: „Die Gemeinde soll bei Planungen und Vorhaben, welche die Interessen von Kindern und Jugendlichen berühren, diese in angemessener Weise beteiligen. Hierzu soll die Gemeinde über die in diesem Gesetz vorgesehene Beteiligung der Einwohner hinaus geeignete Verfahren entwickeln und durchführen." (§ 16c GO R-Pf)

In machen Bundesländern gibt es auch die Möglichkeit, dass sogenannte *„sachkundige Bürger"* zu Ausschussmitgliedern bestellt werden können (§ 41, 5 GO NRW) und weiter „... können Ausschüsse (...) Vertreter derjenigen Bevölkerungsgruppen, die von ihrer Entscheidung vorwiegend betroffen werden zu den Beratungen hinzuziehen" (ebd.).

Ein Zwischending zum nächsten Beteiligungsinstrument ist das *Anregungs- und Beschwerderecht:* „Jeder hat das Recht, sich einzeln oder in Gemeinschaft mit anderen schriftlich mit Anregungen oder Beschwerden in Angelegenheiten der Gemeinde an den Rat oder die Bezirksvertretung zu wenden. (...) Der Antragsteller ist über die Stellungnahme zu den Anregungen und Beschwerden zu unterrichten." (§ 24 GO NRW, ähnlich: § 16e GO S-Hol)

3.3 Bürgerantrag

Durch einen Bürgerantrag können Bürger Stadtrat und Kommunalverwaltung zwingen, bestimmte Angelegenheiten und Themen zu behandeln und eine Stellungnahme abzugeben. In den meisten Gemeindeordnungen der Bundesländer finden sich Regelungen über das Einbringen eines Bürgerantrages. Voraussetzungen zum Stellen von Bürgeranträgen sind Unterschriftensammlungen, die normalerweise einem Prozentsatz der Ortsgröße entsprechen: „(3) Der Bürgerantrag muss von mindestens 1 v. H. der Gemeindeeinwohner unterschrieben sein. Unterschriftsberechtigt sind die Gemeindebürger." (Art. 18b, 3 GO Bay, siehe z. B. auch § 25 GO NRW, § 16f GO S-Hol, § 17 GO R-Pf). Meist ist der Antrag schriftlich einzureichen, muss eine Begründung enthalten und manchmal auch einen Vorschlag zur Kostendeckung der beantragten Maßnahme. In manchen Gemeindeordnungen ist für den Bürgerantrag auch ein Anhörungsrecht vorgesehen, dadurch sind die Chance, den Stadtrat zu einer intensiven, interaktiven und inhaltlichen Auseinandersetzung zu veranlassen und die öffentliche Wirkung größer: „(...) der Gemeinderat [hat] (...) die Angelegenheit zu behandeln; er soll hierbei Vertreter des Bürgerantrags hören." (§ 20b, 3 GO B-W)

Bürger haben durch den Bürgerantrag eine Möglichkeit, sich in den politischen Entscheidungsprozess einzumischen und sich bei den politischen Gremien der Kommune Gehör zu verschaffen, allerdings auch nicht viel mehr als das. Gegen eine nicht wirklich engagierte Beschäftigung mit dem eingebrachten Anliegen gibt es keine formale Vorgehensmöglichkeit. Allerdings kann eine flankierende Öffentlichkeits- und Medienarbeit hier vorbeugen, genauso wie zahlreiche Einzelvorbereitungsgespräche mit den Kommunalpolitikern, die sich mit dem Bürgerantrag befassen sollen. Je breiter die Zustimmung in der Öffentlichkeit für das Thema ist, desto größer wird wahrscheinlich auch die politische Bereitschaft ausfallen, öffentlichkeitswirksam tätig zu werden. Hier sind die geforderten Unterschriftenquoren – die an sich die Einsatzmöglichkeiten dieses Demokratieinstrumentes streng begrenzen – ein Vorteil, zwingen sie doch, das Thema auf eine breite Basis zu stellen.

Beispiel eines Bürgerantrages auf Sozialtarife für Gas- und Strompreise
Im Bürgerantrag heißt es: „Sehr geehrter Herr Bürgermeister L., nachfolgenden Antrag bitten wir zu unterstützen und in den Rat der Stadt B. einzubringen: Der Rat der Stadt B. möge beschließen, auf einen Teil der Gewinnrückführung der Stadtwerke zu verzichten. Für Niedrigverdiener und Familien wird ein Sozialtarif eingeführt. Begründung: Die Stadtwerke haben ihren Kunden mitgeteilt, dass zum neuen Jahr sowohl erneut die Gas- als auch die Strompreise erhöht werden. Für einen Normalhaushalt ergeben sich damit wiederum zusätzliche Ausgaben in Höhe von mindestens 15 Euro monatlich. Die Gaspreiserhöhung vom Oktober schlug schon mit rund fünf Euro zu Buche. Die Preisanpassungen seien unausweichlich, behaupten die Stadtwerke. Politiker beteuern immer wieder, eine soziale Politik zu machen und insbesondere die Familien stützen zu wollen. Wir fordern deshalb, auf einen Teil der Gewinnrückführung zu verzichten und Niedrigverdiener und Familien mit einem Sozialtarif zu entlasten. Dies könnte geschehen durch günstigere Verbrauchstarife oder durch einen Erlass der monatlichen Grundgebühren. Die finanziellen Haushaltsbelastungen ließen sich durch Einsparungen für das von den Bürgern mehrheitlich nicht gewollte Tunnelprojekt auffangen.“

3.4 Beiräte

Ein Beirat ist ein Gremium sachverständiger, themenspezifisch engagierter Bürger mit beratender Funktion. Beiräte haben normalerweise keine Entscheidungsbefugnisse, sondern beschränken sich auf Beratungen und Empfehlungen. Da es aber als ein politischer Fauxpas gelten würde, die Empfehlungen eines eigens eingerichteten Beirats zu ignorieren, haben Beiräte durchaus Einfluss, was das Lancieren von Themen und die Gründlichkeit ihrer Bearbeitung betrifft. Typische Beiräte sind Ausländer-, Behinderten-, Senioren- oder Jugendbeiräte. In machen Gemeindeordnungen ist die Bildung bestimmter Beiräte vorgeschrieben (z. B. Ausländerbeiräte nach § 27 GO NRW, §56 GO R-Pf), andere Beiräte werden von Gemeindeordnungen nahegelegt (z. B. § 56a GO R-Pf: Beirat für ältere Menschen und Beirat für behinderte Menschen, § 56b GO R-Pf: Jugendvertretung). Das heißt natürlich nicht, dass nicht auch andere Bevölkerungsgruppen oder Themen durch Beiräte repräsentiert werden können, beispielsweise durch Schulbeiräte oder Sicherheitsbeiräte, Sozialhilfebeiräte oder Frauenbeiräte etc. Wird ein Beirat in einer Kommune eingerichtet, so bekommt ein bestimmtes Thema mehr Gewicht im kommunalpolitischen Prozess, und die Interessen bestimmter Bürgergruppen werden gestärkt. Insofern ist die Anregung der Bildung eines neuen Beirates oder das Platzieren von bestimmten Leuten als Mitglied in bestehenden Beiräten auf der Ebene Strukturarbeit eine langfristig interessante Strategie, um die Interessen von bestimmten Gruppen zu stärken und Bürgern die kommunalpolitisch geebnete Möglichkeit der Mitsprache zu geben. Es gibt allerdings auch die Tendenz, dass es eher Vertreter bereits organisierter Interessen in die Beiräte schaffen. In jedem Falle sind die Mitglieder von Beiräten auf einen engen Kontakt zur Verwaltung und Politik angewiesen, um ausreichend informiert zu sein und um im Vorfeld von Entscheidungen oder zur Vorbereitung neuer Themen an die „richtigen" Leute heranzukommen.

3.5 Bürgerbegehren

Bürgerbegehren und Bürgerentscheid sind die an sich mächtigsten Mittel, die Bürgern zur Verfügung stehen, um die Politik in ihrer Kommune zu beeinflussen. Im Gegensatz zu allen anderen Beteiligungsformen kann ein Bürgerentscheid den Kommunalpolitikern eine Sachentscheidung aus der Hand nehmen. Was die Bevölkerung im Bürgerentscheid beschließt, muss wie ein Stadtratsbeschluss umgesetzt werden. Ein Bürgerbegehren ist der Antrag der Bürger an die Gemeindevertretung (Stadtrat, Gemeinderat, Kreistag), einen Bürgerentscheid durchzuführen. Ein Bürgerentscheid ist die Abstimmung der Wahlberechtigten über EINE kommunalpolitische Sachfrage. Sie gehen wie bei Wahlen in die Wahllokale und geben ihre Stimme ab. Das Bürgerbegehren kann sich auf eine neue Sache richten, die man initiieren möchte, oder es kann Stadtratsbeschlüsse verhindern oder rückgängig machen. Letzteres heißt auch in der Tat „kassierendes" Bürgerbegehren.

Was erst einmal ziemlich basisdemokratisch und weitgehend klingt, ist in der konkreten Durchführung ein aufwändiger und bürokratischer Prozess, der die Durchschlagskraft dieses demokratischen Instruments entscheidend begrenzt. Die Gemeindeordnungen schreiben detailliert die Voraussetzungen, die Anwendungsgebiete und das Prozedere vor, damit ein Bürgerbegehren zulässig ist (z. B. § 16g GO S-Hol, § 17a GO R-Pf). Es gibt Negativkataloge, Quoren und Fristen, nach denen man sich richten muss. Bevor man ein solches Vorhaben angeht, tut man gut daran, sich in der jeweiligen Gemeindeordnung schlau zu machen, sich von Leuten beraten zu lassen, die in der Kommune schon einmal einen Bürgerentscheid erfolgreich durchgebracht haben, und den entstehenden Aufwand mit dem zu erwartenden Gewinn abzuwägen.

Ein Bürgerbegehren kann realistischerweise nur mit einer ausreichend großen Zahl von Gleichgesinnten, Helfern und sympathisierenden Organisationen (Bürgerinitiativen, Vereinen, Kirchen, Gewerkschaften, Parteien ...), die zumindest ihren guten Namen zur Verfügung stellen, in Angriff genommen werden. Je besser sich das Thema zur Mobilisierung sehr vieler Leute eignet – was man durch eine entsprechende Darstellung auch beeinflussen kann –, desto eher ist ein Bürgerbegehren das geeignete Verfahren. Genauere Informationen findet man in der ausgezeichneten „Arbeitshilfe Bürgerbegehren und Bürgerentscheid" (Paust 2005), und auf der Homepage der „Informationsstelle Bürgerbegehren" *(www.buergerbegehren.de).*

Verschiedene Gesetzesbücher von Bund und Ländern regeln zudem viele weitere Beteiligungsrechte von betroffenen Bürgern bzw. der Öffentlichkeit an Verwaltungsentscheidungen und politischen Prozessen. Das Baugesetzbuch sieht die Beteiligung der Bürger an der Bauleitplanung (Flächennutzungsplan, Bebauungsplan) vor. Entsprechendes findet sich in den Naturschutzgesetzen, dem Bundesimmissionsschutzgesetz, im Fernstraßengesetz, Eisenbahngesetz, Luftverkehrsgesetz, Atomgesetz, Abfallgesetz, Wasserhaushaltsgesetz, Umweltverträglichkeitsprüfungsgesetz u. a. In all diesen Gesetzen wird Bürgerbeteiligung als Bestandteil von Planungsverfahren vorgeschrieben. Der genaue Ablauf ist entweder in den einzelnen Gesetzen oder im Verwaltungsverfahrensgesetz niedergelegt, wo die Beteiligungs-Minima formuliert sind.

Im Allgemeinen ist das Interesse an den gesetzlich vorgeschriebenen Beteiligungsverfahren gering. Gerade in Gemeinden mit wenig Beteiligungskultur können öffentliche Bekanntmachungen und punktuelle Veranstaltungen die Bürger nur selten hinter dem Ofen hervorlocken. Erfolgreiche Beteiligungsverfahren brauchen eine gewisse kommunale Normalität und müssen zudem für unterschiedliche Bevölkerungsgruppen (Erwachsene, Jugendliche, Migranten, Mädchen ...) maßgeschneiderte Erörterungsbedingungen schaffen. Von offizieller Seite organisierte Beteiligung hat hierzulande aber eher den Charakter von Informations- bzw. Präsentationsveranstaltungen und bei den Verwaltungseinheiten wenig beliebten Pflichtübungen. Obwohl es eigentlich viele juristische Ansatzpunkte für sozialraumorientierte Strukturarbeit gäbe, wird dieser Rahmen nicht ausgenutzt. Unsere Hypothese dazu ist, dass hoheitlich initiierte Beteiligungsverfahren Bürger an den Themen bzw. Vorhaben der

Verwaltungen beteiligen, weniger aber die Themen der Bürger selbst zum Gegenstand haben. Letzteres kann eher durch von Bürgern und Initiativen selbst initiierte Beteiligungen erreicht werden. Dazu ist es wichtig, die juristischen Möglichkeiten zu kennen und auf die momentan aktuellen Themen der Leute hin auszuloten, und nicht umgekehrt. Das geht lokal entweder mit den themenunspezifischen Beteiligungsinstrumenten der Gemeindeordnungen oder es funktioniert, wenn es z.B. Profis wie bei der Esslinger Funkerkaserne gelingt, Bebauungspläne mit sowieso vorhandenen Interessen von Bürgergruppen in Zusammenhang zu bringen: Die von der amerikanischen Armee aufgegebene Kaserne sollte nach dem Willen des Stadtrates ein moderner, neuer Stadtteil werden. Für eine existierende Frauengruppe ist dieses Thema beteiligungsrelevant, weil die Mitglieder sich für frauen- und familienfreundliches Wohnen engagieren. Weil der Bebauungsplanentwurf von einer professionellen Kraft perspektivisch mit den Interessen der Gruppe zusammengebracht werden konnte, entstand ein Planungsprozess, in dem die Frauengruppe erhebliche Gestaltungsmöglichkeiten bekam und wahrnahm: Wohnen und Arbeiten dürfe nicht strikt getrennt werden, weshalb die Ansiedlung von Kleingewerbe baulich vorgeplant wurde, das wiederum Arbeitsplätze für Frauen bieten wird. Anliegerparkplätze wurden tagsüber als Spielfläche geplant und ein flexibles Kinderhaus soll die ganze Palette von stundenweiser Betreuung bis zum Ganztagesplatz bieten (Stuttgarter Nachrichten, 14.09.1994).

4 Exklusive Informationen zur Beeinflussung von Politik

4.1 Lobbying

Lobbying ist der informelle Austausch von Informationen und der Versuch die Politik zugunsten einzelner Interessen zu beeinflussen. Man könnte Lobbying als Tauschprozess verstehen: Lobbyisten bieten Informationen und politische Unterstützung an. Dafür werden ihre speziellen Interessen von den politischen Entscheidern berücksichtigt. Lobbying ist kein einseitiger Prozess, bei dem Lobbyisten Verwaltungsspitzen und Politikern ihre Sicht aufdrängen, sondern bei Politik und Verwaltung besteht ein immenser Bedarf nach Informationen von Lobbygruppen (vgl. Leif/Speth 20006). Die Haltung zum Lobbying in Deutschland richtet sich allmählich eher an der selbstverständlich akzeptierenden amerikanischen Philosophie aus, die John F. Kennedy sehr deutlich formulierte: „Die beste Möglichkeit für einen Politiker, sich über ein Thema umfassend zu informieren, ist die, alle beteiligten Lobbyisten zu hören.“ (Köppl 2004, S. 75) Nach politikwissenschaftlichen Studien werden heute gut 80 Prozent aller Gesetzes- und Entscheidungsentwürfe im Laufe ihrer Entstehung von Lobbyisten beeinflusst. Politik wird dabei als dynamischer Marktplatz verstanden, der vom Wettbewerb an Ideen, Konzepten, Interessen und Lösungsansätzen geprägt ist. Und alle Beteiligten müssen sich darin ihren Platz im Interesse der Effizienz suchen.

Die Kernaufgaben von Lobbying können mit der „Triple-I-Regel“ beschrieben werden. Demnach ist Lobbying:

- die punktuelle, auf ein bestimmtes Thema bezogene Vertretung von Interessen (*Interessenvertretung*),
- die Einspeisung relevanter Informationen in den politisch-administrativen Apparat (*Informationsaustausch*),
- nicht öffentlich und vollzieht sich nicht im Scheinwerferlicht der Medien, sondern findet hinter den Kulissen, meist in persönlichen Arbeitsgesprächen statt (*informelles Vorgehen*).

Wo wird Lobbying in der Sozialen Arbeit relevant?

Die deutschen Wohlfahrtsverbände hatten lange Zeit eine privilegierte Stellung und eine exklusive Mitsprache bei politischen Entscheidungen. Dieses Verhältnis zwischen Staat und Wohlfahrtsverbänden hat sich dauerhaft verändert, die freien Träger sozialer Arbeit sitzen heute nicht mehr allein und zwingend in Beratungsgremien, gesetzlich geregelte Beteiligungsformen und Ausschüsse sind in die Kritik geraten. Entsprechend haben die Verbände ihre Strukturen umgestellt: Lobbying wird von freien Trägern der Sozialen Arbeit eigeninitiativ betrieben, etwa indem man eigene Lobby-Beauftragte nach Berlin oder in kommunale Gremien sendet. Daneben sprechen auch konkurrierende Verbände „mit einer Stimme", wenn es um gemeinsame Interessen geht, auf Bundesebene als Arbeitsgemeinschaft der Spitzenverbände, auf kommunaler Ebene etwa in § 78-Arbeitsgemeinschaften.

Das Lobbying von freien Trägern hat immer zwei Zielsetzungen: die *Vertretung der Interessen der Organisation* (z. B. was den Erhalt von Personal, Finanzierung und Einrichtungen betrifft) und die *anwaltschaftliche Interessenvertretung für benachteiligte Menschen*. Damit unterscheidet sich das Lobbying Sozialer Arbeit von den Interessengruppen, die ausschließlich eigene Gewinninteressen vertreten, unterliegt aber immer einer gewissen Zweideutigkeit, ob man eigennützig oder stellvertretend handelt.

„Der ausschlaggebende Aspekt des Lobbying ist die sachdienliche Information. Sie bildet den wahren Machtfaktor." (Köppl 2003, S. 97) Die Bedeutung von Informationen für Verwaltung und Politiker hängt mit deren ständiger inhaltlicher und zeitlicher Überforderung zusammen. Es ist nahezu unmöglich, sich in den komplexen Zuständigkeitsbereichen stets selbst ausreichend zu informieren, um Entscheidungsalternativen in ihren Voraussetzungen und Effekten professionell beurteilen zu können. Je weniger Ressourcen der staatliche Sektor, z. B. der einzelne Abgeordnete oder Stadtrat, hat, umso stärker ist er auf die Zulieferung von außen angewiesen. Für ein erfolgreiches Lobbying der Sozialen Arbeit ist entscheidend, dass ihr Informationsangebot einen Mehrwert gegenüber dem allgemein Zugänglichen hat. Es reicht nicht, von außen auf die Lebenslage der Adressaten der Sozialen Arbeit zu schauen – das können die Forschungsinstitute und die Medien auch. Soziale Arbeit muss „Lobbying von unten" betreiben, d. h. mit der Stimme und den Geschichten von Betroffenen. Deren Einschätzungen und Erfahrungen, für die es kaum Quellen gibt, die aber zentral für die Treffsicherheit von sozialstaatlichem Handeln sind, kann sie als Informationen in die Lobbyarbeit einbringen. Weiter kann Soziale Arbeit „Lobbying von innen" betreiben. Die Sozialindustrie weiß wie keine andere, welche ungewollten Effekte staatliche Regelungen auf der Ausführungsebene haben können, wie Träger und Mitarbeiter ungeliebte Regelungen umgehen oder andere Regelungen in nicht intendierter Weise legal ausnützen können. Auf kommunaler Ebene haben Geschäftsführer von freien Trägern zudem über ihre überregionalen Vereinigungen meist einen besseren Überblick zu neuen „Technologien". Als Umsetzer von Verwaltungskonzepten sind sie näher an der Praxis, wissen schneller, was funktioniert, und können auch direkter verschiedene Alternativen erproben.

Adressaten, Akteure und Aktionsräume auf kommunaler Ebene

- *Adressaten*: Lobbying will Entscheidungen beeinflussen. Deshalb sind alle Behörden, die Verordnungen, kommunale Finanzierungssysteme, kommunale Entwicklungspläne erstellen und umsetzen, wichtige Adressaten. Politischen Entscheidungen vorgelagerte Organe wie Parteien sind ebenfalls lohnende Adressaten. Schließlich sind die Beeinflusser von kommunalen Entscheidungen eine relevante Zielgruppe, wie z. B. Kirchen oder vor Ort ansässige große Unternehmen (indirektes Lobbying; ⇨FB-S „Aktionsformen im öffentlichen Raum“).
- *Akteure*: Auf kommunaler Ebene stehen professionelle Lobbyisten nicht zur Debatte. Lobbying ist Aufgabe der Leitung oder dafür besonders qualifizierter Mitarbeiter.
- *Aktionsräume:* Lobbying heißt kontinuierliche Beziehungspflege und Präsenz. Lobbyisten müssen sich kundig machen, wer sich mit welchem Thema beschäftigt, wer sich wofür interessiert. Sie sprechen Personen an, äußern eigene konkrete Vorstellungen, positionieren sich. Gleichzeitig müssen sie ihr Gegenüber wahrnehmen, zu verstehen versuchen und die Handlungsspielräume des anderen ausloten können. Dazu gehört auch, die Grenzen des Umsetzbaren zu akzeptieren, nicht zu fordern und auf keinen Fall zu klagen, zu jammern oder Druck auszuüben.

Für kommunale Lobbyisten ergeben sich nicht selten Gelegenheiten, der Verwaltung direkt „aus der Klemme zu helfen“, indem man unliebsame Probleme unkompliziert angeht und so die „Kartoffeln aus dem Feuer holt“. Man kann sich als Einrichtung zur Erprobung neuer Konzepte zur Verfügung stellen, man kann Fachtagungen und Fachautoritäten vor Ort holen oder öffentlichkeitswirksame Veranstaltungen durchführen. In mittleren und kleineren Kommunen kann man sich als Träger schon durch relativ moderaten Ressourceneinsatz bei der Entlastung der Verwaltung oder bei der Imageverbesserung der Kommunalpolitik nützlich machen. Dabei ergeben sich stets Gelegenheiten, ins Gespräch zu kommen und schwierige Themen in geschütztem Rahmen zu erörtern. Eine wichtige Voraussetzung dafür ist die Glaubwürdigkeit und Loyalität des Lobbyisten. Man muss ehrlich sein, Informationen müssen hoch verlässlich sein, Fehler müssen sofort „eingestanden“ werden und die erhaltenen Informationen müssen absolut vertraulich behandelt werden. Der gute Ruf ist das wichtigste Gut, das der Lobbyist besitzt und verlieren kann.

Vorgehen: Lobbying Step by Step

Auch für Lobbying gibt es kein Rezept, es muss dem Bedarfsfall, der Situation, dem Gegenüber angepasst werden. Einige zentrale Aspekte müssen jedoch durchgängig beachtet werden. Sie werden hier der Anweisung von Peter Köppl (2003, S. 100 ff.) entliehen:

- Recherchieren, welche Ausschüsse, Gremien und Personen wofür zuständig sind.
- Kontaktaufnahme zu den relevanten Entscheidungsträgern suchen und aufbauen, wenn kein konkreter Anlass vorliegt. Vorher Kontakte zu zuständigen Mitarbeitern von Entscheidungsträgern herstellen, zum Ausloten der Situation.
- Nach Gesprächen zusammenfassende Notizen an den Gesprächspartner senden. Verbindung auch zu den Mitarbeitern aufrechterhalten und sie informiert halten. Aktivitäten des Gesprächspartners in der Sache verfolgen.
- Wissen aufbauen um die Entwicklungsgeschichte des Themas, fachliche und politische Kontroversen, juristische Regelungen sowie Alternativen und Erfahrungen lokal, regional, national, eventuell supranational. Eine eigene Positionierung dazu erstellen.
- Entscheidungsträger sind in ihrer Arbeit auf solide Informationen angewiesen – daher: fachliche Korrektheit, keine Fehler und keine Verwirrung stiften. Unterlagen und Zusammenfassungen vorbereiten.
- Auf den Ansprechpartner einstellen: Welches Interesse verfolgt er, welchen Standpunkt vertritt er, welchen Zwängen ist er ausgesetzt, welche Informationen fehlen ihm?
- Interessenkoalitionen aufbauen: Unterstützung bei anderen Organisationen, Unternehmen oder Personen suchen. Einen Informationsfluss schaffen durch Weitergabe von Informationen an diese Partner und koordinieren von gemeinsamen Aktionen

4.2 Sozialarbeiterisches Wissensmanagement

Es geht darum, das Wissen, das Sozialarbeiterinnen in der täglichen Einzelfall- und Gruppenarbeit und in sozialarbeitsnahen Verwaltungstätigkeiten erwerben, systematisch für sozialpolitische Belange zu nutzen. Denn diese Erfahrungen liefern Informationen, die durch ihre spezifischen Eigenschaften besonders relevant für politische Entscheidungen auf allen Handlungsebenen sind: Sie stammen aus der konkreten Arbeit mit den Betroffenen vor Ort und führen objektive Beschreibungen von Lebenslagen mit von den Betroffenen subjektiv bewerteten Wahrnehmungen zusammen. Informationen über verschiedene Einrichtungen, Träger oder gar Arbeitsfelder hinweg zu sammeln, auszuwerten und gezielt in den (kommunal)politischen Diskussions- und Entscheidungsraum einzuspeisen, liegt zwar nahe, wird aber bislang selten praktiziert.

Die Schuldnerberatungsstellen in Frankreich machen diese Strategie vor: Jede Schuldnerberatungsstelle dokumentiert die Fallarbeit mit demselben EDV-

Programm. Regelmäßig werden von benannten Koordinatoren die Daten der Kollegen aus einer Region abgerufen und statistisch ausgewertet. Diese Informationen – z. B. über Veränderungen im Alter oder der Lebenslage von Schuldnergruppen, über Art der Gläubiger, über die Strategien von Inkasso-Firmen bei der Schuldeneintreibung usw. – werden über das ganze Land gesammelt und jedes Jahr für einen „nationalen Überschuldungsbericht" aufbereitet. Dabei werden die beobachteten Tendenzen interpretiert, bewertet und Vorschläge für politische Reaktionen erarbeitet. Das französische Parlament diskutiert diesen Bericht und beschließt evtl. neue gesetzliche Maßnahmen. Gleichzeitig werden diese Daten veröffentlicht, so dass auffällig gewordene Gläubiger wie Kreditbanken, Handelsketten oder Energieversorgungsunternehmen auch unter öffentlichen Druck geraten.

Das sozialpolitisch verwertbare Wissen aus der täglichen Arbeit kann aus ganz unterschiedlichen Quellen stammen:

1. Die Dokumentationen der täglichen Arbeitsvollzüge werden gezielt für Informationen genutzt, die Problemlagen der Adressaten mit sozialpolitisch relevanten Indikatoren beschreiben und verlässliche Hinweise auf Verursachungsfaktoren geben. Als Beispiel können hier die Strategien der französischen Schuldnerberatungsstellen gelten.
2. Soziale Arbeit sorgt dafür, dass Informationen aus anderen Systemen, die das potenzielle Eintreten einer Notlage signalisieren, an die Soziale Arbeit weitergeleitet werden, damit die Betroffenen rechtzeitig ein Unterstützungsangebot erhalten:

   In einer süddeutschen Großstadt haben die Sozialarbeiter aus dem Ressort „Prävention von Wohnungslosigkeit" durchgesetzt, dass alle großen Wohnungsbauunternehmen, die einem Mieter eine fristlose Kündigung wegen Mietschulden oder mietwidrigen Verhaltens androhen oder schicken, eine Kopie dieses Schreibens an die Fachstelle schicken. Die Sozialarbeiter nehmen dann von sich aus Kontakt mit den betroffenen Haushalten auf, um durch Hilfen wie Übernahme von Mietschulden usw. den drohenden Wohnungsverlust abzuwenden.
   Parallel zur Einzelfallarbeit können diese Daten, die sonst nur in aussagearmen Statistiken auftauchen, für eine Überprüfung der kommunalen Wohnungspolitik und Sozialhilferegelung aufbereitet werden.

3. Zwischen Adressaten und mächtigen Hilfseinrichtungen werden gezielt neutrale, von der Kommune legitimierte und finanzierte „Brückeninstanzen" eingezogen, die den Bürger bei seiner Entscheidung für eine passende Hilfeform beraten. Gleichzeitig sammelt diese Brückeneinrichtung aus ihrer täglichen Arbeit die Informationen über sich verändernde Bedarfe, damit die Hilfsorganisationen ihre Angebote entsprechend den sozialen Lagen und Wünschen der Bürger anpassen.

   In Baden-Württemberg wurden im Bereich der ambulanten Pflege sog. IAV-Stellen (Informations-, Anlauf- und Vermittlungsstellen) eingerichtet, die den

Bürgern helfen, im wenig transparenten Markt der verschiedenen Angebote von Pflegeeinrichtungen das optimal passende zu finden. Die von den Kommunen und Landkreisen finanzierten Sozialarbeiter in diesen Stellen haben das Recht, alle notwendigen Informationen von den Anbietern abzufragen und die Dienste hinsichtlich einer Veränderung ihrer Leistungen (z. B. mehr Angebote am Wochenende) zu beeinflussen.

4. Von Sozialarbeitern werden systematisch alle Fälle dokumentiert, in denen Verwaltungen und Hilfsorganisationen nicht im Sinne der Gesetze oder nicht zum Wohl der Adressaten gehandelt haben.

Die Sozialhilfeberatungsstellen in Nordrhein-Westfalen haben ihre kommunalpolitische Aufgabe auch darin realisiert, dass sie alle Entscheidungen des jeweiligen kommunalen Sozialamts, die fehlerhaftes Ermessen oder unzureichende Leistungen berührten, sammeln und in einem „Schwarzbuch" veröffentlichen, das jeweils auch die notwendige korrekte Entscheidung dem fehlerhaften Handeln gegenüberstellt.

Arbeitsschritte im sozialpolitischen Wissensmanagement:

a) Verabredung zwischen allen sozialen Einrichtungen in einem Arbeitsfeld, ein gemeinsames Dokumentationssystem zu benutzen.
b) Systematische (routinemäßige) und anlassbezogene (auf besondere Einzelereignisse bezogene) Dokumentation von Ereignissen und Daten in den täglichen Arbeitsvollzügen.
c) Eventuell zusätzliche investigative Fragen an Klienten nach dem Beratungsgespräch (z. B. „Was stört sie zurzeit am meisten in Ihrem Wohnumfeld, im Sozial- oder Arbeitsamt oder …?")
d) Arbeitsteilung: Kollegen mit Freude an sozialwissenschaftlichen und statistischen Methoden sammeln aus den verschiedenen Einrichtungen im festgelegten Turnus alle Daten und werten diese aus: Verteilungen, Korrelationen, Zeitreihen usw. werden errechnet und abgebildet.
e) Kollegen, die vertraut mit der lokalen politischen Kultur sind, bereiten diese Daten nach sozialpolitisch relevanten Fragestellungen auf und versehen sie mit politischen Interpretationen.
f) Die sozialen Einrichtungen suchen sich für die politischen Auseinandersetzungen geeignete Bündnispartner. Kollegen/Einrichtungen mit Kontakt zu politischen Gremien bringen die Informationen ein und stehen als Gesprächspartner bereit. Sie bilden ein „Wachhundkommitee", das sorgfältig das Schicksal des Sozialberichts beobachtet und Reaktionen anmahnt.

5 Aktivierung und Organizing

5.1 Aktivierende Befragung

Rotenberger Viertel
In seinem Kern besteht das Rotenberger Viertel aus zehn 8-stöckigen Hochhäusern, mit einer 4-stöckigen Bebauung dazwischen – alles im Besitz einer Wohnungsbaustiftung. Die so entstandenen Innenhöfe waren als „soziale Kontaktzonen“ gedacht. Nicht erst seit dem Auszug des letzten Lebensmittelgeschäftes und der Apotheke sind die „Kontaktzonen“ zu einer mit überdimensionierten Betonblumenschalen gerahmten Ödnis verkommen. Immerhin sind die Wohnungsmieten günstig. 32 % der Mieter sprechen türkisch oder russisch. Aber unter den temperamentvollen Verständigungsbemühungen der jugendlichen Bewohner leiden die Blumenschalenbepflanzungen sichtbar.
Um das Hochhausquartier herum wurden Mitte der 80er Jahre 80 Reihenhäuser angelegt. In den ersten Jahren von jungen Familien mit gutem Einkommen bewohnt, sind deren Kinder mittlerweile ausgezogen. Das Durchschnittsalter der Bewohner der Häuserzeilen ist beeindruckend und die Sprachlosigkeit zwischen den Hochhäusern und den Reihenhäusern bedrückend.
Das Sozialraumteam „Südstadt“ entscheidet sich für eine aktivierende Befragung, um herauszufinden, wie die Bewohner die Lage sehen und welche Themen sie bewegen können.

Schritte der Aktivierenden Befragung
Die aktivierende Befragung (vgl. Hauser/Hauser 1971, Seippel 1976, Hinte/Karas 1989 und Lüttringhaus/Riche 2010) ist eine wirksame Vorgehensweise, um Bürger zur Wahrnehmung und Durchsetzung ihrer Interessen miteinander in Kontakt zu bringen. Für die Anliegen von Bewohnern eines Stadtteils stellt sie Öffentlichkeiten her und verhilft den Bürgern dazu, Ressourcen für ihren Stadtteil zu erobern. Nebenbei schafft die aktivierende Befragung auch neue Netzwerke und soziales Kapital.

Eine aktivierende Befragung lässt sich allerdings nicht aus dem Ärmel schütteln. Sie braucht vor allem Zeit und eine Gruppe, die die Befragung trägt. Neben der alltäglichen Arbeit wird sich die Gruppe schwer tun. Ein guter Beginn, um sich schon im Vorfeld auf den Stadtteil und seine Menschen einzustimmen, ist es, sich einen soliden Informationsstand über das Gebiet zu verschaffen, in dem man eine aktivierende Befragung durchführen will. Der eigentliche Prozess lässt sich dann in acht Phasen (Seippel 1976, S. 157ff) einteilen:

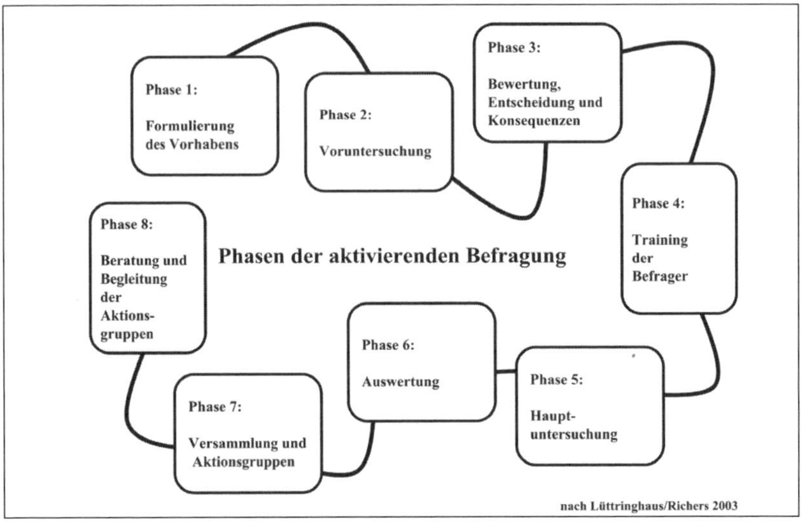

Phase 1: Formulierung des Vorhabens

Es geht nicht darum, was die Profis wissen oder tun wollen, sondern darum, was die Bewohner beschäftigt. Folglich ist das Ergebnis offen, und das ist von den Profis gegebenenfalls mit den eigenen Vorgesetzten auch abzuklären. Im Mittelpunkt der Phase 1 steht die Selbstvergewisserung der Befragergruppe. Was wollen wir? Warum in diesem Stadtteil? Welche Ziele verfolgen wir mit einer aktivierenden Befragung? Wer ist Auftraggeber? Gibt es konfligierende oder versteckte Interessen? Sind wir uns in Bezug auf Ziel und Weg einig? Nicht zuletzt: Wie kann die aus der Befragung resultierende Aktivierung dauerhaft unterstützt und die entstehenden Aktivitäten finanziert werden?

Phase 2: Voruntersuchung

Nachdem die Gruppe geklärt hat, was sie zu der aktivierenden Befragung motiviert, geht es in der zweiten Phase darum, die eigenen Hypothesen („was in dem Stadtteil los ist"), also die selbst mitgebrachten Problemdefinitionen oder auch Vorurteile zu überprüfen. Das geschieht durch das Kennenlernen des Stadtteils und seiner Bewohner. Spaziergänge durch einen Stadtteil, eine Erforschung derselben Straßenzüge per Auto, per Rad oder mit Hilfe der öffentlichen Verkehrsmittel führen durchaus „verschiedene" Stadtteile vor Augen. Fußgänger sehen etwas anderes als Radfahrer. Einkäufe, Wartesituationen an

Bushaltestellen, Kneipenbesuche, Gespräche auf Parkbänken mit Bürgerinnen und Bürgern, der Besuch eines Pfarrfestes, einer Gemeindeverwaltung oder einer Schule bzw. eines Kindergartens können genutzt werden, um bestimmte Themen anzusprechen und die eigenen Vorstellungen vom Stadtteil zu prüfen (s. Handlungsfeld „*Netzwerk*"::„Erkundung von Stadtteilen und Netzwerken"). Daneben sollte man sich mit Datenmaterial über den Stadtteil beschäftigen, das von außen kommt.

Folgende Fragen sollen beantwortet werden[2]:

- Wie wirkt der Stadtteil durch Bebauung, Straßen, Gewerbe, Verkehrsdichte, Grünflächen? Wo treffen sich die Menschen? Was gibt es an Infrastruktur (Cafés, Gaststätten, Geschäfte, Ärzte, Kitas etc.)?
- Wer wohnt in dem Stadtteil wo? Ältere Bürger, Wohngeld-/ALG II-Empfänger, junge Familien, Alleinerziehende, Migranten? In welcher Häufigkeit finden wir bestimmte Bevölkerungsgruppen vor? Diese Fragen können meist die statistischen Abteilungen von Stadtverwaltungen beantworten.
- Wie wird in dem Stadtteil über den Stadtteil gedacht? Wie denken andere über den Stadtteil? Was sind „heiße" Themen? Worüber empören sich die Menschen? Oder aber, welche Themen werden resigniert und hoffnungslos besprochen? Schließlich: Wer ist wichtig im Stadtteil? Wer repräsentiert Vereine, Kirchen, Politik oder auch nur bestimmte Gruppen oder Milieus in bestimmten Straßenzügen? Diese Fragen können in der Regel nur die Bürger selbst beantworten oder bestimmte Experten, die viel im Stadtteil zu tun haben bzw. selbst dort wohnen (z.B. Kioskbesitzer, Pfarrer, Polizisten, Lehrer, Kommunalpolitiker, zuständiger Journalist, Briefträger …) Die Daten müssen in One-to-Ones (s. Handlungsfeld „*Netzwerk*") geklärt werden. Hilfreich kann auch eine Recherche sein, wie die Lokalzeitung im vergangenen Jahr über den Stadtteil berichtet hat.

Phase 3: Bewertung, Entscheidung und Konsequenzen

Die Auswertung der Voruntersuchung schafft erste Klarheiten in Bezug auf das Aktivierungspotenzial in der Bürgerschaft des Stadtteils. Wie groß ist vermutlich der Veränderungsdruck? Oder ist eher der Eindruck entstanden, dass die Bewohner resigniert haben? Die Voruntersuchung kann aber auch zu Konsequenzen bezüglich des räumlichen Zuschnitts der Region führen, in der die aktivierende Befragung durchgeführt werden soll. Sie kann zu einer Einschränkung oder Verschiebung des Befragungsgebietes führen, je nachdem *wo*

2 Die Fragestellungen, die in den jeweiligen Phasen relevant sind, wurden zum Teil entnommen aus: Lüttringhaus/Richers 2010, S. 76ff

die Voruntersuchung konfliktträchtige Themen und aktivierungsbereite Bürger entdeckt hat.

In Phase 3 ist zu klären, ob das Potenzial an Veränderungswillen für eine Aktivierung ausreicht und eine aktivierende Befragung überhaupt aktivierende Effekte haben kann. Wenn diese Frage nicht positiv zu beantworten ist, wird das Befragungsprojekt hier abgebrochen oder in seiner Zielsetzung zusammen mit den Auftraggebern verändert.

Phase 4: Training der Befrager

Damit die aktivierende Befragung nicht auf nur wenigen Schultern liegt, kann es sinnvoll sein, sich „externe Hilfekräfte“ zu organisieren, zum Beispiel von Organisationen, mit denen in anderen Zusammenhängen kooperiert wird. Die Gruppe der „Externen“ darf aber nicht zu groß sein, denn in der Befragung entstehen persönliche Kontakte, die für die Arbeit nach der Befragung wichtig sind. Jeder Befrager muss seine Rolle in der Befragung klar vor Augen haben. Es geht darum herauszubekommen, was die Bürger beschäftigt. Deswegen werden „offene Fragen“ geübt und das Zurückhalten der eigenen Einschätzungen. Wenn man einen Fragebogen mit offenen Fragen einsetzt, dürfen sich die Befrager daran nicht festhalten. Beim Befragten entsteht sonst der Eindruck, dass es eigentlich nicht um ihn geht. Wichtig ist auch das Üben der Dokumentation. Empfehlenswert ist das Festhalten von O-Tönen. Sie können bei späteren Gelegenheiten (Versammlungen, Interviews, Berichte) exemplarisch genannt werden und wirken direkt und authentisch.

Checkliste für Phase 4:

- Entwicklung des Gesprächsleitfadens
- Ist den Befragern ihre Rolle klar? Sind sie offen und neugierig?
- Wie werden die Bewohner ausgewählt?
- Welche Fachleute und Funktionsträger werden befragt?
- Wer ist für welche Straßen zuständig?
- Entwicklung eines Dokumentationsrasters
- Offene Gesprächsführung trainieren
- Umgehen mit kritischen Gesprächssituationen

Phase 5: Hauptuntersuchung

Als Experte für einen Stadtteil befragt zu werden, tut Bürgern gut. Trotzdem ist eine Befragung Vertrauenssache. Was wird mit dem, was da gesagt wird, getan? Hilfreich ist hier erstens, wenn die Bewohner des Stadtteils über die Ziele durch einen Presseartikel und ein Flugblatt in ihren Briefkästen vorinformiert sind. Ein Ausweis oder ein Schreiben des Trägers, der von den Befragern gezeigt wird, kann ebenfalls Unsicherheiten verringern.

In der Regel sollten zehn Prozent der Haushalte eines Stadtteils in ein bis drei Wochen befragt werden. Am Ende des Gesprächs werden die Befragten zu einer Versammlung eingeladen, bei der über die Ergebnisse informiert wird. Der Zeitpunkt – genauso wie der Ort – sollte schon feststehen und nicht mehr als drei Wochen später liegen, damit die Befragung und vor allem die Themen, die sie geweckt hat, noch präsent sind.

Eine aktivierende Befragung ist eine anstrengende Sache. Es hilft, wenn man im Duo arbeitet (die eine fragt, die andere notiert) und wenn es Orte gibt, wo sich die Befrager zu vereinbarten Zeiten treffen können, um sich auszutauschen. Über das Erfahrene berichten können tut gut.

Checkliste für Phase 5:
- Ort und Termin der Versammlung. Erfahrende Befrager wissen, dass der Zeitpunkt nicht mit Fußballübertragungen u. ä. kollidieren sollte.
- Presseartikel zeitlich gut platzieren
- Flugblätter oder Türhänger anfertigen und austeilen
- Treffpunkt und Treffzeiten vereinbaren

Phase 6: Auswertung

Die Beobachtungen und Protokolle müssen zeitnah ausgewertet werden, damit der Eindruck noch frisch ist und bis zur Versammlung nur kurze Zeit verstreicht. Die Auswertung kann über Schlüsselbegriffe sortiert (Verkehrsituation, Freizeitmöglichkeiten, Sicherheit ...) und in der Folge konkretisiert werden (Sicherheit: Strecke vom Sportplatz zur Bushaltestelle, Angsträume für Kinder nach dem Training ...). Stehen der Beratergruppe Räume zur Verfügung, macht die Visualisierung der Ergebnisse Sinn. Wo eine ganze Gruppe darauf sehen kann, da entstehen Diskussion und gemeinsame Suche nach präzisen Formulierungen und übersichtlichen Darstellungen. Effektive Befrager haben zu diesem Zeitpunkt schon Bürger kennengelernt, die bei der Auswertung und später bei der Versammlung mithelfen und, wenn nötig, weitere Freunde ins Boot holen.

Phase 7: Versammlung und Aktionsgruppen

Der persönliche Draht, der während der Befragung entstanden ist, hilft, Bürger für die angekündigte Veranstaltung zu gewinnen. Weiterhin sind ausschlaggebend:

- ein bekannter Ort, der nicht zu weit entfernt liegt und für unterschiedliche Bevölkerungsgruppen akzeptabel ist
- Werbung über Plakate, Einladungen per Telefon oder Hausbesuch

- ein Veranstaltungszelt als Reklame und Treffpunkt im Stadtteil aufbauen

In der Versammlung sollen die Bewohner den Ton angeben. Die Fachkräfte agieren nach Möglichkeit im Hintergrund, aber sie tun alles, um die Bürger beim Erreichen ihrer Ziele zu unterstützen, indem sie …

- vorher Bürger gewinnen, die einzelne Ergebnisse und Schussfolgerungen darstellen, mit ihnen evtl. ihren Redebeitrag üben und sie bestärken,
- eine talentierte Bewohnerin für die Moderation suchen und ihr während der Versammlung den Rücken stärken,
- weder in Überzahl auftauchen, noch in Grüppchen zusammensitzen oder den Prozess kommentieren,
- sich verteilen und so weit zurückziehen, dass die Bürger die Mehrheit ausmachen,
- das Protokoll führen,
- stadtbekannte Politik-Profis, zum Beispiel Kommunalpolitiker, die gerne das Ruder in die Hand nehmen, bremsend betreuen.

Unterstützung geben kann auch bedeuten, die Ergebnisse der Befragung und der Diskussion im Prozess gut sichtbar zu präsentieren oder zu dokumentieren. Alles in allem: die Fachkräfte verstehen sich als Dienstleister im Aktivierungsprozess. Sie tun nur da etwas, wo die Teilnehmer an ihre Grenzen kommen. Zum Gestalten von Informationsveranstaltungen sind auch die Versammlungstechniken des Community Organizing einschlägig (s. u.). Auch das Beispiel vom defekten öffentlichen Bad (s. Handlungsfeld „*Netzwerk*": Street Corner Society) ist inspirierend.

Ein Ziel der Versammlung ist die Bildung von Aktionsgruppen. Die Versammlung muss genügend Raum lassen, dass sich bei bestimmten Themen interessierte Anwesende zusammenfinden, Adressen austauschen und einen ersten Termin und Ort verabreden können. Einiges davon lässt sich schon im Vorfeld planen, wenn die bei der Versammlung aktive Bürgergruppe jeweils die „Betreuung" eines Themas übernimmt und sich Orts- und Terminvorschläge ausdenkt.

Von den 850 Haushalten des Rotenberger Viertels wurden immerhin 300 Haushalte befragt, mit entsprechender Vorbereitung: Flyer in den Briefkästen, A4-Informationen über die Ziele an den Scheiben von Bushaltestellen und an Baumstämmen, sowie ein Bericht in einer viel gelesenen Werbezeitschrift.
Der Ärger der Bürger konzentriert sich auf drei Themen, die aber jeweils ganz verschieden viele Bewohner betreffen. Die miserable Versorgung des Stadtteils mit Einkaufsmöglichkeiten sowie die Verschandelung des Fußgängerbereichs sind die Punkte, die die meisten aufbringen. Insbesondere die Bewohner von

zwei mittelgroßen Wohnblocks nervt der Umstand, dass vor ihren Schlafzimmern schon seit 3 Jahren die Glascontainer des Viertels ihren festen Platz haben. Da nützt es auch nichts, dass das Glas nur bis 20.00 Uhr in den Containern landen darf. In den Blocks wohnen Schichtarbeiter.
Für das Thema Einkaufsmöglichkeiten und Glascontainer finden sich Bewohner, die etwas tun wollen. Die Folge sind zwei Versammlungen, die 14 Tage nach Abschluss der Befragung stattfinden. Dass es gelingt, die Stadtverwaltung zu überzeugen die Container an den Ortsrand zu versetzen, freut zumindest die Schichtarbeiter in den Wohnblocks. Dass eine Supermarktkette einen Monat später mit einem Supermarktmobil, in dem zumindest ein ordentliches Spektrum von Grundnahrungsmitteln und ein ausreichendes Wurst-, Käse- und Gemüsesortiment angeboten wird, das Rotenberg-Viertel an drei Vormittagen in der Woche, insbesondere am Samstag, anfährt, kann als Kompromisslösung gesehen werden. Zufrieden sind die Aktivisten des Rotenberger Viertels nicht. Sie haben mit Unterstützung des Sozialraumteams einen Aktionskreis „Rotenberg Aktiv“ gegründet, der nun regelmäßig in den Räumen des Teams tagt. In dem Arbeitskreis wird darüber nachgedacht, wie man die Versorgungssituation des Viertels ausreichend verbessern kann und was man eigentlich machen kann, dass türkisch, russisch und deutsch sprechende Bewohner mehr miteinander reden.

Phase 8: Beratung und Begleitung der entstandenen Gruppen

Aktionsgruppen bleiben am Ball, wenn die Leute den Eindruck haben: „Es bewegt sich was! Die Arbeit lohnt sich!“ Ein erster Pressebericht, Brief oder Antrag, der Resonanz auf die Arbeit der Gruppe in der Politik erzeugt, kann dieses Gefühl stärken. Die Fachkräfte helfen so viel wie nötig, aber auch so wenig wie möglich. Sie beraten, stellen Wissen zur Verfügung, machen Mut und unterstützen im Servicebereich (Protokoll, Briefkopf der Gruppe, Teilnehmerliste, Einladungsschreiben). Dieses organisatorische Gerüst macht nach innen und außen deutlich, dass sich eine Aktionsgruppe auf den Weg macht.

Checkliste für Phase 8:

- Welche Ziele haben die Bewohner? Sind die Ziele erreichbar? Wie kann man unnötige Frustrationserfahrungen bei unrealistischen Vorhaben vermeiden?
- Verhindern, dass Bewohner vorschnell ausgebremst werden und die derzeitige Realität als gegeben und unveränderlich hinnehmen.
- Wie ist die Gruppe zusammengesetzt? Gibt es eine aktive Kerngruppe und daneben weitere unterstützende Personen?
- Wer vertritt die Gruppe nach außen?
- Welche Aktions- und Arbeitsformen sind angemessen?
- Kontrakt zwischen Gruppe und Fachkraft: Was ist die Aufgabe der Fachkräfte? Was sollen sie tun, wie lange, und was nicht?

Acht Gebote für die Fachkraft

1. Gehe nicht naiv in eine aktivierende Befragung, denn sie macht eine Menge Arbeit.
2. Sichere bei deinem Arbeitgeber ab, dass die Ergebnisse kommunalpolitischen Ärger machen dürfen.
3. Sorge dafür, dass genügend Geld und „Manpower" für die Folgen der Befragung zur Verfügung steht.
4. Ausschlaggebend ist, was die Bewohner wollen, was sie beschäftigt und motiviert.
5. Sei neugierig auf die Geschichten der Leute, deren Wert sich vielleicht erst viel später herausstellen wird.
6. Sei respektvoll und wertschätzend. Ob sich eine Bürgerin engagiert, hat auch etwas mit ihrem Draht zu dir zu tun:. Power is in the relationship!
7. Sei zurückhaltend: Eine Aktionsgruppe wird durch das stark, was sie schafft, nicht durch das, was Du für sie machst.
8. Lass Dich überraschen: Es ist und bleibt erstaunlich, wie viel Power in Menschen steckt und welche Ressourcen sie einbringen können.

Material

Fragebogenschemata für Fachleutebefragung und Betroffenenbefragung sind dargestellt in Hinte/Karas 1989, S. 56ff.

Arbeitsmaterialien wie Checklisten, Befragungsleitfäden, Dokumentationsbögen, ausführliche Tipps für das Vorgehen sowie Praxisbeispiele sind enthalten in Lüttringhaus/Richers 2010.

5.2 Community Organizing

Die Organizing-Spirale

Die typische Organizing-Spirale besteht aus der ständigen Wiederholung von vier Schritten. Man beginnt mit einem kleinen Projekt und schraubt sich von Erfolg zu Erfolg hoch, zu immer anspruchvolleren Projekten. Man beginnt damit (1) die Themen der Leute im Stadtteil zu finden, (2) baut gleichzeitig eine Gruppe mit Leadern auf, (3) analysiert die Machtstruktur in der Kommune, (4) entwickelt eine Strategie und setzt sie um. Der Sieg einer erfolgreichen Aktion wird dann sofort zur Triebfeder für das nächste Thema (1b) (vgl.: Trapp o.J.a).

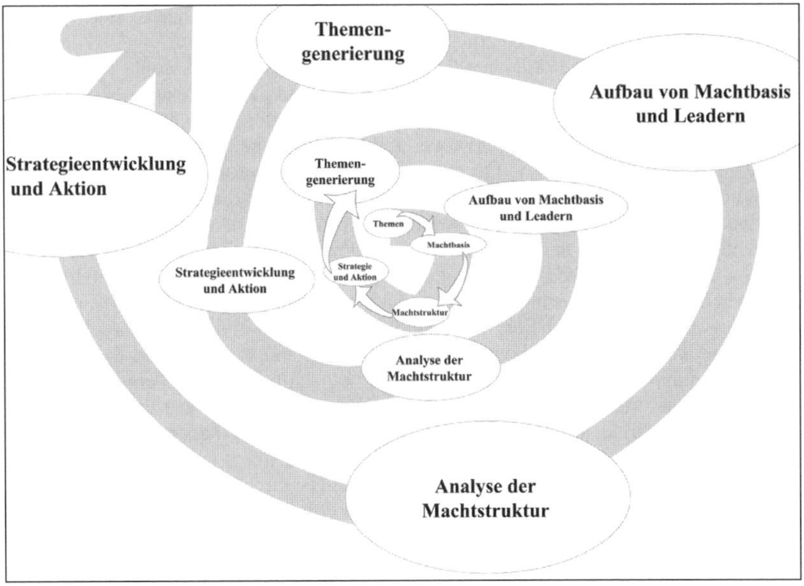

Themen (Issues) sind Zustände, welche die Leute bewegen, meistens etwas, womit man unzufrieden ist. Ein Issue unterscheidet sich von rein persönlichem Ärger dadurch, dass er eine größere Menge von Bewohnern betrifft, also strukturelle Ursachen hat. Der Ärger ist am ehesten imstande, Leute zu mobilisieren. Issues (öffentliche Themen) sind – von außen gesehen – mitunter Banalitäten, mögen kleinkariert erscheinen, aber sie bringen die Volksseele zum Kochen. Man muss aufpassen, die eigenen professionellen Themen nicht mit den Themen der Bürger zu verwechseln:

Case Study
Identifying an issue: An organizer working in a changing neighborhood has found three homes that whites had sold for under $ 20,000 and within two weeks blacks had bought for over $ 30,000, the realtor walking off with the difference. A school built for 800, with an enrollment of 1,600 (one class was even meeting in the boys' lavatory). A slum building where a child had lead poisoning. All of these seemed like good issues to him. It was impossible to get people to buy into any of these issues. Finally, he began to ask people what they thought was the issue.
Finally, at one door the lady said that the thing that was wrong with the neighborhood was that shopping carts from the supermarket on the corner were being taken out of the store and left around the neighborhood. Children were playing with them in the street, scratching parked cars and someone almost hit a child

last week. In addition, they were left out in the alley and you had to stop your car and get out to move the cart.
Testing the issue: The organizer could not believe that anyone would be interested in such a petty issue, particularly since he had identified so many major issues in the community. In talking with other people on the block, he mentioned that some of the neighbors were talking about the shopping carts which were out in the community. The response was unanimous. People wanted to do something about the issue and were willing to come to a meeting.
Finding leaders: The organizer went back to the woman who had originally brought up the issue and told her that several people were interested in coming to a meeting. He asked the woman if she and a couple of her friends and the organizer could sit down tomorrow night and talk about the meeting.
Leadership meeting: The organizer introduced himself and stated that a lot of people were concerned about the shopping carts and that they had to plan a meeting and an agenda for the meeting and a location for the meeting. It was decided that the meeting would be at the woman's home who had originally brought up the idea and that she and a neighbor would co-chair the meeting. They would try to get out of the meeting a committee to go up to the supermarket to talk with the manager about the problem. The three people present agreed to bring two neighbors each and pass out flyers on their block.
Block meeting: Twelve people came to the meeting and spent a great deal of time discussing the fact that the Chicago Bears didn't have much of a team this year. Finally, the organizer had to say, "I thought we came to discuss the issue of the shopping carts." After much discussion, it was agreed that a committee would go to the supermarket the next Saturday morning to talk with the manager. It was agreed that only six people would go because they were sure that the manager was a nice guy who would be helpful in solving the problem. Six people signed up to go. They agreed to meet at the woman's home at 10:00 a.m. Saturday.
Action: Five people showed up Saturday morning so the group stopped by the sixth person's home on the way to the supermarket and picked him up. When they got to the supermarket, the manager kept them waiting for twenty minutes. Then, when they told him what they were there about, he looked at the blacks in the group and said, "I didn't have this problem until you people moved in." This triggered the group and they began to shout at the manager; he ordered them out of the store or he would call the police.
Block meeting: Immediately, the organizer suggested that they go to someone's house and plan their next step. The people said they wanted a meeting on Tuesday night and they would suggest to the group that the next week they go to the supermarket and everyone would buy one item and take a shopping cart home with them. The meeting was held, 21 people came. The committee made its report of what had happened and suggested the battle plan. Someone volunteered their garage to store the shopping carts. It was also decided that everyone would meet the next Saturday morning to return the shopping carts to the store.
Action: The group was so successful that by Saturday morning the supermarket had no shopping carts and the garage was full. Seventeen people showed up to return the carts. So a parade was held taking a very indirect route to the supermarket. By the time the group reached the supermarket, there were over

75 people – each one pushing a cart. The manager saw them coming and called the police. When the police arrived, it was explained that they were law abiding citizens and were returning this man's property to him and that if he couldn't figure out a way to keep the shopping carts in the store then they would have to do this every Saturday morning. Immediately, the police were on the side of the people and became an ally in the confrontation. The manager called the district office and obtained a promise that by Monday poles would be installed 18" apart so that carts could not leave the area in front of the supermarket.
Move on to the next issue: On Monday, the organizer drove by the supermarket and saw the poles going in. He bought a case of beer and went to the block and an impromptu victory party was held. After people had shared their victory stories, the organizer asked if there were any other issues that the group felt they should be working on. Someone suggested that the building on the corner was really looking bad and maybe they should have a meeting to decide what to do about it. A meeting date was set and the group was on to a new issue, the very building that the organizer had tried, unsuccessfully, to force on the people in the first place.
Often issues which seem crucial to the organizer and a few people must be temporarily set aside because of "petty" issues. The shopping cart issue outlined above served as a training vehicle that introduced people to roles of leadership and the process of organizing and winning. Too often, organizers and some leaders try to reach for the stars too soon. Unless an organization is built gradually with steps of progression it may face an early death. In developing an issue group it is important to allow people independence in selecting initial issues so that when larger issues come up they are not totally dependent upon or controlled by the organizers or certain leaders. (aus: Trapp o.J.b)

Door knocking
Aufgespürt werden solche Themen in so genannten One-to-ones (s. Handlungsfeld „*Netzwerk*“). Das sind Vieraugengespräche, die beispielsweise an der Haustüre stattfinden. Beim „Door knocking“ unterscheidet man vier Phasen:

Der *Türöffner* ist eine Pressemitteilung oder ein Flugblatt, das zwei Tage vorher in jeden Briefkasten der zu befragenden Haushalte geworfen wird. Besser als ein Flugblatt eignet sich noch ein Türhänger aus festerem Karton, den man an den Türgriff hängt.

Der *Mundöffner* ist eine Begrüßung, manchmal gepaart mit einer ganz einfach zu beantwortenden Frage: „Hallo, ich bin Stefan Müller von der Caritas. Unser Büro ist gleich hier in der Nähe, in der Urbanstraße. Wir sprechen mit den Bürgern von Kleinburg um herauszubekommen, was man hier verbessern könnte. Wohnen Sie schon lange hier?“

Das *Fishing* startet, wenn man ein öffentliches Thema finden will: „Wenn Sie etwas hier in Kleinburg ändern könnten, was würde das denn sein? Was stört Sie denn am meisten hier in K.? Was sollte getan werden, um das Wohnen hier zu verbessern?" Bei pauschalen Antworten („Es ist hier so dreckig!") wird nachgefragt: „Können Sie mir sagen, wo genau es besonders dreckig ist?" Und schließlich kommt die Aktivierungsfrage: „Können Sie sich vorstellen, zu einer Versammlung zu kommen, bei der wir über den verdreckten Spielplatz sprechen?"

Selling geschieht, wenn man bereits ein öffentliches Thema ausfindig gemacht hat, weil es sich bei vielen Leuten wiederholte, und anfragt, ob sich weitere Leute dafür begeistern lassen: „Viele Ihrer Nachbarn haben sich über den Zustand des Spielplatzes beschwert. Sie wollen ein Treffen organisieren, bei dem wir darüber sprechen, was getan werden kann. Dazu ist es wichtig, möglichst viele Leute dabei zu haben, denn viele Stimmen sind lauter als eine. Würden Sie kommen?"

Es empfiehlt sich *„Hauskarten"* anzulegen. Das sind A6-Karteikarten, auf der Hausnummer, Name und Telefonnummer stehen und zudem ein paar kurze Bemerkungen: „Würde zu einer Versammlung kommen. Arbeitet im Einwohnermeldeamt …."

Kriterien für gute Themen:

- Sie können viele Leute aktivieren.
- Sie bezeichnen eine ziemlich genau umrissene Angelegenheit.
- Sie lassen sich in eine Aktion umsetzen, deren Erfolg wahrscheinlich ist.

Die One-to-Ones des door knocking sind bereits erste Schritte beim *Aufbau einer Machtbasis*, weil man Leute kennenlernt und sich bei Leuten bekannt macht. Einige davon werden sich zu einer Gruppe zusammenbringen lassen, deren Größe sich ständig erweitert. Gleichzeitig braucht die Gruppe Leute mit Führungsqualitäten, die man daran erkennt, dass sie etwas für den Stadtteil tun wollen, weil sie mit dem Zustand unzufrieden sind, andere Leute mitreißen können, Verantwortung übernehmen, sich von anderen Gruppenmitgliedern etwas sagen lassen, andere Leader anwerben und die Macht teilen.

Die *Analyse der Machstruktur* findet erstens heraus, wer die Adressaten späterer Aktionen sind, und zweitens welche einflussreichen Bündnispartner man gewinnen könnte. Dazu beobachtet man, welchen Leuten Macht zugesprochen wird. Man recherchiert, wer im Stadtrat, in Vorständen oder in Aufsichtsräten ist, welche Namen in den Zeitungen erscheinen, wer öffentlich nach seiner Meinung gefragt wird u. ä. Diese Leute müssen aber nicht unbedingt die wirklich Mächtigen sein, obgleich es an der Oberfläche so aussieht. Deshalb stellt sich jetzt die Frage: „Wer <u>hat</u> die Macht?" Wenn drei oder vier Leute „Mrs. Jones" erwähnen, wird man versuchen, mit ihr

Kontakt aufnehmen, bevor man wichtige weitere Schritte tut. Man kann die Oberflächenleute auch fragen, wen sie als wichtigen Menschen ansehen, was dieses Thema betrifft. In Organisationen wissen die Mitarbeiter meist recht genau, wer die Macht hat. Hilfreich sind jetzt informelle Gespräche und Informanten, die einem Dinge hinter vorgehaltener Hand sagen.

Nun erfolgt die *Entwicklung einer Strategie*. Dazu ist die Case Study am Anfang des Kapitels ein gutes Beispiel, denn eine erfolgreiche Strategie passt zu dem, was die Betroffenen wollen und leisten können. Sie dramatisiert das Thema und ist medienwirksam. Sie wird den Akteuren Spaß machen und richtet sich an konkrete Funktionsträger, die für die geforderten Veränderungen verantwortlich gemacht werden. Eine gute Strategie ist überraschend und lässt sich nicht mit routinemäßigem Vorgehen beantworten. Sie personalisiert Betroffenheit, indem das Leiden konkreter Menschen an dem kritisierten Zustand illustriert wird und eröffnet schließlich dem Adressaten einen leichten Weg zum Verhandlungstisch.

Die öffentliche Versammlung
Ein im Community Organizing (CO) gebräuchliches Mittel, um mächtige Funktionsträger mit Forderungen zu konfrontieren sind „accountability sessions". Ein Beispiel ist im Kapitel *„Sozialstruktur"* des Textbooks nachzulesen.

Tipps für öffentliche Versammlungen im CO

- Bei der Präsentation von Fakten Einheiten verwenden, die jeder versteht (nicht 10 Millionen Euro, sondern 500 Arbeitsjahre eines Schlossers), den Maßstab des Haushaltsbuches verwenden (nicht 10 Millionen Euro, sondern 25 Jahre Miete für 100 Menschen).
- Wenn die Presse da ist, jemanden dafür abstellen, der darauf vorbereitet ist und eine Pressemappe hat.
- Jemanden zum Fotografieren einteilen.
- Zugeständnisse der Adressaten genau spezifizieren: Was genau wird geschehen? Wann wird angefangen? Wann ist man fertig? Wie wird die Umsetzung überprüft?
- Nach der Versammlung den Adressaten und der Presse einen Brief schreiben, in dem das genaue Übereinkommen dokumentiert ist.
- Manöverkritik der Verantwortlichen nach der Versammlung

Gedacht werden kann aber auch an Strategien, die bewusst anstreben, die eigene Position zu stärken oder sehr starke Adressaten in ihren Möglichkeiten zu begrenzen:

- Weniger Stühle aufstellen, als man Besucher erwartet. Das erweckt den Eindruck, dass mehr Leute kommen, als man gedacht hat.
- Sitzordnung im Raum so gestalten, dass der Adressat eine schwache Position hat. Bei dieser Sitzordnung hat der Adressat keinen Schutz durch einen Tisch, ist umgeben mit Leuten, die eine Forderung an ihn stellen, und relativ weit vom Ausgang weg.

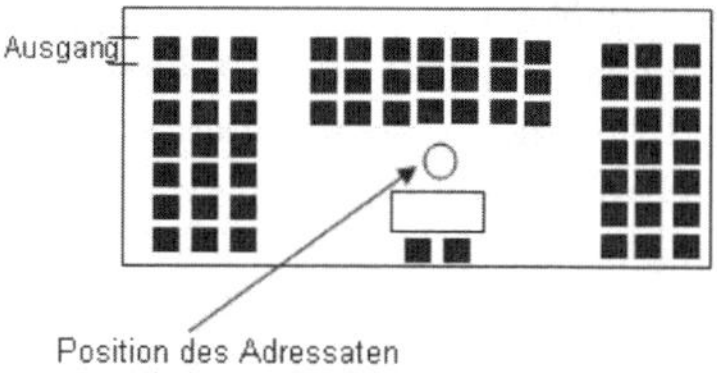

- Sich mit den Leuten früher treffen und genau durchsprechen, an welchen Stellen Applaus gefragt ist.
- Kontrolle über das Mikrofon und über das Podium behalten.
- Requisiten benutzen, die das Anliegen dramatisieren, z. B. dem Adressaten als „Begrüßungsgeschenk" eine Mausefalle überreichen, wenn es um das Thema Mäusebefall in einem Gebäude geht.

Verhandlungen mit mächtigen Instanzen (Übung)

Wenn Sozialarbeiter auf der Ebene „Sozialstruktur" arbeiten, sind immer wieder Verhandlungen mit mächtigen Organisationen oder Verwaltungen zu führen, auf die man sich gut mit Rollenspielen vorbereiten kann. Dadurch gelingt es, den eigenen Verhandlungsstil zu reflektieren und zu optimieren und vielleicht auch die Positionen des Gegenübers zu antizipieren. Das folgende Planspiel stammt aus einem Trainingsseminar für Community Organizer. Die Grundlage ist ein historisches Dokument aus dem Peloponnesischen Krieg (431–404 v. Chr.). Der Geschichtsschreiber Thukydides schildert eine Verhandlung zwischen zwei äußerst ungleichen Partnern. Das Planspiel beginnt mit einem Lesetext für Einzelarbeit.

a) Lesetext zum Austeilen

Die Athener haben im Jahre 416 v. Chr. die Insel Melos mit 38 Schiffen umzingelt. Ihre Streitkräfte sind haushoch überlegen. Die Melier haben – so wie die Sache steht – keine Chance, geben sich aber der relativ unbegründeten Hoffnung hin, dass Verbündete irgendwann zu Hilfe kommen werden. Die Athener sehen die hoffnungslose Position der belagerten Stadt und schicken Parlamentäre zu Übergabeverhandlungen auf die Insel. Unter Ausschluss der Öffentlichkeit entwickelt sich der folgende Dialog zwischen den Ratsherren von Melos und den athenischen Unterhändlern.

Athen: Ihr wollt offenbar nicht, dass wir euer Volk mit überzeugenden Argumenten beeindrucken können.

Melos: Faire Verhandlungen wären uns lieb. Doch selbst wenn wir die besseren Argumente haben, werdet ihr uns angreifen. Wenn wir aber nachgeben, werdet ihr uns in die Knechtschaft zwingen.

Athen: Wenn ihr keinen Sinn im Verhandeln seht, können wir es lassen.

Melos: Wir wollen unsere Stadt retten und werden natürlich mit euch verhandeln.

Athen: Ihr kennt die militärische Lage. Gerechten Ausgleich gibt es nur bei vergleichbarer Stärke. Ist jemand schwach, muss er Zugeständnisse machen.

Melos: Es sollte immer gerecht zugehen. Auch ihr könntet schließlich einmal in eine schwache Position geraten, in der ihr euch dies wünscht, und was wird die Welt über Athen sagen, wenn es ungerecht ist.

Athen: Das lasst unsere Sorge sein. Wir haben ein Interesse, die Stadt zu erhalten. Das würde uns nämlich einige Kriegsmühe ersparen, und es würde euch das Leben retten.

Melos: Unsere Unterwerfung soll uns nützen?

Athen: Unterwerfung ist doch besser als vernichtet zu werden.

Melos: Wir bieten euch unsere Neutralität in euerem Krieg gegen Sparta an.

Athen: Angesichts des Kräfteverhältnisses würden die anderen Völker es als Zeichen von Schwäche sehen, wenn wir nicht auf euerer Unterwerfung bestünden.

Melos: Wenn ihr uns unterwerft, werden sich die anderen neutralen Inseln gegen euch bewaffnen. Ihr vermehrt also so die Zahl eurer Feinde.

Athen: Wir glauben eher das Gegenteil. Wenn sie unsere Stärke gegen euch sehen, werden sie sich vor unüberlegten Handlungen gegen unsere Macht hüten.

Melos: Wenn ihr das riskieren wollt, ist das euere Sache. Aber denkt doch an uns: Wir als freies Volk würden in Zukunft als feige gelten, wenn wir nicht für unsere Freiheit kämpften, sondern freiwillig euere Sklaven würden.

Athen: Überlegt doch vernünftig: Es ist nicht tapfer oder ehrenvoll, einen aussichtslosen Kampf zu beginnen. Es wäre aber weise, sich mit uns zu einigen.

Melos: Das Kriegslos lässt sich nicht vorhersehen. Manchmal gewinnt auch der vermeintlich Schwächere. Wenn wir nicht kämpfen, vertun wir diese Hoffnung.

Athen: Wenn wie bei euch die gesamte Existenz auf dem Spiel steht, ist es zu waghalsig nur auf Hoffnung zu setzen. Hoffnung muss mit Fakten begründbar sein, wenn sie kein Irrglaube ist.

Melos: Es wird schwer werden, aber wir vertrauen auf den Beistand der Götter im Kampf gegen das Unrecht. Auch werden unsere Verbündeten uns beistehen, schon um ihrer Ehre willen.

Athen: Auch wir handeln im Einklang mit den Göttern, denn es ist natürliches göttliches Gesetz, dass die herrschen sollen, die es vermögen. Dieses Gesetz haben nicht wir gemacht und es wird auch nach uns gelten. Wärt ihr in unserer Position, würdet ihr genauso handeln. Die Götter werden uns also beistehen. Was Sparta angeht, beneiden wir euch um euere Naivität. Euere Verbündeten sind stets die ersten, die das Angenehme für schön und das Nützliche für gerecht erklären. Und die sollen euch wegen ihrer Ehre zu Hilfe kommen?

Melos: Wir glauben, dass sie die Gefahr auf sich nehmen und uns helfen werden.

Athen: Sparta als Landmacht wird sich nicht wegen euch auf Seeabenteuer einlassen. Das Risiko, gegen uns als Seemacht zur See zu kämpfen, ist zu groß.

Melos: Sie könnten andere Verbündete schicken. Oder sie könnten zu Lande gegen euere Verbündeten ziehen.

Athen: Das könnte sein, aber ihr wisst doch aus der Vergangenheit, dass Athen noch nie eine Belagerung aus Furcht vor anderen Feinden abgebrochen hat. Ihr sagt zwar, ihr wollt um eure Rettung verhandeln, aber eure stärksten Argumente sind nur vage Hoffnungen, die euch gegen unsere Schwerter nicht viel nützen werden. Wir vertrauen darauf, dass ihr nicht weiterhin unvernünftig seid und es für euere Ehre haltet, in euer Unglück zu rennen. Es ist nicht ehrenrührig, der mächtigsten Stadt zu unterliegen, die euch die maßvolle Bedingung stellt, Verbündete zu werden, zwar Tribut zu zahlen, aber eueren Besitz zu behalten. Besteht nicht auf euerem Verderben. Wer vor Gleichstarken nicht zurückweicht, sich Mächtigeren gegenüber anpasst und Schwächeren gegenüber mäßigt, der fährt meist am besten. Der Erhalt oder die Zerstörung eures einzigen Vaterlandes steht auf dem Spiel. Wir gehen jetzt, um euch Gelegenheit zu geben, einen vernünftigen Beschluss zu fassen.

Die athenischen Gesandten lassen nun den Rat von Melos allein.

b) Das Rollenspiel
Ein Viertel der Teilnehmer sind die Athener, drei Viertel der Rat von Melos. Die gelesene Situation wird nachgespielt, die Argumente dürfen allerdings verändert werden. Auch die Art der Verhandlung kann – wenn sich beide Parteien einig sind – verändert werden. Die Athener dürfen allerdings nicht „weichgespült“ gespielt werden.

Das Planspiel trainiert das Verhandeln mit Mächtigeren. Gerade in der Stadtteilarbeit müssen Forderungen meist an mächtige Instanzen gerichtet und in Verhandlungen gegenüber Funktionsträgern, die am längeren Hebel sitzen, durchgesetzt werden. Der Umgang mit Macht, den die Melier praktizieren, ist in einer derart abhängigen Position unvorteilhaft, aber nicht unüblich. So ist es auch im Planspiel erwartbar, dass sich die eindeutig schwächere Gruppe zu stolz oder zu wenig kompromissbereit verhält. Die Überzeugung, für eine gerechte Sache zu kämpfen, kann den rationalen Blick auf die tatsächlichen Machtverhältnisse trüben und entgegenkommendes, diplomatisches Verhalten erschweren. Gerade in der unterlegenen Position kommt es hingegen darauf an, nicht nur die Stirn bieten zu können, sondern auch die Position des Stärkeren verstehen und ihr taktisch geschickt entgegenkommen zu können. Dazu bedarf es einer soliden Vorbereitung und einer effektiv korrigierenden Steuerung der Verhandlungsführer durch „Backstage-Leute“ der eigenen Gruppe.

Der Trainer kann die Verhandlung jederzeit einfrieren, um zusätzliche Informationen einzuführen (etwa die Stimme des melischen Volkes, die über Boten verkündet wird) oder um den Verhandelnden Feedbacks zu geben und sie auf eine der unten aufgelisteten Techniken aufmerksam zu machen, die den Meliern auch gut getan hätten.

Die Techniken und Haltungen, die herausgespielt und trainiert werden sollen:

- Interne Vorbereitungszeit ausbitten, in der geklärt wird, was erreichbar ist und was erreicht werden soll. Minimal- und Maximalergebnisse definieren.
- Einen Verhandlungsführer benennen, der anhand seiner Verhandlungsqualitäten ausgewählt und von hinten unterstützt oder korrigiert wird
- Den vermeintlichen Gegner in seiner Argumentation ernst nehmen und als Partner gewinnen, indem man z. B. persönliches Interesse am Verhandlungspartner zeigt, Fragen stellt, ihn zu verstehen versucht, Gastfreundschaft zeigt, Geschenke macht u. ä.
- Verstehen, welche Interessen des „Gegners“ sich wie nutzen lassen könnten
- Angebote machen, Kompromisse vorschlagen, neue Ideen einbringen, die überraschen, gleiche Werte und gleiche Positionen betonen und das einigende Größere herausarbeiten

- Auf einen neutralen Moderator dringen
- Pausen einlegen, um mit einzelnen Menschen der anderen Seite zu reden, Mimik, Gestik, Sprachstil strategisch einsetzen
- Bei argumentativen Auseinandersetzungen immer sicherstellen, dass keine Personen angegriffen oder beschädigt werden
- Die überlegene Position des Verhandlungspartners anerkennen, aber auch das Menschliche in den Mittelpunkt stellen; durchaus persönliche Betroffenheiten deutlich machen, wenn möglich durch konkrete Beispiele
- Humor einsetzen, Positionen verflüssigen, Verzögerungen erwirken, auf Zeit spielen, Unklarheit ausnutzen
- Öffentlichkeit erzeugen um die Handlungsfreiheit des Gegners einzuschränken

c) Historischer Ausgang der Schlacht um Melos
Dieses Blatt wird erst nach dem Planspiel verteilt:

Nach seiner Beratung teilt der Rat der Melier den Athenern seinen Beschluss mit.

Melos: Wir geben das, was wir haben, nicht auf. Melos ist seit 700 Jahren eine freie Stadt. Diese Freiheit werden wir nicht in einem Augenblick opfern. Wir bitten Sparta und unsere Götter um Hilfe und appellieren an euere Ehre und Moral. Darüber hinaus bieten wir euch nach wie vor unsere Freundschaft und Neutralität an.

Athen: Ihr zieht die Hoffnung dem Augenschein, also den Tod dem Leben vor. Das erscheint uns eine merkwürdige, ja eine dumme Position zu sein. Da ihr alles auf eine Karte setzt, werdet ihr auch alles verlieren.
Damit beendeten die Athener die Debatte.

Die attischen Streitkräfte bauten daraufhin rings um die Mauern von Melos einen Wall und begaben sich, unter Zurücklassung einer Land- und Seewache, auf andere Kriegsschauplätze. Im folgenden Herbst machten die Melier einen nächtlichen Ausfall, töteten einige Leute und brachten Vorräte in die Stadt. Daraufhin verstärkte Athen die Belagerung. Im Winter besetzten die Melier einen schwach bewachten Teil des Walles. Im Frühjahr kam ein starkes Heer aus Athen. Sparta kam nie zu Hilfe und Melos musste sich bedingungslos ergeben. Die Stadt wurde total zerstört. Alle erwachsenen Männer wurden getötet, alle Frauen und Kinder in die Sklaverei verkauft. (Quelle: Thukydides 2000, S. 450 – 460)

Zwischensiege inszenieren und Primärsiege zu Zwischensiegen machen
Zwischensiege sind außerordentlich wichtig, um das Thema warm und die Aktivisten bei der Stange zu halten. Was als Erfolg zu sehen ist, ist stets relativ. Erfolge sind aber wichtig für die Motivation aller Beteiligten. Deshalb muss man sichtbare Zwischensiege deutlich herausstellen und feiern. So wird der Weg bis zum definitiven Erfolg in kleine Portionen aufgeteilt und die Menschen sehen, dass etwas vorwärts geht.

> Case study: An organizer had been working on a slum building and having little results. The owner refused to meet with the group even though they had been to his home and church with a large delegation. The leadership was discouraged and the people were losing interest in the issue because they could see no movement in the issue. The organizer brought *ten clergymen* from around the community to a leadership meeting. The leaders took the clergymen on a tour of the building so they could see first hand what the conditions of the building were. It was also arranged that when the clergymen walked out of the building there was a reporter from the local neighborhood newspaper. The headline next week in the paper read "Local Clergy Pledge Support to Beleaguered Tenants". The article was duplicated and distributed throughout the neighborhood. People took hope from the fact that a new element was in the fight and there was new support for their fight. The clergymen and members from their churches came to the next public meeting and when the slumlord did not show up the group went again to the slumlord's home, the clergy went with them. With the added power of the clergymen and more people, the leadership was more aggressive and there developed a strong confrontation on the slumlord's front porch which resulted in his agreeing to a time table of fixing the building. The building was fixed up and the primary victory was achieved. Yet it would never have been reached had there not been the intermediate victory of the tour of the clergymen and their joining the fight. This intermediate victory was used to the utmost in building the issue and gaining exposure for the issue. (Quelle: Trapp o. J. (b)

Gleichermaßen werden endgültig ereichte Ziele wiederum zu Zwischensiegen für ein etwas größeres Ziel gemacht, wodurch das Organizing zum sich wiederholenden Zyklus des Community Buildings wird.

Tipps zum Community Organizing aus dem Citizen's Handbook des Vancouver Citizen's Committee

Anfangen	Eine Möglichkeit, tiefer in eine Community hinein zu kommen, ist es, sich einer existierenden Gruppe anzuschließen.
Erkunden	Finde heraus, was die Leute wollen: ▪ Was mögen die Bewohner an ihrer Nachbarschaft und was wollen sie ändern? ▪ Was ist das Problem mit höchster Priorität? Wer ist davon betroffen? Entdecke die Ressourcen des Sozialen Raums in der Community: ▪ Kirchen und kirchliche Verbände, Krankenhäuser, Schulen, Unternehmen, Bürgervereinigungen, Vereine, Clubs, ethnische Gruppen, Freizeitgruppen, kulturelle Vereinigungen, große Wohnungseigentümer, einzelne Personen ▪ Wie, warum und wo kommen Leute zusammen? ▪ Wie finden die Leute heraus, was passiert? ▪ Wer hat am meisten zu sagen? Wem liegt die Nachbarschaft am meisten am Herzen? Erkunde funktionierende Lösungen an anderen Orten.
Zielfindung	Ein gutes Ziel ▪ ist leicht zu verstehen, ▪ ist spezifisch, ▪ wird mit den vorhandenen Ressourcen schnell erreichbar sein, ▪ kann die Bewohner motivieren, ▪ wird Verbindungen zwischen Bewohnern schaffen, ▪ wird den Bewohnern ein Gefühl ihrer eigenen Kraft geben.
Sich bemerkbar machen	▪ Stelle eine Liste der sympathisierenden Journalisten zusammen. ▪ Finde die Bewohner im Stadtteil, die Medienprofis sind. ▪ Entwickle eine gute Geschichte mit einprägsamen Kernaussagen, menschlichem Touch und einer Portion Humor, bevor du an die Medien herantrittst. ▪ Schreibe einen Leserbrief. ▪ Denke auch an alternative Medien wie T-Shirts, Buttons, Ankündigungen in der Kirche, Aufkleber, Poster in Gemeinschaftsräumen und Aufzügen von Wohnhäusern etc. ▪ Bevor du die Medien nutzt, sprich zuerst mit den Leuten, die die Macht haben, etwas zu ändern.
Menschen gewinnen	▪ Sag den Aktiven deiner Gruppe, sie sollen ihre Freunde einladen, denn über persönliche Bekanntschaften werden die meisten Mitglieder gewonnen. ▪ Anstatt neue Leute in die eigenen Räume einzuladen, gehe dorthin, wo die Zielgruppen sind.

Haustür-gespräche	sind die älteste und wirkungsvollste Methode, mit Bürgern in Kontakt zu kommen. Man braucht dazu: ▪ ein kurzes Flugblatt mit Loch zur Ankündigung, das zwei Tage vorher an die Haustüren gehängt wird, ▪ Namensschilder, die einen ausweisen, ▪ Leute, die am besten ihre eigenen Viertel befragen, ▪ eine kleine Umfrage als Aufhänger, um in Kontakt zu kommen, ▪ eine Haltung, die Gemeinsamkeiten betont, ▪ Argumente für die Vorteile des Aktiv-Werdens, ▪ eine detaillierte Kartei, in der die Kontaktadressen und Telefonnummern vermerkt werden.
Menschen behalten	▪ Regelmäßiger Kontakt zwischen den Aktivisten ist wesentlich. ▪ Neue werden mit den Worten in die Gruppe eingeführt: „Sag uns, was du kannst und was dir Spaß macht, und wir finden einen Weg, deine Talente zu nutzen." ▪ Die Rolle eines Gruppenprozessbeobachters kann helfen, Atmosphäre und Effizienz der Gruppe zu thematisieren. ▪ Nicht zu viele Besprechungen, mehr Aktionen machen.

(vgl. Dobson o. J., Dobson 2003, Rothschuh 2002)

Checkliste zum Entwickeln von Organizer-Kompetenzen

	Eigene Einschätzung 0 = schlecht 10 = ausgezeichnet	Hier will ich etwas verbessern Ja /nein	Wovon sollte dieser Leader mehr/weniger tun? 0 = passt – = weniger + = mehr
Fishing, Themen herausfinden			
Selling, Leute mobilisieren			
Arbeitsgruppen von Bürgern im Stadtteil			
Initiieren			
Moderieren			
Öffentliche Versammlungen			
Organisieren			
Moderieren			
Redebeitrag leisten			
Auswerten			
Medienarbeit			
Medienbetreuung während Veranstaltungen			
Leserbriefe schreiben			
Pressemitteilungen schreiben			
Forderungsbriefe an Funktionsträger verfassen			
Fotos machen			
Telefonanrufe an Funktionsträger			
Flyer herstellen			
Infoblätter herstellen			
Pressemappen herstellen			
Fund Raising			

5.3 Gruppen organisieren

Traditionale Gesellschaften waren durch ungerechte Machtverhältnisse gezeichnet, moderne Gesellschaften sind durch Interessenkonflikte gekennzeichnet. Die Durchsetzung von Interessen – so Alinsky – geschieht entweder durch organisiertes Geld oder durch organisierte Menschen. Rund drei Viertel aller Protestereignisse in Deutschland kommen von *Neuen Sozialen Bewegungen*, dagegen nur 16 % von etablierten Interessenvertretungen wie Gewerkschaften. Wer als Sozialarbeiter im Handlungsfeld „Sozialstruktur" Erfolg haben will, wo es um die Veränderung von Bedingungen geht, die „Fälle" erst produzieren, wird sich in Interessenskonflikte einmischen müssen. Das kann bedeuten, Interessen, die so spezifisch oder so unorthodox sind, dass sie durch keine etablierte Interessensvertretung repräsentiert werden, punktuell zu organisieren. Denn Interessen, die nicht organisiert sind, werden in der Regel politisch vernachlässigt. Konfliktfähige Interessen kommen am besten zum Zuge, mit der glaubhaften Ankündigung von Sanktionen, mit der Drohung, einflussreiche Bündnispartner zu haben oder die öffentliche Meinung gewinnen zu können. Zwar nimmt die Konfliktfähigkeit mit der Entfernung vom Produktionsbereich ab, die punktuellen Erfolge von Bürgerinitiativen und Selbsthilfevereinigungen zeigen aber, dass sie sehr wohl geeignet sind, „vergessene" Themen zu repräsentieren und Gegenöffentlichkeiten zu realisieren.

Kurz vor der Fußballweltmeisterschaft eröffnet ein mittelständischer Medienkonzern, der auch die lokale Tageszeitung herausgibt, an einem Flussarm ein Strandcafé, mit Beach-Volleyball, Kinderspielplatz, Palmen und Großbildleinwand. Trotz der etwas zu preiswerten Bauweise erfreut sich die Vergnügungsarena auch nach den Fußballübertragungen einiger Beliebtheit, weil sie an der Uferböschung den Blick auf die Stadt freigibt und gleichzeitig zentrumsnah liegt. Als Bambushüttenimitate auf Betonfundamente gestellt werden, wird eine Anwohnerin argwöhnisch. Ihre Nachfrage beim Stadtplanungsamt bestätigt ihren Verdacht: Der „Beach" soll auch nach der WM bleiben, um die städtische Naherholung zu bereichern. Eben diese Betonfundamente liegen jedoch im Auslauf des weit und breit einzigen Schlittenhangs. Dem kinderreichen Wohngebiet darf diese Freizeitmöglichkeit für die Kleinen nicht ohne Not genommen werden, so die Bürgerin. Erster Schritt, nachdem im Fußballhochsommer weder bei der Stadtverwaltung noch beim Betreiber Verständnis aufkommt, ist, das Quartiersmanagement aufzusuchen. Dort rät man zu einer Unterschriftenliste (⇨ FB-S Aktionsformen im öffentlichen Raum, Unterschriftenlisten) und unterstützt mit Kopier- und Formulierungshilfe. Die ersten 500 Unterschriften (fast jeder Angesprochene unterschreibt, weil die Erläuterungen überzeugend sind) wirken bereits. Die Verwaltung erklärt, sie wolle sich darum kümmern und die mittlerweile zur Gruppe gewordenen Anwohner sollen sich entspannen. Das tun diese aber nicht, sondern sammeln weiter und werden zur „Initiative: Rettet den Schlittenberg!" Als im Herbst noch immer nichts passiert ist, legt die Initiative eine härtere Gangart ein: Protestbriefe, Massenanrufe, Flugzettel, Lobbygespräche mit den zuständigen Stadträten usw. Leserbriefe kommen nicht in die Tageszeitung, denn die gehört ja dem Beach-Betreiber. Alleine wären die vielen Aktionen nicht zu schultern, die Gruppe bestärkt und inspiriert sich gegenseitig. Jedes Mitglied hat andere Ressourcen und Zugänge. Schließlich setzen sich die Kinderinteressen durch. Der „Beach" wird zum Sandberg, der Beton mit Gummi verkleidet und die Umzäumung des Areals wird abgebaut. Die „Initiative" trifft sich auch nach ihrem „Sieg" weiter.

Das Organisationsformat von solchen bislang gesellschaftlich frei schwebenden Interessen ist die *Initiative* oder die *Selbsthilfegruppe*. In manchen Arbeitsbereichen der Sozialen Arbeit ist es bis dahin ein weiter Weg, denn viele Benachteiligte sind sich gar nicht bewusst, dass ihre vermeintlichen Einzelinteressen kollektive Interessen sind (z. B. die Interessen von Hartz IV-Empfängern, im Sozialamt auch einmal parteilich beraten zu werden).Viele Adressaten Sozialer Arbeit verfügen nicht über die politische Routine einer Interessensorganisation, z. B. die mitunter beachtlich große Gruppe von wohnungslosen Menschen in einer Kommune.

Zugegebenermaßen gründen die Menschen, mit denen Sozialarbeiter arbeiten, eher selten Initiativen und Selbsthilfegruppen. Sie tun dies vielleicht nicht, weil das ein fremder Weg ist, der auf ihrer Lebensweltkarte nicht vorkommt. Diese Tendenz wird aber verstärkt, weil auch für Sozialarbeiter dieser Weg theoretisch, methodisch und, was ihre arbeitsorganisatorische Einbindung angeht, nicht unbedingt bequem ausgetreten ist. Aber es macht nachweislich einen immensen Unterschied, ob sich eine Mutter beim Jugendamt über die Versorgung mit Kindertagesstättenplätzen beschwert oder ob eine Elterninitiative das tut. Gerade im städtebaulichen Bereich zeigt sich, wie groß der Einfluss von Initiativen sein kann. Die Politik von Sozialämtern wird durch Selbsthilfegruppen von ALG II-Beziehern vielleicht nicht geändert, aber die Bescheide werden nachgerechnet und bei den Anträgen wird nichts vergessen. Die „Lebenshilfe für das geistig behinderte Kind" gründete sich 1958 als eine Elterninitiative. Heute hat die Selbsthilfevereinigung 130.000 Mitglieder in 540 Ortsvereinen.

Bürgerinitiativen

Eine Gruppe von Menschen kann größere Probleme angehen und beeindruckender auftreten als einzelne Betroffene – so die Erkenntnis, die zur Gründung vieler Bürgerinitiativen geführt hat. Wenn Leute sich zusammentun, entsteht Synergie. Auftreten und Durchsetzungskraft werden stärker. Mehr Leute heißt auch mehr Kompetenzen, mehr Beziehungen, mehr Ideen, mehr Erfahrungen, mehr Ressourcen, man findet Rückhalt bei Gleichgesinnten, und da nicht alles von wenigen abhängt, wird die Arbeit nachhaltiger.

Ralf Dantscher (1974, S. 69) resümiert die Lerneffekte, die die Mitglieder der Münchner Bürgerinitiative „Marxvorstadt" verbuchten:

- Relativ hoher Kenntnisstand über Stadtentwicklung und den kommunalen Verwaltungsapparat
- Kritischere und differenziertere Stellung gegenüber Parteien und ihren Zielen, Einsicht in die Hintergründe des politischen Handelns
- Sicherheit im Umgang mit Medien
- Individuelle Probleme werden kollektiv begriffen; durch gemeinsame Aktionen werden Isolation, Hilflosigkeit und Angst abgebaut
- Bereitschaft, auch in anderen Bereichen Verantwortung zu übernehmen, wächst. Obgleich man realisiert, dass die Wirkungen einer BI begrenzt sind, erfahren die Mitglieder auch, dass solidarisches Handeln etwas bewirkt.

Die allermeisten Bürgerinitiativen entstehen im Zusammenhang mit Baumaßnahmen, die nicht den Interessen der Anwohner entsprechen. Unmittelbare Betroffenheit und die scheinbare staatliche Übermacht sind Konstellationen, die eine Selbstwahrnehmung als Kollektiv ermöglichen und zum gemeinsamen Handeln motivieren. Hier genau liegt der Ansatzpunkt für sozialräumliche Arbeit, nämlich Einzelschicksale zu kollektiven Betroffenheiten zu bündeln, um die Möglichkeit für Selbstorganisation zu schaffen.

Selbsthilfegruppen als Interessensorganisation

Selbsthilfegruppen sind Zusammenschlüsse von Personen, die von vergleichbaren Schwierigkeiten betroffen sind. Ziel ihrer gemeinsamen Arbeit ist die Bewältigung sozialer, persönlicher oder krankheitsbedingter Belastungen. Betroffene machen die wohltuende Erfahrung, mit den eigenen Schwierigkeiten nicht allein zu sein. Gleichzeitig sensibilisieren Selbsthilfegruppen die Öffentlichkeit für aktuelle Themen. Sie können mitunter besser als jede Studie das kollektive Problem an Individualschicksalen deutlich machen. Dadurch sind sie häufig Motor für große und kleine gesellschaftliche Veränderungen (vgl. Moos-Hofius/Rapp 2005, S. 9f). Obgleich die Selbsthilfebewegung geradezu in Abgrenzung zur professionellen Sozialarbeit entstanden ist, müssen Sozialarbeit und Selbsthilfe keine Gegensätze sein, wenn die Beteiligung der Profis begrenzt wird. Fast jedes Arbeitsfeld bietet Sozialarbeitern die Möglichkeit, entweder auf bestehende Selbsthilfegruppen zurückzugreifen oder Neugründungen anzuregen und zu unterstützen (vgl. Keupp 1999 und Trojan 1985). Das können Gruppen von Menschen sein, die vom gleichen Problem betroffen sind (keine Arbeit, Ehekrieg, Erziehungsprobleme…) oder auch Gruppen, die von der gleichen Dienstleistung „betroffen" sind (Heimbewohner, Eltern, deren elterliche Sorge durch das Jugendamt eingeschränkt wurde, etc.) .Während die erste Kategorie von Selbsthilfe eher auf gegenseitige Unterstützung zielt, fungiert die zweite Kategorie mehr als gemeinsame Interessenvertretung.

Sozialarbeiter selbst können ihre jeweiligen Adressaten auf die Möglichkeit, eine Selbsthilfegruppe zu gründen, aufmerksam machen, und sie können eine Gruppe durch ihre laufenden Kontakte mit neuen Interessenten versorgen. Daneben können Sozialarbeiter Kontaktstellen einschalten, die konkrete Unterstützung für den Aufbau einer Selbsthilfegruppe anbieten (beim Verfassen von Flyern, durch die Telefonnummer der Kontaktstelle für Zeitungsanzeigen, durch das Führen einer Interessentenliste, die Organisation des Gründungstreffens, durch bereitgestellte Leitfäden für Gruppenprozesse etc.). Volkshochschulen, Kirchengemeinden, Kindergärten, Arztpraxen, Beratungsstellen oder Krankenkassen sind ebenso oft bereit, Initiatoren von Selbsthilfegruppen zu unterstützen. Wenn Fachkräfte Selbsthilfegruppen gründen helfen, schaffen sie eine Öffentlichkeit, die interessiert, fördernd, aber auch kritisch die eigenen professionellen Dienstleistungen beobachtet und dadurch zur Qualitätssicherung beiträgt. Da die Gruppe autonom ist, kann sie wesentlich offensiver „Politik machen", als dies eine „angestellte" Sozialarbeiterin zu tun vermag, die aber wiederum aus dem Hintergrund die Gruppe mit Informationen versorgen kann.

Wollen Selbsthilfegruppen und Bürgerinitiativen sich eine juristische Organisationsform geben, bietet sich der eingetragene Verein an, dessen Gründung mit einem guten Ratgeber (wie etwa Harant/Köllner 2006) verwaltungstechnisch und finanziell eine relativ einfache Sache ist. Dabei sind die wichtigsten Meilensteine:

1. Gründungsmitglieder finden
2. Vereinssatzung erstellen
3. Abklären, ob die Ziele des Vereins für eine Anerkennung der Gemeinnützigkeit geeignet sind
4. Vereinsgründung
5. Gründungsprotokoll anfertigen
6. Eintragung in das Vereinsregister beim zuständigen Amtsgericht
7. Beantragung der Anerkennung der Gemeinnützigkeit beim Finanzamt

Nützliche Adressen zum Thema „Gruppen organisieren“
Bürgerinitiativen:

- Bundesarbeitsgemeinschaft der Erwerbslosen- und Sozialhilfeinitiativen: www.bag-shi.de
- Nationale Armutskonferenz (nak): www.nationale-armutskonferenz.de

Selbsthilfegruppen:

- NAKOS – Nationale Kontakt- und Informationsstelle zur Anregung und Unterstützung von Selbsthilfegruppen: www.nakos.de
- Selbsthilfe-Kontaktstelle Frankfurt: www.selbsthilfe-frankfurt.net
- Kindernetzwerk e.V. Eltern-Selbsthilfegruppen für kranke und behinderte Kinder: www.kindernetzwerk.de

Vereinsgründung:

- www.wegweiser-buergergesellschaft.de/praxishilfen/arbeit_im_verein/in dex.php

Literaturverzeichnis

Adler, Reiner/Weigel, Melanie (2007): Was Ihr Wollt! Zufriedenheits- und Qualitätskriterien rechtlich Betreuer mit ihren Berufsbetreuern. In: BtPlus Zeitschrift für die professionelle Betreuungsarbeit 1, S. 29-34

Alinsky, Saul (1989): Rules for Radicals. Vintage Books

Altena, Heinz (2003): Von sozialen Netzwerken zur institutionellen Kooperation. In: Rundbrief 1/2003. Verband für sozial-kulturelle Arbeit. Berlin. 2003, S. 30-33

Amann, Marc (Hrsg.) (2005): go.stop.act! Die Kunst des kreativen Straßenprotests. Grafenau und Frankfurt

Antons, Klaus (1976): Praxis der Gruppendynamik. Übungen und Techniken. Göttingen

Arbeitsgemeinschaft für Erziehungshilfe (2004): Gewalt gegen Kinder und Jugendliche in Institutionen. Umgang mit Fehlverhalten von Fachkräften in Einrichtungen der Erziehungshilfe, AFET-Veröffentlichung Nr. 63

Attac (o.J.): Aktions-Ratgeber für Attac-Gruppen. In: www.attac.de/aktionen/ kleiner_aktivist.pdf

Bassen, Alexander/Jastram, Sarah/Meyer, Katrin (2005): Corporate Social Responsibility. Eine Begriffserläuterung. In: Zeitschrift für Wirtschafts- und Unternehmensethik, 2005, Heft 2, S. 231-236

Bischoff, Ariane/Selle, Klaus/Sinning, Heidi (2001): Informieren, Beteiligen, Kooperieren. Kommunikation in Planungsprozessen. Eine Übersicht zu Formen, Verfahren, Methoden und Techniken. Dortmund

Blissett, Luther/Brünzels, Sonja (1997): Handbuch der Kommunikationsguerilla – wie helfe ich mir selbst. Hamburg und Berlin

Bono, Edward de (1991): Opportunities. A Handbook of Business Opportunity Search. Penguin Books

Bono, Edward de (2000a): Serious Creativity 1: Lateral Thinking Tools. Techniques & Applications. Singapore

Bono, Edward de (2000b): Six Thinking Hats. Penguin Books

Bourdieu, Pierre (1983): Ökonomisches Kapital, kulturelles Kapital, soziales Kapital. In: Kreckel 1983, S. 183-198

Brack, Ruth (1998): Die Erschließung von externen Ressourcen, In: Sozialarbeit, 1998, Heft 3, S. 12-26

Brand, Ralf (1995): Vom Großhändler zum Einzelhändler. Erfahrungen und Einsichten nach einem Jahr Community Organizing in den USA. In: Sozial Extra, 9/1995, S. 15-16

Budde, Wolfgang/Frank Früchtel (2009): Beraten durch Organisieren: Der Familienrat als Brücke zwischen Fall und Feld. In: Kontext 40(1): S. 32-48.

Budde, Wolfgang/Früchtel, Frank/Hinte, Wolfgang (Hrsg.) (2006): Sozialraumorientierung. Wege zu einer veränderten Praxis. Opladen

Budde, Wolfgang/Früchtel, Frank/Loferer, Andrea (2004): Ressourcencheck – ein strukturiertes Gespräch über Stärken und was daraus zu machen ist. In: Sozialmagazin 6, S. 14-22

Bukow, Wolf-Dietrich/Nikodem, Claudia/Schulze, Erika/Yildiz, Erol (2001): Die multikulturelle Stadt. Von der Selbstverständlichkeit im städtischen Alltag. Opladen

Bullinger, Hermann (1998): Soziale Netzwerkarbeit. Eine Einführung für soziale Berufe. Freiburg

Camatte, Jacques (1981): Against Domestication. Black Thumb Press

Camus, Albert (2006): Der Mensch in der Revolte. Reinbek

Carroll, Lewis (1994): Through the Looking Glass. Penguin Classics. Berkshire

Chambers, Edward (2004): Roots for Radicals. Organizing for Power, Action, and Justice. New York
Charles Dobson (o.J.): The Citizen`s Handbook, A Guide to Building Community in Vancouver In: www.vcn.bc.ca/citizens-handbook/
Coleman, James S. (1991): Grundlagen der Sozialtheorie. Band 1: Handlungen und Handlungssysteme. München
Colorado Child Welfare (2001): Practice Handbook. Appendix D: Assessment (The Culturagram; Eco-Map, Social Network Mapping). Colorado
Dantscher, Ralf (1974): Bürgerinitiativen: Modell Marxvorstadt München. Freiburg
Deinet, Ulrich (1999): Sozialräumliche Jugendarbeit. Eine praxisbezogene Anleitung zur Konzeptentwicklung in der offenen Kinder- und Jugendarbeit. Opladen
Deinet, Ulrich (2009): Analyse und Beteiligungsmethoden, in: Deinet, Ulrich (2009) (Hrsg.): Methodenbuch Sozialraum, Wiesbaden, S.65-86
Deinet, Ulrich (o.J.): Methoden einer qualitativen Sozialraum-Lebensweltanalyse (unveröffentlichtes Manuskript)
Deleuze, Gilles/Guattari, Félix (1977): Rhizom. Berlin
Diakonisches Werk (Hrsg.)(2002): Beschwerdemanagement: Störfaktor oder Chance? Dokumentation. Informationen und Materialien aus dem Diakonischen Werk der Evangelischen Kirche in Deutschland. 09/02.
Diaz-Bone, Rainer (1997): Ego-zentrierte Netzwerkanalyse und familiale Beziehungssysteme. Wiesbaden
Dobson, Charles (2003): The Troublemaker's Teaparty: A Manual for Effective Citizen Action. New Society Publishers
Eco, Umberto (1987): Für eine semiologische Guerilla. In: Eco 1987, S. 146-156
Eco, Umberto (1987): Über Gott und die Welt. München
Evangelische Jugendhilfe Borken (o.J.): Das Soziale Atom/Modellprojekt Flexibilisierung erzieherischer Hilfen. (unveröffentlichtes Manuskript)
Evangelischer Erziehungsverband (2003): Beteiligung von Kindern und Jugendlichen in Einrichtungen der Erziehungshilfe: Erfahrungen, Konzepte, Verfahren, Instrumentarien, in: EREV-Schriftenreihe 1, 44. Jahrgang.
Fisher, Donna/Vilas, Sandy (2000): The Self Assessment. In: Misner/Morgan 2000, S. 277-281
Früchtel, Frank (2002): Die Moral des Verfahrens: Family Group Conferences als Alternative zum Hilfeplangespräch? In: Forum Erziehungshilfen, 1/2002, S. 13-19
Früchtel, Frank/Scheffer, Thomas (1999): Fallunspezifische Arbeit oder: Wie lassen sich Ressourcen mobilisieren? In: Forum Erziehungshilfen 5. Jg., Heft 5/1999, S. 304-311
Früchtel, Frank/Krieg-Rau, Christine/Scheffer, Thomas (2001): Eine neu Fachlichkeit und ihr Finanzierungsinstrument, In: Früchtel et al. 2001, S. 37-48
Früchtel, Frank/Lude, Werner/Scheffer, Thomas/Weißenstein, Regina (2001): Umbau der Erziehungshilfe. Weinheim und München
Früchtel, Frank/Budde, Wolfgang (2003): Ein radikales Verständnis von Betroffenenbeteiligung in der Hilfeplanung: Family Group Conferencing. In: Sozialmagazin, 3/2003, S. 12-21
Früchtel, Frank/Hampe-Grosser, Andreas(2010): Was leisten Familienräte?, In: Nachrichten des Deutschen Vereins (NDV) 2010, S.484-490
Früchtel, Frank/Straub, Ute (2011): Fachliche Prinzipien und Standards des Familienrates, In: Nachrichten des Deutschen Vereins (NDV) 2/2011, S. 91-93
Früchtel, Frank/ Brycki, Gerlinde/Hampe-Grosser, Andreas/Hunsche, Gudrun/ Jung, Markus M./ Litta, Raymund/Plewa, Martina/Rogge, Claudia/ Schober; Juliane (2011): Wirkung durch Selbsthilfe. Evaluationsstudie zum Familienrat, In: Das Jugendamt, Heft 10/2011, S. 507-515
Früchtel, Frank/ Budde, Wolfgang (2011): Mit dem Zufall kooperieren: Philosophie und Methodik fallunspezifischer Arbeit, In: Teilhabe 4/2011, Jg. 50, S. 272-278

Gack, Peter/Rudel, Gerd (2007): Kommunale Politik gestalten. Eine Einführung in die rechtlichen Rahmenbedingungen und politischen Handlungsmöglichkeiten. Kommunalpolitische Schriftenreihe der Petra-Kelly-Stiftung. Bayerisches Bildungswerk für Demokratie und Ökologie. München

Galuske, Michael (2003): Methoden der Sozialen Arbeit. Weinheim und München

Gewerkschaft Erziehung und Wissenschaft (GEW) (2003): Gemeinsam Unterricht weiterentwickeln. Beschluss des GEW-Hauptvorstandes vom 28. Februar. Frankfurt

Gewerkschaft Erziehung und Wissenschaft (GEW) (2005): Index für Inklusion (Tageseinrichtungen für Kinder). Frankfurt

Gillich, Stefan (Hrsg.) (2004): Gemeinwesenarbeit: Die Saat geht auf. Grundlagen und neue sozialraumorientierte Handlungsfelder. Gelnhausen

Girtler, Roland (2004): 10 Gebote der Feldforschung. Wien

Glück, Alois/Magel, Holger (Hrsg.) (2000): Neue Wege in der Kommunalpolitik – Durch eine neue Bürger- und Sozialkultur zur Aktiven Bürgergesellschaft. München

Gocht, Till et al. (2005): Theater machen. In: Amann 2005, S. 60-73

Granovetter, Mark (1973): The Strengths of Weak Ties. In: American Journal of Sociology, Vol. 78, Issue 6, 1973, S. 1360-1380

Häcker, Walter (2003): Power durch das Community Organizing – Das Organisieren von Bürgerengagement auf breiter Basis – kann man das in den USA lernen? In: Ley et al. 2003, S. 95-99

Hahn, Michael (2005): Lustgewinn statt Latschdemo. Rezension von Marc Amanns Handbuch über „Die Kunst des kreativen Straßenprotests". In: Schwäbisches Tagblatt. 5.10.2005

Hansbauer, Peter/Kriener, Martina (2000): Partizipation von Mädchen und Jungen als Instrument zur Qualitätsentwicklung in stationären Hilfen (§78b SGB VIII). In: Merchel 2000, S. 219-246

Harant, Dieter/Köllner, Ulrike (2006): Vereinspraxis. Ein Ratgeber zum Vereinsrecht, zum Arbeitsrecht und zu kaufmännischen Fragen. Arbeitshilfen für Selbsthilfe- und Bürgerinitiativen Nr. 12. Bonn

Hauser, Hephzibah/ Hauser, Richard (1971): Die kommende Gesellschaft. Handbuch für die soziale Gruppenarbeit und Gemeinwesenarbeit, München/ Wuppertal

Heckmair, Bernd/Michl, Werner (2004): Erleben und Lernen. Einführung in die Erlebnispädagogik. München und Basel

Hekele, Kurt (2005): Sich am Jugendlichen orientieren/ein Handlungsmodell für subjektorientierte soziale Arbeit. Weinheim

Herwig-Lempp, Johannes (2004): Die VIP-Karte – ein einfaches Instrument für die systemische Sozialarbeit. In: Kontext 4/2004, S. 353-364

Hilbert, Christian/Bandow, Yasemin/Kubisch-Piesk Kerstin/ Schlizio-Jahnke, Heike (2011): Familienrat in der Praxis – ein Leitfaden, Berlin: Eigenverlag DV

Hinte, Wolfgang/Karas, Fritz (1989): Studienbuch Gruppen- und Gemeinwesenarbeit. Neuwied

Hinte, Wolfgang (1997): Management mit Charme, In: Ries (1997), S. 208-291

Hinte, Wolfgang/ Litges, Gerhard/ Springer, Werner (1999): Soziale Dienste: Vom Fall zum Feld. Soziale Räume statt Verwaltungsbezirke, Berlin

Hinte, Wolfgang (1999): Fallarbeit und Lebensweltgestaltung – Sozialraumbudgets statt Fallfinanzierung, In: Soziale Praxis, Heft 20, Münster, S.82-94

Hinte, Wolfgang/ Litges, Gerhard/ Groppe, Johannes (2003): Sozialräumliche Finanzierungsmodelle – Qualifizierte Jugendhilfe auch in Zeiten knapper Kassen, Berlin

Hinte, Wolfgang/ Treeß, Helga (2007): Sozialraumorientierung und kooperative integrative Jugendhilfe

Hinz, Andreas (o.J.): Vom sonderpädagogischen Verständnis der Integration zum integrationspädagogischen Verständnis der Inklusion!?, In: http://www.bildungsserver.de /zeigen_e.html?seite=3511

Hör, Heike (2011): Newsletter FamilienRat, Juni 2011, Stuttgart

Hofmann, Tina (2004): Für eine bessere Lobbyarbeit. In: Sozialwirtschaft, 1/2004. S. 8-10

Holtkamp, Lars (2000): Bürgerbeteiligung in Städten und Gemeinden – Ein Praxisleitfaden für die Bürgerkommune. Berlin

Institut für Stadtteilbezogene Soziale Arbeit und Beratung, ISSAB: Fortbildungsmaterial zur Stadteilerkundung (unveröffentlicht)

Joanknecht, Lineke (2010): Auseinandersetzung mit der Vielfalt im Kindesschutz durch Einsatz der Eigen-Kracht-Konferenz, In: Müller, Regine/Nüsken, Dirk (Hg.): Child Protection in Europe, S. 157-168, Münster: Waxmann

Jugendamt Stuttgart (2005): Das XXL-Projekt als Beispiel fallunspezifischer Arbeit. Stuttgart

Jugendamt Stuttgart, Jugendhilfeplanung (2000): Fallunspezifische Arbeit oder: wie lassen sich Ressourcen mobilisieren? Stuttgart

Jugendamt Stuttgart, Jugendhilfeplanung (2004): Experimentieren in Zwischenräumen. Arbeitshilfe zur fallunspezifischen Arbeit. Stuttgart

Jullien, Francois (1999): Über die Wirksamkeit. Berlin

Kähler, Harro Dietrich (1983a): Der professionelle Helfer als Netzwerker – oder beschreib mir dein soziales Netzwerk vielleicht erfahren wir, wie dir zu helfen ist. In: Archiv für Wissenschaft und Praxis der sozialen Arbeit. 1983, S. 225-244

Kähler, Harro Dietrich (1983b): Ressourcen aus dem sozialen Netzwerk zur Bewältigung von schwierigen Alltagssituationen. Ergebnisse aus einer Erkundungsstudie. In: Neue Praxis. 1983, S. 262-272

Keupp, Heiner (1999): Neue Formen der Selbstorganisation und des bürgerschaftlichen Engagements. Perspektiven einer demokratischen Wohlfahrtsgesellschaft. In: NAKOS-Extra 30: Selbsthilfe im nächsten Jahrhundert, 1999, S. 48-63

Keupp, Heiner/Röhrle, Bernd (Hrsg.) (1987): Soziale Netzwerke. Frankfurt am Main

Klausner, Maria/Rose, Gerd/Schätzel, Heinz/Stehle, Ulrike (2006): Fallprototyping als Evaluationsmodell sozialräumlicher Fallarbeit. In: Budde et al. 2006, S. 263-276

Kleiner, Art/Roth, George (1998): Wie sich Erfahrungen in der Firma besser nutzen lassen. In: Harvard Business Manager, 5/1998, S. 9-15

Kleve, Heiko (2007): Ambivalenz, System und Erfolg. Provokationen postmoderner Sozialarbeit. Heidelberg

Köppl, Peter (2003): Power Lobbying: Das Praxishandbuch der Public Affairs. Wien

Kommunale Gemeinschaftsstelle (KGST) (1998): Kontraktmanagement zwischen öffentlichen und freien Trägern on der Jugendhilfe, Bericht 12/1998, Köln

Kramer, David (2002): Lobbyismus im Sozialmanagement. Studienbrief Informationspolitik, Öffentlichkeitsarbeit, Lobbyismus des Fachhochschul-Fernstudienverbunds der Länder Berlin, Brandenburg, Mecklenburg-Vorpommern, Sachsen, Sachsen-Anhalt, Thüringen

Kreckel Reinhard (Hrsg.) (1983): Soziale Ungleichheiten. Soziale Welt Sonderband 2. Göttingen. S. 183-198

Krisch, Richard (1999): Fremdbilderkundung. In: Deinet 1999, S. 81-82

Krisch, Richard (1999): Strukturierte Stadtteilbegehung. In: Deinet 1999, S. 82-84

Krisch, Richard (2009): Sozialräumliche Methodik der Jugendarbeit – Aktivierende Zugänge und praxisleitende Verfahren, Weinheim

Kron-Klees, Friedhelm (1994): Claudia, oder Öffentliche Jugendhilfe als heilsamer Impuls. Dortmund

Landeshauptstadt Stuttgart, Jugendamt, Jugendhilfeplanung (2000): Die Rahmenvereinbarung zur Hilfeplanung und Fallbearbeitung im HzE- Projekt. Stuttgart

Lang, Reinhard/Dresewski, Felix (2006): Konzepte für Nutzen und Wirkungen. In: Blätter der Wohlfahrtspflege 4/2006, S. 129-132

Langhanky, Michael/Frieß, Cornelia/Hußmann, Marcus/Kunstreich, Timm (2004): Erfolgreich sozial-räumlich handeln. Die Evaluation der Hamburger Kinder- und Familienhilfezentren. Bielefeld

Lasn, Kalle (2005): Culture Jamming. Die Rückeroberung der Zeichen. Freiburg

Lebel, Jean-Jacques (o.J.): Notes on Political Street Theatre. Paris 1968–1969. Drunken Boat no.1 (Autonomedia)

Leif, Thomas/Speth, Rudolf (2006): Die fünfte Gewalt. Lobbyismus in Deutschland. Opladen

Leisgang, Winfried (2006): Das Unternehmen und seine Mitarbeiter als „gute" Bürger. Wie Unternehmen für freiwilliges Engagement gewonnen werden können. In: Blätter der Wohlfahrtspflege 4/2006, S. 143-146

Ley, Astrid/Weitz, Ludwig (Hrsg.) (2003): Praxis Bürgerbeteiligung. Ein Methodenhandbuch. Stiftung Mitarbeit. Arbeitshilfen für Selbsthilfe- und Bürgerinitiativen Nr. 30. Bonn

Lindgren, Astrid (1987): Pippi Langstrumpf. Hamburg

Lindner, Rolf (2004): Walks on the Wild Side. Eine Geschichte der Stadtforschung. Frankfurt

Luhmann, Niklas (1988): Therapeutische Systeme. Fragen an Niklas Luhmann. In: Simon 1988, S. 124-138

Luhmann, Niklas/Schorr, Karl-Eberhard (1982): Das Technologiedefizit der Erziehung und die Pädagogik. In: Dies 1982, S. 11-40

Luhmann, Niklas/Schorr, Karl-Eberhard (1982): Technologie und Selbstreferenz. Frankfurt

Luhmann, Niklas/Schorr, Karl-Eberhard (1999): Reflexionsprobleme im Erziehungssystem. Frankfurt

Lüttringhaus, Maria/Richers, Hille (2003, 2010): Handbuch aktivierende Befragung – Konzepte, Erfahrungen, Tipps für die Praxis, Stiftung Mitarbeit, Bonn

Lüttringhaus, Maria/ Streich, Angelika (2002): Zielvereinbarungen in der Sozialen Arbeit: Wo mein Wille ist, ist auch dein Weg?, In Sozial aktuell, Heft 19/ 2002, S. 7-11

Lüttringhaus, Maria/ Streich, Angelika (2011): Das Modell der ressourcenorientierten kollegialen Fallberatung in der Jugendhilfe, In: Jugendhilfe, 49. Jahrg., 1/2011, S. 397-415

Lüttringhaus, Maria/Streich, Angelika (2004): Das aktivierende Gespräch im Beratungskontext – eine unaufwendige Methode der Sozialraum- und Ressourcenerkundung. In: Gillich 2004, S. 212-221

Marquard, Odo (1986): Apologie des Zufälligen, Stuttgart

Mc Gotdrick, Monica (1985): Genograms in family assessment. New York

Merchel, Joachim (2000): Qualitätsentwicklungsvereinbarungen – Perspektiven einer trägerübergreifenden Qualitätsentwicklung in der regionalen Jugendhilfe. In: Ders. 2000, S. 247-276

Merchel, Joachim (2003): „Diagnose" in der Hilfeplanung: Anforderungen und Problemstellungen. In: Neue Praxis. Nr. 6. 527-542

Merchel, Joachim (2004): Qualitätsmanagement in der Sozialen Arbeit. Ein Lehr- und Arbeitsbuch. Weinheim

Merchel, Joachim (Hrsg.) (2000): Qualitätsentwicklung in Einrichtungen und Diensten der Erziehungshilfe. Methoden, Erfahrungen, Kritik, Perspektiven. Frankfurt

Misner, Ivan/Morgan, Don (2000): Masters of Networking. Building Relationships for Your Pocketbook and Soul, Bard Press. Marietta

Möller, Monika (2006): Mit Tiefgang durchs Fahrwasser Politik. In: neue caritas, 5/2006, S. 9-13

Moos-Hofius, Birgit/Rapp, Ilse (2005): Selbsthilfegruppen. Ein Leitfaden für die Gruppenarbeit. In: www.selbsthilfe-frankfurt.net

Nestmann, Frank (1987): Macht vierzehnachtzig – Beratung inklusive! In: Keupp et al. 1987, S. 268-293

Nicolai, Eva-Maria/Derr, Regine (2006): Die Nutzerinnen feministischer Facheinrichtungen gegen sexuelle Gewalt an Mädchen und Frauen: Ihr Blick auf den Beratungsprozess. Berlin
Nullmeier, Frank (2000): Argumentationsmacht und Rechtfertigungsfähigkeit schwacher Interessen. In: Willems et al. 2000, S. 93-109
Ortmann, Norbert (1999): Die Stadtteilerkundung mit Schlüsselpersonen; Nadelmethode; Jugendkulturkataster; Leitfaden-Interview mit Schlüsselpersonen. In: Deinet 1999, S. 76-80
Ortmann, Norbert (o.J.): Jugendkulturen-Kataster. In: Deinet o.J., S. 13-18
Paust, Andreas (2005): Arbeitshilfe Bürgerbegehren und Bürgerentscheid. Stiftung Mitarbeit. Bonn
Pearson, Richard (1997): Beratung und soziale Netzwerke. Weinheim
Polterauer, Judith (2006): Gesellschaftsbilder von Unternehmen. In: Blätter der Wohlfahrtspflege 4/2006, S. 137-139
Putnam, Robert D. (2000): Bowling Alone. The Collapse and Revival of American Community. New York
Rainforest Action Network (o.J.): The Activist Toolkit, in: http://ran.org/act/activist_toolkit
Reid, William/Epstein (1972): Laura Task Centered Casework. Columbia Univ Pr
Richmond, Mary (1917): Social Diagnosis. New York
Ries, Heinz (1997) (Hrsg.): Hoffnung Gemeinwesen, Neuwied
Röhrle, Bernd/Sommer, Gert/Nestmann, Frank (1998): Netzwerkintervention. Tübingen
Rothschuh, Michael (2002): Szenen des Community Organizing in Nord-Amerika – ein Streifzug durchs Internet. In: www.stadtteilarbeit.de/seiten/Theorie/Rothschuh/ c_o_amerika.htm
Sachße, Christoph (2003): Mütterlichkeit als Beruf. Sozialarbeit, Sozialreform und Frauenbewegung 1871–1929. Kasseler Studien zur Sozialpolitik und Sozialpädagogik. Weinheim
Santen, Eric van (2005): Beschwerdemanagement und Adressatenräte als institutionelle Formen der Partizipation in den erzieherischen Hilfen – das Beispiel Niederlande, in: Seckinger, Mike (Hrsg.): Partizipation – ein zentrales Paradigma. Analysen und Berichte aus psychosozialen und medizinischen Handlungsfeldern, Tübingen
Schetsche, Michael (1996): Die Karriere sozialer Probleme. Soziologische Einführung. München
Schetsche, Michael (2000): Wissenssoziologie sozialer Probleme. Grundlegung einer relativistischen Problemtheorie. Wiesbaden
Seeger, Uwe (1992): Die Angst des Drachentöters. Praxis und Konzept des Sozialen Atoms in der psychodramatischen Therapie. In: Psychodrama. 12/1992, S. 229-253
Seippel, Alf (1976): Handbuch Aktivierende Gemeinwesenarbeit. Gelnhausen
Senge, Peter (2006): Business as a Human Community. In: Soka Gakkai International Quarterly Magazine, Nr. 46, 10/2006, S. 4-6
Sennett, Richard (2002): Respekt im Zeitalter der Ungleichheit. Berlin
Sheer, Mark (2000): THE Phrase to Use to Ask for a Referral. In: Misner et al. 2000, S. 148-150
Simmel, Georg (1983): Der Arme. In: Ders. 1983, S. 345-374
Simmel, Georg (1983): Soziologie. Berlin
Simon, Fritz (Hrsg.) (1988): Lebende Systeme. Wirklichkeitskonstruktionen in der systemischen Therapie. Frankfurt
Smith, Mike (2000): Seven Principles for Success. In: Misner et al. 2000, S. 242-249
Snow, Luther (2004): The Power of Asset Mapping. How your Congregation Can Act on Its Gifts. Herndon. Virginia
Spiegel, Hiltrud von (1997): Offene Arbeit mit Kindern – (k)ein Kinderspiel. Erklärungswissen und Hilfen zum methodischen Arbeiten. Münster
Spiegel, Hiltrud von (2004): Methodisches Handeln in der Sozialen Arbeit. München
Spiegel, v. Hiltrud (2009): Wirkfaktoren des Konzepts „Familienrat“, In: Forum Erziehungshilfen, 15. Jg., H. 3, S. 153-157
Stauss, Bernd/Seidel, Wolfgang (1998): Beschwerdemanagement. München und Wien

Straus, Florian (1990): Netzwerkarbeit. Die Netzwerkperspektiven in der Praxis. In: Textor 1990, S. 496-515

Sturzenhecker, Benedikt (1997): Cliquenportrait. In: Deinet 1997, S. 80-81

Textor, Martin (Hrsg.) (1990): Hilfen für Familien. ein Handbuch für psychosoziale Berufe. Frankfurt am Main

Thukydides (2000): Der Peloponnesische Krieg. Stuttgart

Trapp, Shel (o.J.): Basics Of Organizing. In: www.tenant.net/Organize/orgbas.html

Trapp, Shel (o.J.): Dynamics of Organizing. In: www.tenant.net/Organize/orgdyn.html

Trojan, Alf (1985): Wissen ist Macht. Frankfurt

Vancouver Citizen's Committee (2006): The Citizen's Handbook. A Guide to Building Community in Vancouver. In: www.vcn.bc.ca/citizens-handbook/welcome.html

Vogelskamp, Antje (2005): Der Ressourcencheck in der Praxis. In: Sozialmagazin 30. Nr. 3, S. 40-43

Wendt, Wolf Rainer (1992): Von der Defizitfixierung zur Ressourcenorientierung. Die Methodenfrage muss in der beruflichen Sozialarbeit neu gestellt werden. In: Blätter der Wohlfahrtspflege 5/1992, S. 115-118

Whyte, William Foote (1996): Die Street Corner Society. Die Sozialstruktur eines Italienerviertels. Berlin

Willems, Ulrich/Winter, Thomas von (Hrsg.) (2000): Politische Repräsentation schwacher Interessen. Opladen

Wolff, Mechthild (2004): Beschwerdemanagement in der Kinder- und Jugendhilfe oder – nicht nur eine Frage der Rechte von Kindern und Jugendlichen! In: Arbeitsgemeinschaft für Erziehungshilfe e.V. 2004, S. 105-115.

Autorenverzeichnis

Wolfgang Budde (Jahrgang 1953) ist Diplom Sozialarbeiter und arbeitet an der Fakultät Soziale Arbeit und Gesundheit der Hochschule Coburg.
E-Mail: budde@hs-coburg.de

Dr. Gudrun Cyprian (Jahrgang 1945) war Professorin für Soziologische Grundlagen der Sozialen Arbeit am Fachbereich Soziale Arbeit der Otto-Friedrich-Universität Bamberg.
E-Mail: gudrun.cyprian@uni-bamberg.de

Dr. Frank Früchtel (Jahrgang 1962) ist Professor Soziale Arbeit am Fachbereich Sozialwesen der Fachhochschule Potsdam.
E-Mail: fruechtel@fh-potsdam.de